Die Türkei im Umbruch

Schrift und Sprache als nationalistisches Politikum in der türkischen Revolution

Gewidmet meinen Töchtern
Hilal Hanzade
Dilara Aslıhan
Beyzanur Eda Endülüs

sowie

allen Lebenden und Denkenden

Wer nichts weiß, liebt nichts.
Wer nichts tun kann, versteht nichts.
Wer nichts versteht, ist nichts wert.
Aber wer versteht,
der liebt, bemerkt und sieht auch…
Je mehr Erkenntnis einem Dinge innewohnt,
desto größer ist die Liebe…
Wer meint, alle Früchte würden gleichzeitig mit den Erdbeeren reif,
versteht nichts von Trauben.
Paracelsus

Hiç bir şey bilmeyen, hiç bir şeyi sevmez.
Elinden hiç bir şey gelmeyenin, idraki de olmaz.
Hiç idraki olmayanın, değeride yoktur.
Oysa idrak sahibi kişi
sever, farkına varır ve görür de…
Bir şeyin indimacında ne kadar idrak varsa, o kadar da sevgi vardır…
Bütün meyvelerin, çileklerle aynı zamanda olgunlaştığını düşünen kişi
üzümlere ilişkin bir şey bilmiyor demektir.
Paracelsus

İhsan Yılmaz Bayraktarlı

Die Türkei im Umbruch

Schrift und Sprache als nationalistisches Politikum in der türkischen Revolution

3. durchgesehene Auflage 2019

Das Foto auf dem Umschlag zeigt Staatspräsident Mustafa Kemal Atatürk, wie er am 20. September 1928 vor dem Gebäude der Republikanischen Volkspartei (CHF) in Kayseri dem Volk das neue türkische Alphabet zeigt. Anwesend sind auch der Ministerpräsident İsmet İnönü (rechts von Atatürk) und hochrangige Persönlichkeiten des Militärs.

Umschlaginnenseite vorn:
İhsan Yılmaz Bayraktarlı/ Ömer Faruk Bayraktarlı,
in Anlehnung an folgende Zeichnung aufgebaut:
http://www.typovia.at/index.php/typografie/geschichte-der-schrift

Umschlaginnenseite hinten:
Maximilian Dörrbecker (Chumwa), via Wikimedia Commons
http://upload.wikimedia.org/wikipedia/commons/6/62/WritingSystemsOfThe WorldGermanVersion.png

© 2019 by Verlag Hans-Jürgen Maurer
Alle Rechte vorbehalten.

Innenlayout und Satz: Hans-Jürgen Maurer
Covergestaltung: Rosi Weiß

Verlag Hans-Jürgen Maurer
Im Trierischen Hof 14
60311 Frankfurt

info@verlaghjmaurer.de
www.maurer.press

ISBN 978-3-929345-55-1

Gedruckt von BoD, Norderstedt

VORWORT ZUR 3. AUFLAGE

Zielrichtung und Konzeption dieses Buches sind im Vorwort der ersten Auflage ausführlich dargelegt. Insoweit haben sich keine großen Änderungen ergeben. Wie unten dargelegt, wurden nur einige technische Fehler ausgeräumt und persönliche Informationen ergänzt. Zweckmäßigerweise sollte die Neuauflage vor allem Aktualisierungen beinhalten. Trotz großer Bemühung können manche Schreib- und technische Fehler, die hier auch der Fall sind, nicht ganz ausgeschlossen werden.

Kurz bevor ich damals das Manuskript des Buches zum Verlag schickte, gab ich das 3. Kapitel, bearbeitet als Artikel mit der Überschrift „Sprachplanungen: Modernisierung, Vereinfachung und Normierung von Sprache im politischen Diskurs" an die Zeitschrift *Interkulturell und Global*, die im Bildungsbereich tätig ist. Damals gab es keine Möglichkeit, in der ersten Auflage darauf hinzuweisen. Nun hat sich mit der zweiten Auflage die Möglichkeit ergeben, auch diese Information zu ergänzen.

Die zweite Auflage, die 2009 erschien und seither nicht aktualisiert wurde, soll weiterhin in ihrem Bereich eine verlässliche Orientierung und Einführung bieten. In der Tat fand das Buch als Grundlagenwerk seines Fachgebiets in vielen Universitäts- und weiteren Bibliotheken der Welt seinen Platz. Desweiteren fand *Die Türkei im Umbruch* Verwendung als Basis einer Masterarbeit von Marc André Offenhammer unter der Betreung von Prof. Annette E. le Fort, Prof. André Heers und Prof. Dr. Norbert M. Schmitz an der Muthesius Kunsthochschule, Kiel. Darüber hinaus wurde es 2010 in der Zeitschrift *Journal of European Integration History* von Philipp Dreesen an der Universität Greifswald rezensiert.

Ankara im Juli 2018   *İhsan Yılmaz Bayraktarlı*

VORWORT
von *Jürgen Schiewe**

Sprachen sind, für den, der sie spricht oder schreibt, ein individuelles und soziales Mittel der Verständigung. Sprachen grenzen zugleich aber auch ab oder aus, vor allem dann, wenn Sprecher verschiedener Sprachen sich begegnen und gegenseitig nicht verstehen, weil beide nicht die Sprache des jeweils anderen sprechen und ihnen keine andere gemeinsame Sprache zur Verfügung steht. Aber auch die Schrift, als sekundäre Sprachkonvention, kann eine zusätzliche Hürde aufbauen: Unterschiedliche Schriftsysteme kodieren die gesprochene Sprache auf je andere Weise und erschweren damit nochmals den Zugang von der einen zur anderen Sprache. Folgenreich wird die Konfrontation zweier Schriftsysteme insbesondere dann, wenn eine Sprache ihr Schriftsystem wechselt und somit – historisch betrachtet – diese eine Sprache und die Kultur, deren Teil sie ist, über zwei Schriftsysteme verfügt. Genau dieser Fall liegt im Türkischen vor.

Ihsan Yilmaz Bayraktarlı geht in seiner hier vorliegenden Forschungsarbeit *Die Türkei im Umbruch* – erstmals in dieser wissenschaftlich beschreibenden Ausführlichkeit und mit dem Impetus auch der historischen Bewertung – der Frage nach, welche politischen Gründe es für den staatlich verordneten Wechsel des Türkischen von der arabischen zur lateinischen Schrift gegeben hat. Er rekonstruiert diesen Prozess auf der Grundlage zeitgenössischen Quellenmaterials und nachträglicher politischer und wissenschaftlicher Einordnungen. Sympathisch wirkt dabei seine immer wieder durchscheinende Haltung, kulturelle Errungenschaften ohne ideologisch motivierte Zensur dem Gedächtnis und der Reflexion einer kulturellen Gemeinschaft erhalten zu wollen.

Zugleich interessieren Ihsan Yilmaz nämlich auch die gesellschaftlichen und kulturellen Auswirkungen dieser „Schriftrevolution", in der man – eben weil heute der unmittelbare Zugang zu den früheren, im arabischen Konsonantenalphabet abgefassten türkischen Schriftzeugnissen erschwert, ja nicht gegeben ist – durchaus einen „Bruch mit der Tradition"(325) erkennen könnte. Es verwundert deshalb nicht, wenn er seine Untersuchungsergebnisse in die Feststellung münden lässt, es sei Zeit „zu begreifen, dass der Aufbau einer Brücke zur Vergangenheit, die von ideologischen Protagonisten abgelehnt wurde, wieder geschlagen werden muss" (281).

Dass seine Untersuchung mit sprachwissenschaftlichen und – im europäischen Rahmen – sprachgeschichtlichen Fakten und Erkenntnissen untermauert ist, stellt einen weiteren Vorzug dar. So geraten denn neben der Analyse der Schriftsysteme auch die Problematik der – in der Türkei 1932 vollzogenen – Sprachreinigung, die Funktion einer Nationalsprache und auch die sprachpolitische Frage der Überwindung des Analphabetismus in den Blick.

Ihsan Yilmaz verbindet in seiner Forschungsarbeit politikwissenschaftliche, sprachwissenschaftliche und geschichtswissenschaftliche Themen und Methoden. Seine Untersuchung kann mit ihrer interdisziplinären Anlage die Aufmerksamkeit all dieser Wissenschaftsbereiche beanspruchen. Aber mehr noch: In einer Zeit, in der Europa danach strebt, zusammenzuwachsen und dabei auch festzulegen, welches denn seine, Europas Grenzen sind, kommt der vorliegenden Publikation auch die Bedeutung zu, über einen Teil der Geschichte eines Landes aufzuklären, dessen Position in dem gegenwärtig entworfenen, zukünftig zu gestaltenden Europa noch nicht deutlich umrissen ist. Die Türkei wird heute von vielen Politikern als „Schwellenland" angesehen, in dem sich orientalisch-islamische und westlich-christliche Elemente mischen oder teilweise gegenüberstehen. Ihsan Yilmaz nimmt letztlich – mit seiner historischen Rekonstruktion und wissenschaftlichen Beschreibung der sprachpolitischen Maßnahmen in der Türkei – implizit auch zu der Frage Stellung, wohin die Türkei denn eigentlich gehöre. Dass seine Antwort aus sprachpolitischer und sprachgeschichtlicher Sicht auf diese Frage nicht eindeutig ist, stellt keinen Mangel, sondern im Gegenteil einen Vorzug dar. Wer geschichtlich und kritisch denkt, kennt – auch wenn er sich positioniert – keine einfachen Antworten. Gerade deshalb ist Ihsan Yilmaz' Forschungsarbeit von Wert: für die Wissenschaft wie auch für die Politik.

---

* *Prof. Dr. Jürgen Schiewe*, geb. 1955. Studium der Germanistik, Philosophie und Geschichte in Regensburg und Freiburg i.Br. Promotion 1986 („Carl Gustav Jochmann und die politische Sprachkritik der Spätaufklärung", Berlin 1989), Habilitation 1994 („Sprachenwechsel – Funktionswandel – Austausch der Denkstile. Die Universität Freiburg zwischen Latein und Deutsch", Tübingen 1996). Seit 2003 Inhaber des Lehrstuhls für Germanistische Sprachwissenschaft an der Ernst-Moritz-Arndt Universität Greifswald. Forschungsschwerpunkte: Geschichte der Sprachkritik, Fach- und Wissenschaftssprachen, Institutionensprachen, Sprachkontakt, Sprache in der Bundesrepublik Deutschland und der DDR.

VORWORT

Die vorliegende Arbeit ist eine überarbeitete Fassung meiner Dissertation mit dem Titel *Die politische Debatte um die türkische Schrift- und Sprachrevolution von 1928*, die ich im Winter 2008 bei der Albrecht-Ludwigs-Universität zu Freiburg im Breisgau vorgelegt habe. Einige Kapitel sind völlig neu geschrieben, einige wiederum neu bearbeitet bzw. durch neue Untersuchungen erweitert. Weiterhin wurde der Abbildungsteil verändert und um eine Karte mit der Verbreitung der Turk-Sprachen ergänzt.

Die Umformung von Staat und Gesellschaft, die 1839 mit dem Tanzimat begann und über die Jungtürkische Revolution 1908–1909 hinaus mit der Schrift- und Sprachrevolution vollendet wurde, hat die türkische Geschichte bis heute geprägt. Wenn sie auch von demokratischen Bestrebungen getragen wurde, so heißt das nicht, dass sie zur dauerhaften Installierung eines demokratischen Systems führt, wenn man eskalierende Politik gestern und heute in Betracht zieht. Es ist daher zutreffend, aber unzureichend, von „demokratischen Revolutionen" zu sprechen. Sie besaßen zwar antitotalitären Charakter aber die meisten dieser Revolutionen waren dennoch vorwiegend volksfremd..

Diese Untersuchung soll weder als Antirevolutionsbuch, noch als Manifest für Revolutionäre verstanden werden. Sie ist vielmehr dazu gedacht, einerseits die allgemeine Sprachpolitik und andererseits die republikanische Sprachpolitik mit Beispielen aus dem Westen für den Leser zur Verfügung zu stellen. Sie versucht eine Annäherung an die türkische Sprachpolitik und hält die wissenschaftliche sprachplanerische Argumentation im Dienste der rationalen und humanen Sprachpolitik für erstrebenswert. Diese Forschungsarbeit weist besonders darauf hin, dass viele Dritte-Welt-Länder versuchten und versuchen, ihre Schrift und Sprache zu latinisieren, um die heutigen Bedürfnisse nach technischer und vor allem wissenschaftlicher Kommunikation zu befriedigen, wobei sie zwecks Befolgung eines strengen Sprachnationalismus die eigenen Sprachdynamiken zumindest vernachlässigen oder gar verwerfen. Die Arbeit weist auch auf andere Beispiele im Bezug auf die Problematiken von Schrift und Sprache hin, die nach durchdachten Schrift- und Sprachplanungen gelöst werden konnten, ohne die sprachwissenschaftlichen Regeln zu verletzen. Anhand verschiedener Themen wie „Analphabetismus in Westen und Osten", „die Schwierigkeiten der arabischen und japanischen Schrift im

Vergleich zu der lateinischen", habe ich zu zeigen versucht, dass revolutionäre Eingriffe nicht die einzige Lösung sind.

Es reicht nicht, dass ich die letzte und wichtigste Revolution, die die türkische Gesellschaft und den türkischen Staat vom Grund aus umformte und dem Westen annäherte, einfach wie bisher geschichtlich darstelle. Um das Wesen der Revolution zu verstehen, musste ich deswegen an ihrem Fundament beginnen: dem ewigen Kampf zwischen Moderne und Tradition, westlicher Politik und Tradition, einem hochgetriebenen Krieg, der das ganze 20. Jahrhundert hindurch bis heute geführt wird.

Diese Arbeit handelt von der Umformung einer Gesellschaft durch revolutionäre Maßnahmen, von dem Netz der politischen Illusionen, die Tradition und selbst den traditionellen Menschen in einer Phantasiewelt gefangen hält, die von immer mehr gewissenlosen elitären Politikmachern aufgebaut wird, und letztendlich (von der jüngsten Form) eines bekannten Kampfes, der heute wie in der Vergangenheit, einen hohen Preis für ihre Errungenschaften bezahlen.

Die letzte Revolution gab der Gesellschaft und dem Staat den Weg frei, sich westliche Normen anzueignen. Ohne sie wären die geführten Revolutionen nicht vollständig. Freilich war ihr Bestreben ohnehin das Turkisieren der Schrift und Sprache, das Normieren der Sprache und das Schaffen einer nationale Schrift und Sprache für einer neue Nation. Aber das oberste und eigentliche Ziel der Revolution war, wie die politischen Debatten zeigen, die Schrift und Sprache den westlichen Sprachen anzupassen.

Im Mittelpunkt der Diskussionen um die Schrift- und Sprachrevolution der Türkei stehen immer die äußeren Erscheinungsformen. Die hauptursächlichen Aspekte, wie etwa die sprachpolitischen Gegebenheiten und deren Hintergründe, der Verlust des alten Kulturguts, der kommunikative Bruch mit der Tradition, die meines Erachtens „Garant" für die Unterentwicklung der heutigen Türkei waren, werden nur am Rande erwähnt. Welch Wagnis es bedeutet, Kultur und insbesondere die Schrift einer Gesellschaft, die auf eine mehr als tausendjährige Geschichte zurückblickt, in die Hände einer knapp drei Monate lang arbeitenden Schriftkommission zu legen, zeigt die Geschichte der republikanischen Türkei. Eine vertiefte Behandlung verschiedener Fragen der türkischen Sprachrevolution und ihrer Hintergründe ist nur unter Heranziehung unter anderem der russischen Sprachpolitik und der politischen

Ziele des Kolonialismus u.v.m. möglich gewesen. In der Türkei ist die Zeit bezüglich der Sprachpolitik im Laufe der Modernisierungsprozesse seit 1928 stehen geblieben. Die vielen Forschungen zur Sprachentwicklung konnten die politischen Entscheidungsträger nicht zu einer Änderung bewegen. Erst seit der Unterzeichnung der Beitrittsverhandlungen mit der EU wurden durch die Bestimmungen der EU kleine Fortschritte in der Sprachpolitik erzielt.

Im Zuge der Schrift- und Sprachrevolution wurde das Osmanisch-Türkische an die lateinische Schrift angepasst und die Sprache turkisiert. Der Entwicklungsprozess der fortwährenden Überarbeitung und Verbesserung wird im Bereich der Sprache, nicht jedoch auf dem Gebiet der Sprachpolitik fortgeführt. Die puristische Spracherneuerung staatlicher Institutionen und Medien, wird, wenn auch abgeschwächt, weitergeführt. Der sich ununterbrochen erneuernde Wortschatz hat sich auch in der türkischen Umgangssprache größtenteils durchgesetzt. Die seit Anfang der 1930er-Jahre andauernden sprachpuristischen Bestrebungen führt weiterhin dazu, dass sich das modernisierte Türkeitürkisch täglich immer weiter von den anderen Turksprachen entfernt.

Um meine Arbeit verdient gemacht hat sich auch mein Hauptbetreuer Prof. Dr. Helmut Köser. Er besaß die Neugier, sich auch einen ihm zuvor fremden theoretisch-methodischen Ansatz einzulassen, und gab mir so die für meine Arbeit wichtigen Freiheiten. Seine Neugier ist keineswegs selbstverständlich und verdient meinen besonderen Dank. Prof. Dr. Ulrich Eith hat mir in seinem Kommentar viele wichtige Hinweise gegeben, die in dieser überarbeiteten Fassung mir sehr hilfreich gewesen. Auch Prof. Dr. Jens Peter Laut vom turkologischen Seminar der Freiburger Universität hat die Arbeit aufmerksam gelesen und hilfreich kommentiert. Seine konstruktive Kritik, hat geholfen, manchen Gedanken zu klären. Prof. Dr. Jürgen Schiewe, Dr. Marcel Behrens, meine Brüder Dr. Recep Yilmaz und Dr. Yahya Yilmaz und alle anderen, die ich um Rat gebeten habe, bleiben unvergessen. Manche haben meine Arbeit gelesen und mir theoretisch-methodologische, wie auch stilistische und technische Ratschläge gegeben. Ganz besonders möchte ich mich auch bei Hans-Jürgen Maurer bedanken; der durch Rat und Tat dazu beitrug, dass dieses Buch erscheint.

Die größte Inspiration war sicherlich emotionaler Natur und entsprang dem Quell der Familie, angefangen von meiner Mutter bis hin zur jüngsten Nichte.

Größter Dank gilt aber meinen Kindern und meiner Frau, die fast vier Jahre auf mich verzichten mussten. Nichts liegt für mich näher, als das Buch den drei zentralen Parteien zu widmen: Betreuern, Freunde und die Familie.

Ich hoffe, dass die räumliche Distanz zu dem Land des Geschehens dazu beigetragen hat, in diesem Buch eine ausgewogene Mischung aus analytischer Skepsis des Außenbetrachters und normativer Gelassenheit des vorübergehend Unbeteiligten zu schaffen.

Freiburg im März 2009 *İhsan Yılmaz Bayraktarlı*

Inhaltsverzeichnis

1. **Einleitung** 15
   1.1 Vorüberlegung 15
   1.2 These und methodischer Aufbau der Arbeit 28

2. **Die Rolle der Schrift im Modernisierungsprozess vom osmanischen Millet-System zur kemalistischen Staatsnation** 35
   2.1 Begriffsklärungen: Kulturnation – Staatsnation, Reform – Revolution, Modernisierung – Verwestlichung und Nationalismus 36
   2.2 Eine Einführung in das Wesen des Alphabets und die Einflussfaktoren des Entwicklunsprozesses von Schrift und Sprache 53
      2.2.1 Sprache und Politik 64
      2.2.2 Schrift und Sprache als Identitätsfaktor einer Nation 69
      2.2.3 Sprache als Machtinstrument des Totalitarismus 73
      2.2.4 Sprache und Denken 78
      2.2.5 Sprache und Kolonialismus/Imperialismus 88
      2.2.6 Sprache und Religion bzw. Missionstätigkeit 92
   2.3 Fazit 103

3. **Sprachplanung: Vereinfachung, Normierung und Modernisierung von Sprache** 109
   3.1 Einleitung 109
   3.2 China 110
   3.3 Japan 116
   3.4 Griechenland 119
   3.5 Israel 124
   3.6 Fazit 128

4. **Historischer Rückblick auf den Analphabetismus in den ausgewählten Beispielgesellschaften** 133
   4.1 Einleitung und Begriffsbestimmung 133
   4.2 Deutschland 136
   4.3 USA 138
   4.4 Griechenland 140
   4.5 Türkei 141
   4.6 Fazit 145

5. Die türkische Sprache und ihre Alphabete **148**
    5.1   Sprache 148
    5.2   Alphabete 150
            5.2.1 Alphabete vor Schriftrevolution 150
            5.2.2 Das lateinische Alphabet 153
                  5.2.2.1 In der lateinischen Welt 153
                  5.2.2.2 In der türkischen Welt 164
    5.3   Fazit 166

6. Sprachplanung: Schrift- und Sprachrevolution
als Konfliktquellen **169**
    6.1   Einleitung 169
    6.2   Schrift- und Sprachreformen im türkischsprachigen Russland:
          Die politisch-geistige Quelle der türkischen Schriftrevolution . . 172
    6.3   Vorläufer der Schrift- und Sprachrevolution vor 1928 178
            6.3.1 Frühe Forschungen zur Normierung der Schrift und
                 Sprache im osmanischen Reich 178
            6.3.2 Sprachplanung seit der Proklamation der zweiten
                 konstitutionellen Monarchie 1908 bis zur Gründung
                 der Republik 183
            6.3.3 Ansichten der türkischen Eliten über die Schrift-
                 und Sprachthematik in der vorrepublikanischen
                 Periode. Pro und Contra 188
    6.4   Auf dem Weg zur Schriftrevolution –
          Ein geschichtlicher Abriss 193
            6.4.1 Strukturen und strukturelle Erfolgsbedingungen
                 der Revolution von 1928 193
            6.4.2 Politiker und Sprachplaner testen von 1924 bis 1928
                 das türkische Volk. Eine Wartezeit 201
            6.4.3 Die Suche nach einem neuen Alphabet 208
            6.4.4 Der Gesetzesentwurf für eine neue Schrift im Parlament . . 213
    6.5.   Schriftrevolution als Innovationsfaktor des Kulturwandels 219
            6.5.1 Schrift als Instrument der Modernisierung –
                 Die Verwestlichung von Schrift und Sprache 219
            6.5.2 Politische Instrumentalisierung und
                 Ideologisierung von Sprache 222
            6.5.3 Der Weg zur türkischen Nationalsprache:
                 Purismus oder die Sprache als Werkzeug der TDK 228

6.6. Diskussionen vor und nach der Schrift- und Sprachrevolution .. 239
  6.6.1 Einführung 239
  6.6.2 Protagonisten und Antagonisten der Schrift- und
     Sprachrevolution im Überblick 243
  6.6.3 Resonanzen zur Schrift- und Sprachrevolution
     im Ausland 254
6.7. Ein Abriss über die Folgen der Schrift- und Sprachrevolution
  und die möglichen Restaurationen der Sprachpolitik 256
  6.7.1 Allgemeines 256
  6.7.2 Innovation und Restauration im Bildungswesen im Zuge
     der Schrift- und Sprachrevolution. Ist die Realisierung
     bilingualer Kompetenz in der Türkei noch möglich? 261
     6.7.2.1 Bilingualismus 262
     6.7.2.2 Die Wiedereinführung des Osmanischen
       als Hilfsprache 267
     6.7.2.3 Identität 273
6.8 Fazit 276

7. Zusammenfassung und Beurteilung 287

8. Literaturnachweis 330
 8.1 Zeitschriften: Artikel, Berichte, Seminare 341
 8.2 Zeitungen 345
 8.3 Internetadressen 345

9. Abbildungen 347

Kurzbiografie und Werke des Autors 376

1. Einleitung

1.1 Vorüberlegung

Die beispiellose Sprach- und insbesondere Schriftrevolution vor knapp 80 Jahren in der Türkei sollte selbst für Gegner der lateinischen Schrift weder auf Grund von Emotionen (bedingt durch ein Zugehörigkeitsgefühl zur arabischen bzw. islamischen Schrift) noch aus wissenschaftlichen Gründen ein kontrovers zu diskutierendes Thema sein: Eine dementsprechende neuerliche Reform oder ein neuerlicher Schriftwechsel scheinen ausgeschlossen. Die Politiker und insbesondere die Wissenschaftler sollten aus dem Gang der türkischen Sprachgeschichte her erfahren haben, wie stark die Kulturen durch Sprachplanung als *solche* beeinflusst werden. Auch die Anhänger der alten Schrift, sei es aus begründeten oder aber auch unbegründeten sentimentalen Gründen gegenüber dieser Schrift, sollten begriffen haben, und ihre Gefühle nach diesen vollendeten Tatsachen begraben.

So kann man feststellen, dass ein/e Student/in nach der puristischen Sprachpolitik des türkischen Staates und den neologistischen Bestrebungen der TDK (Türk Dil Kurumu = Die Türkische Sprachgesellschaft) seit 1932 keinen Zugang mehr zum Schriftgut vor 1928 findet. Währenddessen studieren und bewerten Studenten beispielsweise im lateinischen Westen mittelalterliche oder frühere Texte (Abbildungen 1 und 27) und können sich eine eigene Meinung bilden. Die griechische Schrift stellt mit ihrer Kontinuität ein exzellentes Beispiel dar. Über die Jahrhunderte und zahlreiche Umwälzungen hinweg, blieb sie als Vorläuferin der lateinischen Schrift und Sprache (Abbildung 2) seit 3000 Jahren nahezu unverändert (BAUER 1937:43), trotz äußerer Eingriffe durch fremde Mächte und langer osmanischer Herrschaft. Auch das als „Iwrit" bezeichnete moderne Hebräisch, basierend auf einer lange nur in religiösen Texten vorhandenen, ehemals vom Aussterben bedrohten Sprache, ist ebenfalls ein gutes Beispiel für eine volksnahe Normierung. David Ben Gurion, der erste Ministerpräsident des neuzeitlichen Staates Israel, formulierte nicht ohne Grund seinen Stolz auf die modernisierte, aber doch nicht von der Tradition entwurzelte Schrift und Sprache mit den Worten: *„Wenn Moses heute zurückkäme und um ein Stück Brot bitten würde, würde man ihn verstehen."**

---

* http://de.wikipedia.org/wiki/Hebr%C3%A4ische_Sprache

Türkische Studierende hingegen können nur mit Hilfe einer Fremdsprache, mit Übersetzungen ausländischer Werke oder vereinfachten bzw. nur in geringer Menge in die Lateinschrift übertragenen Texten aus der osmanischen Zeit wissenschaftliche Recherchen durchführen. Aus diesem Grund bezeichnet Hachtmann die Türken als das *„Übersetzervolk des Orients":*

> „Nun die Anwendung auf die Türken! Sie sind bis in die neueste Zeit eigentlich nur Übersetzer gewesen: zuerst Jahrhunderte lang aus dem Arabischen und Persischen, dann Jahrzehnte lang aus dem Französischen." (HACHTMANN 1918:9)

Ähnliche Behauptungen kommen auch aus den Reihen der Universitätswissenschaftler. So Professor Kemal Gürüz (1999): *„Türkçe bilim dili değildir", (Die türkische Sprache ist nicht wissenschaftsfähig).* Darauf weist unter anderem auch der bekannte Politiker und Professor Mümtaz Soysal (1988) hin: *„Türkisch als Wissenschaftssprache ist unzureichend. Es fehlt ein Schrifttum in türkischer Sprache."*

Diese Feststellungen zeigen, wie schwierig es in allen Wissenschaftsbereichen sein kann, in der eigenen Sprache Forschung zu betreiben, wenn diese eine erst vergleichsweise kurze Zeit zurückreicht. Neben diesen Feststellungen ist ferner auf etwas Wichtiges hinzuweisen: Eine schöne Sprache ist nicht immer eine Sprache der Wissenschaft. Wissen ist eine Form der Macht, die nur durch Sprache zu erlangen ist.

Bei den sogenannten hoch entwickelten Sprachen der Welt handelt es sich zumeist um alte Sprachen, die eine Normierung erfahren haben. In diesem Sinne musste auch die deutsche Sprache einige Jahrhunderte lang Entwicklungen durchlaufen. Während das Türkische in seiner Geschichte keine konkret bestimmbaren Zeitabschnitte verzeichnet, werden beispielsweise für das Deutsche von Eggers (1986: Bd. I: 523, Bd. II: 415) folgende Entwicklungsperioden konstatiert:

750–1050 Althochdeutsch: Gesellschaftsgeschichte, Lautung, Überlieferung, Personen, Sprachträger
1050–1350 Mittelhochdeutsch: Gesellschaftsgeschichte, Kultur, Personen, Varietäten, Lautung, Sprachträger
1350–1650 Frühneuhochdeutsch: Gesellschaftsgeschichte, Kultur, Ereignisse, Verbreitung, Personen, Sprachträger

1650– [...] Neuhochdeutsch: Gesellschaftsgeschichte, Kultur, Sprachreflexionen, Personen, Varietäten, Sprachträger.

Ein deutscher Forscher kann problemlos zu dem im Jahre 1854 herausgegebenen Grimm'schen Wörterbuch (Abbildung 3) oder – wenn er über die deutschen Mundarten (Abbildung 4) recherchiert – auch zu dem entsprechenden Buch aus dem Jahre 1793 greifen und seine Forschungen ungehindert betreiben.

Das 1867 erschienene „Deutsche Sprichwörterlexikon" von Brockhaus und der heutige Brockhaus zeichnen sich nur durch kleine entwicklungsbedingte Unterschiede der deutschen Sprache aus (Abbildung 5). Das erste Buch, das in lateinischer Schrift und althochdeutscher Sprache verfasst wurde, Abrogans genannt, steht seit 790 (Abbildung 6) den Forschern zur Verfügung. Ein türkischer Student hingegen denkt noch nicht einmal daran, ein Thema, das aus den zeitlichen und örtlichen Grenzen der Türkei hinausgeht, mittels Alttürkischer Quellen zu erforschen. Falls doch, hat er einen langen und mühevollen Weg zu gehen. So hat unter anderem die Sprachwissenschaft anfänglich keinen breiten Boden in der Türkei gefunden. Infolgedessen konnte sich die Sprache, der einzige Wissensträger über Generationen hinweg, nicht wissenschaftsfähig entwickeln.

Die Mehrzahl der Staaten der Welt umfassen innerhalb ihrer Staatsgrenzen mehrere Ethnien und ihre Bevölkerung ist dementsprechend vielsprachig. Dieser Zustand ist vor allem ein Ergebnis des Ersten Weltkrieges, dessen Siegermächte willkürlich neue Staatsgrenzen gezogen haben. Der romantische Begriff der *Nation*, in dem sich ein Staat und ein *Volk* mit einer *Nationalsprache* mit den Grenzen des Staates decken, scheint heute im Westen überholt zu sein, was man vom breiten Orient nicht behaupten kann (ECO 1997:339).

Im neuen Nationalstaat Türkei, der ebenfalls das Resultat des Ersten Weltkrieges darstellt und unter der Vorherrschaft einer Nationalismus-Idee steht, geht es derzeit um die Herausbildung einer gemeinsamen Identität und um eine eigene „Rein-Nation", die auch eine nationale Sprache und Kultur umfasst. Gleichzeitig geht es aber auch darum, einen fortschrittlichen europäischen Staat zu gründen. Die Altlasten, die das multikulturelle, vielsprachige Reich hinterlassen hatte, sollen abgeworfen werden. Das Osmanische Alphabet als letzte und wichtigste Last aus dieser multikulturellen Zeit belastete die zu gründende moderne Türkei und musste gegen ein *europäisches* bzw. ein modernes Alphabet ausgetauscht werden.

Die vorliegende Studie befasst sich vorwiegend mit den politischen Hintergründen der türkischen Sprachrevolution. Aber auch ihre linguistischen Aspekte sollen analysiert werden, um einen besseren Einblick in die Argumente und Gegenargumente zur Sprachrevolution zu ermöglichen und um deren Hintergründe möglichst umfassend verstehen zu können.

Das Argument, dass das Osmanische mit seiner arabischen Schrift *den Fortschritt in der türkischen Gesellschaft hemmte* – ein Umstand, der damals als Hauptursache für das Zurückbleiben eines Staates propagiert wurde (ÖZDEMIR 1978:540; REKIN 1991:130) – ist heute nur noch schwer nachvollziehbar. Kann eine Sprache überhaupt für die Unterentwicklung eines Staates, die konjunkturbedingten Missstände nach langen Kriegsjahren auf dem Balkan und in Arabien und der Aufruhr, der in vielen Teilen des Reiches verursacht wurde, verantwortlich gemacht werden? Obwohl enorme Fortschritte in allen Bereichen – Wirtschaft, Bildung, Sprache etc. – erzielt wurden, ist jedem klar, wie sehr die Türkei, auch nach dem Alphabetwechsel, auch heute noch wirtschaftlich, politisch und insbesondere demokratisch hinter dem Westen zurück bleibt. Was und wer sind jetzt für die Rückständigkeit des Landes verantwortlich zu machen?

Bei der Suche nach möglichen Ursachen, die den Fortschritt eines Staates behindert haben, sollte zunächst nach jenen Persönlichkeiten Ausschau gehalten werden, die das gesamte politische System lange Zeit auf undemokratische, ja nahezu militärdiktatorische Weise kontrolliert hatten, und dabei nicht für ein gut funktionierendes, (markt-)wirtschaftlich orientiertes System sorgten. Die Ursachen der Unterentwicklung der Türkei liegen zumeist in der wirtschaftlichen und politischen Abhängigkeit von den meisten westlichen Staaten, die den Kapitalismus als eines ihrer wesentlichen Ziele anerkannt haben. Auch andere Gründe, die auf historische Wurzeln zurückgehen, sind hier zu nennen.

Während die Osmanen seit Mahmut II. (1839) mit der Umorganisation ihres Imperiums beschäftigt waren, was bei den Ausmaßen des Staatsgebildes nicht immer leicht durchzusetzen war und sehr viel Zeit in Anspruch nahm, haben die westlichen Staaten neue Einnahmequellen entdeckt und diese besonders im militärischen Bereich genutzt. So hat Europa seit der Aufklärung auch in militärischer Hinsicht die Oberhand gewonnen. Damit wurde das Osmanische Reich sowohl politisch, als auch durch Kriege unter Druck gesetzt, was zu einer Neuorganisation der staatlichen Institutionen führte.

Die im 19. Jahrhundert geplanten Reformen des Osmanischen Reiches waren stark von den westlichen Mächten beeinflusst, die sich auf diese Weise Absatzmärkte für ihre Waren und die Rohstoffquellen im osmanischen Machtbereich sichern wollten. Doch diese konstituierten Reformen wurden vom Volk nicht mitgetragen. Die Machthaber des neuen Regimes und dessen spätere Partisanen wollten das Volk in ihren Reformbestrebungen deshalb nicht miteinbeziehen, weil dieses in der Reichzeit mehrheitlich gegen die geplanten Reformen stand. Die von den Reformen ausgeschlossene, durch Kriege und innere Unruhen erschöpfte aber durchaus schöpferische Macht (AKTAŞ 1986:14) der Volksmehrheit konnte bis heute nicht für die Reformen gewonnen werden, weil ihm das Reformgut seit damals allzu fremd erschien (JANSKY 1929:166; HOTTINGER 1980:42).

Die vernetzte Abhängigkeit innerhalb aller Institutionen des Staates ist nur die logische Konsequenz von Unterentwicklung. Das Ziel der Staatsführung war es, den kolonieähnlichen Zustand und die Abhängigkeit der Türkei von westlichen Mächten zu überwinden. Für die politische Macht seit dem Tanzimat Fermanı (Reformdekret vom 3. November 1839) war die Beendigung der Unterentwicklung nur durch eine Modernisierung und Zivilisierung der Gesellschaft zu erreichen. Modernisierung wird in diesem Sinne als Verwestlichung der Gesellschaft, Abwenden von der Tradition, die Umstellung der Schrift und dergleichen verstanden.

Zusammengefasst wurden die Revolutionen wie folgt argumentativ begründet: Um die Unterentwicklung einer Gesellschaft abzubauen und den Fortschritt im politischen, sozialen, wirtschaftlichen und kulturellen Leben gezielt voranzutreiben, müssten durch entsprechende Reformen, unter anderem die volksfremde arabische Schrift abgelegt werden; ansonsten sei eine Reform, die sich nicht auf das Volk stützt, von vornherein zum Scheitern verurteilt. Nahezu im völligen Gegenteil dazu wurde einzig aus diesem Grund die zuvor entschiedene Umstellung der chinesischen Schrift von Mao Tse-tung nicht durchgeführt. Die lateinische Schrift war dem Volk fremd und die Reform wäre zum Scheitern verurteilt gewesen. Als in republikanischer Zeit die Latinisierung des chinesischen Schriftsystems vom Erziehungsministerium im Jahr 1928 offiziell genehmigt wurde, war die Erwartung seitens der Reformer groß. Man erhoffte sich, dass der Wechsel des Schriftsystems von der politischen Macht unterstützt würde, genau wie Mustafa Kemal sich auf staatlicher Ebene in der Türkei für den Wechsel der Schrift eingesetzt hatte. Nach der Machtübernahme der Kommunisten im Jahr 1948, in der Zeit der Volksrepublik, hat Mao Tse-tung auf oberster Ebene jedoch diktatorisch das *Modell Türkei* für China und den Kemalismus für die Kommunisten als inakzeptabel abgelehnt, weil es sich aus seiner Sicht um eine bürgerliche Herrschaftsform ohne ernsthafte Einbeziehung des Proletariats handele (MARTIN 1982:13).

Zweifellos veränderte die türkische Sprachreform nicht nur das bestehende soziale, politische und insbesondere kulturelle System von Grund auf, sondern verlieh auch der erst später begonnenen Alphabetisierung dem Land eine besondere Dynamik.

Die Staaten der heutigen Welt, die sich mit wenigen Ausnahmen in ihrer Existenz gegenseitig anerkennen, sind mitnichten Einheiten gleicher Art. Es ist nicht Gegenstand dieser Arbeit, im Einzelnen zu untersuchen, was sie verbindet und was sie trennt und welche Voraussetzungen es rechtfertigen würde, sie alle unter einen Begriff zu subsummieren. Dennoch kann ich auf eine theoretische Bestimmung des Staatsbegriffs nicht verzichten, da ich von ihm häufiger Gebrauch machen werde. Bei der Bestimmung der Sprachpolitik, des Sprachenrechts sowie der Durchführung der Sprachplanung ist der Staat die wichtigste Instanz. In Bezug auf die Einheit einer Nation bzw. eines Staates gilt daher die Sprache als eines der wichtigsten Kriterien.

Das zuletzt von Mustafa Kemal initiierte Unternehmen der Schrift- und Sprachrevolution, das zu einer so tiefgreifenden Veränderung des äußeren Erscheinungsbildes der Sprache geführt hat, musste zu allen Zeiten mit Widerständen kämpfen. Auch von Vertretern der Turkologie und verwandter Fächer außerhalb der Türkei wurde die türkische Schrift- und Sprachrevolution überwiegend ablehnend oder zumindest kritisch verfolgt (STRAUSS 1990:2). Durch das Heranziehen der haltlosen Sonnensprachtheorie (Abschnitt 6.5.3), schien zwar der extreme Purismus überwunden zu sein, doch erst seit der Umorganisierung der TDK zu Beginn der 1980er-Jahre konnte man von einer sogenannten *Gesundung* der türkischen Sprachreform sprechen.

Seit 1928 sprach man auf Grund der Gesetzeslage lange nur von einer Sprachrevolution im linguistischen Sinn, jedoch nicht von ihren politischen Hintergründen. Die Kontinuität der Sprachrevolution war vor allem der TDK zu verdanken. Diese war in besonderer Weise dem Erbe Atatürks verpflichtet, hatte dieser doch nicht nur die Gesellschaft gegründet, sondern ihr auch sein gesamtes Vermögen vermacht. Dies verlieh der TDK die Kraft, bis 1980 unbeirrbar ihre puristische Linie in der Sprache weiterzuverfolgen (EMRE 1956:99).

Fast alle konservativen Persönlichkeiten waren gegen die Spracherneuerungen der TDK. 80 Jahre nach dem Alphabetwechsel finden nun Diskussionen statt, in denen sich erstmals Vertreter der Wissenschaft zu Wort melden, die nicht dem konservativen Spektrum zuzurechnen sind. Sie vergleichen die nach der Schriftrevolution entstandene Situation mit einem *Eisberg*, weil durch sie eine gespaltene Gesellschaft entstanden sei, von der nur die Spitze, nicht jedoch der Hauptteil sichtbar sei. Unter anderem vertritt der Schriftsteller Murat Belge die Ansicht, dass auch mit dem osmanischen Alphabet die Schaffung einer *neuen Kultur* möglich gewesen wäre.* Der bekannte Autor Atilla İlhan ist der Auffassung, dass die Entscheidung hinsichtlich des Alphabetwechsels von Gazi (Atatürk) ein Fehler war (ILHAN 04.05.05).

Doch nicht alle Sprachentwicklungen führten in die von den Sprachwächtern gewünschte Richtung; die Medien und andere Ursachen führten zu einer „Verwilderung" der Sprache: zu Schulbüchern voller Syntaxfehler; zu Rundfunk- und Fernsehsprechern, die die korrekte Aussprache nicht beherrschen und zu einer Art „Übersetzungstürkisch", das eine neue Mundart entstehen ließ (KIRZIOĞLU 1977:110).

Seit dem Tanzimat war der Sprachenstreit in der Türkei ein lebhafter und vielseitiger Themenbereich gewesen und ist es auch geblieben. Es scheint selbstverständlich, dass gerade bei diesen sprachpolitischen und linguistischen Diskussionen Wiederholungen vorkommen, weil einerseits Themen und Argumente diesbezüglich geradezu zeitlos sind, andererseits jedoch gewisse neue Entwicklungen einer Erörterung bedürfen.

Das Ziel der vorliegenden Untersuchung ist es, einen Überblick über jene Reformprozesse zu geben, die die türkische Schrift und Sprache in der Zeit der Osmanen und vor allem ab dem Jahr 1928 durchlaufen hat. Die linguistischen Fragestellungen und Probleme lassen sich nicht leicht von dem hinter den Reformen stehenden politischen Willen trennen. Während nun einerseits die politischen Hintergründe untersucht werden, gilt es andererseits, die enge Wechselwirkung innerhalb der sprachlichen Entwicklungen herauszuarbeiten. Dabei geht es vornehmlich darum, wie die Sprache die neu gegründete Gesellschaftsform beeinflusst – und umgekehrt. Obwohl die rein politischen Argumente von den linguistischen Erfordernissen bei der Sprachplanung fern

---

* Siehe auch den Artikel Demokrasi üzerine Siyasilerle Harf Devrimi Tartışılıyor, in: Teklif, April- Mai 1988, S. 8–12.

gehalten werden sollten, hatte letztendlich die politische Macht die Oberhand und entschied über die Sprachfrage. Die zögerliche bzw. mangelnde Forschung innerhalb der Sprachpflege zur Zeit der Osmanen motivierte den jungen türkischen Staat in relativ kurzer Zeit zu einer voreiligen und endgültigen Entscheidung: Zu einem Wechsel der Schrift und zu einer Sprachrevolution. Schrift und Sprache als Politikum für die ersehnte Entwicklung des Landes und als Triebkraft für die Bildung, trennten diese alte multikulturelle Nation schnell von ihrer eigenen Geschichte und Tradition. Diese außergewöhnliche Gegebenheit, dass eine Gesellschaft durch das staatliche Handeln mittels Schrift und Sprache zum Fortschritt gezwungen wird, ist bis jetzt in dieser konkreten Form ein Novum. Die Wechselwirkungen von Politik und Sprache bzw. der Sprachrevolution beschäftigen die Türkei bis in die Gegenwart.

Als letztes multiethnisches Imperium des ausgehenden 19. Jahrhunderts wurde auch das Osmanische Reich von Nationalismusbestrebungen nach den Vorbildern der Französischen Revolution erfasst. Unter dem Einfluss des wachsenden Nationalismus in Europa nach der Französischen Revolution, kam es zu einer starken Ideologisierung der Sprache und Sprachpolitik der Türkei. Sprache repräsentiert den eigentlichen Geist einer Nation und definiert die Zugehörigkeit zu ihr. Der türkische Nationalismus vor und nach dem ersten Weltkrieg ist der Versuch einer Kombination von Antikolonialismus und Modernisierung. Somit verkörpert die Sprachpolitik eine innere Zerrissenheit in den Reformbestrebungen der Türkei, denn der Antikolonialismus richtet sich tendenziell gegen den Westen, während gleichzeitig das moderne „westlich" ein Symbol des Fortschritts ist und das unmoderne „östlich" ein Symbol der Rückständigkeit zu sein scheint: beides steht im Gegensatz zueinander. Widersprüche dieser Art sind charakteristisch für moderne nationalistische Sprachplanungen. Der Nationalismus gründet sich auf die angebliche Authentizität einer Nation in der Vergangenheit, bezweckt jedoch deren Modernisierung in der Zukunft und ist auf Grund seiner Natur gegen alles Fremde. Von einer totalen Ablehnung der Vergangenheit einer Nation kann hier also keine Rede sein (BRUNNER 1996:29; GÖKALP 2004:105).

Die Umsetzung der Nationalismusidee seit dem Tanzimat brachte im Osmanischen Reich u.a. erhebliche soziale, wirtschaftliche, religiöse und insbesondere politisch-kulturelle Umwälzungen mit sich. Weil das Tanzimat in dieser Forschungsarbeit häufig Thema ist, ist es sinnvoll, hier die betreffenden grundsätzlichen Reformen des Tanzimat anzuführen:

- Freier Handel für alle Volksgruppen;
- Einführung moderner Bürgerrechte;
- Änderung des Strafgesetzes;
- Gleichberechtigung der christlichen Minderheiten mit der islamischen Mehrheit;
- Trennung von Staat und Religion;
- Gründung eines Bildungsministeriums;
- Einführung der Schulpflicht;
- Freigabe der Privatschulgründung für alle Volksgruppen und für Ausländer.

Im Gegensatz zu den türkischen Revolutionen entwickelte sich die Französische Revolution von unten nach oben und stützte sich auf das Volk. Sie war das Ergebnis einer Jahrhunderte langen Willkürherrschaft des Adels, der absolutistischen Monarchen und des Klerus. In der Erwartung von Brüderlichkeit, Gleichheit und Unabhängigkeit wurden die Aufstände vom Volk durchgeführt, ohne von irgendeinem systematischen Plan getragen worden zu sein. Hobsbawm schildert die folgenreiche Rebellion des französischen Volkes:

„Die Französische Revolution ist weder von einer Partei oder Bewegung im modernen Sinn des Wortes gemacht oder geleitet noch von Männern geführt worden, die ein systematisches Programm verwirklichen wollten. Aus ihr erwuchsen auch keine ‚Führer' jenes Typs, an den die Revolutionen des 20. Jahrhunderts uns gewöhnt haben – jedenfalls nicht vor der nachrevolutionären Figur des Napoleon." (HOBSBAWM 1978:106)

Die Prinzipien der Französischen Revolution konnten sich im Osmanischen Reich jedoch nicht so entfalten wie im Westen. Denn auf dem Territorium des multiethnischen Imperiums der Osmanen gab es in diesem Sinne keinen Adel, keinen Klerus und keinen absolutistischen Monarchen. Folglich konnten sich keine Revolutionsgedanken auf der breiten Basis des Volkes entwickeln.

Darüber hinaus verkannten zu jener Zeit viele osmanische Staatsmänner und Intellektuelle den Umstand, dass die Überlegenheit des Westens sich nicht nur auf die wirtschaftliche Ebene beschränkte. Um den wirtschaftlichen Vorsprung des Westens, den man auf die Französische Revolution zurückführte, einzuholen, hatten die westlich orientierten osmanischen Eliten die Absicht, die Ideen dieser Revolution – und damit deren Auswüchse – ausnahmslos und unkritisch ins Osmanische Reich zu implementieren.

Im Anschluss daran wurden vielschichtige Palastreformen unternommen. Im Gegensatz zur Französischen Revolution wurde dies von der Oberschicht initiiert und zwar mit dem Ziel, das Reich nach französischem Vorbild zu europäisieren.

Ursprünglich hatten die Ideen der Französischen Revolution das osmanische Territorium schon zur Zeit Sultan Selims III. (1789) erreicht. Er begründete die sogenannte Nizami Cedid (eine neue Ordnung in Militärwesen und Staatswesen) und stand diesbezüglich fortlaufend im Briefwechsel mit dem damaligen Herrscher Frankreichs. Sein Nachfolger Mahmut II. (1808–1839) entwickelte diese Ideen weiter. Die Reformen des Tanzimat (1839) von Sultan Mahmut II. bildeten die Basis für weitere politische Veränderungen: Dies betraf Islahat Fermanı (1856), I. Meşrutiyet (1876), II. Meşrutiyet (1907), sowie schließlich die kemalistischen Revolutionen, beginnend in den 20er-Jahren des letzten Jahrhunderts (MATUZ 1985:224).

Es erscheint sinnvoll, zunächst einige wichtige Unterschiede und Gemeinsamkeiten zwischen den kemalistischen Revolutionen und der Französischen Revolution herauszuarbeiten.

Die Französische Revolution spielte sich in einem streng katholischen Land ab. Die nationalen Revolutionen von Mustafa Kemal dagegen erfolgten in einem islamischen Land. Während die Französische Revolution über eine Vorgeschichte verfügte, nämlich die Renaissance und das Zeitalter der Aufklärung, fehlen in der osmanischen Geschichte derartige gesellschaftliche Entwicklungsphasen. Die Französische Revolution war ein Volksaufstand der Franzosen, sie basierte auf den gewachsenen Ansprüchen des Volkes: Die langen Jahre der Willkürherrschaft und Ausbeutung durch das absolutistische Herrschaftssystem und den ebenfalls mächtigen Klerus hatten das Volk zu den aufständischen Auseinandersetzungen gegen die drei Institutionen Adel, Monarch und Kirche geführt. Von solchen Bestrebungen des Volkes im jungen türkischen Staat konnte jedoch nicht die Rede sein.

Der wichtigste Unterschied bestand also darin, dass die Revolution in Frankreich vom Volk, ergo von „**unten**", getragen wurde und sich gegen Ausbeutung und Unterdrückung des Volkes wandte, wohingegen die westlich orientierten kemalistischen Revolutionen in der Türkei von „**oben**", das heißt vom Staat initiiert, proklamiert und getragen wurden: Vorbehaltlos sollten sie das Land nach europäischem Muster verwestlichen (SONNENHOL 1980:12).

Die Entwicklungen der Französischen Revolution wurden in den türkischen Revolutionen seit 1924 so widergespiegelt: Man versuchte die Ideen jener Revolution so gut wie möglich nachzuahmen. Ich möchte hier kurz einige Beispiele anführen, die ich weiter unten noch differenzierter behandeln werde.

Nach der Französischen Revolution wurden im Osmanischen Reich zur Zeit Mahmuts II. eine Reihe von Reformen durchgesetzt. Diese betrafen hauptsächlich die militärisch-bürokratische Ebene des Staates. Daneben wurde von Schriftstellern wie Gaspıralı İsmail Bey über die Notwendigkeit einer einheitlichen Sprache diskutiert und schließlich der Grundsatz *„Ein Volk kann nicht zur Literatur aufsteigen, sondern die Literatur muss zum Volk herabsteigen"* (SEYDAMET 1934:85) aufgestellt. Seine Ideen fanden später Anhänger wie Ahmed Agayef, Yusuf Akçura und Ziya Gökalp, die sich für eine nationale Sprache einsetzten. Sie zielten in ihrer Zeit darauf ab, Begriffe, die von einem arabischen Wortstamm in das Türkische eingeflossen waren, zu tilgen (BOLAND 1928:70), um eine türkische Einheit in der Welt zu ermöglichen. Die Politik Russlands, mittels der Einführung des lateinischen Schriftsystems für nichtslawische Nationen neue, kleine Nationen zu schaffen, führte zu einem spürbaren Riss zwischen Türkeitürken und Russlandtürken. Die russische Sprachpolitik wurde auch auf dem Turkologen-Sprachkongress von Baku thematisiert. Ihre Folgen dauern bis heute an. Zeitgenössische Turkologen, unter anderem Jäschke und Jansky, warnten mit ihren Arbeiten die betreffenden türkischen Instanzen vor dieser russischen Macht- und Kulturpolitik.

„Die Einführung der Lateinschrift in der Sowjetunion, der die Absicht zugrunde lag, in Russland so viele türkische Schriftsprachen zu schaffen, als es dort Türkdialekte gibt, und damit eine Gruppe voneinander geschiedener, völlig bedeutungsloser wirtschaftlich, politisch und kulturell nicht lebensfähiger Nationchen zu bilden, führte auch gegenüber den Türkeitürken zu einem geistigen Riss, der sich noch erweiterte, als Mustafa Kemal im Herbst 1928 das stark abweichende Lateinalphabet der Türkischen Republik annahm. Auch die von ihm energisch geförderte Sprachreform diente kaum der Annäherung an die Russlandtürken." (JÄSCHKE 1944:251)

Studenten wurden nach Frankreich geschickt, um die europäischen Entwicklungen zu verfolgen. Nach Ansicht der Staatsführung konnte der Fortschritt Europas nur durch Nachahmung der Französischen Revolution eingeholt werden. Die radikalsten Reformen in der türkischen Geschichte – die kemalistischen Revolutionen ausgenommen – wurden zur Zeit Mahmut II. durchgesetzt (I. Tanzimat Fermanı). Sowohl die Reformbewegungen der osmanischen Staatsmänner als auch die späteren Revolutionäre, wie Atatürk, hatten immer nur ein Ziel: Die Modernisierung der Türkei durch Verwestlichung.

Die Einflüsse der Französischen Revolution auf die kemalistischen Revolutionen wurden auf allen Ebenen des politischen Lebens des jungen Staates sichtbar. Dabei handelt es sich um Revolutionen, die große Ähnlichkeiten mit denen Frankreichs aufweisen. Nach französischem Muster wurden religiöse Würdenträger verfolgt, ihre Zahl wurde mit drastischen Mitteln, wenn nötig mit Gewalt (HOTTINGER 1980:42), verringert. Im Anschluss an diese Maßnahmen wurde am 2. September 1925 ein Gesetz verabschiedet, das der Bevölkerung europäische Bekleidungsnormen vorschrieb. Das betraf auch die Geistlichen: Kein Geistlicher durfte außerhalb der Moschee, der Kirche und der Synagoge klerikale Kleidungsstücke tragen. 1935 wurden durch Erlass des Gesetzes Nr. 245 viele Moscheen geschlossen. Alles, was an Religion erinnerte – osmanische Grabsteine und deren Inschriften, Bücher, Schriftstücke – sollte aus dem Leben der modernen Türkei verbannt werden. Der Mondkalender, nach dem die islamische Zeitrechnung geregelt ist, wurde per Gesetz am 26. Dezember 1925 durch die Übernahme der westlichen Zeitrechnung *Miladî Takvim* (Gregorianischer Kalender) ersetzt (RILL 2004:95). Im Juni 1935 wurde der wöchentliche Feiertag vom Freitag auf den Sonntag verlegt (KIRZIOĞLU 1977:83). Im Jahr 1936 wurde der Religionsunterricht an den Schulen abgeschafft.

Betrachtet man diese Revolutionen im staatlichen und gesellschaftlichen Leben näher und vergleicht man sie mit der Französischen Revolution, stößt man aber auch auf wesentliche Unterschiede. Während die Französische Revolution ein Ergebnis des Widerstands des Volkes gegen Unterdrückung und Ungerechtigkeit war, zielten die türkischen Revolutionsgedanken eher darauf ab, das Volk zu verändern, um es an das Wesen des jungen türkischen Staates nach europäischem Muster anzupassen. Ähnlichkeiten sind zumeist in der Methodik aber auch in den Inhalten zu beobachten.

Sowohl die Revolutionsgerichte in Frankreich, als auch die außerordentlichen Gerichte zur Zeit des türkischen Freiheitskampfes und der Revolutionen, fungierten zugleich auch als Henker in ihrem jeweiligen Land, denn alle Gerichtsurteile waren unwiderruflich, da eine Berufung nicht vorgesehen war und sie zumeist aus Todesurteilen bestanden (LEWIS 1961:261; NUR 1967:1322).

Die Franzosen waren sehr hilfsbereit, die Ideen der Französischen Revolution zu exportieren. Ein im Jahr 1795 in Istanbul gegründeter Verlag hatte nur ein Ziel, nämlich für die Ideen der Französischen Revolution auf osmanischem Boden zu werben. Der Verlag publizierte ein dementsprechendes Bulletin. Im Jahr 1826 wurden Medizinschulen mit demselben Ziel eröffnet. In diesen Schulen wurden ausschließlich Werke der französischen Rationalisten unterrichtet. Das Resultat war das 1839 proklamierte „Tanzimat Fermanı", *„eine schlechte Kopie, der im Jahre 1789 in Paris verkündeten Menschen- und Bürgerrechte."* (LEWIS 1961:73)

Als ehemaliges Mitglied der Partei „İttihat ve Terakki" hatte Mustafa Kemal die Prinzipien der Französischen Revolution übernommen. Die erzielten Erfolge der Revolution wie Laizismus, Nationalstaat, Niederlage der Kirche bzw. der religiösen Institutionen, Nationalarmee, nationale Währung, nationale Sprache, Kleiderreform, neuer Kalender, metrische Einheiten, Demokratie statt Aristokratie und schließlich Sprachrevolutionen, die einzigartig in der sprachpolitischen Geschichte der Welt sind, wurden der türkischen Nation vorgeschrieben. Die Ähnlichkeiten und Parallelen mit der Französischen Revolution sieht man bei der Gründung der neuen Türkei in allen Bereichen der Republik. Als Mustafa Kemal sich beispielsweise 1924 in İzmir aufhielt, sagte er zu den Journalisten *„Wir werden alle Erfordernisse des republikanischen Systems durchführen.."* (MELZIG 1937:251)

Um die Auswirkungen der Französischen Revolution in der Türkei dauerhaft zu machen, hat sogar eine vom französischen Botschafter persönlich gesteuerte Presse die Französische Revolution dort propagiert. Mit staatlicher Hand Reformen im Osmanischen Reich durchzusetzen, war seit langem das ersehnte Ziel der meisten europäischen Staaten. Bei der Verwirklichung dieses Zieles wurde sogar die nationalistische Zeitung von Ahmet Rıza, der in Paris lebte und nationalistisches Gedankengut für sein Land propagierte, – obwohl er jegliche Einmischung aus dem Ausland in die Angelegenheiten seines Heimatlandes ablehnte – mit Hilfe des Postdienstes europäischer Botschaften und Konsulate, die als ausländische Vertretung eigene Postämter unterhielten, ins Osmanische Reich eingeschmuggelt. So wurde die Französische Revolution auch auf osmanischem Boden Wirklichkeit (MATUZ 1985:250).

Die französische Einmischung blieb nicht die einzige. Später (1860) kam unter anderem England hinzu. Die Zeitung *Ceride-i Havadis*, eines der einflussreichsten Blätter, wurde von Winston Churchill selbst herausgegeben und sogar vom englischen Staat subventioniert (KREISER 2001:71; ÖKSÜZ 1995:16).

Während in westlichen Ländern Revolutionen als Folge bestimmter politischer und gesellschaftlicher Entwicklungen entstanden, beinhalteten die Reformen im Osmanischen Reich und später die Revolutionen in der modernen Türkei Verwestlichungsbestrebungen, die künstlich von oben aufgesetzt und von ausländischen Stellen propagiert wurden. Diese Ideen wurden sowohl von einheimischen Idealisten als auch von traditionsgegnerischen Eliten und Nationalisten gefördert. In entsprechenden Abhandlungen stellt man fest, dass sowohl in den ersten Reformen der Reichsepoche (Reformdekret Tanzimat) als auch später in republikanischer Zeit die Kultureinflüsse und wirtschaftlichen Interessen von außen die alleinigen Grundelemente der Reformen bildeten. Die Missionarstätigkeiten, die politisch-wirtschaftlichen und historisch-religiösen Interessen der westlichen Staaten und religiösen Institutionen bewegten die Machtinhaber im Westen dazu, in dem (aus verschiedenen Gründen geschwächten) Osmanischen Reich ihre Interessen durchsetzen zu wollen.

1.2 These und methodischer Aufbau der Arbeit

In diesem Zusammenhang ergeben sich folgende Schwerpunkte, die der vorliegenden Arbeit zugrunde liegen. Sie werden im Einzelnen ausführlich zur Sprache kommen:

- ein Abriss über die türkischen Alphabete und die Sprache,
- Entstehung und Grundstruktur der modernen türkischen Sprache von der osmanischen Zeit bis 1928 und,
- die Rolle des Alphabets bei der Entstehung und Bekämpfung des Analphabetismus
- Hing der vermutete hohe Analphabetismus im Osmanischen Reich mit der arabischen Schrift zusammen?
- die Zusammenhänge von Schrift, Sprache und Kulturgeschichte einerseits und dem politischen System mit seinem Verwestlichungsideal andererseits,
- die Schriftrevolution als Ergebnis des osmanischen Modernisierungsprozesses seit 1739,
- Revolution oder Reform im türkischen Fall?

- Die Rolle der in- und ausländischen politischen Mächte bei der Entwicklung der Sprache und Sprachplanung: Nationalismus, Sprachpolitik etc.; unnatürliche Interventionen,
- Die politischen Hintergründe der Schrift- und Sprachrevolution,
- die Rolle der Schrift- und Sprachrevolution bei der Schaffung einer modernen türkischen Nation,
- die Bedeutung der Schrift- und Sprachrevolution für die heutige Identitätskrise,
- Anregungen zur Normalisierung der Sprachverhältnisse in den verschiedenen Gesellschaftsschichten,
- Ist eine Verbindung zur Vergangenheit durch bewussten planerischen Eingriff von oben noch möglich?
- Ist die Brücke zur türkisch-osmanischen Vergangenheit und türkischen Welt noch begehbar oder welche rationalen sprach- und schulpolitischen Maßnahmen sind erforderlich, um eine grundlegende Verbindung zur türkischen Vergangenheit zu schaffen?
- Kann die Sprachpolitik der Türkei überhaupt geändert werden? Können die politischen Auswirkungen einer Zweisprachigkeit im türkischen Schulsystem z.B. zur geistigen Wiedervereinigung der gespaltenen türkisch-kurdischen Volksgruppen beitragen? Wenn eine durchdachte, neuerliche Sprachplanung für eine rationale und dialektische Sprachpolitik zur Verfügung stünde, ob dann eine Integration durch gegenseitige Anerkennung in allen Schichten der türkischen Gesellschaft für ein langfristiges, friedliches Miteinander, entgegen aller denkbaren Abspaltungen und ausländischer Einmischung, hilfreich sein könnte.

Anhand westlicher Beispiele wie der Schweiz, Belgien und Kanada wird hier ein kurzer Vergleich durchgeführt. Als weitere für die Thematik der Mehrsprachigkeit wichtige Länder im Westen sind zu nennen: Russland, die ehemalige Tschechoslowakei und das mehrsprachige ehemalige Jugoslawien.

Zu den oben genannten Fragen liegen bis heute kaum wissenschaftliche Studien vor. Bei fast allen Schriften, die das Thema *„Die kemalistischen Revolutionen"* behandeln, handelt es sich um polemisch gefärbte Arbeiten. Zwar befassen sich viele Werke mit der Schrift- und Sprachrevolution, wenige aber stellen eine detaillierte Analyse der Sprachpolitik und ihre Hintergründe dar (LANDAU/BALDAUF 1991:243). So schreibt Martin Hartmann im Jahr 1909 in seinem Buch „Unpolitische Briefe aus der Türkei", die Türken seien zur kritischen Geschichtsforschung unfähig. Hartmann nahm Ahmed Cevdet Pascha, der als erster einen fundierten Vorschlag für eine Normierung der Sprache unterbreitete (Abschnitte 5.3), vom vorherrschenden Urteil aus (HARTMANN 1910:117 und ANMERKUNG 103). Dem kanadischen Orientalisten Cantwell Smith zufolge änderte sich dieser Zustand nach der Gründung der Republik. In Anlehnung an eine ursprünglich von Halil İnalcık und Bernhard Lewis stammende Auffassung schreibt er wie folgt:

> „Whatever the romanticism, nonetheless Turks have since the revolution actually been engaged in what seems a greater production of serious, critical historiography then any other Muslim people." (SMITH 1957:168)[*]

Die Geschichte der Türkei wurde romantisiert, idealisiert und vor allem politisiert; dennoch lässt sich bezüglich der Geschichtssystematisierung und Forschung eine Tendenz zur stärkeren wissenschaftlichen Objektivierung erkennen. Dies verdankt die Türkei unter anderem der erst im Jahr 1910 gegründeten Gesellschaft zur Erforschung der osmanischen Geschichte (Târîh-i Osmânî Tetkîk Encümeni) und deren Nachfolgerin, der in republikanischer Zeit von Mustafa Kemal im Jahr 1931 gegründeten „Gesellschaft für die Erforschung der Türkischen Geschichte" (Türk Tarih Kurumu = TTK), und schließlich der Türkischen Sprachgesellschaft (Türk Dil Kurumu = TDK) (KREISER 2001:82).

Ich werde hier zunächst versuchen, die Quellen der Sprachrevolution von 1928 von anderen kemalistischen Revolutionen zu trennen und auszuarbeiten. Aus dem politischem Blickwinkel heraus haben zwar die aufgezählten Problembereiche ihre Berechtigung, verkannt wird in diesem Zusammenhang allerdings die enorme politische Auseinandersetzung zwischen den westlich-laizistisch orientierten Politikern fundamentalistischen Partisanen der kemalistischen Revolutionen und ihren Gegnern.

Gerade dieser fortdauernde politische Disput um die Sprache macht deutlich, dass ein dringender Bedarf an wissenschaftlichen Untersuchungen zur Bedeutung der Sprachrevolution besteht.

---

[*] Ursprünglich von: Inalcık, Halil: Some Remarks on the Study of History in Islamic Countries, The Middle East Journal Washington, Nr. 7, S. 451–455; und Lewis, Bernhard: History-writing and National Revival in Turkey, Middle Eastern Affairs, New York 1953, S. 218–227.

Erfolgreich durchgeführte Sprachrevolutionen, wie die türkische Sprachplanung, haben naturgemäß Auswirkungen auf alle Ebenen der Gesellschaft, Kultur, Geschichte, Religion und schließlich auch die Denkweise. All diese Bereiche wurden und werden unmittelbar und tiefgreifend beeinflusst.

Zuerst werde ich versuchen, den Entwicklungsprozess der Schrift und Sprache aus Sicht dieser Studie allgemein zu erforschen. Dementsprechend werde ich zunächst den äußeren Einflüssen des Totalitarismus, der Politik, der Religion, des Kolonialismus und der Missionierung – also all jenen Bereichen, welche die Wichtigkeit der Sprache zur Subjektivierung und Beeinflussung des Denkvermögens einer Gesellschaft recht früh erkannten – nachgehen.

Der Schwerpunkt dieser Studie liegt darin, zu analysieren, inwieweit und in welchen Bereichen die türkische Gesellschaft und Sprache durch die Sprachrevolution, welche meines Erachtens, unter den kemalistischen Revolutionen die wichtigste ist, beeinflusst wurde. In diesem Rahmen möchte ich die Erforschung auf die Schwerpunkte Schrift- und Sprachrevolution Mustafa Kemals eingrenzen.

Außer den in Abschnitt 2 „Die Rolle der Schrift im Modernisierungsprozess..." genannten Einflüssen, war die Französische Revolution die wichtigste Inspirationsquelle für die türkischen Revolutionen. Aus verschiedenen Gründen muss ich diese aber, unter anderem auch weil sie nur eine untergeordnete geistige Rolle bei der Ideologisierung der Sprache spielte (COULMAS 1985:65), hier weitestgehend außer Acht lassen.

In der Einführung sowie im zweiten Teil „Die Rolle der Schrift im Modernisierungsprozess vom osmanischen Millet-System zur kemalistischen Staatsnation" habe ich eine differenzierte Darstellung dieses Problembereichs gegeben, um einen besseren Zugang zu meiner Forschung im eigentlichen Hauptteil zu ermöglichen. In Abschnitt 2 bin ich auf die der Studie zugrundeliegenden zentralen Begriffe wie Kulturnation/Staatsnation, Reform/Revolution, Modernisierung/Verwestlichung, eingegangen. In diesem Abschnitt wird auch näher ausgeführt, warum die türkische Sprachplanung nicht als Reform, sondern vielmehr als Revolution zu verstehen ist.

In Abschnitt 3 wird Sprachplanung mit den Beispielsprachen sowie mit Japanisch, Griechisch etc. ausführlich abgehandelt. In Abschnitt 4 „Historischer

Rückblick auf den Analphabetismus in den ausgewählten Beispielgesellschaften" wird untersucht, ob die Behauptung zutrifft, dass die „Altschrift" bzw. (fremde) arabische Schrift tatsächlich für Rückständigkeit und für Analphabetismus des Landes verantwortlich gewesen ist. Notwendig hierfür war, auf den Unterschied zwischen dem Analphabetismus in der Türkei und in westlichen Ländern in der maßgeblichen Zeitspanne kurz einzugehen, um dem in der Türkei vieldiskutierten Thema Analphabetismus vor und nach der Schriftrevolution eine Erörterungsgrundlage für dessen Ursachen zu schaffen. Ob die Annahme, die Schrift und Sprache seien schwierig und daher der Transfer der erstrebten „Moderne" aus dem Westen und die Tilgung des Analphabetismus im Lande unmöglich, oder ob dies vielmehr den Vorwand zur Durchsetzung der revolutionären Ziele diente ist, ist nicht nachvollziehbar; obgleich einzuräumen ist, dass die tatsächliche Schrift und Sprachproblematiken allgemein unbestritten waren.

Unter Abschnitt 5 werden alle Alphabete, die je für die türkische Sprache verwendet wurden, vorgestellt. Dabei habe ich bewusst dem lateinischen Alphabet mehr Platz eingeräumt, weil es das Thema dieser Forschung ist.

Von Abschnitt 6 an begebe ich mich zum eigentlichen Untersuchungsgegenstand der Arbeit, nämlich „Schrift- und Sprachrevolution in der Türkei". Schließlich unter Abschnitt 7 habe ich im Zuge der erbrachten Argumentationen das Thema zusammengefasst und einer Beurteilung unterzogen. Im Übrigen habe ich bewusst auf einige Abbildungen in der Arbeit hingewiesen und sie unter Abschnitt 9 abgebildet, um durch Darstellungen der Schrift aus unterschiedlichen Zeitphasen das Problem der Forscher zu konkretisieren und eine bessere Verständnisgrundlage zu schaffen.

Ein wesentliches Problem dieser Arbeit bestand darin, geeignetes und fundiertes Material für den Hauptteil zu finden, auf das sich eine solche Darstellung stützen kann. Publikationen dazu gibt es nahezu ausschließlich aus der Sphäre der sogenannten „Grauen Literatur" wie z.B. Artikel aus verschiedenen türkischen Zeitungen und Zeitschriften des 19. und 20. Jahrhunderts. Unparteiische Publikationen aus den politischen Reihen sind kaum zu finden. Die Publikationen aus den Reihen der republikanischen Protagonisten sind meistens Lobschriften oder sprachgeschichtliche Untersuchungen. Wissenschaftlich-politische Publikationen, welche die Hintergründe der Sprachrevolution erhellen, existieren nicht.

Trotz allem war mir auch einiges an Primärliteratur zugänglich wie z.B. das Werk von Volney, in dem die Idee des „Alphabetwechsels" im Orient zum ersten Mal zur Sprache kommt (VOLNEY:1826:XV), sowie Werke nichttürkischer Turkologen.

Auf Grund des Mangels an geeigneter wissenschaftlicher Literatur werde ich für diese Arbeit alle verfügbaren Quellen und Materialien sowohl in deutscher Sprache als auch in anderen Sprachen, insbesondere aus dem Türkischen, heranziehen und anschließend analysieren. Dazu gehören Zeitungs- und Zeitschriftenartikel und sonstige Veröffentlichungen der kemalistischen Vereine, sowie Dokumentationen, Drucksachen der Parlamente, der Ministerien, Parteien und Institute.

Sprachforschungen über die politischen Aspekte der türkischen Sprache sind sowohl in der Türkei als auch im Westen verhältnismäßig selten. Dagegen steht zu den Themenbereichen Gesellschaft, Recht und Islam eine Masse an Veröffentlichungen zur Verfügung. Während die politischen Publikationen über Sprache in der Türkei überwiegend einseitige Wiederholungen sind, wird die Schrift- und Sprachrevolution im Westen im Zeichen der Modernisierung des Landes betrachtet. Ihre zumeist zerstörerischen Folgen in der Wissenschaft, beim Kulturwandel und vor allem die Veränderungen im türkischen Gesellschaftsleben werden oft als unwichtige Folgen politischer Entscheidungen ignoriert. Über diese gewaltige politische Entscheidung der Sprachrevolution fällt kaum ein Wort oder sie wird allenfalls am Rande einer Untersuchung mit ideengeschichtlichem Hintergrund erwähnt. Man fragt sich zu Recht, ob auch Wissenschaftler außerhalb der Türkei der offiziellen Propaganda insoweit erlegen sind (DUDA 1942:77), dass die Hintergründe der Sprachrevolution und der Verfall einer alten Kultur sie nicht interessieren.

Neben zahlreichen Untersuchungen über die Hintergründe der türkischen Revolution gibt es nur wenige umfassende Darstellungen zur fundamentalen Sprachpolitik in der Türkei. Eine wissenschaftlich fundierte Diskussion der Sprachrevolution als politische Entscheidung findet und fand nur in wenigen Fällen statt. Hiervon kann man das im Jahr 1999 erschienene Buch *„The Turkish Language Reform. A Catastrophic Success"* von Geoffrey Lewis ausnehmen. Bei dem Buch des Freiburger Turkologen Jens Peter Laut, *„Das Türkische als Ursprache?"*, handelt es sich jedoch nicht nur um eine „nicht unkritische" sprachpolitische Forschung, sondern auch um einen Beitrag zur Objektivierung der Auseinandersetzungen in der Öffentlichkeit und im wissenschaftlichen Diskurs im Kontext der türkischen Schrift- und Sprachrevolution (LAUT 2000:VII). Im sprachwissenschaftlichen Bereich sind viele Forschungen zu erwähnen: Zeynep Korkmaz, György Hazai, Karl Steuerwald, Uriel Heyd oder Rekin Ertem sind nur einige der Wissenschaftler, welche die sprachwissenschaftlichen Aspekte des Türkischen erforscht haben. Die Arbeiten vieler türkischer Wissenschaftler nach den 1920er Jahren können in fast allen Fällen auch als Quellenmaterial angesehen werden, da die Autoren meist selbst Protagonisten der Sprachrevolution waren. Aufsätze, Zeitungsartikel, Statistiken etc. zur Sprachproblematik in der Türkei werde ich ebenfalls in diese Untersuchung mit einbeziehen.

Die Ziele dieser Arbeit liegen darin, festzustellen, ob eine sprachpolitische Anregung zur Lösung der Sprachproblematik in der Türkei möglich ist. Eine Rückkehr zur Situation vor der Sprachpolitik der Republik seit Anfang des 20. Jahrhunderts ist sicherlich nicht mehr durchführbar. Aber eine Erweiterung der Sprachpolitik mit dem Ziel, breiten Bevölkerungsschichten die Erforschung der Vergangenheit zu ermöglichen und beispielsweise die gespaltenen Volksgruppen und Gesellschaftsschichten wieder zu einen, ist nur mit einer offensiven und radikalen Sprachpolitik möglich. Diese beiden Themenbereiche sind die Hauptaufgabenbereiche dieser Untersuchung.

2. Die Rolle der Schrift im Modernisierungsprozess vom osmanischen Millet-System zur kemalistischen Staatsnation

Im 19. und 20. Jahrhundert hat sich der Transfer von Ideen und die gegenseitige Beeinflussung verschiedener Kulturen immer weiter intensiviert und beschleunigt. Phänomene wie Industrialisierung, Nationalismus oder Demokratie haben, ausgehend von Westeuropa nach Mitteleuropa, weite Teile der Welt einschließlich das untergehende Osmanische Reich und schließlich die Türkei erreicht. Die moderne Türkei entstand aus den Trümmern des Osmanischen Reiches. Kein anderes Land hat den Übergang von einem Vielvölkerstaat zum Nationalstaat so rasch vollzogen. Und in keinem Land der Welt wurde der Westen so uneingeschränkt zum Regierungs- und Gesellschaftsmodell wie in der Türkei. Nirgendwo wurden die Spuren der Religion im Namen des Laizismus der Gesellschaft und im Staat so nachhaltig beseitigt wie in der Türkei. Den totalen Austritt aus dem orientalisch-islamischen Kulturkreis und die Hinwendung zum Westen nannte man allgemein „Verwestlichen der Gesellschaft, Verwestlichen der Politik", die sich ausschließlich am nationalen Interesse der Türkei orientierte (STEINBACH 1996:92).

Im Osmanischen Reich lässt sich an der zweiten Hälfte des 19. Jahrhunderts die Entstehung nationaler Bewegungen in Verbindung mit Sprachstandardisierungsprozessen beobachten. Man sprach bis in die 20er Jahre des 20. Jahrhunderts ausschließlich von Schrift- und Sprachreform (ıslâhat = Reform), jedoch nur am Rande von einem grundsätzlichen Schriftwechsel (inkılâp = Revolution). So wird in vielen osmanischen Publikationen eine für alle (d.h. auch für Minderheiten) verständliche türkische Sprache beansprucht (HEYD 1954:16).

Die zentrifugale Richtung unter den osmanischen Reformern, die zumeist gegen einen Schriftwechsel waren, scheint in der heutigen Türkei die Realität geworden zu sein. Die Versuche, die traditionelle arabische Schrift zu vereinfachen, waren oft Diskussionsstoff osmanisch-türkischer Politiker. Demzufolge, und als Resultat dieser Arbeiten bzw. Auseinandersetzungen, ist die Einführung der lateinischen Schrift vom türkischen Parlament im Jahre 1928 offiziell beschlossen worden. Nach der politischen und wissenschaftlichen Entwicklung scheint es heute vielen Türken, die für die Einführung der lateinischen Schrift waren, bewusst geworden zu sein, dass ihre traditionelle

Schrift sozusagen „Bindemittel" bzw. „Zement" des Vielvölkerstaates gewesen ist und für den wirtschaftlichen Aufschwung, wie man glaubte, kein Hindernis darstellte. Der Schriftwechsel hat dazu geführt, dass sich zwischen der Türkei und den Turkvölkern zum einen, und der Türkei und der islamischen Welt zum anderen, ein tiefer Graben und eine Zerrissenheit vollzogen hat. Der islamischen Welt den Rücken zugewandt, an der Schwelle Europas wartend, hat die Türkei noch heute ihre Hoffnung auf „kulturelle Vermählung" nicht aufgegeben.

Zunächst sollen aber die diesem Thema zu Grunde liegenden zentralen Begriffe definiert werden.

2.1 Begriffsklärungen: Kulturnation – Staatsnation, Reform – Revolution, Modernisierung – Verwestlichung und Nationalismus

Das Osmanische Reich als der letzte Vielvölkerstaat, entwickelte das Millet-System. Diese „Millets" genannten Religions- bzw. Sprachgemeinschaften besaßen ein hohes Maß an rechtlicher, politischer sowie wirtschaftlicher Autonomie. Nur langsam entdeckten die Türken als die herrschende Volksgruppe innerhalb dieser Millets ihre eigene *nationale* Identität. Unter der Herrschaft der Osmanen genossen alle Volksgruppen (Millets) neben der religiösen auch die sprachliche Freiheit. Die Konzeption eines auf mehrere Religionen und Sprachen beruhende Vielvölker- bzw. Multikulturstaates war nur scheinbar vom politischen status quo ausgegangen. Das Osmanische Reich war nicht bereit sich vom Islam als Religion, als kultureller Manifestation und als politischer Macht zu trennen. Der Islam kennt den Begriff der Nation nicht. Für ihn gibt es nur eine „Nationalität" – die Islamische. In ihr ist jeder einzelne gläubige Araber, Türke, Europäer gleich. Abstammung und Zugehörigkeit zu einer Nation spielt keine Rolle. Der Sultan ist ebenfalls dem islamischen Recht unterworfen; seine besondere Stellung ist nur gerechtfertigt, solange er dieser Geltung verschafft und sicherstellt, dass der Gläubige ein muslimisches Leben führen kann (STEINBACH 1996:66).

Die Homogenität und Multikulturalität des Osmanischen Reiches und das nach dem Ersten Weltkrieg entstandene Gebilde – die Türkei – waren von Grund auf verschieden. Das Osmanische Reich war ein Vielvölkerstaat und wies Merkmale eines nicht dicht fusionierten, koexistenziellen Staatsgebildes auf. Entscheidender ist, dass die osmanischen Völker unter türkischer Herrschaft in Millets aufgeteilt waren, aber kein eigenes staatliches Territorium besaßen, weshalb man das Reich nur bedingt als eine „Kulturnation" bezeichnen kann, da die kulturelle Einheit der Bevölkerung nicht gegeben war. Die Angehörigen der Religionsgemeinschaften genossen im ganzen Reich Bewegungs- und Niederlassungsfreiheit. Demgegenüber war das Ziel des nationalen türkischen Staates die ethnische Homogenisierung des Staatsgebietes. Zur Verwirklichung dieser Homogenisierungsbestrebungen wurden Minderheiten aus der Türkei und Griechenland gegenseitig und mehrere Male nach dem Ersten und Zweiten Weltkrieg unter dem Deckmantel „Austausch" vertrieben (OBERNDÖRFER 1993:28, 51). Es entspricht den Nationalismusprinzipien, dass eine Nation aus einem Volk bestehen muss. *„Träger der Nation kann nur ein Volk sein. Ein weiteres Volk hat in der Nation keinen Platz. Vielvölkerstaat und Nation sind unvereinbare Gegensätze. Dies war eine revolutionäre Vorstellung. Sie stand im Gegensatz zu den überlieferten politischen Organisationsformen Europas."* (OBERNDÖRFER 1993:34)

In der hysterischen Polemik während der letzten Jahre des Osmanischen Reiches gab es schon bei den Eliten die Sehnsucht nach einer ethnisch-nationalen Homogenität, die sich gegen den Multikulturalismus wandte. Diese Sehnsucht nach einer homogenen Gesellschaft existiert wegen der ethnischen Gespaltenheit der türkischen Gesellschaft noch als ein wichtiger Bestandteil der türkischen Politik. Andererseits gab es im Osmanischen Reich die jahrhundertelange Erfahrung des friedlichen Zusammenlebens in einer multikulturellen Gesellschaft (OBERNDÖRFER 2006:17; 1993:51).

Mit dem westfälischen Friedensabkommen kam in Europa 1648 ein Jahrhundert blutiger Religionskriege zum Abschluss. Europa hat sich damals nach den religiös oder moralisch begründeten Kriegen für Frieden entschieden und ein neues politisches System in Europa gegründet. Die Religion wurde säkularisiert und definitiv dem Staat untergeordnet. Im *„Westfälischen Frieden"* wurde festgelegt, dass jedes Land und jeder Monarch das Recht habe, einen eigenen, unabhängigen, souveränen Staat zu bilden, des Weiteren, dass jeder souveräne Staat seine inneren Angelegenheiten ohne Einmischung von außen regeln könne, und dass die gemeinsamen Merkmale der Bürger jedes Staates ausreichen, um eine Nation zu begründen. Damit wurden zunächst in Europa die Fundamente eines Nationalstaates gelegt (SCHILLING 1987. 175; GELLNER 1999:93). Die Form des modernen Nationalstaates, zunächst nur in England und Frankreich, später in der abgeänderten Form des Territorialstaates auch in Deutschland, basierte auf ganz neuen Prinzipien: Souveränität, Staatsräson, territoriale Herrschaft, rationale Verwaltung. Der „Nationalstaat" entstand also im Zuge des Zerfalls der weltlichen und geistigen Ordnung des Mittelalters und der sie begründenden Gedanken. Die Trennung von weltlichem – und geistigem Bereich bringt eine Säkularisierung des Politischen und seine Konstituierung als einen eigenständigen Machtbereich mit sich (BERG-SCHLOSSER 2003:9).

Der moderne Begriff „Nation" (= Geschlecht, Herkunft, Stamm, Volksstamm) kann je nach Auffassung lateinisch *natio*, griechisch *ethnos* oder französisch *nation* Unterschiede aufweisen. Noch im 18. Jahrhundert bezeichnete „Nation" ein rein kulturelles Phänomen, das mit Politik nichts zu tun hatte. Man bezeichnet dieses Phänomen noch heute als **Kulturnation** (nach Herder). Erst mit der Französischen Revolution entstand die **Staatsnation** (nach Rousseau): Der republikanisch gewordene Staat hatte seine Identifikationsfigur verloren. Die Ideale der Aufklärung waren zu abstrakt, als dass man daraus eine Identität hätte ableiten können. Deshalb machte man aus der Kulturnation eine Staatsnation und diese diente von nun an als identitätsverleihendes Gefäß für den republikanischen Staatsgedanken (OBERNDÖRFER 1993:12). So entstand der Nationalstaat. Erst seit dem Zweiten Weltkrieg findet in Europa im Zusammenhang mit dem Begriff „Nation" ein eigentlicher Paradigmenwechsel statt (OBERNDÖRFER 1993:84).

Die westeuropäische bzw. französische Auffassung begreift „Nation" seit dem 18. Jahrhundert als eine historisch geformte Willensgemeinschaft, die in der Einheit des Staatswesens hervortritt (Staatsnation). Die Eigenart der deutschen Geschichte, die erst spät einen deutschen Nationalstaat hervorbrachte, hat sich in einer weniger eindeutigen Vorstellung von Nation niedergeschlagen. Die deutschen Denker der klassischen und romantischen Epoche (J. G. Herder, J. G. Fichte) betonten die völkisch, kulturelle und vorstaatliche Nation (Kulturnation). Deutschtum wurde im Kaiserreich zum Programm. Im Sinne des Herderschen Volksgeistes begaben sich die Deutschen auf die Suche nach ihrem Wesen und ihrer Kultur (OBERNDÖRFER 1993:34, 36; GELLNER 1999:77, 116).

Als Vertreter des ersten Ansatzes (Staatsnation und Kulturnation) gilt Meinecke. Für ihn geht es um die Entwicklung des romantischen Nationalstaatsgedankens in Auseinandersetzung mit der Tradition des Weltbürgertums, wie es die Eliten des deutschen Geisteslebens seit dem späten 18. Jahrhundert betrachtet hatten. Meineckes Beschreibung:

„Man wird, trotz aller gleich zu machenden Vorbehalte, die Nationen einteilen können in Kulturnationen und Staatsnationen, in solche die vorzugsweise auf einem irgendwelchen gemeinsam erlebten Kulturbesitz beruhen, und solche, die vorzugsweise auf der vereinigenden Kraft einer gemeinsamen politischen Geschichte und Verfassung beruhen. Gemeinsprache, gemeinsame Literatur und gemeinsame Religion sind die wichtigsten und wirksamsten Kulturgüter, die eine Kulturnation schaffen und zusammenhalten." (MEINECKE/HERZFELD 1969:438)

Seine Anschauung über die Entwicklung des Nationalstaatsgedankens war, dass Nationalstaaten selbst überpersönliche Individualgebilde seien, von freien Persönlichkeiten geschaffen:

„Die hohe, all unser Denken und Sorgen um den Staat tragende und rechtfertigende Erkenntnis, daß der Staat eine ideale, überindividuelle Gesamtpersönlichkeit sei, konnte erst voll errungen werden, als die Gemeinschaftsgefühle und Energien der einzelnen Bürger in ihn hineingetragen wurden und ihn zum Nationalstaat umwandelten." (MEINECKE/HERZFELD 1969:17)

Die Begriffe werden häufig in zwei Haupttypen, nämlich in „Staatsnation" und „Kulturnation" eingeteilt. Diese Zweiteilung hat Eingang in zahllose Untersuchungen der Nationalismusforschung Eingang gefunden. Während Kulturnationen als Schicksalsgemeinschaft auf der Basis objektivierender Kriterien verstanden werden, definieren sich Staatsnationen über eine gemeinsame Staatsbürgerschaft und eine gemeinsame Geschichte (MEINECKE/HERZFELD 1969:3). „Kulturnation" ist demnach eine Nation oder Gemeinschaft, die sich durch die Sprache, Sitte, eine imaginierte Tradition, Kultur und oft auch Religion also durch Kulturleistungen und nicht durch Abstammung auszeichnet. Die Kulturnation bildet sich auf Grund dieser gemeinsamen Kriterien durch ein Nationalgefühl aus (HEXELSCHNEIDER 1984:53). Sie ist einem Staat gedanklich vorgelagert und von staatlichen Grenzen unabhängig. Basis einer Kulturnation ist ein Volk. Dieser Begriff eines Volkes ist von dem politisch-rechtlichen Begriff des „Staatsvolkes", der die Gesamtheit aller Staatsangehörigen eines Staates darstellt, zu unterscheiden. Stimmen die Staatsgrenzen mit denen der Kulturnation ungefähr überein, spricht man in diesem Fall von einem Nationalstaat. In einer Kulturnation (Heiliges Römisches Reich Deutscher Nation) wird die Nation bzw. das Volk gegenüber dem Staat hervorgehoben, während in einer Staatsnation der Staat gegenüber der Nation hervortritt. Die typischen Vertreter der Staatsnationen sind beispielsweise die Türkei und Frankreich (HOLTMANN 2000:402).

Als klassisches Beispiel für eine Kulturnation kann Deutschland gelten; Ende des 18. Jahrhunderts bildete sich im Heiligen Römischen Reich Deutscher Nationen das Bewusstsein von einer nationalen Zusammengehörigkeit. Man sprach von einer Kulturnation weil diese kleinen Staaten keine Nation bildeten wie wir sie kennen, sondern sich durch eine gemeinsame Geschichte und Sprache als Nation verstanden. Somit ging die Formulierung einer kulturellen Einheit als Medium zur Vermittlung eines Gemeinschaftsgefühls der Schaffung einer politischen Einheit voraus. Den Prozess der Umwandlung Deutschlands von einer Kulturnation in eine Staatsnation fasst Meinecke als notwendige Überformung der weltbürgerlichen Idee durch den Nationalgedanken auf (MEINECKE/HERZFELD 1969:15). Meinecke bewertet diese Überformung positiv, betont jedoch gleichzeitig, dass *„das wahre, das beste deutsche Nationalgefühl auch das weltbürgerliche Ideal einer übernationalen Humanität mit einschließe [...]."* (HERZFELD 1969:XIX) Viele Balkanstaaten zählen auch zu den Kulturnationen mit der ursprünglichen Ausprägung. Will man aus ihnen Staatsnationen machen, so führt dies unweigerlich zu Kriegen, denn viele Gebiete werden von verschiedenen Kulturnationen beansprucht. Dies rührt daher, dass sich in Mittelosteuropa die großen Reiche wie das Osmanische und das Habsburgische (BRUNNER 1996:18), viel länger gehalten haben als in Westeuropa,

Es hat jedoch nicht unbedingt jede Kulturnation jeweils eine Staatsnation, vielmehr können sich Kulturnationen auf mehrere Staatsgebilde ausdehnen, aber es kann auch ein Staat mehrere Nationen umfassen (HETTLAGE/ESTEL 1994:145).

Das Konzept der Staatsnation entspringt einer westeuropäischen Entwicklung, der bewussten Nationenbildung in Frankreich, England und den Vereinigten Staaten. Innerhalb dieser politischen Willensgemeinschaften fußt die Staatsgewalt auf der Volkssouveränität (ALTER 1985:20). Dort bilden Verfassung, gemeinsame Werte, Institutionen und Symbole das einigende Band zwischen Staat und seinen Bürgern. Eine Staatsnation ist ein politischer Zusammenschluss. Sie ist die politisch souverän organisierte und geordnete Gemeinschaft. Territorialer Zusammenhang kann, muss aber nicht sein. Ethnische Gegebenheiten sind unbedeutend (OBERNDÖRFER 1993:14).

Das Nationalstaatsprinzip beruht auf der Verbindung der Idee der Nation mit den seit der Französischen Revolution lebendig gebliebenen politischen Grundsätzen der Volkssouveränität und der Selbstbestimmung: Der Staat ist nicht mehr das Ergebnis einer Territorialpolitik, sondern er wird nur durch die in ihm sich organisierende Nation legitimiert (OBERNDÖRFER 1993:32, 35). Frankreich seit der Französischen Revolution und die Türkei seit der Gründung als Republik (1923) galten als perfekte Beispiele für eine Staatsnation; Nationen, die jeweils auf ihre gemeinsame Geschichte und Verfassungen beruhen.

Nationalstaaten sind im Gegensatz zu Nationen Erfindungen der modernen Zeit. Mit der Entstehung des Bürgertums und seinen Ideen der Volkssouveränität, wurde das Konzept der politischen Nation geboren, wobei Nation und Staat ab diesem Zeitpunkt zum Nationalstaat verschmelzen: Dieser umfasst Organisationsformen und Grundgesetze, die nicht mehr auf sozialen Unterschieden beruhen(MEINECKE 1969:438).

„Nationalstaat und Nation sind deswegen keineswegs deckungsgleich. Sie sind es aber schon deshalb nicht, weil nur im Idealfall ein Nationalstaat eine einzige Nation umfasst." (HETTLAGE/ESTEL 1994:145) Das Integrationsprinzip der frühen Gesellschaftsformationen, deren Mitglieder durch Herkunft, Sprache, traditionale Solidarität und andere Aspekte des Kollektivbewusstseins (Sitten, Bräuche und Gewohnheiten) verbunden waren, wurde durch größere Verbandsbildungen überformt, wodurch die Nation entstand. Es tritt infolge der gewachsenen Größenordnung der Aspekt der permanenten Herstellung ethnischen Nationalismus konkreter zutage (HETTLAGE/ESTEL 1994:145). Das Nationalstaatsprinzip wird und wurde oft kritisiert: Ursachen der Eskalation von Nationalitätenkonflikten oder auch die gewaltsame Vertreibung oder Assimilierung stammen aus ihm.

„Nationalismus" ist eine oft missbrauchte Bezeichnung, mit der man alles ausführen kann – und daher überhaupt nichts. *„Nationalismus ist eine Form des politischen Denkens, die auf der Annahme beruht, daß soziale Bindung von kultureller Übereinstimmung abhängt. Welche Herrschaftsprinzipien ein Gemeinwesen auch immer bestimmen mögen, ihre Legitimität liegt in der Tatsache begründet, dass die betroffenen Gruppenmitglieder dieselbe Kultur [...] teilen."* (GELLNER 1999:17) Man wird zweckmäßigerweise zwischen Patriotismus und Chauvinismus zu unterscheiden haben. Chauvinismus ist der Glaube an die Überlegenheit der eigenen Gruppe. Diese zweite Bedeutung von Nationalismus wird oft vom romantisch-emotionalen Patriotismus abgegrenzt, der sich für die Werte und Symbole seines Landes einsetzt und dies auch anderen Nationalitäten zubilligt, jedoch auch in Nationalismus münden

kann (BRUNNER 1996:29). Bedeutung gewinnt der sprachliche Chauvinismus oft bei der sogenannten „nationalen Wiedergeburt" im Rahmen der Entstehung einer neuen Nation, welche sich auf eine gemeinsame Sprache beruft und eine Sprachnation etablieren möchte. Dabei begleiten den Sprachchauvinismus oft Sprachreinigungen und politische Debatten zur Änderung des bisherigen Status als sprachliche Minderheit (OBERNDÖRFER 1993:22).

Die Geschichte hat uns viel zu oft gezeigt, zu welchen Brutalitäten die Ideologie führen kann, sobald sie in die Erscheinungsform des Nationalismus umkippt. Wie bereits oben erwähnt, führte genau dies in Europa zu ebenso grausamen Gewaltakten wie einige Jahrhunderte zuvor bis zum „Westfälischen Friede" (1648). Dennoch brauchte es für einen grundsätzlichen Paradigmenwechsel zuerst die schrecklichen Erfahrungen von zwei Weltkriegen. Ethnischer Nationalismus versuchte die Grenzen von Kulturnation und von Staatsnation mit Zwang in Übereinstimmung zu bringen (GELLNER 1999:106; BRUNNER 1996:99). Man griff nach dem Zweiten Weltkrieg auf die Errungenschaften der Französischen Revolution zurück, die den Staat mit der Nation verbunden hatten. Der zweite Weltkrieg hat in Europa dazu geführt, dass die Nationalstaaten bereit waren, einen Teil ihrer staatspolitischen Befugnisse auf die globalen Institutionen zu übertragen, was der Türkei wegen ihrer starken staatsnationalistischen Prinzipien bis heute nicht möglich war (z.B. Europäische Union). Die nationale Identität, verstanden als kulturelle Beheimatung, ist jedoch dort verblieben, wo sie historisch entstanden ist, nämlich auf der Ebene des Nationalstaates.

Nationalismus als Staatsideologie wurde von Europa aus direkt in die Dritte Welt exportiert (OBERNDÖRFER 1993:22, 89), und ergriff auch seit Mitte des 19. Jahrhunderts die osmanischen Eliten. Ziya Gökalp, geistiger Vater des türkischen Nationalismus, beschäftigte sich erst seit 1896 mit dem Thema türkische Geschichte, nach dem er die Werke von Leon Cahun gelesen hatte (Abschnitt 6.3.2). Die Gründungsidee der republikanischen Türkei wurde von diesem ethnischen Nationalismus beeinflusst. Die meisten türkischen Eliten und die Gründer der Republik waren mehrheitlich auch Mitglieder oder Sympathisanten der regierenden osmanischen Ittihat Terakk-i Partei; viele deren führenden Mitglieder strebten nach pantürkischen Zielen und damit nach einem gesamttürkischen Staat – also einer *türkischen Kulturnation* mit mehr ethnischen Zügen.[*]

Der Nationalstaat beruft sich auf den rationalistischen Anspruch nach einer geschlossenen und homogenen Bevölkerung. Diese Vision und Philosophie hatten auch die Gründer der modernen Türkei: nämlich aus dem niedergehenden Osmanischen Reiches einen modernen Nationalstaat mit einem geschlossenem Territorium und einer homogene Bevölkerung zu gründen, wonach die Homogenisierungsbestrebungen nach Gründung der modernen Türkei aus Ausgrenzung von Volksprachen – wie die kurdische und andere – natürliche Folgen einer sprachlichen und kulturellen Vereinheitlichung des (einen) neu zu gründenden *Nationalstaat* bestanden (OBERNDÖRFER 1993:88). Weil aber die Homogenisierungsbestrebungen nicht zur Absorption in die türkische nationalstaatliche Identität führten, konstituierte sich eine kurdische Teilidentität nach und nach als *Minderheit*, die als solche im Gründungsabkommen der Türkei von Lausanne (1924) selbstverständlich nicht erwähnt wurde, weil sie – neben den Türken – zu den eigentlichen Gründungsmitgliedern des Nationalstaates zählten (ATATÜRK 1993:105; OBERNDÖRFER 1993:88; Abschnitt 7, Zusammenfassung und Beurteilung). Demgegenüber war Jahrhunderte lang im Osmanischen Reich, einem Vielvölkerstaat mit vielen Sprachen und Religionen, durchmischte Koexistenz zahlreicher Völker möglich (OBERNDÖRFER 1993:27).

Je nach politischer und/oder wirtschaftlicher Konjunktur in einem Staat wird in friedlichen Zeiträumen vom Patriotismus und in aggressiven vom Nationalismus gesprochen. Das ist nur eine Frage der Terminologie, die jeweils maßgeblich von der aktuellen politischen und/oder wirtschaftlichen Stimmung bestimmt wird. Die Homogenisierung führt zu Ausgrenzung bis hin zu ethnischen Säuberungen. In der Zeit der Migration lassen sich die Gesellschaften nicht mehr durch Nation abgrenzen (GELLNER 1999:81,99; OBERNDÖRFER 1993:27, 88). In der heutigen, globalisierten Welt verlieren durch die Binnenwanderungen und die Säkularisierung die traditionellen religiösen Kräfte und ethnischen Nationalstaaten ihre Bindekraft. Die Säkularisierung ist eine Revolution mit tief greifenden Folgen, dass zum Beispiel Deutschland durch die Einbürgerung von einer Million Ausländern und die Präsenz von weit über acht Millionen Ausländern erlebt (OBERNDÖRFER 1993:70).

---

* Pantürkismus bedeutete im späten 19. Jahrhundert und im frühen 20. Jahrhundert den Wunsch nach Vereinigung aller Turkvölker in einem einzigen türkischen Staat, dessen Grenzen sich von der Adria über Anatolien, bis nach Sibirien und zum heutigen China reichte. Es war der Traum vom legendären Reich von Turan, aus dem alle Turkvölker stammen sollten, und dieses Ziel der Vereinigung nannten sie folglich Turanismus. Die damaligen Turkvölker empfanden sich nun als Kulturnationen, die auf dem Weg zu Staatsnationen waren. 1915 verkündeten die das Osmanische Reich regierenden Jungtürken als Kriegsziel die Vereinigung aller Türkvölker.

Die „Nationalstaatsprinzipien", die nach dem Zweiten Weltkrieg zum fundamentalen Paradigmenwechsel in Europa führten, fand in der Türkei gleich mit der Gründung des neuen Nationalstaates in den 1920er-Jahren statt, blieb aber gedanklich in dieser Zeit stecken. Der „republikanische" Nationalstaat Türkei, der sich nicht über ethnische Merkmale mit ihren Türken, Kurden und anderen Minderheiten definiert, legt seither mehr auf den Verbund ihrer Menschen über eine Rechtsgemeinschaft nach französischem Muster wert. Sie bezieht sich immer auf das bestimmte, nach dem Freiheitskrieg (Kurtuluş Savaşı) historisch entstandenen Territorium, deren Bevölkerung die Staatsbürgerschaft innehat und sich aus freiem Willen zu den festgelegten verfassungsgemäßen Werten bekennt. Die Nationalstaatsprinzipien entwickelten sich in der Republik Türkei in Richtung eines republikanischen Staatsnationalismus. Die Türkei, wie auch Vereinigten Staaten und Frankreich, ist der Mystik und dem Rausch des Nationalismus erlegen (OBERNDÖRFER 1993:54). Der republikanische Nationalismus dieser Staaten unterscheidet sich jedoch kaum von anderen Varianten des Republikanismus.

> „Symbole der Republik, die Staatsflagge und Hymne wurden und werden wie im Nationalstaat kultisch verdinglicht. Die Flagge darf nicht „entehrt" werden. Das Absingen der Nationalhymne wird zur religiösen Zeremonie. Auch der republikanische Nationalismus beruft sich auf selektive Geschichtsbilder und huldigt ihrer Geschichtsmystik. Die Geschichte der Nation – hier der Republik – darf keine dunklen Flecken aufweisen und kennt nur erhabene und heroische Taten. Da die republikanische Nation somit für das Gute schlechthin steht, werden auch für sie politische Gegner Feinde, die als Vertreter des Bösen vernichtet werden dürfen und sollen." (OBERNDÖRFER 1993:54)

Die Türkei wurde in Anatolien, auf dem Kernland des Osmanischen Reiches, das 75 Prozent seines Territoriums und den größten Teil seiner Bevölkerung von 1878 bis 1918 verlor, gegründet. Die Republik Türkei nahm Abschied von der Multikulturnation des osmanischen Vielvölkerstaates und definierte sich als politisch determinierte Staatsnation.

Diese neu zu erschaffende Nation sollte den Anforderungen eines modernen Nationalstaates gemäß geformt und anpasst werden. Damit der nationalistische Imperativ *„Ein Staat, eine Kultur"* erfüllt werden konnte, musste man beides, *Staat und Kultur*, erst erschaffen. So war eine anthropologische Ingenieurarbeit sowohl in politischen, als auch in kultureller Hinsicht vonnöten (GELLNER 1999:95). Dabei ging es um die Schaffung eines *Nationalstaates* und einer *Nationalkultur*. Die erforderlichen Zutaten hierfür waren in Europa durch die seit dem 19. Jahrhundert entwickelten Nationalismusprinzipien im Überfluss vorhanden (OBERNDÖRFER 1993:89; GELLNER 1999:96).

Die anatolischen Türken im Osmanischen Reich litten unter Armut, anstatt von ihrer Verwandtschaft mit der herrschenden Volksgruppe zu profitieren. Diese Situation sollte bedingt Nationalismus im *Nationalstaat Türkei* einen Wandlungsprozess durchlaufen. Die Kanons hierfür, die im täglichen Leben der türkischen Gesellschaft und in der Staatsführung zu Tabus wurden, wurden selbst von Mustafa Kemal ins Leben gerufen. Die türkische Staatsideologie hieß fortan „Kemalismus" oder „Atatürkçülük", und sorgte für die Wandlung der türkischen Staatsführung. Seit den 1920er-Jahren des letzten Jahrhunderts durchlief sie einen Transformationsprozess in der Gesellschaft. Die sechs Grundprinzipien umfassen:

- **Republikanismus** (cumhuriyetçilik): Republikanismus bedeutet, dass die junge Türkei eine republikanische Staatsform erhielt (türk. Verfassung, Art.1). Die monarchische Staatsform wurde abgeschafft und die Prinzipien des Republikanismus festgeschrieben.
- **Populismus** (halkçılık): Die Gesellschaft ist homogen, Klassen werden also negiert. Der Populismus sollte dazu beitragen, das Volk für den Aufbau eines modernen Staates zu mobilisieren. Später diente der Grundsatz zur Rechtfertigung des Ein-Parteien-Systems; das Volk wird durch die Partei repräsentiert.
- **Nationalismus** (milliyetçilik): Jeder Staatsbürger ist Türke, eine ethnisch-kulturelle Vielfalt wird negiert. Atatürks Ziel war es, aus dem Vielvölkerstaat des Osmanischen Reiches einen Nationalstaat zu formen. Der Nationalismus diente diesem Zweck.
- **Laizismus** (laiklik): Islam und islamische Kultur sind Feinde der Türkei; negiert wird jede Religion in der Staatsführung. Laizismus bedeutet nach türkischer Auslegung die Trennung von Religion und Politik und die Säkularisierung der gesamten Gesellschaft. Damit wurde die Religion zur Privatsache und der Einfluss religiöser Würdenträger beschränkt.
- **Etatismus** (devletçilik): Die führende Rolle des Staats, Militärs, auch der Bürokratie wird etabliert; negiert wird die Bürgergesellschaft. Der Etatismus meint das Eingreifen des türkischen Staates in die Wirtschaft. Grund waren die fehlende Infrastruktur und mangelnde Industrialisierung.
- **Revolutionismus** (eigentlich inkılâpçılık, heute devrimcilik): Revolutionismus bezeichnet den Grundsatz, die Umgestaltung der türkischen Ge-

sellschaft auch nach den großen Reformen der 1920er Jahre voranzutreiben. Ferner zielt der Terminus auf die umfassende und dauerhafte Modernisierung des Staates (STEINBACH 1996:139).

Die kemalistische Staatsideologie war weder mit dem Kapitalismus noch dem Sozialismus zu vergleichen. Laizismus spielte unter diesen kemalistischen Prinzipien eine wichtige Rolle als Element der republikanischen Staatideologie. Mustafa Kemals Ideologie entsprechend, sollten im türkischen Nationalstaat Menschen erzogen werden, die nationale Identität und ein Zusammengehörigkeitsgefühl besäßen. Zur Erreichung der Ziele, leitete er verschiedenste Reformen und Revolutionen in die Wege, die er auch in kürzester Zeit realisierte (STEINHAUS 1969:96). Die Schaffung eines republikanischen Staatsapparates war schon nach diesen Änderungen im Wesentlichen abgeschlossen. Somit verfügte die Türkei nach langer Zeit wieder über die Grundvoraussetzungen politischer und wirtschaftlicher Unabhängigkeit.

Die Essenz der Revolutionen war das Experiment einer Europäisierung, einer Verwestlichung. Aus Sicht Mustafa Kemals gab es nur eine Zivilisation – die von Europa. „Zivilisieren" heißt für Türken, sich an Europa anzugleichen. (INALCIK 1963:625) Das heißt wiederum: unter anderem die Loslösung von der arabischen Schrift, die Berufung auf den türkischen Nationalismus und die Schaffung eines Nationalstaats nach westlichem (französischem) Vorbild. Unter Mustafa Kemal war der Wille zum Anschluss an die „einzige" Zivilisation, worunter die westliche verstanden wurde, augenfällig und ungebrochen. Die Türkei hat sich nach diesen Maßnahmen bzw. Revolutionen als Teil der „zivilisierten Welt" empfunden und damit als einen europäischen Nationalstaat mit einem republikanischen Staatsystem (HOTTINGER 1980:41).

Die Französische Revolution und vor allem Jean J. Rousseau, hat bei Mustafa Kemal unauslöschliche Spuren hinterlassen. Für Rousseau ist die Republik die einzig legitime Staatsform, weil sie durch den gerechten Gesellschaftsvertrag (contrat social) zustande kommt (SPIERLING 1992:205). Nachdem er Rousseau gelesen hatte, war Mustafa Kemal der Überzeugung, dass die Staatsform der Republik als die Beste für den türkischen Staat ist. Er empfahl sogar seinen Mitstreitern, Rousseau zu lesen: *„Meine Herren, lest Rousseau von Anfang bis Ende, ich habe es getan."* (ATATÜRK 1989:216)

Wie Nationen sind auch Staaten historische Gebilde und haben als solche keine ewige Dauer. Sprache und Nation sind per se von einander unabhängige

Größen. Weil aber, wie im türkischen Beispiel, Schriftwechsel, Sprachstandardisierung und Schaffung einer neuen Nation gleichzeitig und aneinander gekoppelt betrieben wurden, gibt es hier eine enge Verbindung von Sprache und Staatsnation. Sprache hat neben der kommunikativen Funktion, im Falle der Türkei auch und gerade eine symbolische Funktion, die bei der Nationbildung und der Verwestlichungsbestrebungen eine zentrale Rolle einnahm. So wurde nach einer Reihe von Revolutionen auch die Schrift und die Sprache im Jahr 1928 quasi *„nationalisiert"* bzw. den westlichen Vorbildern angepasst.

Um innerhalb einer Gesellschaft eine störungsfreie und bessere Kommunikation sicherzustellen, ist es zulässig, die Sprache je nach Bedarf modernisieren, normieren oder gar reformieren. Diese Tätigkeitsfelder zielen in allen Fällen auf die Vereinfachung, Verbesserung oder Kultivierung der Kommunikationsfähigkeit der Sprache ab. Grundsätzlich geht es darum, bewusst und zielgerichtet auf gesellschaftliche Kommunikationssysteme Einfluss zu nehmen. Aber Sprachplanungen werden im Sinne revolutionären Maßnahmen aufgrund der Modernisierung bzw. Verwestlichung entweder mittels institutioneller Forschung, oder wie im türkischen Fall, mittels der politischen Mächte vollbracht.

Wenn wir zur Definition der Begriffe „Revolution" und „Reform" übergehen, muss man vorwegnehmen, dass in der osmanischen Epoche, wenn von Reform bzw. von Modernisierung der Schrift oder Sprache die Rede war, darunter immer nur „ıslahât", das heißt, Reform verstanden wurde.

Reform bezeichnet im politischen Kontext eine größere, planvolle und gewaltlose Umgestaltung bestehender Verhältnisse und Systeme, wobei **Revolution**, die meist unter Anwendung von Gewalt erzwungene, tiefgreifende Veränderung der staatlichen Struktur und der gesellschaftlichen Ordnung, fast immer auf die Einführung eines neuen politischen Systems und dem personalen Wechsel des Inhabers der Staatsgewalt ausgerichtet ist (SCHMIDT 2004:597; IMER 2001:IX).

Revolution wurde auch allgemein für „Veränderung, plötzlicher Wandel, Neuerung" gebräuchlich. Die heutige Bedeutung als „gewaltsamer Umsturz" bildete sich erst im 18. Jahrhundert unter dem Einfluss der Französischen Revolution. Entscheidend ist, dass sich der Wandel nicht legal vollzieht und durch den Übergang der Macht an die Träger der neuen Ordnungsvorstellung ermöglicht wird. Das Gelingen der Revolution hängt im Wesentlichen von der Zustimmung des Volkes ab, wobei diese nach demokratischen Kriterien oder durch bloßen Nichtwiderstand erfolgen kann. Radikaler und rapider sozialer Wandel (Revolutionen) knüpften an erfolgreiche politische, oft auch charismatische Persönlichkeiten, deren soziologische Urteilskraft sich eher nur implizit erschließt, deren soziale Wirkung jedoch bewusst und gewollt revolutionär war, wie Mustafa Kemal in der Türkei.

Die Sprachplanung im Zuge der Modernisierung der Türkei fällt im Allgemeinen unter den Begriff „türkische Sprachrevolution". Der Begriff beinhaltet in diesem Fall sowohl in sprachlichem als auch politisch-historischem Kontext die Schrift- und Sprachrevolution. Kamile Imer, Sprachwissenschaftler, schreibt:

„Sprachplanung ist eine von den Zielen der Sprachrevolution. Die türkische Sprachplanung in der Türkei wurde bis jetzt unter türkische Sprachrevolution von allen Seiten untersucht." (IMER 2001:IX)

In diesem Buch schreibt der türkische Kultusminister einleitend im Dankwort und fasst darin die beiden grundlegenden Umwälzungen in Schrift und Wortschatzerneuerung eindeutig als „Sprachrevolution" zusammen: *„In der republikanischen Epoche wurde Sprachplanung durchgeführt und diese Aktionen in unserem Land nannte man Sprachrevolution und sie sind auch als solche bekannt geworden."* (TALAY/IMER 2001:IX) Ein weiterer Vertreter dieser Meinung ist der Schriftsteller Hacı Angi (1987:139): *„Die Sprachrevolution folgte der Schriftrevolution."*

Fast alle Publikationen zu diesem Thema zeigen in der Tat auf, dass fast alle Autoren keinen Unterschied zwischen den Begriffen „Schriftrevolution, Sprachrevolution" machten. Selbst Mustafa Kemal, in seiner Rede vom 20.10.1928, sprach von einer Revolution: *„Seit der Buchstabenrevolution* [=Schriftrevolution] *sind vier Monate vergangen."* (KORKMAZ 1992:67) Die Sprachplanungen der 1920er- und 1930er-Jahre sind auch deswegen „Revolution" und nicht „Reform", weil die Erfordernisse einer Revolution inhaltlich und strukturell vollkommen mit der Schrift- und Sprachrevolution übereinstimmen (SCHMIDT 2004:619). Die tausendjährige Schrift wurde durch eine neue Schrift ausgetauscht und der Wortschatz nahezu von Grund auf erneuert. Ich habe in der vorliegenden Arbeit, soweit von der türkischen Sprachplanung das Thema war, bewusst die Bezeichnung „Schrift- und Sprachrevolution" gewählt, wohingegen ich in anderen Fällen den Begriff Reform verwendet habe. Im Übrigen enthielt das damals verabschiedete Gesetz zur Schriftplanung in der Öffentlichkeit die Bezeichnung „Buchstabenrevolution" bzw. „Schriftrevolution". Fast alle nichttürkischen Turkologen wie Karl Steuerwald, Geoffrey Lewis oder Jens Peter Laut benutzen den Terminus „Reform". Der Letztere weist sogar in seiner Studie darauf hin, den Begriff der „Reform" neutralitätswegen zu bevorzugen (LAUT 2000:41). Dabei ist jedoch nicht zu entnehmen, weshalb der Begriff „Reform" wertfreier wäre als „Revolution". Denn selbst der Gründer der türkischen Republik und Initiator der Revolution, Mustafa Kemal, sprach immer von der Schrift- und Sprachrevolution. Im Übrigen verwenden die Mitglieder der Sprachkommission, sowie türkische Sprachwissenschaftler, wie oben erwähnt, seither den Begriff der „Revolution". Wie das türkische Volk, definieren manche westliche Wissenschaftler die türkische Sprachplanung der 1920er- und 1930er-Jahre als eine Revolution. Diese Meinung vertritt auch György Hazai:

„Es genügt, die Produkte dieser Sprache mit Werken der Sprache etwa der Jahrhundertwende zu vergleichen. Erst nach einem solchen Vergleich versteht man, warum die Sprachreform in der Türkei als „Sprachrevolution" bezeichnet wird". (HAZAI 1978:107)

Sowohl für die Eliten des Osmanischen Reiches, als auch der modernen Türkei war die Modernisierung ein wichtiges Anliegen, wenn ihr auch letztere einen höheren Stellenwert beimaßen. Die Bestrebungen Mustafa Kemals und seiner Mitstreiter zielten darauf ab, den raschen Anschluss an die westlichen Länder zu einer nationalen Perspektive zu machen. In diesem Prozess spielte die Schrift und Sprache eine entscheidende Rolle. Deswegen wurde die Lateinschrift eingeführt und die Arabische verboten. Modernisierung war das nationale Ziel der neu gegründeten türkischen Staatsnation (LANDAU/BALDAUF 1991:243). Während für die osmanischen Eliten die Modernisierung des Staatsapparates und der Schrift- und Sprachfragen durch Reformen zu erzielen waren, waren die republikanischen Eliten der Überzeugung, dies nur durch Revolutionen verwirklichen zu können. Der Modernismus der kemalistischen Republik bedeutet für Kurt Steinhaus *„eine Konzentration der vorhandenen Ressourcen auf die innergesellschaftliche Entwicklung"* und nach ihm ist Kemalismus mit dem Begriff *Revolution* gleichzustellen. In andere Sprachen wurde der Begriff häufig als *Reform* oder *Modernismus* übersetzt (STEINHAUS 1969:96). Es gibt aber auch Wissenschaftler wie Udo Steinbach, die die kemalistische Revolutionen als *„die radikale Kulturrevolution"* bezeichnen (STEINHAUS 1969:128).

Die Schriftrevolution war integraler Bestandteil von Mustafa Kemals breitem Entwurf, Nationalismus und Modernismus in den Dienst der Schaffung einer neuen politischen Ordnung und eines neuen Nationalstaates zu stellen. Schrift und Sprache als politisches Symbol haben für die Integration der Türkei in den westlichen Kulturkreis eine große Rolle gespielt. Sprachkonflikte bzw. Schrift- und Sprachprobleme wurden häufig zu Symbolen für eine ganze Reihe anderer dahinter verborgener Auseinandersetzungen. Daher wirken die sprachpolitischen Entscheidungen weit über den rein sprachlichen Bereich hinaus.

Wenn aber Sprachplanung mit der politischen Macht direkt zusammenhängt, dann wird sie im Allgemeinen der Sprachpolitik untergeordnet, um der Umsetzung politischer Programme zu dienen. Sprachplanung ist auch Teil und Folge anderer politischer Strategien, wie bei der türkischen Sprachrevolution, wobei es in den sprachbezogenen Diskussionen seit dem Tanzimat offen nachvollziehbar ist, dass in der Türkei Sprachproblematik und Sprachpolitik unter den türkischen Eliten meistens bewusst vertauscht wurden (Abschnitt 6.3.). Nimmt man die einzigartige türkische Sprachrevolution aus der sprachwissenschaftlichen Geschichte aus, so ist zu beobachten, dass sich in gewissem Maße fast alle Sprachnationen bei der Beseitigung ihrer Sprachproblematiken auf ähnliche sprachwissenschaftliche Prozesse stützen, wenn dort vergleichbare Planungen anstehen.

Bis zum Zerfall des Osmanischen Reichs und bei der weiteren Zentralisierung der modernen Türkei, sprach, außer drei Journalisten, niemand von einer grundsätzlichen Änderung der Schrift. Es ging immer darum, wie die Schrift und die vom fremden Vokabularium überflutete Sprache normiert, standardisiert bzw. reformiert wird. Ein revolutionäres Durchgreifen, wie Wechsel der Schrift und eine totale Erneuerung des Wortschatzes, war bis kurz vor Schriftrevolution 1928 im Allgemeinen nicht im Gedankenzug (Abschnitt 6.3.2).

Da bei der Strukturierung des Staatsapparates sowie der Neuordnung der gesamten Gesellschaft das Hauptmerkmal auf **Modernisierung und Verwestlichung** gerichtet war, müssen wir uns im Folgenden mit diesen Begrifflichkeiten näher befassen.

Die Definition des Begriffs „Modernisierung" wurde in allen Zeiten auf die unterschiedlichste Weise dargelegt. Insbesondere seit dem Tanzimat wird er unter den Türken mit „Verwestlichung" gleichgestellt (COULMAS 1985:235), bzw. bedeutet er die Überwindung einer traditionellen Gesellschaft oder gar die Säkularisierung der Gesellschaft. Einigkeit herrscht nur in dem Punkt, dass alle Parteien und Schichten die Verbesserung der Lebensqualität einer Gesellschaft als zentrale Dimension der Modernisierung ansehen.

Verwestlichung (garbçılık) ist ein Schlagwort zur Charakterisierung gesellschaftlicher Prozesse (HEYD 2001:169), die die Übernahme politischer Ideen und wirtschaftlicher Strukturen aus der sogenannten westlichen Welt zum Inhalt haben. Mit der Verwestlichung kam der Nationalismus, der aus dem osmanischen Vielvölkerstaat einen türkischen Nationalstaat machte. Mustafa Kemal sah in der Verwestlichung eine Möglichkeit, den unterentwickelten Status seines Landes zu verbessern (STEINBACH 1996:123). Westliche Werte standen für den Reformer für Zivilisation und Fortschritt, während er und seine Mitstreiter östliche Werte mit Rückständigkeit und gesellschaftlichen Stillstand assoziierten. Kernbestandteil ihres Wirkens war die laizistisch motivierte Verdrängung religiöser Autoritäten aus der Einflusssphäre des gesellschaftlichen Lebens. Diese Europäisierung durchzog alle Bereiche des menschlichen Lebens wie etwa Reformen des Bildungswesens oder der erzwungenen Einführung westlicher Bekleidung. So zum Beispiel die staatlich diktierte Bekleidungsrevolution (Kılık Kıyafet İnkılabı) aus dem Jahr 1925, als die kemalistische Regierung der Türkei die traditionelle Kopfbedeckung des osmanischen Reichs, den Fes, gesetzlich verbot und zum Tragen eines Filzhutes verpflichtete (ANGI 1987:98; STEINBACH 1996:129). Die Modernisierungsprogramme trafen meistens ohne vorhergehenden klassenübergreifenden Diskurs auf eine gänzlich unvorbereitete Bevölkerung. Deshalb verliefen sie auch wegen der reflexartigen Abwehrhaltung des Volkes oft im Sande. Vor allem kleine Gruppen aus der Oberschicht der Städte zeigten sich aufgeschlossen gegenüber den angebotenen Impulsen. Die Verbesserungen im Bereich der Erziehung und Maßnahmen zur Einführung einer arbeitsteiligen Volkswirtschaft trugen Weiteres dazu bei, die Verwestlichung im Laufe der Zeit nachhaltig voranzutreiben.

Die staatlich diktierte Modernisierung ist eng mit der Integration der Türkei in das westliche System verbunden. Nach Ansicht der kemalistischen Revolutionäre und Intellektuellen konnte diese Integration nur dann erfolgreich vorangetrieben werden, wenn primär das Alltagsleben der traditionell ausgerichteten Gesellschaft im Sinne der westlichen Lebensformen transformiert wurde. Aber Reformbewegungen hinsichtlich der Verwestlichung des Alltagslebens erhielten teilweise karikaturistische Züge. Mit Hilfe von symbolischen Mitteln versuchten die Intellektuellen, eine Akzeptanz der neuen Kultur in der Gesellschaft herzustellen. Ein gutes Beispiel und als Symbol für diese Vorgehensweise ist die „Bekleidungsrevolution" zu nennen. *„Die Türken, die die türkische Republik gründeten, sind zivilisiert ... aber sie müssen zeigen und beweisen, dass sie zivilisiert sind... auch in ihrer äußeren Erscheinung ... ist unsere Kleidung national? (Nein, nein!) Ist sie zivilisiert und International? (Nein, nein!) Ich stimme euch zu ... meine Freunde [...]. Diese Kopfbedeckung nennt sich ‚Hut'."* (RILL 1985:94) Dabei setzte Mustafa Kemal den Panamahut auf den Kopf.

Sprachrevolution ist der wichtigste Teilbereich und der Gipfel der Verwestlichungsströmung. Sie ist der Markierungspunkt des Kulturwechsels bzw. Verwestlichung des Landes weg von orientalisch-islamischen hin zur lateinisch-westlichen Welt. Damit sollte der Anschluss an Europa zementiert werden. Die politischen Entscheidungen der turbulenten 1920er- und 1930er-Jahre waren rein politisch. Die Verwestlichung war und ist eine Staatspolitik der Türkei. Das einzige Ziel der Revolutionäre war es, das Land aus dem orientalischen Kulturkreis herauszureißen und in den westlichen Kulturkreis einzubetten. So setzte bereits Mustafa Kemal mit dem Schriftwechsel ein unmissverständliches Zeichen für den ungebrochenen Willen zur Verwestlichung des Landes. Die Folgen dieser Verwestlichungspolitik, die das türkische Volk von Grund auf veränderte, dauern kontinuierlich an, was jedoch den breiteren Schichten der Bevölkerung keinen sichtbaren Wohlstand brachte. Die meisten Türken leben deswegen immer noch in einer osmanischen Nostalgie, weil der Lebensstandard der europäischen Völker, der für diese schon längst eine Norm darstellt, für sie trotz aller revolutionärer Maßnahmen immer noch in ferner Zukunft liegt.

Zusammenfassend kann gesagt werden, dass bis in die 1980er-Jahre hinein die Türkei ein von der Welt weitgehend abgeschottetes Land war. Seit den kemalistischen Revolutionen in den Zwanzigern steckte die türkische Gesellschaft in einem Korsett der Modernisierung. Diese Modernisierung, die in der Türkei auch als Verwestlichung oder als Europäisierung bezeichnet wird, trug kulturrevolutionäre Züge. Sie schuf eine Elite, die sich von den breiten Massen absonderte. Wer Teil dieser Elite war, konnte es sich gut gehen lassen. Hinsichtlich der kemalistischen Prinzipien muss folgendes festgehalten werden: Revolutionen zielten darauf ab, die Ideologien und Traditionen der vorbürgerlichen Vergangenheit durch ein bürgerliches Normensystem aus dem Westen zu ersetzen. Mustafa Kemal wusste genau, dass das bewährte Wertesystems des Westens niemals durch Reformen durchzusetzen sei. Sowohl die namhaften Wissenschaftler als auch das Volk selbst hatten keine große Gelegenheit die Problemfelder der Schrift und Sprache durch Reformen (ıslahât) zu modernisieren. Schrift und Sprachproblematiken wurden daher durch revolutionäre Maßnahmen gelöst.

2.2 Eine Einführung in das Wesen des Alphabets und die Einflussfaktoren des Entwicklungsprozesses von Schrift und Sprache

„This fact, characteristic of all media, means that the ‚content' of any medium is always another medium. The content of writing is speech, just as the written word is the content of print, and print is the content of the telegraph. If it is asked, ‚What is the content of speech?' it is necessary to say, ‚It is an actual process of thought, which is in itself nonverbal.' An abstract painting represents direct manifestation of creative thought processes as they might appear in computer designs." (MCLUCHAN 1964:8)

Konkret heißt es nach Haarmann:

Wörter mit Buchstaben wiedergeben, heißt schreiben. In einem Denkspruch der Japaner, wahrscheinlich basierend auf ihrer für uns kompliziert erscheinenden Schrift und auf ihrer ostasiatischen Mentalität, heißt es: „Meister der Schrift sein, heißt ein wahrer Mensch sein." (HAARMANN 1990:13)

Adam Schaff hingegen beschreibt es lebensnah:

„Die Sprache ist die Gesamtheit der Mittel, die dem Kommunikationsprozess der Menschen dienen, das Zeichen ist ein Teil dieses Ganzen und wird durch dieses Ganze bestimmt, obwohl es auch seinerseits dieses Ganze mitbestimmt." (SCHAFF 1968 :27)

Die Darstellung der Sprache von Richard Harder ist sicher zutreffend:

„Geschriebene Sprache ist eigentlich Nachahmung gehörter Sprache: wie denn der einfache Mensch nicht laut liest, sondern auch laut schreibt." (HARDER 1968:271)

Die Entstehung der Sprache fällt zusammen mit der Ontogenese des Menschen; die Schrift wiederum hat einen besonderen Bezug zum Menschen. Sie ist Verständigungsmittel, eine menschliche Haupterfindung, sie ist eine Leistung des „homo faber" (HARDER 1968:269; FALKNER 1968:143; CARPENTER 1968:1; EISSFELDT VON 1968:214). Sprache ist ein mögliches Mittel zur Speicherung angesammelter Erfahrungen und Bedeutungen, um sie kommenden Generationen zu übermitteln.

Die Erfindung der linearen Alphabetschrift/Buchstabenschrift gehört zweifellos zu den bedeutendsten innerhalb der Menschheitsgeschichte. Das lateinische Alphabet stammt in der heutigen Form bekanntlich von den Römern. Die Römer ihrerseits übernahmen es von den Etruskern, die nach Herodot die Schrift bei ihrer Übersiedlung von der östlichen Ägäis oder von Kleinasien nach Süditalien mitgebracht haben (HAARMANN 1968:291; JENSEN 1969:502) Diese wiederum hatten sie von den Griechen übernommen und die Griechen von den Phöniziern. Über den Werdegang des lateinischen Alphabets ist man sich im Wesentlichen klar. Die Übernahme des Alphabets erfolgte wohl um 1000 v. Chr., und die phönizischen Inschriften stammen aus dem 2. Jahrtausend vor Christus (FALKNER 1968:143; CARPENDER 1968:124). Herodot erzählt im 58. Kapitel seiner Historien, dass die Phönizier unter Führung eines gewissen Kadmos – ein Name, der im Phönizischen etwa *Orientale* bedeuten würde[*] – Böotien eroberten und neben vielen anderen Dingen das lineare Alphabet mitgebracht hätten (GUARDUCCI 1968:198). Trotz aller Wissenslücken ist ein semitischer Ursprung des Alphabets, auch des linearen Alphabets, unbestritten: So tragen auch heute noch griechische Buchstaben semitische Namen: Alpha bedeutet „Rind", Beta „Haus", Delta „Türe". Auch im lateinischen Alphabet gibt es noch zwei Buchstaben, die ihre semitische Bezeichnung beibehalten haben: J (gesprochen Jot) und V (gesprochen Vau); ersteres bedeutet „Hand", letzteres „Nagel" (WEINREB 1990:7; Abbildung 18). *„Das phönizische und das griechische Alphabet sind also verwandt und die Priorität gehört der semitischen Sprache.* (CARPENTER 1968:4, 7; BARTHEL 1972:143; WEINREB 1990:21)

„Niemand kann heute bezweifeln, dass die Griechen ihr Alphabet aus semitischer Quelle übernommen haben." (CARPENTER 1968:3)

---

[*] Das Verb "orientieren" (= Standort orten, jemanden unterrichten, informieren im Deutschen; im Englischen *be orientated towards, well-informed*; im Italienischen *orientarsi* und im Spanischen *orientarse*) sollte gerade aus dieser Zeit stammen und auf den Wegweiser Kadmos hinweisen.

Die Phönizische Schrift war – noch bevor sie nach Griechenland kam – bereits um das 10. bis 9. Jahrhundert v. Chr. in Kreta bekannt. Anschließend war die Schrift bis Ende des 9. Jahrhunderts zu den Griechen vorgedrungen. Die älteste derartige Inschrift, die in Kreta gefunden wurde, ist – wahrscheinlich unter phönizischem Einfluss – linksläufig. Die linksläufige Schrift blieb in Kreta bis ins 5. Jahrhundert v. Chr. und im griechischen Festland bis ins 7. Jahrhundert v. Chr. in Mode. Dann stellte man die linksläufige Schriftrichtung aus einem unbekannten Grund auf die rechtsläufige Richtung um (HAARMANN 1990:283). Ein möglicher Grund für diese Richtungsänderung könnte meines Erachtens die Tatsache sein, dass der Vermittler der semitischen Schrift vermutlich ein Linkshänder gewesen sein müsste. Es schien für niemanden von Bedeutung zu sein, dass – wenn wir rechtsläufig schreiben – der Schreibbereich durch unsere schreibende Hand verdeckt wird; bei linksläufiger Schrift wie z.B. arabisch, hebräisch und rechts angefangener Schreibrichtung die von oben nach unten läuft wie beim früheren chinesisch oder mongolisch, ist die Sicht zur Schreibstelle offen. Der Sprachwissenschaftler, Russland-Türke Alimcan Şeref ist auch der Meinung, dass die Schreibrichtung von rechts nach links eine dem Menschen gemäße ist.

„Nach angestellten Versuchen ist der Schriftduktus von rechts nach links der der menschlichen Handmuskulatur entsprechendste. Die Schreibung von links nach rechts ist widernatürlich und nur durch Kunstgriffe erreichbar. Der Duktus von rechts nach links, die stenographische Schreibschnelligkeit und die um 30 bis 40 Prozent geringere Bewegungs- Impulsität sind ein Vorzug der arabischen Schrift." (MENZEL 1927:191)

Frederick Bodmer weist auf einen anderen Grund hin. *„Zuerst schrieb man nur kurze Notizen und kümmerte sich nicht darum, ob die Schrift von rechts nach links oder von oben nach unten lief. Ganz zufällige Gründe waren bestimmend, so der Vorteil, eine kurze Inschrift auf einem Stabe vertikal, auf einem flachen Steine aber horizontal anzubringen. So machte die Richtung der Buchstaben örtliche Veränderungen durch, je nach den Launen der Schreiber oder Steinhauer."* (BODMER 1997:61) Die gleichen Zeichen wurden mal vertikal, mal seitlich gedreht und verdreht, wie die Abbildung unten präsentiert, die die Veränderung bzw. Entwicklung der griechischen und lateinischen Zeichen für D, G, L, P, R, S darstellt.

Phönizisch	Früh		Klassisch	
	Griechisch	Latein	Griechisch	Latein
ᐊ	△	ᗑ	△	D
⇂	7Γ	⟨C	T	G
ʅ	ᶫΛ	⌐L	Λ	L
ꝰ	ꝰΓ	ΓP	Π	P
⊲	⊲P	P	P	R
ᗯ	⟨⟩	⟩	Σ	S

Entwicklung einiger Schriftzeichen vom Phönizischen über das Griechische zum Lateinischen. (BODMER 1997:62)

Eine Felseninschrift aus Thera (Abbildung 7) aus dem 8. Jahrhundert v. Chr. zeichnet eine furchenwendige oder mit dem griechischen Ausdruck bezeichnete „bustrophedone" Schreibweise, in der die Schreibrichtung wechselt. Das heißt: Die erste Zeile ist linksläufig, die nächste Zeile rechtsläufig und so weiter (HAARMANN 1990:286). Bei fast allen östlichen Sprachen wurde die linksläufige Schriftrichtung übernommen und beibehalten. Die chinesische Schrift ist linksläufig und wird von rechts oben angefangen und nach unten geschrieben. Allerdings schreiben die Chinesen auch horizontal linksläufig und rechtsläufig. Das Arabische und Hebräische behielten weiterhin die phönizische Tradition und werden von rechts nach links geschrieben (Abbildung 8).

Nach Übernahme der Schrift von den Phöniziern durch die Griechen wurde ein der griechischen Sprache angepasstes Alphabet entwickelt (HAARMANN 1990:288). Da die griechische Sprache noch über andere Laute verfügt, mussten die fehlenden Schriftzeichen dafür erfunden werden. Weil die Phönizische Sprache keine Vokale im Sinne der indogermanischen Sprachen kennt, vertreten einige Forscher die Meinung, so Haarmann (1990:288) und Hans Jensen (1969:446), dass sie aus diesem Grund unvollständig sei.

Es ist zutreffend, dass die semitischen Schriften keine Vokale kennen, weil die Laute bzw. Vokale, die in den lateinischen Sprachen mit Buchstaben bzw. Schriftzeichen dargestellt werden, in diesen Sprachen durch diakritische Zeichen wiedergegeben werden. Also wurden die Vokale mit Zeichen ersetzt. In einer semitischen Sprache wie dem Arabischen zum Beispiel wird ohne Vokale geschrieben, entsprechend etwa wäre Berlin als *Brln*, München als *Mnchn* zu schreiben. Statt einem Vokal nach einem Konsonanten zur Wiedergabe des Lautes zu schreiben, wird je nach Laut ein vorhandenes und im Schriftsystem fest verankertes diakritisches Zeichen über oder unter den Konsonanten gesetzt (POESCHEL 1961:17). In der arabischen Sprache bilden Konsonanten die unveränderlichen Wortwurzeln und sind Träger der lexikalischen Bedeutung, während sich die Vokale je nach grammatischer Form ändern und somit eine andere grammatische Funktion erfüllen.

Im Wort *Berlin* werden die Vokale im Arabischen zum Beispiel folgendermaßen geschrieben: ب = B, ر = R, ل = L, ي = I, ن = N, in zusammengesetzter Schrift also برلين . Erste Silbe: über dem B wird eine Fatha (ﹷ = Querstrich oben) gesetzt, damit wird B = ب wie *BE* gelesen; über R = ر kommt ein Sukūn (ﹿ =Verbindungszeichen, ein kleiner Kreis), das heißt dieser Konsonant ist vokallos; gelesen wird also *BER*. Zweite Silbe: der Konsonant mit Sukūn wird mit dem dahinter stehenden Konsonanten verbunden, also *BERL*, unter L = ل kommt ein Kasra (ﹻ Querstrich unten) mit folgendem i = ي ; gelesen wird *LI* und N bekommt ein Sukûn. So ergibt sich der Wortlaut *BERLIN,* bzw. in arabischer Schrift برلين .

Die Schrift als wichtigstes gesellschaftliches Instrument wurde einerseits durch die Denkfähigkeit der Menschen und andererseits durch deren wachsendes Sprachbewusstsein ständig beeinflusst, so dass man verschiedene Entwicklungsstufen der Schrift unterscheiden kann. Die erste Entwicklungsstufe der Schrift ist die Ideenschrift (Inhaltsschrift). Von vielen Wissenschaftlern wird die Ideenschrift als Ausdruck kultisch-magischer Vorstellungen betrachtet. Der Mensch hat auf dieser Stufe angefangen, magische Vorstellungen oder auch einfache Mitteilungen in Bildern auszudrücken. Jede Idee wurde als Ganzheit betrachtet und unabhängig von sprachlichen Formen bildhaft fixiert (wie bei einem großen Teil der ägyptischen Hieroglyphen oder der Ideenschrift nordamerikanischer Indianerstämme). Dann wurde der Mensch sich seiner Sprache bewusster. Er hat das Wort als einen Begriff identifiziert und angefangen, es als Zeichen wiederzugeben. Auf dieser Stufe der Schriftentwicklung kann man zuerst von Wortbildschrift (ideographisch) und später von Wortlautschrift sprechen. Daneben hat der Mensch Konvention und Abstraktion entwickelt. In dieser Phase wurde ein Wort mit bestimmten Lauten oder Lautkomplexen geschrieben, in denen jeder Laut oder Lautkomplex jeweils durch ein Schriftzeichen ausgedrückt wurde (wie bei einem Teil der ägyptischen Schrift). Man lernte akustische Laute durch bildliche Elemente wiederzugeben. Dabei wurde die Dimensionalität der Sprachrealisation (zeitliche Realisation der Sprache) gegenüber der Zweidimensionalität der Schrift (Darstellung der Sprache in einer Ebene) allmählich sichtbar. Später hat sich aus der Wortlautschrift die Silbenschrift entwickelt. Die Entwicklung zeigt, dass der Mensch nicht nur Pausen zwischen den Wörtern entdeckte, sondern später auch die Silben voneinander trennen konnte. Wahrscheinlich hatten die Sprachen, bei denen diese Entwicklung zuerst feststellbar ist, eine einfache und regelmäßige Silbenstruktur (wie die japanische Kana-Schrift zeigt). In der altpersischen Keilschrift erkennt man den Übergang von der Silbenschrift zur Buchstabenschrift, weil die altpersische Keilschrift eine Art Mischform aus Silbenschrift und Lautschrift darstellt, ergänzt durch acht Wortzeichen und besondere Zahlzeichen (Abbildung 9). Die letzte Entwicklungsstufe der Schrift ist die Einzellautschrift oder Buchstabenschrift. Sie stand erstmals als Einzellautschrift bei den Griechen zur Verfügung (JENSEN 1969:440; HAARMANN 1990:282).

Das griechische Alphabet ist als Vorläufer des Lateinischen dasjenige Alphabet, dessen Überlieferung am weitesten zurückreicht. Das Alphabet besteht aus 24 Buchstaben, zu denen bei älteren Alphabeten noch andere Zeichen zu ergänzen sind. Das griechische Alphabet geht von A bis Ω, – diese bezeichnen den Anfang (Alpha) und das Ende (Omega) – nicht wie das Lateinische von A bis Z.* Griechen benutzen heute gewöhnlich zwei Alphabete, das griechische Druckschriftalphabet und die neugriechische Schreibschrift. Trotz dieser Spaltung in Druckschrift und Schreibschrift sowie anderer Besonderheiten innerhalb der Sprache sind keine Bestrebungen bekannt, die griechische Schrift durch die im internationalen Verkehr bequemere Lateinschrift zu ersetzen (FRIEDRICH 1966:107). Fast unverändert erreichten Sprache und Schrift der Griechen den heutigen Tag. Dadurch eroberte die Sprache der Griechen den Westen gewissermaßen zweimal. Zum einen war sie Vermittlerin des Alphabets und zum anderen war sie Trägerin der Ideologie des antiken Griechenlands (SZEMERENYI 1978:37). Die Griechen waren es, die als erste den Begriff des *Lauts* verstanden und für seine schriftliche Wiedergabe den Buchstaben verwendet haben. Deshalb wird die Gesamtheit der Schriftzeichen einer Buchstabenschrift als Alphabet bezeichnet, nach den beiden ersten Buchstaben des griechischen Schriftsystems Alpha und Beta (CONRAD 1975:30).

Das griechische Kulturgut gelangte ein zweites Mal nach Europa durch die Araber, ein semitisches Volk. So manches Kulturgut der Griechen wurde in der Zeit Kalifs Memnun (813–833) ins Arabische übersetzt und erreichte später über Bagdad und Andalusien Europa. Nach der Entdeckung dieses Kul-

---

* *Alphabete und Schriftzeichen des Morgen- und Abendlandes*, Bundesdruckerei Berlin 1969, S. 80

turgutes durch die Araber haben auch die Europäer im 12. Jahrhundert durch den Erzbischof Raymund von Toledo (1130) (HAARMANN 1990:498) und den Stauferkaiser Friedrich II., dessen Hof in Palermo eine Pflegestätte der Kultur war und der Arabisch sprach, Aristoteles und die Wissenschaft des antiken Griechenland mittels dieser Übersetzungen kennen gelernt. Der Erzbischof richtete Übersetzungszentren in Spanien ein und ließ das gesamte griechische Kulturgut ins Lateinische übersetzen. Der erste Übersetzer war Gerhard von Cremona (1114–1187). Die Lehren von Aristoteles, des Averreos (Ibn-i Ruschd), eines Vertreters des Aristotelismus, und anderer fanden sofort Anklang bei den gebildeten Kreisen und wurden schon 1251 an der Pariser Universität als Studienfächer angeboten. Kurz danach begründete Albertus Magnus einen christlichen Aristotelismus (STROHMAIER 1979:104; BARTHEL 1972:328).

Die arabische Sprache war Vermittler des arabischen Geisteslebens, das in den Zentren islamischer Kultur, z. B. in Damaskus, Kairo, Bagdad und Cordoba, zu höchster Blüte gelangte und der abendländischen Wissenschaft neben der Kenntnis der griechischen Philosophie auch Erkenntnisse auf den Gebieten der Medizin, der Astronomie und der Mathematik vermittelte. Nicht nur die Wörter „Algebra" und „Ziffer" sind arabischen Ursprungs, sondern auch die Zeichen für diese, die man im Westen heute ganz selbstverständlich verwendet. Ein Zitat von Gustav Barthel – übernommen von Hans Freyer – veranschaulicht prägnant, wie die Araber das antike Wissenschaftsgut weiterleiteten:

> Die Araber haben die antike Wissenschaft und Philosophie, die im Abendland verfiel, mit Scharfsinn bewahrt und sie sogar produktiv fortgesetzt, auch dem Abendland zum späteren Gebrauch. Sie haben das getan, in dem sie ihren Glauben, ihre Sprache, ihr Recht festhielten und durchsetzten. (BARTHEL 1972:319)

Die Schrift ist neben der gesprochenen Sprache die wichtigste Form der sprachlichen Kommunikation in einer Sprachgemeinschaft. Die geschriebene Form der Sprache wird immer als Sprachnorm anerkannt. Wenn wir heutige Schriftsprachen historisch betrachten, erkennen wir, dass sie meist auf Dialekte zurückgehen, die sich unter dem Einfluss der Schrift zu einer Hochsprache oder Literatursprache entwickelten und andere Dialekte beeinflussten. Die Entwicklungsprozesse der Schriftsprache verlaufen viel langsamer als die der gesprochenen Sprache.

Wir kommen nun zur lateinischen Schrift. Das lateinische Alphabet stammt in seiner heutigen Form von den Latinern (aus der Region von Latium), die sich gern Römer (Einwohner bzw. Bürger Roms) nannten. Sie übernahmen die Schrift von den Etruskern, die wiederum ihr Alphabet aus ihrer ehemaligen Heimat – dem östlichen Ägäis oder dem westlichen Kleinasien – mitgebracht hatten (JENSEN 1969:502). Die semitische Schrift wurde von Anfang an, wie die jetzige arabische oder hebräische Schrift, linksläufig geschrieben. So wurde auch die älteste griechische Schrift zunächst linksläufig geschrieben, und in dieser Form übernahmen sie auch die Etrusker und später die übrigen Stämme Italiens. Obwohl im alten Griechenland die Schriftrichtung bald von links nach rechts, dann von rechts nach links wechselte und später vollständig zur rechtsläufigen Schrift überging, blieben die alten Stämme Süditaliens mit ihrer neueren lateinischen Schrift bei der linksläufigen Schriftrichtung (Abbildung 10). Später, nach der Zeit des Livius Andronicus und des Ennius in Rom, wechselten viele Bewohner Italiens ihre Schriftrichtung von rechts nach links, während Etrusker, Osker und Umbrer an ihrer alten Schriftrichtung festhielten bis sie kulturell vollständig „latinisiert" worden waren (DEGERING VON 1952:VIII).

Die etruskische Schrift ist bekannt aus etwa 9000 linksläufigen Inschriften vom 6. bis 1. Jahrhundert v. Chr. Die meisten Inschriften sind kurz beschriebene Grabsteine, die lediglich Namen aufweisen und bis zu 1500 Schriftzeichen enthalten (JENSEN 1969:502). Die Römer wurden im 7. Jahrhundert v. Chr. von der etruskischen Kultur und den Griechen beeinflusst, bevor sie sich als militärische Macht selbst entfalteten. Nach 700 v. Chr. gelangten auch die Römer zu einer neuen Technik des Schreibens (JENSEN 1969:502). Eine aus dem 6. Jahrhundert v. Chr. stammende Inschrift (Abbildung 11) weist wiederum die linksläufige Schriftrichtung mit 21 Buchstaben auf, verfasst wurde die Inschrift in einem archaischen Latein (JENSEN 1969:513). Der Schwarze Forumstein, Lapis Niger, (Abbildung 12) der bei Ausgrabungsarbeiten auf dem Forum Romanum im Jahr 1899 gefunden wurde, wird als älteste lateinische Steininschrift angesehen (HAARMANN 1990:294; JENSEN 1969:516).

Nach Übernahme der etruskischen Schrift durch die Latiner haben diese auch eine große Zahl von Lehnwörtern aus dem Griechischen übernommen, deren Schreibung im Lateinischen Probleme bereitete. Fehlende Zeichen wie Y übernahmen die Latiner deshalb direkt von den Griechen. Die Vervollkommnung des heutigen Stands der Lateinschrift ist erst im 19. Jahrhundert erfolgt. Sogar die gleichen Laute werden in unterschiedlichen Sprachen, die das lateinische Alphabet verwenden, mit unterschiedlichen Schriftzeichen (1-4 Schriftzeichen) oder mit Hilfe von diakritischen Zeichen schriftlich dargestellt; z.B. der Laut **sch** im Deutschen wird **sh** im Englischen, **š** in Tschechischen, **ş** im Türkischen etc. geschrieben. Der Laut **tsch** im Deutschen wird im Türkischen **ç** und im Tschechischen wie **č** geschrieben. Das spanische **ñ** wird im Deutschen **ng** (wie in "singen") und ein offenes **a** zwischen den Vokalen **a** und **o** wird im Schwedischen wie **å** (FRIEDRICH 1966:111) dargestellt.

Auch im Arabischen ist der Buchstabe ن = nun = **n** neben 15 anderen Buchstaben wie **kef** = ك oder **gaf** = ق, welches dem lateinischen **g** Zeichen gleichzusetzen ist, mit dem spanischen **ñ** und deutschen **ng** wie in singen zu vergleichen. In der arabischen Leseregel (Tecvid) heißt es **ihfâ** = إخف . Ein nasales **ñ** ist auch im ältesten köktürkischen Alphabet und seinem Lautsystem vorhanden. Es könnten weitere Beispiele aufgeführt werden, dies würde jedoch die Grenzen dieser Arbeit sprengen.

Wenn Schrift einer der Träger menschlicher Vergangenheit ist, verläuft ihre Erfindung parallel zu bestimmten Bewusstseins- und Kulturentwicklungen. Deshalb ist die Schriftentwicklung mit der Gesellschafts- und Kulturgeschichte der Völker eng verbunden. Durch verschiedene Schriften können die Benutzer einer Sprache verschiedenen Gruppen zugeordnet werden. Beispielsweise sind Hindi und Urdu zwei Schriftvarianten ein- und derselben Sprache. Urdu wird mit dem arabischen Alphabet geschrieben (Abbildung 13), Hindi mit der Devanagari-Schrift (Abbildung 14). Unter dem Einfluss der semitischen Schriftarten bildete sich die indische Brahmi-Schrift. Indische Sprachwissenschaftler halten die Brahmi-Schrift für die älteste Schrift, die auf der Grundlage des phönizischen Alphabets geschaffen wurde. Aus der Brahmi-Schrift hat sich die Devanagari-Schrift entwickelt, die heute u.a. für die am weitesten verbreitete Sprache auf der indischen Halbinsel benutzt wird. Da es sich hierbei um Sprachen handelt, in denen die Vokale (wie im Türkischen, welches vor 1928 die vokalarme arabische Schrift verwendete) wegen besonderer Lautwerte sehr wichtig sind, haben die Inder auch Zeichen für die anlautenden und inlautenden Vokale geschaffen: Jeder Konsonant beinhaltet einen so genannten anhaftenden Vokal, der mittels verschiedener Vokalzeichen modifiziert werden kann.

Auch das Serbokroatische wird heute aufgrund der Schrift in zwei Hauptvarianten unterteilt, nämlich das Serbische und das Kroatische, zwischen denen es aber kaum Unterschiede gibt, außer dass sie unterschiedliche Schriften verwenden: Das Serbische wird in kyrillischer, das Kroatische in lateinischer Schrift geschrieben (Abbildung 15). Umgekehrt ist es durch Schrift und Schriftsprache möglich, dass sich aus mehreren Völkern größere Volks- und Kultureinheiten bilden. In China wird die nationale Einheit in erster Linie durch die Schrift ermöglicht: Es werden viele Sprachen gesprochen, aber alle benutzen die chinesische Schrift (STÖRIG 1987:282).

Wenn Schrift und Sprache die einzigen Brücken zur menschlichen Vergangenheit wären, könnte sich eine Gesellschaft durch den Wechsel des Schriftsystems möglicherweise von ihrer Vergangenheit isolieren. Das gewagte, beispiellose Experiment des Schriftwechsels in der Türkei 1928, dessen einziges Ziel die Europäisierung der Gesellschaft war, zeigt, dass sich diese Gesellschaft damit von der islamischen Welt trennte, ohne von den Europäern als europäisches Land akzeptiert worden zu sein. Durch die Neuschrift* (Lateinschrift) wurde die kulturelle Entwicklung gehemmt, die kulturelle und historische Verbindung mit der Vergangenheit ging verloren (RILL 2004:99). Die Gesellschafts- und Kulturgeschichte der neuen Türkei fängt daher erst 1928 mit dem Jahr des Schriftwechsels an, da zu dem davor verfassten türkischen Literatur- und Kulturgut der Zugang fast unmöglich ist (HAARMANN 1990:117). Die ängstliche Schilderung von Harder vom Verschwinden des altorientalischen Schrifttums fand ihre Bestätigung noch in der Neuzeit, als die traditionelle Schrift 1928 in der Türkei der lateinischen Schrift Platz machte.

„Noch bedrohlichere Störungen des Gemeinschaftslebens kommen aus der Tatsache der Schriftsprache. So rasch das bloße Schreiben einer Buchstabenschrift zu lernen ist, der volle Gebrauch einer ausgebildeten, traditionsreichen Schriftsprache erwirbt sich schwer. Das kann in einer Schriftkultur zum Ausschluss ganzer Volksschichten aus dem Kulturbesitz führen, wie es am krassesten bei den altorientalischen Schriftvölkern vorliegt. Da aber die „Schriftkundigen" auch in ihrem Sprechen von der Schriftsprache nicht loskommen, kann es sich weiter ereignen, dass auch im Wort Volksschichten sich nicht mehr verstehen; die Verständigung unter den Stammesdialekten, welche die Schriftsprache erlaubt, ist also in steter Gefahr, durch schwere soziale Spaltungen erkauft zu werden." (HARDER 1968:273)

---

* Im Volksmund in Anatolien wurden nach der Einführung der lateinischen Schrift (1928) die Begriffe „Neuschrift" für Latein und „Altschrift" für Osmanisch verwendet. Ich verwende diese Ausdrücke so.

Die wenigen Spezialisten, die das dafür erforderliche Studium absolviert haben, können nur zu einem Bruchteil das alte Kulturgut von vor 1928 rekonstruieren und tradieren. Das gesamte alttürkische Schrifttum – Geschichtsquellen und Literatur, die in der Altschrift (Osmanisch) verfasst wurden – ist aus den angeführten Gründen nur wenigen Wissenschaftlern zugänglich. Wenn Bildungsstandard und Bildungspolitik weiterhin so bleiben, wird die Kluft zur Vergangenheit spürbar vertieft. Die eigentlich noch sehr nahe liegende osmanische Zeit wird damit archaisiert. Es ist nicht für jeden Forschenden möglich, in einer Sprache, wie dem Osmanischen zu arbeiten, weil die örtlichen und zeitlichen Gegebenheiten, die einem Forscher zur Verfügung stehen, begrenzt sind. Er muss zunächst die Schrift- und Sprachbarriere beseitigen, ein Umstand, der viele schon von solch einem Vorhaben abbringt. Daneben sind noch große örtliche Distanzen zu überwinden, um die osmanische Geschichte und das osmanische Kulturgut auf drei Kontinenten zu erforschen.

Die Kulturzentren des Osmanischen Reiches sind unter anderem Belgrad, Sarajevo, Heraklion, Sofia, Saloniki, Skopje, Mostar, Tirana, Damaskus, Bagdad, Jerusalem, Kairo und die nördliche Seite der Schwarzmeerküste. Insbesondere in den Balkanländern warten die Archive der Gazi-, Hüsrev-Begova-Bibliothek und das Institut für Orientalistik in Bosnien-Herzegowina, sowie viele Franziskanerklöster und die Staatsarchive des als osmanisches „Hongkong" angesehenen Ragusa/Dubrovnik noch auf ihre Erforschung (KREISER 2001:97). So wurde beispielsweise ein Ferman (Erlass) von Sultan Mehmet, Eroberer Istanbuls 1453, nach der Eroberung Bosnien-Herzegowinas am 28. Mai Jahr 1463 in Milodraz verfasst, aber erst in den 90er Jahren durch Zufall entdeckt.[*] Der Ferman beinhaltet wichtige historisch-menschenrechtliche Anordnungen, die den Menschen anderer Religionen und verschiedener Rassen Freiheit und Toleranz gewähren. Er ist gewiss das erste in osmanisch-türkischer Schrift geschriebene Dokument, das allen Menschen, besonders den namentlich genannten Minderheiten, einen besseren Schutz gewährt, sogar befiehlt. Das Original befindet sich in der bosnischen Stadt Fojnica, in der katholischen Kirche des Franziskanerordens. Der Erlass wurde nach seiner Entdeckung anlässlich der Feiern zur 700-jährigen Gründung des Osmanischen Reiches vom Kultusministerium der Türkischen Republik veröffentlicht. Diese Menschenrechtserklärung wurde 326 Jahre vor der Franzö-

---

[*] http://www.kultur.gov.tr/TR/BelgeGoster.aspx?F6E10F8892433CFFAAF6AA849 816 B2EF019F601AD2C14EFC

sischen Revolution (1789), 485 Jahre vor der Deklaration der modernen Menschenrechte (1948), sogar 29 Jahre vor der Entdeckung Amerikas verfasst. Erst 352 Jahre später wurde ein vergleichbarer Erlass beim Wiener Kongress zwischen Russland und Preußen für die polnischen Minderheiten, die in Österreich lebten, ausgehandelt, niedergeschrieben und verkündet. Der Ferman aber kann nur von Fachleuten gelesen und bewertet werden (Abbildung 16). Dies ist nur ein Beispiel aus dem osmanischen Territorium, welches durch Zufall von der türkischen Natoeinheit in Fojnica bei den Renovierungsarbeiten einer Franziskanerkirche entdeckt wurde. Zu dieser Entdeckung gehört noch ein Bestand aus viertausend Handschriften in osmanisch-türkischer Sprache.

Das Schrifttum der tausendjährigen Epoche der türkisch-islamischen Zeit wartet darauf, entdeckt zu werden und steht den Interessenten zur Verfügung. Es ist eine Tatsache, dass unter anderem die oben genannten Archive eine Vielzahl an Dokumenten, Ordnern und Gerichtsbeschlüssen aus unzähligen Bereichen der türkischen Vergangenheit und Kulturgeschichte besitzen. Die Erforschung der türkischen Vergangenheit kann jedoch weder innerhalb noch außerhalb der Türkei eine breite wissenschaftliche Dimension erreichen, weil die vorhandene Sprachbarriere wie ein natürliches Hindernis vor der breiten Masse steht und nur Spezialisten der Zugang zu diesen Quellen und somit deren Erforschung möglich ist. Die Sprache, in der die türkische Geschichte, die Politik und die Kultur über 1000 Jahre geschrieben und vermittelt worden war und die als Kulturbrücke zur orientalisch-islamischen Welt diente, war plötzlich nicht mehr existent. Ein wichtiger Grund war, neben dem Verbot der alten Schrift, auch die nach dem Befreiungskampf von Seiten der Anhänger der neuen Schrift durchgeführte starke Agitation gegen die arabische Schrift (DUDA 1942:77).

Ich werde in meiner Arbeit untersuchen, wie die lateinische Schrift und Sprache eine Lingua Franca (Gemeinsprache oder -schrift) in Afrika, in verschiedenen Teilen Asiens und Amerikas wurde. Meinen Erforschungen zufolge haben die in den kommenden Abschnitten untersuchten Themen eine zentrale Rolle bei der Ausbreitung der lateinischen Schrift außerhalb des lateinischen Westens und in der Türkei gespielt.

2.2.1 Sprache und Politik

Dieser Teil der Forschung, der sich mit den Themen „Sprache und Politik" und „Sprache und Nationalismus" beschäftigt, muss nicht nur um eine Klärung der Begrifflichkeiten bemüht sein, er muss vor allem die vielfältigen Relationen erfassen und darstellen, die zwischen Sprache und Politik bestehen. Bei diesen Relationen handelt es sich um sehr komplexe Erscheinungen. Daraus folgt, dass eine begrenzte und notwendigerweise zu begrenzende Untersuchung nur Teilaspekte dessen aufarbeiten kann. Deswegen muss hier die Forschung auf folgende Frage eingeschränkt werden: Soll sich Politik überhaupt in die sprachlichen Angelegenheiten mischen? Oder anders formuliert: Sollte der Politik nach den vielen Debatten der Sprachwissenschaftler, das „Schlusswort" zustehen? Bleibt diese Frage politisch jedoch unberücksichtigt, so würde das für die Relation von Sprache und Politik bedeuten, dass eine neue Sprache eingesetzt werden kann, und zwar als Instrument der Politik, des Machtgewinns, der Machtsicherung oder Verwestlichung des Staates ohne Einbezug des Volkswillens, aufoktroyiert von der obersten Spitze des Staates (ATAY 1984:474).

Gerade hier soll zunächst die revolutionäre Ideologie zur Sprache kommen. Wenn die Grundidee der revolutionären Machtinhaber *Umerziehung* der Bevölkerung ist, wird verständlich, dass die mehrheitlich analphabetische Bevölkerung schnell lesen und schreiben lernen muss, damit die erstrebte Ideologie bzw. Verwestlichung kontinuierlich vorangetrieben wird. Einen weiteren Bestandteil der politischen Ideologie bildet Nationalismus, der in vielen Staaten der Welt insbesondere in Dritten Welt vorherrscht, weil die politischen Mächte ihn aus Not als eine politische Integrationsformel des 20. Jahrhunderts gegen alle sozialen Konflikte und gesellschaftlichen Krisen benutzt haben. Nationalismus ist allerdings auch immer mehr als ein Instrument des Krisenmanagements.

Auch der Nationalismus hat seine psychologischen Wurzeln in einer früheren Fremdherrschaft bzw. in den Abhängigkeitsverhältnissen der jungen Staaten, wie Behrendt schlüssig nachgewiesen hat. Die Abhängigkeit sieht man selbst schon, laut Behrendt, an der vollständigen Übernahme kleinster Einzelheiten, etwa eines diplomatischen Protokolls, der äußeren Erscheinung wie Kleidung etc. von der früheren Kolonialmacht. Nationalstaaten fungieren als universelles Entwicklungsorgan der Dritten Welt im 20. Jahrhundert (BEHRENDT 1965:331).

> „Durch die enormen Ballungen von bürokratischen Institutionen und wirtschaftlich parasitären politischen Manipulationen hemmt man das Wachstum der Produktivität und verstärkt inflationären Druck. [...] Durch fortwährenden Appell an nationalistische und andere ideologische Affekte verringert

man die Möglichkeit sachlicher Planung,... [...] Durch Zentralisierung aller Initiativen und Entscheidungen auf der Ebene des Nationalstaats und damit in dessen Hauptstadt, entvitalisiert man das übrige Land und die Provinz noch mehr und fördert die ohnehin verhängnisvolle Neigung so vieler ehrgeiziger Elemente zur Ballung in den bereits übervölkerten Großstädten als vermeintlicher alleiniger Quelle von Fortschritt und Wohlfahrt." (BEHRENDT 1965:449).

Ein starkes Nationalbewusstsein kann neuen Machtinhabern bei der Verwirklichung ihrer politischen Vorstellungen günstigen Einfluss über die Bevölkerung verschaffen und helfen, ihre revolutionären bzw. fremden Ideen durchzusetzen sichtbar an den Geschehnissen in der Türkei, in China und Russland während der 1920er- und 1930er-Jahre (BEHRENDT 1965:332). Politiker, besonders in einer so jungen Demokratie wie in der Türkei, mussten Rede und Antwort stehen, gegenüber Wählern[*], der Opposition[**] und der allgemeinen öffentlichen Meinung (KOPPELMANN 1956:12). Wie alle revolutionären Anliegen aus der ersten Hälfte des 20. Jahrhunderts, unterliegen Sprachfragen auf staatlicher Seite oftmals dem Verdacht, den Primat der revolutionären Frage dieser Zeit anzutasten. Die Konstellation aus dieser Zeit musste sich zwangsläufig unter den Bedingungen der „Revolution" verschärfen, und sie führte zu den dogmatisch festgeschriebenen Lehrbuchauffassungen des neuen Nationalstaates.

Die sprachlichen Probleme in Schichten niedrigerer Bildung führten Machthaber in der Türkei schon recht früh dazu, das Problem der ungeeigneten Schrift der türkischen Sprache zu analysieren, welches in westlichen Gesellschaften damals schon überwunden zu sein schien: Ziel und Ergebnis davon waren die Etablierung einer Nationalsprache und deren Verankerung im Volksbildungssystem.

Nach der Gründung des neuen türkischen Nationalstaates 1923 musste man dem Postulat der neuen revolutionären Politik folgen: Die alten Wahrheiten, Diplomaten, Wissenschaftler und deren Erfolge, wurden radikal demontiert, um den neuen revolutionären Ideen und Persönlichkeiten Platz zu schaffen.

---

[*] Hier kann vorläufig von Wählern keine Rede sein.
[**] Informell Andersdenkende: Es gab Anfang der 1920er-Jahre keine organisierte Opposition im Sinne einer oppositionellen Partei.

Nach der formellen Unabhängigkeit der Türkei 1923 folgten weitere Faktoren. Die seit Mahmut II. andauernde chronische Einbindung in wirtschaftliche und politische Strukturen des Westens verursachte eine manchmal offene, manchmal versteckte Abhängigkeit von westlichen Staaten, welche die Beständigkeit der Unterentwicklung des Landes für immer sicherte.

Das entscheidende Charakteristikum einer modernen Nation ist die Modernität. Modernität heißt Übernahme alles Westlichen. Es ist eine allgemein bekannte Tatsache in der türkischen Republik, dass Modernität und nationale Identifikation nur zu erlangen sind, wenn unter anderem die Sprache modernisiert, bzw. den westlichen Sprachen angepasst wird.

Seit dem Purismus (1932) der türkischen Sprache gibt es in der Türkei eine Form des Nationalismus, der die Revolutionen seit 1923 und die nationale Sprache seit 1928 zum Selbstzweck, zum Heiligtum macht und die Verteidiger der puristischen Richtung als einzige „Rechtsinhaber" aller republikanischer Werte ausweist. Die Forderungen der Nationalisten beziehen sich darauf, welche Sprache in den nationalen Grenzen gesprochen werden soll und welche Eigenschaften das in der nationalen Sprache abgefasste Schrifttum haben soll. Nach dieser Auffassung ist die Sprache nicht für den Menschen da, sondern der Mensch zur Erfüllung des nationalen Willens und Seins der Sprache. Gewöhnlich jedoch betrachtet ein bewusster Mensch die Sprache als Verständigungsmittel zwischen den Menschen. Natürlich sind Sprache und Volk oftmals identisch, aber niemals bilden sie von Grund auf eine natürliche Einheit. Deswegen ist eine Sprachsäuberung bzw. ein Sprachpurismus, um eine reine nationale Sprache zu gründen, ohne Irrtümer und Inkonsequenzen kaum möglich (ATAY 1984:478).

Um folglich einen innenpolitisch zwingenden und von außen geförderten institutionellen Wandel durch einschlägige Revolutionen einzuleiten, wird den modernisierungswilligen Kräften freie Bahn verschafft. Modernisierung war in diesem Sinne ein neuer eindimensionaler Prozess, der standardisierte Fragen ohne Rücksicht auf Kulturgut und Besonderheiten der gesellschaftlichen Unterschiede stellte und tatsächliches Denken und Handeln abschaffte.

Die logische These *„Freilich, nicht alles, was modern ist, ist auch gut."* (SEUFERT 2004:21) könnte selbstverständlich bei den Ideologen des jungen Nationalstaates keine Geltung finden. Alles Modernisieren, um die Entwicklung des Landes anzukurbeln, war für sie der einzige Ausweg. Von wenigen Ausnahmen abgesehen, war Wachstum, wenn es dazu kam, immer nur ausschnitthaft. Partizipierte daran nur ein kleiner Teil der Bevölkerung, war sozialer Wandel stets partiell und führte eher zu einer Karikatur des westlichen Modernisierungsprozesses. Somit kann von einer durchgängigen Tendenz zur Demokratisierung, zum echten Fortschritt und zur Erreichung westlicher Werte keine Rede sein. Die Türkei, politisch aber auch geographisch gegenüber dem Osmanischen Reich ein kleiner Staat, hatte bemerkenswerte Industrialisierungs- und Agrarmodernisierungsprozesse – neben der Gründung eines modernen Staatssystems nach europäischem Muster – zu initiieren. Keine der bekannten Maßnahmen, nicht die sprachliche Trennung von der angeblich unmodernen und rückständigen orientalischen Welt, nicht die Schaffung eines modernen Staatswesens etc. haben bis heute – wie allgemein bekannt ist – das Land aus der Rückständigkeit herausholen können. Das angestrebte Ziel war eine breite Mobilisierung der Bevölkerung. Dies wiederum erfolgte unter dem Zwang der Revolution mittels der geplanten Übernahme des Staatsapparats von oben, um die Gesellschaft von der Spitze aus zu verändern.

Die politische Einstellung, die auf den totalen gesellschaftlichen Änderungen aufbaut, brachte naturgemäß den Bruch mit der Tradition. Die Überlieferung des türkischen Kulturgutes von Zentralasien unter anderem über die Seldschuken an die Osmanen und schließlich an die Türkei sollte der normale Verkehr der kulturellen Entwicklung sein. Dass die Kultur dem Menschen dient und in jeder dieser Phasen aufgewertet und reicher wurde, steht außer Frage. Der Glanz der revolutionären Modernisierung in den 20er-Jahren des 20. Jahrhunderts stand dem als eine unpassierbare Barriere entgegen und verhinderte schlussendlich die Weitergabe des traditionellen Kulturgutes an den letzten Kulturstaffelläufer, die Türkei. Deswegen steht der Türkei – ohne diesen sich angesammelten Kulturreichtum – ein langer Weg bis zur Bildung einer neuen stabilen Kulturgesellschaft bevor.

Während die meisten Nationen auf eine lange staatliche Tradition zurückblicken, auf der die Festigung des Nationalstolzes und der Identität aufbauen, lehnen merkwürdigerweise viele türkische Revolutionsgardisten den 1000-jährigen Abschnitt der türkischen Geschichte ab. Sie ignorieren das Osmanische Reich und die Seldschuken und identifizieren sich damit in der Regel nicht damit, wobei sie mit dem jungen nationalen Staat seit 1923 mit großer Arroganz protzen.

2.2.2 Schrift und Sprache als Identitätsfaktor einer Nation

„Die Sprache ist gleichsam die äußerliche Erscheinung des Geistes der Völker; ihre Sprache ist ihr Geist und ihr Geist ihre Sprache; man kann sich beide nie identisch genug denken." (HUMBOLDT 1836:LIII)

Der türkische Soziologe Ziya Gökalp definiert Nation als Menschen mit gemeinsamen Empfindungen; diese kann durch eine Sprache und Religion entstehen. Ein Individuum wünscht sich immer mit Menschen der gleichen Sprache und Religion zu leben. Die Nation (Millet) ist deswegen weder eine Rasse, noch ein Volk, noch ein geographisches Gebiet, noch eine politische Vereinigung, noch der Wille einer betreffenden Klasse (GÖKALP 2004:16), sondern *„Nation ist eine Klasse (Individuen), die durch die gleiche Sprache, Religion, Moral und Kunst eine Einheit bildet. Das heißt: Eine Gesellschaft, die die gleichen Empfindungen und Erziehung genossen hat."* (GÖKALP 2004:22)

Identität ist ein natürlicher Schlüssel zur subjektiven Realität, und wie alle psychische Realität steht sie in dialektischer Beziehung zur Gesellschaft. Identität nimmt in verschiedenen Gesellschaften verschiedene Formen an. Ist die Identität einmal durch gesellschaftliche Prozesse geformt, so wird sie wiederum durch gesellschaftliche Beziehungen bewahrt, verändert oder vielleicht neu geformt (BERGER 1969:185). Alle Gesellschaften haben ihre Geschichte, in deren Prozess den Menschen eine eigenständige Identität verliehen wird. Es ist nicht so, dass man sich auf ein neues Alphabet und eine neue Sprache stützt, um einen eigenständigen und fortschrittlichen Weg einzuschlagen, sondern wichtiger erscheint, ob durch die Revolution eine neue Gesellschaftsstruktur gebildet wird und ob diese wiederum eine neue Identität verleiht. Dies ist es, was in Wirklichkeit in der türkischen Gesellschaft geschehen ist. Da die Identität selbst ein Phänomen ist, das durch die Dialektik von Mensch und Gesellschaft entsteht (BERGER 1969:187), wird hier alles im Laufe der Zeit durch die erneuerte Gesellschaft bestimmt. Verfügt diese neue Gesellschaft mit ihrer Sprache und ihrer neu gestalteten und neu angefangenen Geschichte über eine Identität, so ist die neu geformte Identität sicherlich nicht identisch mit der vorherigen Identität. Besteht eine gewisse Konkurrenz zwischen verschiedenen Gesellschaftsschichten und Auffassungen, was in der türkischen Gesellschaft der Fall ist, so kann man vom *„Abweichen von eigentlicher Normidentität"* reden. Denn dann hat jede Gruppe, Partei, Minderheit, nationale Gruppe etc. eine andere Wirklichkeitsbestimmung, die sie frei wählt. Die gewünschte Gesellschaftsstruktur mit eigener Sprache und eigener Identität wird durch verschiedene Interessengruppen auf natürliche Weise gespalten und somit die Verwirklichung des nationalen Ziels verhindert. Dann wird die subjektiv gewünschte Identität „frei von allem Fremden innerhalb der Sprache", die bloße Nationalität zu einer Phantasieidentität, die sich im Bewusstsein einer Gesellschaft bzw. des einzelnen Individuums als eigene Identität wiederum objektiviert (BERGER 1969:183).

> „Menschen träumen immer von der Erfüllung unmöglicher Wünsche. Die Eigenart dieser Phantasieidentität liegt jedoch in der Objektivation einer anderen Identität als der objektiv zugewiesenen und in der Primärsozialisation internalisierten auf der Ebene der Imagination. Es dürfte einleuchten, dass jede breitere Streuung dieses Phänomens Spannung und Unruhe in die Gesellschaftsstruktur bringen muss und die institutionellen Programme und ihre Wirklichkeitsgewissheit gefährdet." (BERGER 1969:183)

Gesellschaft ist eine subjektive Wirklichkeit und eine objektive Konstellation infolge der Objektivierung der menschlichen Erfahrung im gesellschaftlichen Handeln, im sozialen Leben, in Sprache und Institutionen. Obwohl Gesellschaft erst durch Menschen existent wird, übt sie auf die einzelnen Personen innerhalb der Gesellschaft wiederum einen Zwang aus. So ist die türkische Gesellschaft nach der Neuformung durch die Revolutionen in dieser Form erst unter dem Zwang der gesellschaftlichen Gegebenheiten entstanden.

> „Das reflektierende Bewusstsein überlagert die institutionale Ordnung mit seiner eigenen Logik. Leitend ist die Sprache. Sie ist das Hauptinstrument jeder Art von Legitimation, bildet einen Teil des gesellschaftlich zugänglichen Wissensvorrats und wird als solcher als Gewissheit hingenommen." (BERGER 1969:XIV)

Warum die Japaner und Chinesen ihre langjährige gemeinsame Schrift gegenüber der einfachen lateinischen behalten haben, ist Haarmanns Zitat deutlich zu entnehmen. Manchmal, so scheint es, nützen Tabus dem Schutz von Werten und Gedanken.

> „Von Europäern wird immer wieder die Frage gestellt, warum man in China oder Japan nicht zum lateinischen Alphabet überwechselt, vor allem in Japan, wo der Gang der industriellen Entwicklung vom praktisch-organisatorischen Denken der Menschen gelenkt wird. Denn ohne ein solches praktisches Denken wäre es Japan kaum gelungen, eine supermoderne hochtechnologisierte

Gesellschaft aufzubauen. Es ist ohne Zweifel recht umständlich, die Masse chinesischer Zeichen sowie die Symbole der japanischen Silbenschriften im Alltag des technischen Zeitalters zu verwenden, wo doch Amerika oder Europa beste Beispiele dafür bieten, wie man die Flut geschriebener Information mit einer begrenzten Anzahl von Buchstabensymbolen bewältigen kann. Vom rein technischen oder kostenmäßigen Standpunkt betrachtet, hätten auch die Japaner keine Argumente dagegen, dass das Drucken mit einer Buchstabenschrift einfacher und billiger ist. Trotzdem ist Japan noch heute ein Land, in dem die alt ererbte chinesische Schriftkultur floriert. Dieses Kulturerbe hat auch der Computertechnologie getrotzt. Noch in den sechziger Jahren gab es viele westliche Experten, die einen Schriftwechsel für Japan voraussagten, weil nach ihrer Meinung die Anforderungen der modernen Datenverarbeitung die Japaner einfach zwingen würden, ihre umständliche und technisch aufwendige Schreibweise aufzugeben. Die Entwicklung verlief aber ganz anders. Es ist den japanischen Technikern und Ingenieuren tatsächlich gelungen, Software-Programme auszuarbeiten, die mit den Symbolen der drei Schriftsysteme operieren. Diese flexible Anpassung alter Schreibtraditionen an die Technologie der Moderne ist ein wichtiger Faktor, der die chinesische Schriftkultur bis weit ins nächste Jahrtausend tradieren wird." (Haarmann 1990:115)

Die Sprache einer Gesellschaft ist der Speicher gesammelten Erfahrungen und Bedeutungen, welche die Sprache zur rechten Zeit aufbewahrt, um sie nächsten Generationen weiterzugeben. Sie überbrückt verschiedene Zeiten, Kulturen und Zonen der Alltagswelt und gliedert sie zu einem sinnhaften Ganzen. Wenn man diese Fähigkeiten der Sprache auf unnatürliche Weise behindert, können all diese menschlichen Anforderungen und der Transfer des Kulturgutes über Generationen hinweg nicht mehr richtig funktionieren. Die Brückenfunktion der Sprache zwischen den Generationen, der direkte Wissenstransfer zwischen gleichsprachigen Menschen wird damit, wie in der damaligen Sowjetunion und in der Türkei (1928), abgebaut (JANSKY 1929:164). Die sowjetische Sprachplanung der 1920er-Jahren sowie die Sprachrevolution in den 1920er- und 1930er-Jahren in der Türkei sind dafür die besten Beispiele. In beiden Fälle handelt es sich in erster Linie um Machtausübung über das Volk bzw. Modernisierungbestrebungen (HAARMANN/SPILLNER 1990:41)

Verallgemeinernd kann man sagen, dass es zu einer Identitätskrise kommt, wenn Identität, aus welchen Gründen auch immer, zum Problem wird. Eine Identitätskrise kann aus der Dialektik von psychologischer Wirklichkeit und gesellschaftlicher Struktur entstehen. Der radikale Wandel, hervorgerufen durch die politischen Revolutionen der 1920er-Jahre in der Türkei und davor durch das Tanzimat und das Hattı Hümayun im Osmanischen Reich, führte zu einem Identitätswandel, weil ein großer Teil der Bevölkerung sich auf die Suche nach einer neuen Identität begeben musste. Kalkulierte ideologische Beeinflussung oder unbewusste und bewusste Eingriffe in gesellschaftliche Wertesysteme, Sprache, Religion, Wortschatz, Kleidung u.v.m. durch politisch interessierte Gruppen verwirklichen eine von vielen Varianten dieses Verwandlungsprozesses.

Seit dem 19. Jahrhundert hat der Westen sowohl im technischen als auch im kulturellen Bereich die Oberhand gewonnen. Die industrielle Revolution des Westens hat diesem auch im Bereich der Sprache zur Oberhand verholfen. Sprache umfasst alles, was man gemeinhin mit den Begriffen der Modernisierung, Modernität und Entwicklung meint. Nach Leuenberger verhält es sich wie folgt:

„Sprachhegemonie bedeutet nach diesem Verständnis immer auch Hegemonie bestimmter Herrschaftsstrukturen, bestimmter Verhaltensmuster, bestimmter Leitbilder und Ideologien" (LEUENBERGER 1975:47)

So wurden – neben der kulturellen und industriellen Herrschaft der westlichen Gesellschaften – in der sogenannten Dritten Welt Englisch, Spanisch und Französisch die Hegemonialsprachen (LEUENBERGER 1975:46). Wenn mit Hilfe einer neuen Sprache versucht wird, die „überholte" Gesellschaft und deren alte Sprache zu modernisieren, kann dies zwar auf sprachlicher Ebene gelingen. Gesellschaftsstruktur und Identität des Individuums werden aber möglicherweise von Grund auf zerstört. Herrschaft durch Sprache scheint die letzte Form der Beherrschung von Menschen zu sein, die als soziale Wesen auf die Kommunikation mittels Sprache genauso angewiesen sind wie ein jedes Lebewesen auf Zufuhr von Nahrung und Sauerstoff angewiesen ist. Mittels Sprache ist ein Herrschaftsgrad von Menschen über Menschen erreicht, demgegenüber physische Gewalt beinahe harmlos und veraltet scheint. Im klassischen Selbstverständnis einer Revolution und der dementsprechenden neuen Ideologie ist Geschichte und Vergangenheit nutzlos: Es ist unwichtig, was vor einer Revolution geschehen ist. Für sie ist die Zukunft alles. Die Gegenwart beinhaltet nur die revolutionäre Tat, welche die Geschichte auflöst und das Tor zur Zukunft öffnet. Aber eine geschichtslose Türkei wäre ohne Herkunft und somit auch ohne Zukunft. Das Heute entstammt dem Gestern, und das Morgen entsteht aus dem Vergangenen. Dieses Vergangene soll die Gegenwart jedoch nicht lähmen, sondern sie befähigen, bei allem Bewahren eine andere und in ihrem Fortschritt eine neue Gestalt zu gewinnen (LEGOFF 1997:340).

Wenn eine Revolution die von ihr erstrebten Ziele erreicht, dann wird die über lange Jahre in einer abgeschafften Altsprache (Osmanisch) gesammelte Kultur darunter leiden, denn die Brücke zur Gesichte wird durch ihre Abschaffung demontiert. Die neue Sprache ist naturgemäß anfangs noch schwach, entwickelt sich zwar schnell und kontinuierlich, aber nicht in allen Bereichen genügend, weil historische *Tiefe* und historisches *Erbe* mit dem ganzen darin enthaltenen intertextuellen Reichtum fehlt. Darauf beruht die zumeist missverstandene Aussage, die dem Verleger Leo Longanesi zugeschrieben wird:

„Man kann nicht ein großer bulgarischer Dichter sein." (ECO 1997:340)

Er meint wohl, dass man global gesehen kein großer Dichter werden kann, wenn man in einer Sprache schreibt, die nur Muttersprache vergleichsweise weniger Menschen ist. Somit soll eine Sprache reich und stabil sein, damit Kontakte mit anderen Kulturen zustande kommen können, denn dichterische Größe sei nach Umberto Eco und Leo Longanesi mit Verbreitung gleichzusetzen (ECO 1997:340). Ziya Gökalp, türkischer Soziologe, der die Theorien des türkischen Nationalstaates festlegte, unterlag nach İsmail Hakkı Baltacıoğlu einem ähnlichen Schicksal, weil er seine Werke in Türkisch, jedoch nicht in einer verbreiteten westlichen Sprache schrieb (KAPLAN/GÖKALP 2004:V).

2.2.3 Sprache als Machtinstrument des Totalitarismus

Spätestens seit der Zeit der alten Griechen ist uns bekannt, dass enge Beziehungen zwischen Sprache und Staat bestehen; hat doch schon Aristoteles mit klarem Blick erkannt, dass der Mensch seinem Wesen nach als ein sprechendes, denkendes (*zoon logon echon*) und zugleich als ein in staatlicher Gemeinschaft lebendes Wesen (*zoon politikon*) zu definieren ist. An der gleichen Stelle, Politik I, deutet er auch an, wie Sprache und Staat zusammengehören: Die Sprache dient ihm zufolge dazu, offenbar zu machen, was nützlich und schädlich, gerecht und ungerecht ist. Das gemeinsame Bewusstsein darüber aber ermöglicht erst die Bildung einer Hausgemeinschaft (oikos) und eines Staats. In der Sprache sind also die Maßstäbe festgelegt, die für das Leben der Gemeinschaft gültig sind (ARISTOTELES:1252b).

Schon zuvor hatte Konfuzius (551–479 v. Chr.) die überragende Macht der Sprache erkannt und das Problem eingehend untersucht. Seine oft zitierte Meinung bezüglich der Beeinflussung und Lenkung einer Sprachgruppe durch organisierte Mächte bzw. durch den Staat wurde oft für falsche Zwecke herangezogen. Als die alte Herrschaftsordnung der Zhou-Dynastie unterging, brachen Chaos und Unsicherheit aus. Wenn man diese Geschehnisse im damaligen China betrachtet, kann man erkennen, dass Konfuzius die Gefährdung der politischen Ordnung vor allem auf den Verfall der öffentlichen Moral zurückführte und versuchte, bewährte chinesische Traditionen ins Bewusstsein zurückzurufen und neu zu begründen. Er forderte vom Politiker Cheng Ming, die Dinge beim richtigen Namen zu nennen. Als ein Schüler ihn fragte, was er als erstes tun würde, wenn er morgen die Leitung des Staatswesens zu übernehmen hätte, antwortete Konfuzius dem damaligen Machtinhaber Cheng Ming belehrend:

„Der Edle lässt das, was er nicht versteht, beiseite. Ich würde zuerst die Bedeutungen der Worte festlegen. Wenn die Bedeutungen nicht klar sind, stimmen die Worte nicht; stimmen die Worte nicht, so kommen die rechten Werke nicht zustande; kommen die rechten Werke nicht zustande, so gedeihen Moral und Kunst nicht, so treffen die Strafen nicht; treffen aber die Strafen nicht, so weiß das Volk nicht, wohin es Hand und Fuß setzen soll. Darum sorge der Edle, dass er seine klaren Begriffe zu Worten und seine Worte zu Taten machen kann und dulde nicht, dass in seinen Worten irgendetwas in Unordnung ist. Das ist es, worauf alles ankommt." (KUNGFUTSE 1977:131)

Hier ist der Gedanke ausgesprochen, dass die Ordnung der Sprache Voraussetzung für die Ordnung im Staate sei. Ein Staat, der die Ordnung der Worte angreift, greift die Grundlage seiner eigenen Existenz an. Genau das geschieht in der totalitären Alleinherrschaft eines Staates.

Unter Totalitarismus wird die Alleinherrschaft auf Grund einer Ideologie verstanden. Die Rede ist von einer absolut gesetzten Vorstellung vom Verlauf, Ziel und Sinn der Weltgeschichte. Die Machthaber eines totalitären Staates fühlen sich als Verkörperung und zugleich als Werkzeuge der Geschichte, wie sie sie verstehen. Da sie sich auf Grund der Ideologie im Besitze der Wahrheit wähnen, sehen sie sich vor der Aufgabe, die Wirklichkeit im Sinne ihrer Ideologie zu verändern. Dabei kann dies durch Überredung, Zwang oder Gewalt geschehen. Lässt sich aber die Wirklichkeit nicht im gewünschten Sinne verändern, so muss die Deutung des Wirklichen verändert werden, was oft zu einer systematischen Geschichtsfälschung führt. Da Ideologie und Wirklichkeit kaum harmonieren können, müssen die Machthaber eines Staates stets einen doppelten Kampf führen: Sie sind gezwungen, immer wieder die Wahrheit ihrer Ideologie zu beweisen und ihren Glauben zu rechtfertigen; gleichzeitig müssen sie derweil die Massen auf den Kampf gegen die Feinde des Regimes einschwören.

Für unser Thema ist nun Folgendes wichtig: Der Totalitarismus beruht auf einer Ideologie, d. h. einer Verbindung von Glauben, Geschichtsphilosophie und politischer Doktrin des Staates. Zur Ideologie gehört aber eine ganz bestimmte Denkart, das ideologische Denken. Es ist dadurch gekennzeichnet, dass es die Wirklichkeit nach seinem Bilde formen will. Dieses enorme, absolutistische Experiment zwingt die Träger totaler Herrschaft zu eben dem Angriff auf die Ordnung der Sprache.

Das wesentliche Merkmal des ideologischen Denkens ist zugleich auch Merkmal einer totalitaristischen Sprache, denn zum ideologischen Denken gehört eine Verdrehung und Aushöhlung der Begriffe (Abschnitt 2.2.1). Im ideologischen Denken gibt es kaum Wertstufen. Im Allgemeinen ist etwas entweder gut oder schlecht, weiß oder schwarz. An die Stelle der natürlichen Vielfalt der Werte tritt ein starrer Dualismus, ein ins Extreme vereinfachendes *Entweder-Oder,* das dem Reichtum der Wirklichkeit, der Kultur und der Sprache insofern Gewalt antut, als dass genau jene Vielfalt unterbunden wird. Das ideologische Denken manipuliert Werte mit Hilfe der Sprache. Begriffe wie Nationalismus, Patriotismus, Hass auf „Feinde des Fortschritts" und ähnliche Ausdrücke, die Gefühle berühren, kommen dann zum Vorschein. Die ideologische Manipulation der Werte zeugt von der Entschlossenheit der totalitären Machthaber, das *„Traditionelle"* völlig aus den Gefühlen und aus dem Denken der Individuen zu reißen und „sie" zum bloßen Instrument der Beschwörung der Agitation zu machen. In totalitären Staatsgebilden rangiert die Tradition in der Feindbilderliste des Staates auf Platz *„Eins".*

Reformierte Sprache wurde von Machthabern in der ideologischen Debatte nicht nur als materielle Hülle der Gedanken und als Verständigungsmittel verwendet, sondern in entscheidendem Maße auch als Wirkungsmittel im gesellschaftlichen Leben benutzt und als eine Waffe des Fortschritts gegen die Tradition in der ideologischen Auseinandersetzung und in den gesellschaftlichen Diskussionen eingesetzt.

Für ideologische Begriffe werden meist Fremdwörter bevorzugt, weil man sie mit jedwedem gewünschten Inhalt aufladen und definieren kann. Ganz der ideologisierenden Sprache mit ihren Oppositionspaaren wie schwarz/weiß, Feind/Freund, gut/schlecht, wir/sie, haben auch die Machtinhaber die polaren Reihen Republikaner/Nichtrepublikaner, Laizistisch/Antilaizistisch, etc. geprägt. Weil es im Herrschaftsbereich eines totalitären Regimes keine Toleranz und keine Zwischenstufen gibt, werden politische Gegner und Andersdenkende beleidigt und missachtet (MAYER 1965:125; LUTHER 1970:362).

Politische Öffentlichkeitsarbeit ist legitim und in allen Staatsformen unerlässlich. Die heranwachsende Generation sollte durchaus in der Lage sein, manipulierte Agitation und Demagogie von legaler politischer Werbung zu unterscheiden, wenn Schulen und Universitäten sie rechtzeitig mit moderner Wissenschaft vertraut machen. Wenn man Orwells Schilderungen über „Neusprache" mit einer politisch-sprachwissenschaftlichen Analyse vergleicht, ergeben sich auffallende Übereinstimmungen bei Spracherneuerung, Sprachrevolution etc. Die historisch gewachsenen Sprachen haben ein zähes Beharrungsvermögen und können nicht völlig von der Kulturebene abgelöst werden, auch wenn sie – was das Ziel aller revolutionären Bestrebungen ist – auf unnatürliche Weise von Außen angegriffen werden (LUTHER 1970:362).

Nach der Oktoberrevolution in Russland wurden Schrift und Sprache als eines der zentralen Probleme behandelt. Lenin äußerte sich mehrmals über die Sprachproblematik; er favorisierte dabei das lateinische Alphabet. Vor der Ära Stalins wurden viele Sprachen – vor allem arabisch geschriebene Turksprachen – zur lateinischen Schrift gezwungen (COULMAS 1985:225). Es ist dabei festzustellen, dass die dem jüdischen Glauben angehörenden Karaimeischen Türken ihre hebräische Schrift sowohl zu Zeiten Lenins als auch Stalins weiter benutzen durften (HAARMANN 1990:493). Als Stalin 1937 in der UdSSR an die Macht kam, mussten die Nationalsprachen sich einem erneuten Alphabetwechsel zur kyrillischen Schrift unterwerfen, dabei blieben die georgische und armenische Schrift in Kaukasien sowie die lateinische Schrift in den baltischen Sowjetrepubliken von diesen Maßnahmen verschont (HAARMANN 1990:488; COULMAS 1985:225). Viele Wissenschaftler interpretierten diese sprachplanerische Politik Stalins als eine Zerschneidung der Verbindung zur islamischen Welt und damit zur eigenen Vergangenheit (WINGENROTH 1961:197).

Der Professor und stellvertretende Direktor des Instituts für Anthropologie und Ethnologie der russischen Akademie der Wissenschaft in Moskau, Michail Guboglo, äußerte sich kritisch zu dieser Politik:

„Die statuslose Lage nationaler Minderheiten, die sich in den 70 Jahren des Bestehens der UdSSR herausgebildet hatte, ist eine äußerst unmoralische, menschenfeindliche und brisante Folge des Totalitarismus.[...] Unterdessen machten sie nach Angaben der Volkszählung von 1989 mindestens ein Fünftel der Gesamtbevölkerung der ehemaligen UdSSR aus." (GUBOGLO 1994:23)

Nach der autoritativen Behauptung Stalins, obwohl er ohne zu zögern in die Sprachen der anderen Nationalitäten eingriff, (COULMAS 1985:225; HAARMANN 1990:488) ist Sprache nicht das Produkt allein einer Klasse, sondern von der gesamten Gesellschaft und von allen ihren Schichten. Sprache ist nicht für die Befriedigung der Bedürfnisse einer politischen Partei oder Gruppe bestimmt, sondern dient der ganzen Gesellschaft, denn sie ist von Hunderten von Generationen durch viele Jahre und mit vielen Anstrengungen herausgebildet worden (LUTZ 1973:137).

Wenn die Sprache auf unterschiedliche Art und Weise – wie z.B. durch gezielte politische Angriffe wie Sprachplanung, Nationalismus, Machtausübung etc. – beeinflusst wird, können sich das die gesellschaftliche Form bestimmende Leistungsvermögen der Sprache, aber auch das Verhältnis von grammatischer und semantischer Struktur der Sprache ändern (LUTZ 1973:141). Somit führt eine Beeinflussung der Sprache wiederum zu gesellschaftlichen Umwälzungen innerhalb eines Volkes. Denn Sprechtechnik, Grammatik und Morphologie, vor allem der „*Geist der Sprache*", lassen sich, wie Kofler unterstreicht und immer wieder bemerkt, nicht trennen (KOFLER 1970:149). Auch Weisgerber betont die Zusammengehörigkeit von Geist und Sprache:

„Sprache ist ein Phänomen des geistigen Lebens; alles Sprachliche manifestiert sich in sinnlich-geistigen Ganzheiten." (WEISGERBER 1971:27)

Durch das Zusammenwirken von Hand, Sprachorganen und Gehirn – nicht nur bei jedem Einzelnen, sondern auch in der gesamten Gesellschaft – wurde der Mensch befähigt, immer verwickeltere Verrichtungen auszuführen, sich immer höhere Ziele zu stellen und diese zu erreichen. So entwickelten sich der Reihe nach Ackerbau und Jagd, Viehzucht, Spinnen und Weben, Metallverarbeitung, Schifffahrt, Handel und Gewerbe, schließlich Kunst und Wissenschaft. Aus Stämmen wurden Nationen und Staaten. Das Recht zwischen den Menschen entwickelte sich rapide, gleichermaßen machte auch die Politik Fortschritte.

Sprache fungiert als Teil der gesellschaftlichen Arbeit. Sie ist Herstellerin von Ideen, Bewusstsein und Vorstellungen des Menschen. Das gesellschaftliche Leistungsvermögen der Sprache ist also nur so weit in ihrer jeweiligen historischen Form repräsentiert, als die herrschende Klasse bzw. die „aktiven konzeptiven Ideologen derselben" mit der ganzen Gesellschaft zusammenfallen (LUTZ 1973:140). Materiell-physische Sprache einerseits, historisch-emotionale Zugehörigkeit zu einer Sprache andererseits beeinflussen die Völker auf unterschiedliche Weise. Wenn Sprache aus politischen Gründen – wenn auch durch gut gemeinte Eingriffe mit dem Ziel, die Sprache zur Entwicklung zu nutzen – zur Veränderung gezwungen wird, kann die gesamte emotionale Beziehung eines Volkes zur Sprache oder gar zum eigenen Staat verloren gehen. Denn die Sprache ist, wie allgemein bekannt, eine der Grundbedingungen des geistigen Lebens der menschlichen Gesellschaft (WEISGERBER 1971:11).

2.2.4 Sprache und Denken

„Lernen und nicht denken ist nichtig.
Denken und nicht lernen ist ermüdend."*
Konfuzius

Die in diesem Kontext benutzte Idee „Sprache beeinflusst das Denken" bringt ideologische Implikationen mit sich. So gesehen mündet die Sprache teilweise in den allgemeinen philosophischen Betrachtungsbereich des Verhältnisses von Sprache und Denken und damit in das Gebiet der Logik und Psychologie eines Volkes.

Die türkische Sprache mit ihrer neu eingeführten lateinischen Schrift, die formal und den Wortschatz betreffend geistig reformiert wurde und Thema dieser Arbeit ist, ist keine Fremdsprache im eigentlichen Sinne; daher würde sich das Kriterium „Sprache beeinflusst das Denken" als problematisch erweisen. Die traditionelle türkische Sprache mit ihrer arabischen Schrift erlebte nach 1928 den Alphabetwechsel. Anfänglich lebte die Sprache mit ihrem Kulturwortschatz und mit der neu eingeführten lateinischen Schrift weiter. Die puristische Bestrebungen im Wortschatz wurden ab 1932 offiziell verstärkt propagiert und dessen Verwendung mit verschiedenen Maßnahmen dem Volk vorgeschrieben. Die äußerlich und geistig erneuerte türkische Sprache nahm fremdes, insbesondere westliches Gedankengut und hier speziell französisches Sprachgut auf.

* Kungfutse (Konfuzius): Gespräche. Lun Yü, Buch II, Eugen Diederichs Verlag, Düsseldorf 1967.

In diesem Zusammenhang ist auch die Frage nach dem Einfluss des Machthabers wichtig. Dieser kann sich sowohl auf offene wie auch auf verdeckte Weise auswirken. Derartige Überlegungen müssen bei einer Untersuchung „Macht der Sprache" ganz im Mittelpunkt der Überlegungen stehen. Wie allgemein bekannt ist, hat die Idealisierung des Westens, angefangen mit dem Tanzimat-Dekret und endend mit der Schrift- und Sprachrevolution, in der Türkei ihren Höhepunkt erreicht. Damit hatten die westlichen Kulturen ungehindert alle Volksschichten der Türkei erreicht. Die alltäglichen sprachlichen Gewohnheiten der Menschen, über Jahre entstandenes Kulturleben und Kulturgut etc. mussten allem „**Westlichen**" Platz machen. Übersetzungen westlicher Publikationen als fast die einzige Lektürequelle der Leser, Gesetze und gezwungenermaßen übernommene Begriffe änderten allmählich die „Farbe" der türkischen Gesellschaft.

Doch Sprache hat neben allen anderen Funktionen noch eine auf das Individuum bezogene Wirkung. Die Beziehung zwischen Sprache und Denken wurde über viele Jahre hinweg mehrfach debattiert. Schon Wilhelm von Humboldt hat den Gedanken vertreten, dass Denken und Sprache voneinander abhängig sind. Seine Gedanken beanspruchen zeitlose Gültigkeit, denen zufolge der Erwerb einer Sprache das Denken präformieren kann.

> „Die Sprache ist das bildende Organ des Gedanken. Die intellectuelle Thätigkeit, durchaus geistig, durchaus innerlich, und gewissermaßen spurlos vorübergehend, wird durch den Laut in der Rede äußerlich und wahrnehmbar für die Sinne. Sie und die Sprache sind daher Eins und unzertrennlich von einander".(HUMBOLD von 1960:LXVI, LXVIII)

In den 20er und 30er Jahren entwickelten die amerikanischen Linguisten Edward Sapir und Benjamin Lee Whorf die Theorie, dass die Sprache nicht nur ein reproduktives Mittel zum Ausdruck von Gedanken ist, sondern vielmehr selbst die Gedanken formt, Schema und Anleitung für die geistige Aktivität des Individuums ist, und für die Analysen seiner Eindrücke und für die Synthese dessen, was ihm an Vorstellung zur Verfügung steht, verantwortlich ist (WHORF 1963:12). Diese Ansicht von Sapir und Whorf unterstreicht, dass „die Sprache das Denken beeinflusst". Dass diese Generalbehauptung richtig ist und Sprache das Denken formt, ist Allgemeingut aller Sprachforscher geworden und wurde seither nicht mehr ernsthaft in Frage gestellt.

Anhand des von Whorf entwickelten sprachwissenschaftlichen Relativitätsprinzips wurde die gegenseitige Prägung von Denken und Sprache erörtert. Aus der Schlussfolgerung, dass zwar eine Beeinflussung stattfindet, deren Umfang sich allerdings bisher der empirischen Analyse weitgehend entzogen hat, kann auch abgeleitet werden, dass die Sprache dem Denken Grenzen setzt. Der Begründer des Behaviorismus – einer Denkschule, welche die Psychologie in Amerika jahrzehntelang beherrschte – J. B. Watson setzt Denken dem lautlosen Sprechen gleich, das allerdings auch ohne Worte geschehen könne (WATSON 1968:264). Während sich der Gedanke in der äußeren Sprache im Wort verkörpert, stirbt das Wort in der inneren Sprache und gebiert dabei den Gedanken. Die innere Sprache ist größtenteils ein Denken mit reinen Bedeutungen (WATSON 1968:300).

Schon Francis Bacon, britischer Lordkanzler im 16. Jahrhundert, beklagte sich über die Einengung des Denkens durch die Sprache und macht dafür die an der Masse orientierten Bedeutungen der Begriffe verantwortlich:

„[…] Auch die Definitionen und Erklärungen, womit die Gelehrten sich manchmal zu schützen und zu vertheidigen pflegen, bessern die Sache keineswegs. Denn die Worte thun dem Verstande Gewalt an, stören Alles und verleiten die Menschen zu leeren und zahllosen Streitigkeiten und Erdichtungen." (BACON 1890:95)*

Ebenfalls in den 30er Jahren des 20. Jahrhunderts machte der deutsche Psychologe Philipp Lersch auf die Gefahr der Einengung des Denkens durch die Bedeutungen der Worte aufmerksam. Im Wort werde die Welt festgestellt und festgemacht. Indem sich im Wort eine Fixierung der Welt vollziehe, entfalte sich „*die Gefahr einer neuen Gefangenschaft, der Gefangenschaft nämlich im Gehäuse der Worte. Eingesponnen in das Orientierungsnetz einmal geprägter Worte und Begriffe ist der Mensch allzu leicht geneigt, sich den Blick zu verstellen für all das, was durch dieses Netz unerfasst hindurch geht.*" (LERSCH 1947:15)

Die dem Denken durch die Sprache gesetzten Grenzen müssen als Behinderungen verstanden werden, sie sind jedoch nicht unüberbrückbar. Denn die Sprache ist nicht nur ein System von Lautsymbolen, das von bestimmten Gesetzen organisiert wird, sie muss auch als ein lebendiger Organismus ver-

---

* Bewusst habe ich eine ältere Übersetzung gewählt, um den sprachlichen Unterschied bzw. die Entwicklung zwischen 1870 und heute zu verdeutlichen.

standen werden, der seine Flexibilität und Dynamik aus einer Vielzahl von sprachlichen Bestätigungen und Veränderungen gewinnt. Als starres und statisches System wäre Sprache nicht in der Lage, sich durch Entwicklung an die Veränderung der Bedürfnisse der Sprachgemeinschaft anzupassen.

Gesellschaftlicher Wandel verändert die Sprache und erhält sie lebendig. Dass sich die Bedeutungen der Wörter wandeln, ist kein außerordentlicher Vorgang, sondern normal; es entspricht den Gesetzmäßigkeiten, die sich aus der wechselseitigen Beziehung von Sprache und Gesellschaft ergeben.

Die Adaption der Sprache an den gesellschaftlichen Wandel soll von der Sprachgemeinschaft, also vom Volk selbst, geleistet werden. Die Literatur hat in dieser Gesamtleistung eine herausgehobene Bedeutung: Ein wichtiger Teil sprachlicher Innovationen und ihre soziale Anerkennung sind Leistungen der Literatur. Um Gesellschaft und Kultur durch Sprache lebendig zu erhalten, muss eine Sprache – so verlangt T. S. Eliot kategorisch – Literatursprache „sein und bleiben" und einer Sprachpflege unterzogen werden.

„Denn ich kenne kein Beispiel dafür, dass jemand in beiden Sprachen ein Dichter von Rang gewesen wäre; und der walisische Einfluss auf die englische Dichtung ist in der Hauptsache den walisischen Dichtern zu verdanken, die sich als Dichter nur des Englischen bedienten. Aber wir dürfen eines nicht vergessen: Eine Kultur – eine eigene Weise des Denkens, Fühlens und Verhaltens – kann durch nichts besser und zuverlässiger übermittelt und lebendig erhalten werden als durch eine Sprache. Und wenn eine Sprache zu diesem Zwecke weiterleben soll, muss sie Literatursprache sein und bleiben – nicht unbedingt eine wissenschaftliche, aber gewiss eine Dichtersprache: Sonst wird sie mit den Bildungsansprüchen nicht Schritt halten können und eingehen. Die in dieser Sprache geschriebene Literatur wirkt natürlich nicht in die Weite, sie wird in der Welt draußen sichtbare Spuren hinterlassen; aber wenn sie nicht länger gepflegt wird, verliert das Volk, dem sie entstammt und für das sie bestimmt ist, mehr und mehr [...] seinen Volkscharakter." (ELIOT 1961:62)

In sprachlichen Äußerungen werden nicht nur Bedingungen für das Handeln angesprochen. Die Rolle der Sprache als Träger von Ideen ist sogar ihrer Handlungsfunktion untergeordnet:

„In Wörterbüchern steht immer, dass die Sprache ein Mittel ist, um Ideen mitzuteilen. Die Semantiker und Anthropologen stimmen überein, dass das eine unbedeutende Funktion der Sprache ist. Vor allem ist Sprache ein Instrument der Handlung." (KLUCKHOHN 1951:164)

Dass „die Sprache das Denken formt", haben der Imperialismus und seine Vorform, der Kolonialismus, rechtzeitig erkannt. Sie haben dieses Wissen in vielen Zeitaltern, auf verschiedene Weise, verdeckt oder offen in aller Welt genutzt. Wenn heute vom Kolonialismus die Rede ist, dann wird meist die europäische Ausprägung seit 1492 gemeint (BITTERLI 1991:19).

Die letzte Etappe des europäischen Kolonialismus und seine Blütezeit liegen zwischen den Jahren 1830 bis 1919, dem Zeitalter des Imperialismus (PAKENDORF 1993:89). Kolonialismus wird meist mit ethnisch-moralischen Argumenten gerechtfertigt. Aus dem Bordbuch des Christoph Kolumbus geht hervor, wie die Suche nach Gold, Gewürzen und Sklaven mit dem eigentlichen Ziel der Christianisierung der Völker neuer Länder verknüpft wird (KOLUMBUS 1981:10, 49). Nun erfolgte die imperialistische Expansion im Namen des europäischen Wissens und der Wissenschaft, die als einzig wahres Ziel und universell perfekt betrachtet wurde (PAKENDORF 1993:91). So gesehen ist die koloniale Eroberung die Fortsetzung einer bestimmten, leicht veränderten „europäischen Denkweise" mit und durch eine europäische Sprache. Die Denkweise bestätigt das Eigene marginalisiert das Andere oder schließt es aus (PAKENDORF 1993:93).

In einem langwierigen Prozess von Veränderungen durch Reformen, Revolutionen, Propaganda und vor allem durch manipulative Beeinflussungen wird das einheimische Kulturgut ins Museum der Geschichte abgeschoben und mit dem „*Empfohlenen,*" das heißt mit kolonialem Kulturgut ersetzt. Das „*Empfohlene*" wird befördert und ihm wird die Gelegenheit geboten, Subjekt eigener Zukunft zu sein. Die einheimische Geschichte wird dabei neu gestaltet und begründet.

„Der Kolonialherr macht die Geschichte und weiß, dass er sie macht. Und weil er sich ständig auf die Geschichte seines Mutterlandes bezieht, gibt er deutlich zu verstehen, dass er hier der Vorposten dieses Mutterlandes ist. Die Geschichte, die er schreibt, ist also nicht die Geschichte des Landes, das er ausplündert, sondern die Geschichte seiner eigener Nation, in deren Name er raubt, vergewaltigt und aushungert." (FANON 1969:39)

Kolonisierung bedeutet nach Pakendorf die Verdrängung des Einheimischen aus ihrer Geschichte und den Verlust der eigenen Sprache und Kultur, (PAKENDORF 1993:96) was eigentlich Verlust eigener Identität bedeutet. Das Kolonialzeitalter begann aus einer Krisensituation heraus: Aufgrund vieler sozialer und politischer Fragen und besonders nach dem Fall Konstantinopels 1453 fühlte sich das christliche Europa, das sich immer als politische Einheit verstanden hatte, eingeengt; es suchte einen Ausweg aus diesem großen Dilemma und wandte sich in kurzer Zeit dem unentdeckten Westen zu.

Nach – welthistorisch betrachtet – kurzer Zeit entdeckte Europa neue Erdteile und beanspruchte diese Gebiete für sich, woraufhin die europäische Denk- und Lebensweise zum Vorbild vieler Völker der Erde wurde. Diese Suche – zuerst nach Westen und dann wieder nach Osten – brachte Reichtum und Macht mit sich (PAKENDORF 1993:96).

Die lateinische Welt hat ursprüngliche Kulturen und Sprachen vernichtet und durch eigene ersetzt, um die Denkweise der Gesellschaften zu ändern (PAKENDORF 1993:90). Es stellt sich hier die Frage, aus welchem Grund diese Übermacht die türkische Sprache und Kultur vor und nach dem ersten Weltkrieg geschont hatte. In der Einführung haben wir festgestellt, dass Politiker wie Churchill oder französische Diplomaten, um die französische Revolution auf türkischem Boden zu propagieren, Zeitungen publizierten. All dies waren Vorbereitungen, um die Denkweise der türkischen Bevölkerung zu beeinflussen. In Hauptteil werden diese Einflüsse eingehend erforscht und es wird klar, dass diese Aktivitäten der Fremden Aktionen hinsichtlich der Abweisung einheimischen Kulturguts, insbesondere in der Schrift- und Sprachenfrage, nicht ohne Erfolg waren. Die Franzosen beispielsweise schrieben den arabisch sprechenden nordafrikanischen Völkern unter ihrer 130 Jahre andauernden Herrschaft Französisch als erste Staatsprache vor. Dies währte bis Frankreich Algerien 1962 räumte und dem Land die Unabhängigkeit schenkte. Die Analphabetenquote schätzte man um 1830, als die Eroberung Algeriens begann, auf 40 bis 50 Prozent, demgegenüber hinterließ die französische Kolonialherrschaft in Algerien 75 Prozent Analphabeten (GORDON 1978:151). Die Zustände in anderen nordafrikanischen Ländern waren vergleichbar. Mit der französischen Kolonialisierung Nordafrikas im 19. Jahrhundert kamen auch Sprache und Kultur der Franzosen ins Land; Arabisch wurde auf die Religionssprache reduziert. Französische Kultur wurde die Kultur der Herrschenden, die arabische Kultur die der Beherrschten (COULMAS 1985:122). Es bleibt fraglich, ob die arabische Sprache der Massen unter den herrschenden Bedingungen jemals das gleiche Prestige erreichen wird wie Französisch als Sprache der Eliten, wenngleich in diesen nordafrikanischen Ländern eine Politik der Zweisprachigkeit herrscht. Die Eliten dieser Länder sind stolz, dass sie der französischen Sprachgemeinschaft angehören und sie sind nicht bereit, diese Privilegien und Errungenschaften, die sie an ihre Kinder weiterleiten, aufzugeben (COULMAS 1985:124). Diesen Zustand verdankt Algerien wie auch Tunesien und Marokko der Mandatszeit Frankreichs, in der es bis 1962 verboten war, die arabische Sprache als offizielle Schul- und Amtssprache zu verwenden (SAID 1994:356), womit die Denkweise der Bevölkerung nachhaltig beeinflusst wurde.

Um die Zusammenhänge zwischen Sprache, Denken und Kultur festzustellen, die von den Definitionen der verwendeten Begriffe abhängen, wende ich mich zuerst diesem Problem zu. Ein solches Vorgehen ist nötig, bevor man versucht, Beziehungen zwischen Denken und Sprache festzusetzen. Gewöhnlich gilt die Sprache als der wichtigste Beweis für die Existenz und den Charakter des Denkens, und wenn Whorfs Behauptung mehr sein soll als ein Gemeinplatz, dann müssen die Definitionen der beiden Bergriffe deutlich unterschieden und voneinander abgehoben werden (HENLE/HABERMAS 1969:11).

Doch einige Zeit zuvor wurde im religiösen wie im konfuzianischen Denken die enge Beziehung zwischen Sprache und Denken auffällig. In der griechischen Kultur war dies noch deutlicher. Sprechen (legein) und der Gedanke (logos) waren für die Griechen weitgehend eins. Die mehr als zwei Jahrtausende alte Auffassung ist bis heute noch nicht von einer Zutreffenderen abgelöst, sondern wie oben erwähnt, von der Sapir-Whorfschen Generalbehauptung durch eine Erweiterung verifiziert worden (BRAUN 1996:5). Immer wieder wird Aristoteles bestätigt, wenn versucht wird, das Individuelle des Menschen zu beschreiben (ARISTOTELES:1252b). Da der Mensch als gesellschaftliches Wesen zugleich ein sprechendes und denkendes Wesen ist und Gesellschaftsfähigkeit mit der Sprachfähigkeit untrennbar zusammen hängen, wäre es eine vordringliche Aufgabe der Soziologie, den Zusammenhang der Sprache mit dem innerhalb der Gesellschaft vorkommenden Verhalten und den entsprechenden Handlungsformen zu untersuchen.

Heute wissen wir jedoch, dass nach vielen sprachwissenschaftlichen Studien die Sprache das Denken formt. Vielleicht deswegen wird der Versuch in verschiedenen Teilen der Welt unternommen, das Denken und Verhalten des Menschen durch Lenkung der Sprache zu beeinflussen. Jede feinere Analyse zeigt, dass Denken, Stil und Sprache eine lebendige Einheit bilden; dass eine bestimmte Weltanschauung zu einer entsprechenden Ausdruckweise führt, die ihrerseits das System der Sprache im gleichen Sinne modifiziert. Nach Sapir sind Sprache und Denken, Sprache und Kultur untrennbar miteinander verbunden. Die Sprache verkörpert das Wesen des Denkens (SAPIR 1972:192–193). Es ist jedoch schon lange vor Sapirs Hypothese bekannt gewesen, dass Gedächtnis und Sinneseindruck von der Verfügbarkeit geeigneter Wörter und Ausdrücke beeinflusst werden (LYONS 1983:271).

Auch nach der Lehre Humboldts ist die Sprache Ausdrucksmittel des Gedanken. Die Aufgabe von Sprache ist es, als Vermittlerin das Kulturgut eines Volkes von einer Genaration an die Nächste weiterzugeben.(CHRISTMANN 1977:26) Diese These stammt eigentlich – in dieser Deutlichkeit formuliert – erst von Adam Schaff.

„Die Verhaltensweisen der Menschen sind oft durch die Sprache bedingt, und mittels gedanklicher Impulse, die das Denken in eine bestimmte Richtung lenken und damit gewisse Gemütsbewegungen, Willenskräfte usw. auslösen." (SCHAFF 1968:95)

Er räumt ein, dass diese Formulierung nicht neu wäre, auch Herder und Humboldt hätten die Zusammenhänge zwischen Denken und Sprache hervorgehoben, aber er weist darauf hin, dass die Theorie zuvor niemals so deutlich wie durch seine Thesen formuliert worden sei: *„Freilich stammt die These von mir, und ich darf behaupten, dass keiner der Repräsentanten der allgemeinen Semantik eine solche These expliziter aufgestellt hat."* (SCHAFF 1968:95)

Es ist unanzweifelbar, dass die sinnliche Wahrnehmung, und damit das Denken mit einzelnen Gegenständen beginnt. Von diesem Moment an hat die Sprache das Denken eingekreist, und möglicherweise lahm gelegt. Für die allgemeine Semantik treten hier Missverständnisse zu Tage, die sich auf die Handlungsweisen der Menschen auswirken, denn der Wortinhalt spiegelt die Realität wider.

„Das Wort ist nicht die Sache, die Landkarte ist kein Territorium." (SCHAFF 1968:110)

Wenn ich nur einige Beispiele aus dem täglichen Wortschatz eines Türken nehme und vergleiche, wird bewusst, dass tatsächlich die Sprache den normalen Bürger unbewusst, aber auch offenkundig und auf verschiedenste Weise beeinflusst. Wissenschaftliche Definitionen wie bei Bernhard Lewis fanden in den Publikationen und damit im täglichen Leben der Menschen keinen Platz. Seine Beschreibungen der häufig sich im Umlauf befindlichen Begriffe wie „Heiliger Krieg", „Fundamentalist", „Theokratie" fanden kaum Geltung (LEWIS 1991:57, 123, 192).*

Das Wort Laizismus ist in der Türkei ein gängiger Begriff, welcher mitunter als Synonym für „nichtreligiös" verwandt wird. Sogar für die Kennzeichnung von Personengruppen kommt er zur Verwendung. „Er ist ein laizistischer Mann oder sie ist eine laizistische Frau" hat sich im allgemeinen türkischen Sprachgebrauch eingeprägt (LEWIS 1991:57).

Umberto Eco betont die Zusammenhänge zwischen Sprache und Denken, indem er auf die Betrachtung von George Boole hinweist, der „*Investigation of the laws of thought*" im Jahr 1854 veröffentlicht hatte:

> „... er hob hervor, dass wir kaum begreifen könnten, wie die unzähligen Sprachen der Erde sich durch all die Jahrhunderte hindurch so viele gemeinsame Merkmale bewahren konnten, wenn sich nicht in den Gesetzen des Denkens selbst verankert wären." (ECO 1997:317)

Nach diesen Erörterungen können wir uns der Frage nach dem Beweis für die Relation von Sprache und Denken zuwenden. Es erscheint angebracht, bei einem solchen Beweis mit einer Betrachtung der Beziehungen zwischen Vokabular und Wahrnehmung zu beginnen. Sprachen weichen hinsichtlich des Vokabulars wesentlich voneinander ab, und dieser Unterschied steht im All-

---

* **Theokratie:** Wenn wir unter dem Wort einen Staat verstehen, der von der Kirche geführt wird, dann ist der Islam mit Sicherheit keine Theokratie, denn der Islam kennt im theologischen Sinn kein Priesteramt und keine Hierarchie.
Heiliger Krieg: Es gibt kein Wort im Türkischen, welches dem Begriff Heiliger Krieg entspricht, es wird aber mit dem Wort „cihat" von der inländischen und ausländischen Presse gleich gestellt.
Fundamentalist: Das Wort ist für jeden, auch für Gläubige etwas Negatives. Es wurde einfach ins Türkische als „köktendinci" übersetzt und wird häufig in allen Schichten der Gesellschaft verwendet. Fundamentalismus ist eigentlich ein christliches Wort, das am Anfang des 20. Jahrhundert für bestimmte protestantische Organisationen oder Kirchen benutzt wurde. Trotzdem wird der Begriff offensichtlich oft mit einem „Islamischen Staat" gleichgestellt. Dafür gibt es in der Geschichte der Türken kein Beispiel.

gemeinen in Zusammenhang mit den Unterschieden in ihren Umgebungen. So bemerkt Whorf, dass die Inuitsprachen über eine Vielfalt von Wörtern für verschiedene Arten von Schnee verfügen, während die lateinischen Sprachen nur einen Begriff dafür verwenden. Das Aztekische ist in dieser Hinsicht sogar noch ärmer als das Lateinische, denn es gebraucht denselben Wortstamm für Kälte, Eis und Schnee (WHORF 1963:15). Sapir stellt fest, dass das Vokabular einer Sprache eindeutig die physikalische und soziale Umwelt eines Volkes reflektiert. Ihm zufolge ist der komplette Wortschatz einer Sprache ein komplizierter Bestand all jener Ideen, Interessen und Beschäftigungen, welche die Aufmerksamkeit der betreffenden Gemeinschaft in Anspruch nehmen. Er führt an, dass bei den Nootka auf der Vancouver-Insel die Seetiere bis ins Detail definiert und symbolisiert werden. Manche Wüstenvölker bewahren einen detaillierten Wortschatz für Beeren und andere essbare Pflanzen. Ähnlich sprechen die Paiuten, ein Wüstenvolk im Dreistaateneck von Nevada, Arizona und Kalifornien eine Sprache, welche die detaillierteste Beschreibung topographischer Merkmale zulässt. Dies erscheint in einem Land, in welchem vielschichtige Anweisungen für das Auffinden von Wasserlöchern erforderlich sind, eine Notwendigkeit zu sein. Sapir intensiviert seine These und betont, dass das, was für die physikalische Umwelt gilt, noch eindeutiger für die gesellschaftliche gilt (HENLE/HABERMAS 1969:15). Auch die Argumentationen von Whorf zeigen, dass das Vokabular die Umwelt eines Volkes widerspiegelt, weil Kultur in großem Maße von der Umwelt abhängig ist.

„Das Denken geschieht in einer Sprache in Englisch, in Deutsch, in Sanskrit, in Chinesisch ... Und jede Sprache ist ein eigenes riesiges Struktursystem, in dem die Formen und Kategorien kulturell vorbestimmt sind, aufgrund deren der einzelne sich nicht nur mitteilt, sondern auch die Natur aufgliedert, Phänomene und Zusammenhänge bemerkt oder übersieht, sein Nachdenken kanalisiert und das Gehäuse seines Bewusstseins baut." (WHORF 1963:52)

Die Handlungsweisen des Menschen, der immer auch ein gesellschaftliches Subjekt ist, werden wesentlich durch die Sprache herausgebildet, also durch die Kultur, deren einziger Träger die Sprache ist. Folglich kann man das Verhalten der Menschen beeinflussen, in dem man ebenfalls dieses Medium einsetzt. Denn die Sprache setzt dem Denken natürliche Grenzen.

Adam Schaff, der die Theorien von Herder, Humboldt und Sapir-Whorf, weiterführte, formuliert seine Gedanken darüber folgendermaßen:

„Das Sprachsystem, das ein gesellschaftliches Gebilde ist, und die jeweilige gesellschaftliche Wirklichkeit widerspiegelt, beeinflusst die Denkweise der Menschen, die diese Sprache sprechen: Denn es beeinflusst die Wahrnehmung und Artikulation der Welt und folglich auch deren gedankliche Ausdeutung." (SCHAFF 1968:128)

Das umgekehrte Verhältnis, nämlich der Einfluss des Denkens auf das Sprechen, ist offensichtlich. Die Sprache ist das Werkzeug, durch das wir Erfahrungen, Gedanken und Wünsche Anderen mitteilen, und sie ist von deren Beschaffenheit so abhängig wie die Landkarte von der dargestellten Gegend. Aber ein Werkzeug der Darstellung entzieht sich oft unserer Beherrschung und fängt an, unsere Vorstellungen zu beherrschen. Es gibt viele Mittel in der menschlichen Umgebung, die das Denken des Menschen bestimmen. Von allen dargebotenen Mitteln kann die Sprache das Denken am stärksten beeinflussen, weil sie äußerst umfassend ist. Sie droht das Denken am meisten zu verfälschen, weil sie die unermessliche Aufgabe, alle erdenklichen menschlichen Beobachtungen, Gedanken, Wünsche und Empfindungen darzustellen, nur sehr unvollkommen lösen kann.

Die politisch-wirtschaftlichen Mächte versuchten oftmals eine westliche, gut funktionierende und einheitliche Sprache in vielen Teilen der Erde, wo sie aus irgendeinem Grund eingriffen, zu schaffen. Somit wurden beispielsweise das Arabische und Persische im türkischen Reich und in der Republik auf Kosten der historisch gewachsenen Denkweise und Kultur neutralisiert.

2.2.5 Sprache und Kolonialismus/Imperialismus

Nach J. Gallagher und R. Robinson (Imperialism of Free Trade) kann man zwei verbindliche Methoden innerhalb der imperialen Politik identifizieren. *„Herrschaft informell auszudehnen wenn möglich, formell wenn nötig."* (SCHIMIDT 1994:144) Gewiss betrifft diese Auffassung das letzte Viertel des 20. Jahrhunderts, wobei diese Methode auch in den Anfängen des letzten Jahrhunderts in gemischter Form in China, im Osmanischen Reich und in der jungen Türkei erprobt wurde. Eine solche Auffassung folgt weitgehend dem Verständnis vieler Zeitgenossen, wonach sich das Zeitalter des Imperialismus vor allem durch die direkte Inbesitznahme afrikanischer, asiatischer und anderer Territorien mit dem Ziel der Begründung eines Kolonialreiches auszeichnete und sich eben dadurch von der voran gegangenen Epoche des Freihandels ablöste. Diese Art imperialistischer Politik hat sich am Anfang auf den Erwerb möglichst großer geschlossener Territorien konzentriert.

Die Kolonialpolitik zielte darauf ab, die Gebiete auf indirekte und informelle Art unter der eigenen Kontrolle zu halten, eine Form imperialistischer Expansion. Die Übersiedlung privater Gesellschaften auf ein Gebiet bildete dabei den ersten Schritt. Dabei hielt sich der Okkupant im Hintergrund, denn formelle Besatzung traf bekanntlich auf wenig Verständnis in der Öffentlichkeit. Wenn die wirtschaftlichen Interessen bedroht wurden, griff man auf die Methoden der klassischen Kriegspolitik zurück und so versuchte die imperialistische Macht zur formellen Kontrolle eines Territoriums überzugehen. Die politischen Strategien vor dem ersten Weltkrieg sind ein Beispiel für diese Methoden der Imperialpolitik.

Während der formelle Imperialismus auf die direkte politische und militärische Kontrolle eines Territoriums abzielte, beschränkte sich die informelle Variante auf die sogenannte friedliche Durchdringung eines Landes oder Gebietes. Der informelle Imperialismus kann verschiedene Formen annehmen. Freihandelsvertrag, Freundschafts- und Schutzvertrag sind einige Beispiele dazu. Effektivste Methode der informellen Herrschaft ist das Land wirtschaftlich und finanziell von der imperalen Macht abhängig zu machen. Ziele des informellen Imperialismus waren gerade in der Epoche des Hochimperialismus insbesondere China und das Osmanische Reich (SCHÖLLNGEN 1994:48).

Folglich kann man für das Zeitalter des Imperialismus von einer kombinierten Anwendung formeller und informeller Methoden zur imperialistischen Expansion der europäischen Mächte in der neu gegründeten türkischen Republik sprechen. Indirekte, insbesondere informell-kulturelle Durchdringung einer Region ist jedoch nur sehr schwer nachweisbar. (SCHÖLLNGEN 1994:47)

Der englische Politiker und Schriftsteller Benjamin Disraeli vertrat um 1870 die Idee der Sicherung des Landeswegs nach Indien durch die Eroberung Zyperns und die Erwerbung Syriens und Ägyptens. Königin Victoria sollte auch Kaiserin von Indien und Schutzherrin von Bagdad und Mesopotamien, Syrien, Kleinasien und Alexandria werden. Er propagierte seine Meinung mit den Worten:

> „Meiner Meinung nach wird kein Minister seine Pflicht tun, der eine Gelegenheit versäumt, so weit wie möglich unser koloniales Weltreich wiederaufzubauen ..." (SCHÖLLNGEN 1994:49).

Dergestalt führte Benjamin Disraeli seine Politik im Jahre 1872. Die imperialistischen Gedankengänge gingen bei Disraeli und seine Gesinnungsgenossen noch weiter. Nach 1880 wurden große imperialistische Organisationen mit festem politischem Programm gegründet: Die „National Fair Trade League", die den englischen Nahrungsmittelbedarf aus eigenen Kolonien decken sollte, der Abschluss neuer Handelsverträge, die „Imperial Federation League", die Zollangelegenheiten der Kolonien mit dem Mutterstaat zur Aufgabe hatte, sind einige Beispiele dafür (BRIE 1928:170).

Den imperialistischen Ideen Englands widersprach das russische Ideal, das auch zum Mittelmeerraum zu gelangen gedachte. So mussten die Engländer den „kranken Mann am Bosporus" gegen den Aggressor schützen. So führte England, neben dem osmanischen Reich, jedoch lediglich vor und um Sewastopol einen erbitterten Krieg gegen die Russen (GUST 1995:307).

Dem englischen konservativen Sozialpolitiker und Schriftsteller Geoffrey Drage (geb. 1860) zufolge musste man die Russen Glauben machen, dass man erst England niederschlagen muss, um auf St. Sophia (Ayasofya) das Kreuz wiederaufzustellen (BRIE 1928:182). Er vertrat die Meinung, dass dem Sultan in Istanbul sein Thron weiterhin erhalten bleiben sollte und Transkaukasien der Türkei gehören sollte. Die Türkei in Kleinasien sollte unter dem Protektorat Englands stehen und im Notfall müsste England islamische Truppen und Beamte aus Indien herbeiholen um das Land zu schützen und zu verwalten (BRIE 1928:183). Für den Bestand der Türkei selbst wären aber Reformen nötig (informeller Imperialismus tritt an dieser Stelle ein), die der englische Gesandte in die Hand nehmen sollte (Zit. nach BRIE 1928:183).

> „Die englische Sprache, die schon von Yokohama bis Rangoon in jedem Laden gesprochen, die in den Schulen Siams und Japans gelehrt und [...] benutzt wird, ist sie mit absoluter Gewissheit dazu bestimmt, die ‚Sprache des fernen Ostens' zu werden." (BRIE 1928:185)

Auf Grund der Erfolge Englands im Osten schrieb der bekannte imperialistische Politiker und Schriftsteller, welcher auch England bei den Friedensverhandlungen von Lausanne (24. Juli 1923) als 1. Bevollmächtigte Delegierte vertrat, Lord Curzon (1859–1925) in seinem Werk *Problems of the Far East* (1894).

Welche Zusammenhänge zwischen Imperialismus und Sprache bestehen, ist eine notwendige Frage. Doch wenn wir die erwähnten Werke und die Imperialismus-Ideen in Betracht ziehen, sehen wir immer nur „die kolonialen Interessen". Drages Ausführungen: *„Für den Bestand der Türkei seien Reformen nötig, die der englische Gesandte in die Hand nehmen muss ..."* implizieren, dass die Reformen in allen Bereichen der türkischen Gesellschaft durchgeführt werden müssten. Entweder sah er in seiner Weitsicht schon voraus, was in Zukunft in diesem Erdteil geschehen sollte, oder seine vorausgesagten Ideen wurden durch die Handlungsweisen kluger Politiker wie Curzon und anderer später verwirklicht. Als Beispiel dafür ist die Zeitung *Ceride-i Havadis*, eines der einflussreichsten Blätter im Osmanischen Reich, zu nennen, welches direkt von W. Churchill herausgegeben (1860) und vom englischen Staat subventioniert wurde (KREISER 2001:71; ÖKSÜZ 1995:16). Der Reformprozess in der Türkei wurde nach dem ersten Weltkrieg nur schleppend, nach dem Vertrag von Lausanne aber unter größerem Druck und unter der Empfehlung des Engländers Lord Curzon sowie der teilnehmenden Mächte rascher vorangetrieben.

Sultan Abdulhamit dagegen hielt aber den Scherif von Mekka praktisch als Geisel in Istanbul fest. Seine Hinwendung zu einer derartigen islamischen Politik beunruhigte die Engländer, in deren Imperium mit Ländern wie Indien und Pakistan mehr Moslems lebten als im Osmanischen Reich (GUST 1995:359). Die Engländer kalkulierten schon damals, dass der Islam beziehungsweise das Kalifat in dieser Verbindung zu einer ideologischen Waffe innerhalb des britischen Reichs werden könnte. Der von Gandhi geführte Widerstand gegen England bildete derzeit eine ernstliche Bedrohung. Dazu kam noch das Problem des von den Alliierten in seiner Würde und sogar Existenz bedrohten Kalifats in Istanbul. Als Folge ihrer Kolonialpoltik waren die britischen Staatsmänner gezwungen, sich mit der Kalifatsfrage zu beschäftigen (MELZIG 1937:242).

Am 24. Juli 1923 wurde der Vertrag von Lausanne unterzeichnet, am 23. August 1923 ratifizierte ihn die TBMM (Große Türkische Nationalversammlung) und der Ratifikationsbeschluss wurde noch am selben Tag den alliierten Kommissaren mitgeteilt (MELZIG 1937:235). Da der Friedensvertrag von Lausanne nach 7,5 Monaten, erst in London durch das englische Parlament ratifiziert wurde, also drei Tage nach der Abschaffung des Kalifats per Gesetz vom 3. März 1924 in Ankara, kann man konstruieren, dass die Engländer auf die Entscheidung des türkischen Parlaments gewartet hatten. Auch die veröffentlichten Memoiren von İnönü bestätigen diese These.

"Im Übrigen haben sie (von mir; Engländer usw.) für die Ratifizierung des Abkommens (von mir; Lausanner Friedensabkommen) nicht geeilt. Die Gedanke, die dahinter steckt, war „man müsse warten" um zu sehen, welche Reaktionen die Reformen in der türkischen Öffentlichkeit auslösen und wie sie im türkischen Alltag implementiert werden". (İNÖNÜ 1987:153)*

İnönü veröffentlichte hier, was man hinter den verschlossenen Türen mit den Engländern vereinbart hatte. Denn offiziell schreibt der Lausanner Friedensvertrag keine Reformen für die Türkei vor. So schreibt der erste Delegierte und spätere Präsident İnönü in seinen Memoiren jedoch, dass die Alliierten auf die Ratifizierung des Friedensvertrags warteten und erleben wollten, welche Reaktionen die türkischen Öffentlichkeit zeigen würde, und ob Reformen durchschlagen würden. Auch Richard Hartmann findet die großen Umwälzungen verdächtig: *"Schon der Friede von Lausanne war in seinen Ursachen und Wirkungen kaum begriffen. Dann häufen sich die Merkwürdigkeiten, Abschaffung des Kalifats, Umwandlung des türkischen Staates in eine Republik ..."* (HARTMANN 1928:2; SONYEL 1979:285–294; Mehr dazu Abschnitt 6.4.1).

Mustafa Kemal wollte unter allen Umständen die türkische Unabhängigkeit sowie die Souveränität über Anatolien erreichen und sie mit dem Lausanner Vertrag besiegeln. Die Vereinigung der islamischen Völker unter einem Kalifat musste wegen des Zwangs der Alliierten aufgegeben werden, um einen akzeptablen Friedensvertrag durchsetzen zu können. Indizien dafür sind, dass er oft akzentuierte und intuitiv zu verstehen gab, dass die Völker ihre Geschicke selbst meistern sollten, danach bestehe immer noch die Möglichkeit, dass diese islamischen Völker später wieder in einem Bund sich zusammenschließen könnten. Für solche Entwicklungen dürfe man nichts übereilen (MELZIG 1937:254).

2.2.6 Sprache und Religion bzw. Missionstätigkeit

Die Lateinschrift hat in der modernen Welt einen engen historischen Bezug zum Christentum und dem vorangegangenen heidnischen Rom. Vielen Millionen Menschen ist heutzutage die Schrift des lateinischen Alphabets vertraut, weil damit viele Sprachen geschrieben werden (HAARMANN 1990:299)

---

* Originaltext: „Ayrıca muahedeyi tasdik için acele etmemişlerdir. Türk milli hayatında ne gibi tepkiler olacağının, reformların nasıl hazmedileceğinin bilinmesi için, beklemek lazımdır, zihniyeti hakim olmuştur".

Die Ausbreitung der Lateinschrift über Europa und andere Kontinente der Erde wurde erst mit der Romanisierung, den kolonial-missionarischen und seit dem 20. Jahrhundert den imperialistischen Grundideen verbreitet.

Nach der Gründung der neuen Hauptstadt Konstantinopel des oströmischen Reiches im Jahr 330 wurde die christliche Kirche als Staatskirche anerkannt und somit wurden die Kirche und das Lateinische unzertrennlich vereint (SZEMERENYI 1978:38). Bis in die jüngste Zeit war Latein die offizielle Sprache der römisch-katholischen Kirche (SUSO 1978:109). Karl Büchner schreibt in seiner Einführung, dass die lateinische Sprache Europa geschaffen habe. Wenn Latein die einigende Kraft, aus dem Bewusstsein verschwinden würde, würde mit ihm die westliche Welt niedergehen (BÜCHNER 1978:7). Die westlichen Staaten gehören überwiegend dem christlichen Glauben an, dessen Sprache Lateinisch war (HAARMANN 1990:118). Die Sprachen Englisch, Deutsch, Französisch und andere europäischen Sprachen, so Whorf, gehen in wesentlichen Zügen wenig auseinander, deswegen fasst er sie als eine einheitliche Sprachgruppe zusammen, die er als SAE (Standard Average European) bezeichnet (WHORF 1963:78). Trotz der formenden Kraft dieser Sprachen soll man die Wirkmacht des Lateinischen nicht überschätzen, denn es bleibt „nur" Schrift und Sprache. Sie ist nur ein Werkzeug und nicht eine Weltanschauung bzw. Glaube selbst (BÜCHNER 1978:7).

Karl Büchner schreibt in seiner Einleitung weiter, dass jeder Mensch, Politiker und Staatsmann, welche alle auf die Zukunft der Menschen wirken, seine Fundamente kennen muss: Gerechtigkeit und Vernunft, Zivilisation, Kultur und Recht bilden das höhere Bild vom Menschen.

> „Ohne dieses könnte es geschehen, dass andere Völker ihre Stabilität aus dem Bewusstsein des Gedächtnisses ziehen, Europa aber seine große Tradition der Freiheit, Gerechtigkeit, der Leistung und Menschlichkeit nicht mehr in die größte bevorstehende Aufgabe der Selbstfindung und seiner politischen Gründung einbringen könnte." (BÜCHNER 1978:25)

Nach der Christianisierung des römischen Reiches, beerbte das Christentum das Römertum auch kulturell. Zu dieser Erbschaft gehörte selbstverständlich auch die imperialistische Politik Roms (HEUSS 1987:317). Die heidnischen Schriftsteller dieser Zeit wurden zitiert, imitiert, aber auch ersetzt und überarbeitet (FRANK 1978:112).

Da ich diesen Teil, Beziehung zwischen Sprache und Religion bzw. Missionarisierung nur kurz behandeln möchte, begrenze ich das Thema auf die europäischen Kolonialsprachen und einige afrikanische und asiatische Sprachen. Die Überlegenheit der westlichen Mächte in Bezug auf die Sprache zeigt sich neben friedlichen Aktionen auch in kriegerischen Auseinandersetzungen. Angefangen mit den Kreuzzügen, folgten verschiedenste Expansionsmethoden des Westens: Wie der Kolonialismus, der Imperialismus und vor allem die Missionstätigkeit, um Gotteswort zu verbreiten.

Im Osten verhielten sich die Entwicklungen anders als im christlichen Westen. Hier hatte das gemeinsame Religionsbekenntnis eine geistige und künstlerische Verbindung weit über Nationen und Staaten und Stammestraditionen bewirkt. Effektivität und Ausbreitung des Korans sind nur in seiner Rolle als alles verbindende Schrift zu erfassen (BARTHEL 1972:346). Wie ist es sonst zu erklären, dass die arabische Schrift, wo auch immer sich der Islam als Religion durchsetzen konnte, lokale Schriften verdrängt hat, ungeachtet der Schwierigkeiten, welche die Anwendung einer Konsonantenschrift auf nichtsemitische Sprachen, das Persische oder Türkische beispielsweise, bereiten.

Die Verankerung der arabischen Schrift in nichtarabischen Gebieten hat zur Folge, dass der Wortlaut des Korans unverändert beibehalten werden kann und, will man das Wort Gottes in seiner ursprünglichen Form hören und lesen, es selbst sprechen wie Gott es durch den Engel Gabriel zu Muhammad sprach, so bedarf es der Kenntnisse des Schriftsystems, in dem diese Sprache festgelegt ist (BARTHEL 1972:321). So musste 1931 in der Türkei auch der Versuch scheitern, den Koran in türkischer Sprache in den Moscheen rezitieren zu lassen. Nicht nur ging dabei die rhythmische und klangliche Schönheit des Werkes verloren, auch das Wort selbst erfuhr dadurch eine Veränderung, welche die Koranexegese (tafsir und ta'will), also die philologische, äußere und die inhaltliche, innere Koranexegese erschwerte, ja geradezu verhinderte.

Für jeden nichtarabischen Muslim drängt sich deshalb die Notwendigkeit auf, die arabische Sprache und meist auch die arabische Schrift zumindest so weit zu beherrschen, dass er seinen religiösen Pflichten, namentlich den fünf täglichen Gebeten auf Arabisch, nachkommen kann, durch die er erst wirklich zum Muslim wird. Die enge Beziehung der Schrift zur Religion ist spezifisch für den Islam. Mehr noch als die Sprache, die nie eine solche geographische Verbreitung gefunden hat, wird die arabische Schrift geradezu zu einem Symbol der islamischen Religion (REAUBER 1979:10).

Die arabische Schrift hat mit ihrer Ausbreitung durch den Islam auch in nichtsemitischen Ländern die einheimische Schrift verdrängt. Für die nicht im Arabischen vorhandenen Laute wurden neue Zeichen erfunden. Verschiedene Sprachen wie Afghanisch, Malaysisch, Suaheli, Hausse u.a. bedienen sich der arabischen Schrift mit den ihrem lautlichen Charakter entsprechenden Veränderungen. Die Verbreitung der arabischen Schrift wurde in den letzten hundert Jahren eingeengt. Entscheidend war der Beschluss des turkologischen Kongress in Baku (26. Febr. bis 6. März 1926), die arabische Schrift durch die Lateinische zu ersetzen. Die Regierung Atatürks bestimmte 1928, dass in den Schulen und in der Literatur der Türken und der Tataren das lateinische Alphabet verpflichtend anzuwenden ist (BARTHEL 1972:345).

Dem Missionar, der seinen Glauben verbreitet oder gar aus politischen Gründen in weite Teile der Welt reist, ist bekannt, dass er die Sprache der einheimischen Völker lernen muss. Dem Missionar geht es aber in erster Linie ganz und gar um seinen Glauben. Seine Aufgabe jedoch ist, bei so vielen verschiedenen Sprachen, nicht immer leicht durchführbar (BÜHLMANN 1950:394). Wissentlich und planmäßig, bewusst oder unbewusst ist er immer der Vermittler eigener bzw. westlicher Sprachen und Kultur.

Um dem einen Ausweg zu schaffen, wie ihn das Arabische im Islam als Lingua franca bildet, schreibt Afrikanist (BÜHLMANN 1950:384. C. Meinhof in evangelisches Missionsmagazin Nr. 53, unter dem Titel *„Die mohammedanische Gefahr in Afrika und die Einheitssprache"*;

> „Gerade der Islam, der seine Stoßkraft einer solchen Lingua franca verdankt, muss auch Christentum mit diesem Mittel schaffen" (BÜHLMANN 1950:5).

Ein anderes seiner Essays in den Baseler Missionsstudien heißt *„Die Christianisierung der Sprachen Afrikas"* (BÜHLMANN 1950:XXII). Viele Beispiele wie diese zeigen, dass neben den SEA-Sprachen das Lateinische immer als die Sprache der Kirche betrachtet wurde. Die Misserfolge bei der Verwirklichung dieser Aufgabe liegen im Transfer der Gedankenwelt des Christentums durch einheimische Sprachen. Beschwörend formuliert P. Ohm in *Dogmatik und Mission:*

> „Vergessen wir nicht: Unsere Missionsepoche wird dereinst nur dann als eine wahrhaft große bezeichnet werden, wenn es uns gelingt, die Glaubenslehren gleichsam auf die Denkart und die richtigen Anschauungen der Heiden aufzupfropfen" (OHM 1930:10).

Die afrikanischen Sprachen waren schon immer Gegenstand solchen Einflusses des christlichen Westens, um sie von den heidnischen Glauben zu bereinigen. So schreibt Meinhof: *„Während viele glaubten und fürchteten, der Krieg (1914–1918) werde seine zerstörenden Wirkungen wie eine gewaltige Katastrophe in den Missionen ausüben, hat göttliche Vorsehung einen Missionsfrühling aufblühen lassen, wie ihn Kirche vielleicht bisher in so viel versprechender Form noch nicht gekannt hat. Deshalb zögern wir nicht, auch heute nicht, inmitten diesen zweiten und viel schlimmern Weltkrieges, beruhigten Auges in die Zukunft zu schauen, ja noch mehr, wir haben beste Gründe zum vertrauen. In der Tat, die zwischen den beiden Kriegen geleistete Missionsarbeit ließ sich allenthalben von Ziel leiten, den Missionen den ausländischen Charakter zu nehmen und sie wirklich einheimisch zu gestalten."* (BECKMANN 1946:13; BÜHLMANN 1950:108), zitiert von Warneck, schreibt: *„Die Missionare bringen nur die neue geistliche Zufuhr; die Sprachumbildung muss sich aber aus dem Volke selbst heraus vollziehen."*

Über den Reichtum der afrikanischen Sprachen, die auch eine enorme Entwicklungsfähigkeit aufweisen (BÜHLMANN 1950:95), sind sich die Missionare, die in allen Ecken Afrikas beschäftigt waren, einig. Dies ist darauf zurückzuführen, dass Suaheli mit der traditionellen semitischen arabischen Sprache (STROHMAIER 1979:18) Ähnlichkeiten aufweist: Waqt = Zeit = Wakati, fikr = Gedanke = fikra, injili = Evangelium, nabii = Prophet. Nach Driberg (britischer Missionar, Schriftsteller) ist der allgemein benutzte Wortschatz (Grundwortschatz) bei vielen Stämmen Afrikas sogar größer als in vielen Gegenden Europas. Er fügt hinzu, *„dass ein junger Neger bequem über 5000 Wörter verfügt"* (BÜHLMANN 1950:388).

Missionaren zufolge wird Missionarisierung erst beendet, wenn Einheimische als Priester, die im „Eingeborenensprachraum" aufgewachsen sind und wie die Einheimischen fühlen, am Werk sind. Da die Frage mit der christlichen Terminologie im Missionsland erst dann gelöst werden kann, wenn der Klerus aus dem einheimischen Volk ausgebildet ist, unterstreicht Bühlmann seine Gedanken und ergänzt seine Behauptungen damit, dass erst dann dieses Land kein Missionsland mehr sei (BÜHLMANN 1950:110).

> „Das Swahili wird heute von Regierung und Mission auf Stämme ausgedehnt, die keine Swahili sind, die weder arabisches Blut noch arabische Kultur in sich tragen. Im Hinblick auf diese Bantu-Völker ist es angebracht, dem Bantugut im Swahili vor dem arabischen Lehngut in den Grenzen des Tunlichen den Vorzug zu geben" (BÜHLMANN 1950:391).

Auch die Bantu-Sprache Suahili stand wie die türkische Sprache vor 1928 unter arabisch- persischem Einfluss. Suahili bedurfte deswegen einer „Reinigung", in dem man ihm das arabische Fundament entzog. Während einige Missionare die Meinung vertraten, man solle das Arabisch-Persische aus dem Bantugut entfernen und neue Einströmungen eindämmen, wünschten andere, z. B. die deutsch-protestantische Missionare, eine grundsätzliche Sprachreform: Eine Re-Bantuisierung (BÜHLMANN 1950:390).

Röhl und seine Anhänger warben für eine Sprachrevolution, weil sie es als äußerst gefährlich ansahen, die christlichen Glaubensinhalte mit islamischen Begriffen auszudrücken. Nach Bühlmanns Ansicht sollte man die schon in die afrikanischen Sprachen eingedrungene islamische Terminologie weiter verwenden, um Heiden zum Christentum zu bekehren und ihnen die Wahrheit näher zubringen. Denn die christliche Terminologie in Afrika, die unter den englischen, protestantischen, katholischen Missionseinflüssen Unterschiede aufwies, hatte Probleme bei der Verständigung vieler dogmatischer Begriffe verursacht (BÜHLMANN 1950:388).

Die Einheimischen waren in jeder Hinsicht das Objekt der Missionierung: Sei es im Hinblick auf die Reformen ihrer Sprache seitens der Fachmänner bzw. Missionare, sei es im Bezug auf ihre „Befreiung" vom heidnischen Glauben und nicht zuletzt hinsichtlich ihres „Werkzeug-Status" in der Hand der kolonialpolitischen Kräfte.

Der Vorschlag zu Spracherneuerung des Suaheli von Röhl ist hier unbedingt mit einigen kurzen Beispielen zu nennen.

Traditionelles Suaheli	Ausdruck aus Röhls Sprachreform	Deutsch
Dhambi	kosa, ukosaji	Sünde
Kanisa	Wateule	Kirche
Injili	utume mwema	Evangelium
Kuhani, padri	mtambikaji	Priester
Amri za Mungu	maagizo ya Mungu	Gebote Gottes
Sheria, torati	maonyo	Gesetz
Kusali	kuomba	beten
milele	wa kale na kale	ewig

Im Wesentlichen und von Außen betrachtet, ähnelt diese Spracherneuerung in Afrika den Auswirkungen der türkischen Sprachrevolutionen vor und nach 1928 in Anatolien. Ohne Kenntnis der in Afrika geführten Diskussionen im Hinblick auf Suaheli, wurden in der Türkei verblüffend ähnlich gelagerte Diskussionen heftigst geführt: Welche Wörter türkischer Abstammung sind und welche nicht zur türkischen Sprache gehören.

Als das Schicksal des Wortes *hüküm* = Urteil, mit arabischer Abstammung, in der Sprachkommission zur Debatte stand, überzeugte Falih R. Atay, Mustafa Kemal davon, dass es ein türkisches Wort und deshalb erhalten bleiben sollte (ATAY 1984:478). Man hat hier zurück in türkische Ursprachen gegriffen und Begriffe aus dieser Zeit eingeführt. Fast alles arabisch-persische Sprachgut wurde aus der türkischen Sprache entfernt. Damit haben die Türken neben ihrem Kulturträger "Sprache" auch fast ihr gesamtes Kulturgut verloren. Das veranlasste den französischen Botschafter, der in den Revolutionszeiten in Ankara war, zu sagen *"Auf Nichts kann man keine Zivilisation gründen" (ATAY 1984:479).*

Bühlmanns Bericht zufolge gibt es immer mehr neue Gebiete in südlichen Teilen Afrikas, die sich den christlichen Gemeinden anschließen. Er erklärt dabei wie die verchristlichte Sprache sich durchgesetzt habe.

„Immer zahlreicher werden jene, die nicht mehr die heidnische, sondern die verchristlichte Sprache sprechen und so lebendige Denkmäler für die verwandelnde, konsekrierende Kraft des Christentums sind" (BÜHLMANN 1950:394).

In einem weiteren und letzten Zitat ist die Freude Bühlmanns zu erkennen:

„Zudem wird, je mehr Menschen die Christliche Sprache sprechen, die Verchristlichung der Sprache immerzu vervollkommnet werden. [...] So wird man auf kurz oder lang noch kleinere oder größere Sprachreformen im Sinn aufgestellter Richtlinien erwarten müssen und sie selber fordern. [...] Mission ist Pflanzung der Kirche durch den Glauben und die Sakramente. Beides aber wird durch das Wort vermittelt" (BÜHLMANN 1950:400)

Neben der Verbreitung des christlichen Glaubens in der Welt wird den Missionaren – egal welche Motiv man ihnen unterstellen möchte – auch der Hauptverdienst dafür zugeschrieben, dass die Muttersprache der Einheimischen überhaupt von Wissenschaftlern erforscht wurden und erhalten blieben (BÜHLMANN 1950:4).

Missionare gelangten, um ihren Glauben weiter zu verbreiten, nicht nur nach Afrika, sondern auch nach China, Japan, Indochina und Indonesien. Schon im Jahr 1605 fing Missionar Matteo Ricci an, die chinesischen Laute mittels lateinischer Schrift wiederzugeben. Dieser Versuch fiel bei den Chinesen, deren Sprache die älteste noch heute verwendete Schriftsprache der Welt ist (rund 3350 Jahre), auf keinen fruchtbaren Boden. So hat sich, gegenüber anderen Vereinfachungen im chinesischen Schriftsystem, die Lateinisierung bis heute nicht durchgesetzt (JENSEN 1969:174; HAARMANN 1990:395).

Religionen sind und waren immer die Wegbereiter für die Länder, in denen Glaube und Sprache Hand in Hand gehen. Keine Religion ist in fremden Ländern durch ihre Missionare derart organisiert und erfolgreich gewesen wie das Christentum. So geschah es in China, Japan, Indonesien, bei den Native Americans und den Azteken Nord- und Südamerikas. In welcher Sprache sich auch immer in der Geschichte ein Schriftwechsel abzeichnet, so wird wohl zuvor immer eine missionarische Tätigkeit stattgefunden haben. Das Christentum ist mit der lateinischen Schrift und Sprache nahezu identisch. Sie wird auch „christliche Lateinschrift" genannt (HAARMANN 1990:118). Der französische Missionar Alexandre de Rhodes in Vietnam, Alessandro Valignano, Matteo Ricci (1605), Roberto de Nobili, die Franzosen Vial und d'Ollone in China, Francis Xavier in Japan und China, Franziskanerpaters Benardino de Sahagun (von seiner Ankunft 1529 bis zu seinem Tode 1590) in Mexiko (HAARMANN 1990:45; REINHARD 1996:53) widmeten sich der christlichen Missionstätigkeit. Nach der Zeit Sahaguns folgte die Eroberung Südamerikas durch die Spanier. Diese Eroberung kostete die einheimischen Azteken und Maya, die eine hoch entwickelte Zivilisation aufgebaut hatten, die eine eigene Schrift und wichtige Technologien besaßen, ihre Kultur und Sprache. Die katholischen Priester vernichteten die Schriftdokumente, weil sie nicht christlich waren (JENSEN 1969:221, 225; HAARMANN 1990:547, 554). Haarmann (1990:196) äußert sich dazu mit den Worten:

> „Nach der Eroberung Mexikos durch die Spanier machten sich die Missionare eifrig daran, den Indianern das Lesen und Schreiben der Lateinschrift und des Spanischen beizubringen. In erster Linie ging es bei dieser Unterweisung um die möglichst rasche Verbreitung der christlichen Lehre."

Missionare J. Ewans, J. Hinz, A. Schmitt u.a. in Nordamerika, Anastasius Hartmann (erster Hindustani-Bibel-Übersetzer) in Indien, Georg von Geel (1652 erstes Bantu-Wörterbuch), Meinhof, ein von fanatischem Hass besessener Feind des Islam, Heinrich der Seefahrer (1394–1460), der im Alter von 21 Jahren mit der Bekämpfung des Islams began (COULMAS 1985:116) und andere Missionare in Afrika verbreiteten den christlichen Glauben. Der Heilige Stephan, der von Moskau bestimmte Selbstständigkeiten erhielt, bekehrte in den Jahren 1373–1395 die Syrjänen, ein finnisch-uigurisches Volk schamanistischen Glaubens zum Christentum. Im 15. Jahrhundert wurden deren Siedlungsgebiete, ohne kriegerische Auseinandersetzungen, in den Machtbereich Moskaus einverleibt. Ihr Alphabet überlebte bis ins 17. Jahrhundert (HAARMANN 1990:125).

Amerikanische Missionare, wie auch Pfarrer Hudson Taylor 1894, waren an China interessiert. Mit der offiziellen Unterstützung und dem Schutz der amerikanischen Regierung wurde eine Chinamission gestartet. Mehr als 500 Missionare hielten sich in China auf. In den gegründeten Schulen wurden über 17000 Schüler unterrichtet. Die Missionare bemühten sich immer um ihre „Heilige Pflicht" (WILLIAMS 1979:417), dass im östlichen Teil der Welt zuverlässige Regierungen in Amt und Würden blieben. So führte der langjährige Fleiß der Missionare schließlich dazu, dass die chinesische Sprachkommission darüber forschte, ob chinesische Laute mit lateinischen Schriftzeichen wiederzugeben seien. Einer der Gründe dafür war, dass die Lateinschrift von dem Missionar Matteo Ricci, der am Pekinger Hof tätig war, zur Umschrift chinesischer Laute verwendet wurde (BODMER 1997:247). Die Erwartungen für einen Schriftwechsel zu Gunsten des Lateins innerhalb und außerhalb Chinas waren und sind seither groß (FRIEDRICH 1966:121; STÖRIG 1987:117). Falls es in Zukunft überhaupt zu einem Schriftwechsel in China kommen sollte, wird zweifellos die Lateinschrift in Frage kommen. Die Frage ist hier erlaubt, ob und wie gut sich die lateinische Schrift für die Wiedergabe von Phonemen anderer Sprachen eignet. Die Tendenz zur Lateinschrift in China ist steigend, aber zum Durchsetzen der lateinischen Schrift fehlt der Rückhalt durch Wissenschaftler (Mehr dazu in Abschnitt 3.2).

Erstaunlich dabei ist, dass der Imperialismus in seiner Geschichte, früher oder später immer im jeweiligen Land bzw. Raum den Missionaren nachfolgte. Manchmal geschah dies auch unbewusst und ungeplant, wie im Fall von François Volney. Napoleon, ein leidenschaftlicher Leser von Volney, entnahm sein strategisches Wissen dessen Reiseberichten über Ägypten (MENSCHING 1977:360) und eroberte das Land.

Die Beziehungen zwischen den Kolonialherren und den Missionaren gestalteten sich nicht immer reibungslos. So manche Konfrontation zwischen den beiden Interessengruppen wurde schriftlich festgehalten (ENGEL 1982:148). Trotz allem galten Missionare als die freiwilligen Mitarbeiter der neuen Machtinhaber des jeweiligen Landes (KNOLL/BADE 1982:175). Selbstverständlich lösten auch die Sprachprobleme zwischen den verschiedenen Missionarsgruppen aus verschiedenen Ländern Missstimmungen aus. Über die Schulsprache, ob nun Deutsch, Englisch oder Französisch, wurde heftig debattiert (TETZLAFF 1982:180; DAMMANN 1982:295).

Während der Islam und dementsprechend die arabische Sprache durch Geschäftsleute in Afrika und in Indonesien ihre Wurzeln schlugen (WINGENROTH 1961:327; BÜHLMANN 1950:4, 394), zeigten das Judentum und andere östliche Religionen kein Interesse an ihrer Weiterverbreitung. Im Hinblick auf die Art der Glaubensverbreitung durch den Islam und das Christentum in Afrika und Indonesien lässt sich beobachten, dass die neuen Vorstellungen von Händlern und Missionaren mitgebracht und verbreitet wurden (REINHARD 1996: 52). Die ersten Entdecker der sogenannten heidnischen Welt (Afrika, Amerika) waren in Bezug auf das Christentum vor allem Missionare, die dorthin auch ihre christlichen Sprachen mitbrachten. Auch moderne Sprachwissenschaftler sprechen vom lateinisierten Afrika, Indonesien und Vietnam. Ob die Feststellung, die christliche Sprache sei Latein, die islamische Sprache Arabisch, die jüdische Sprache Hebräisch, buddhistische Sprachen seien Chinesisch und Indisch, auf einem Zufall der Geschichte beruht oder dieser Zustand eine planmäßige Fortdauer neuer Missionierung ist, kann nicht definitiv entschieden werden.

Wenn „Missionisierung" ein christlicher Begriff ist und Latein mit dem Christentum kongruent ist, dann erscheint es selbstverständlich, wenn christliche Vietnamesen für ihre Sprache lateinische Buchstaben verwenden, die Suaheli nun das lateinische Alphabet benutzen und die christlichen Malteser ihre Sprache, eine Variante des Neuarabischen, in eben diesem Alphabet schreiben (HAARMANN 1990:117). Portugiesisch wurde während der Maurenzeit im 16. Jahrhundert in arabischer Schrift geschrieben (Abbildung 17). Nach der Niederlage der Mauren verschwand die arabische Schrift parallel mit der islamischen Bevölkerung von der iberischen Halbinsel (HAARMANN 1990:498). Die chinesische Minderheit in der ehemaligen Sowjetunion, die Dunganen, die auch dem islamischen Glauben angehörten, schrieben bis 1953 in der arabischen Schrift (HAARMANN 1990:501). Trotz der von Außen angewendeter Latinisierungskampagnen von Seiten des stalinistischen Regimes blieb der Islam und damit die arabische Schrift in den türkischen Sowjetrepubliken das einzige Bindeglied und somit wichtigster Faktor ihrer kulturellen Identität. Vorwiegend aus dem Grund die Turkstämme auseinander zu bringen, wurden jene Turkstämme, die dem islamischen Glauben angehörten und die arabische Schrift als das einzige Medium für die Verschriftung der einheimischen Turksprachen im gesamten Mittelasien verwenden, zur Anwendung der lateinischen Schrift gezwungen. Bis zur russischen Eroberung Turkestans in der zweiten Hälfte des 19. Jahrhundert hatte sich unter den türkischen Volksstämmen kein Nationalgefühl bzw. keine nationale Sprache gebildet. Erst seit 1924 bildeten sich in Zentralasien unter den künstlich geschaffenen Völkern (Kasachen, Kirgisen…etc.) unterschiedliche Sprachen aus. Erst auf Anordnung Stalins wurden aus diesen Turkstämmen Nationen geschaffen. Zu Beginn der 20er Jahre wurde das traditionelle Alphabet der Turkvölker mit dem lateinischen Alphabet und dieses Alphabet in stalinistischer Zeit durch das kyrillische Alphabet ersetzt, um so eine kulturell-religiöse Spaltung zur übrigen türkisch-islamischen Mehrheitsbevölkerung im Iran, in der Türkei und in den arabischen Ländern zu schaffen (BRUNNER 1996:62). Die chinesischen Dunganen, welche das Chinesische bis ins Jahr 1953 in arabischer Schrift schriftlich fixierten, wurden dieser Maßnahme nicht unterstellt (HAARMANN 1990:501).

Wie im Vorangegangenen kurz skizziert wurde, stehen Schrift und Religion in vielen Teilen der Erde in einer engen Beziehung zueinander. Diese Tatsache steht wiederum mit dem Kolonialismus bzw. Missionstätigkeit in Zusammenhang. Die Schrift stellte und stellt in den meisten Fällen eine Form religiöser Symbolik dar. Das Christentum hat die lateinische Sprache in Europa und darüber hinaus, der Islam das Arabische, das Judentum das Hebräische und der Hinduismus das Sanskrit ausgebreitet (COULMAS 1985:118).

„Die religiöse Mission ist ein Kolonialismus des Geistes. Ihre Zwecke erforderten und lohnten die eingehende und langwierige Beschäftigung mit den Sprachen der Bevölkerung, an die sich die Botschaft richtete" (COULMAS 1985:118).

Es bleibt festzuhalten, dass das Ziel aller Missionare nur die Christianisierung der Völker anderen Glaubens war. Ihre Sprachen, die oft nicht die lateinischen Schriftzeichen verwendeten, sollten im Zug dessen lateinisiert werden. Hierzu äußert sich der Orientalist Athanasius Kircher im Jahr 1652 in seinem Buch *Oedipus aegyptiacus*:

„Die Chinesen hatten ihre Sprache vom Westen, nämlich von ägyptischen Priestern erhalten. [...] Das Chinesische sei eine Erfindung des Teufels zur Verhinderung der Ausbreitung des Christentums in diesem Sprachraum." (HARBSMEIER 1979:10)

2.3 Fazit

Mit Recht wird die Schrift zu den wichtigsten Kulturgütern der Menschheit gerechnet. Schrift und Sprache sind Mitteilungsformen. Die Schrift lässt sich als ein Kommunikationsmittel bezeichnen, mit dem die Menschen mit verständlichen oder vereinbarten Zeichen räumliche und zeitliche Entfernungen überbrücken.

Sprache bedarf neben ihrer natürlichen Entwicklung auch oft der Standardisierung, Normierung und Pflege. Seit dem 17. Jahrhundert haben viele westliche Staaten wie Frankreich Deutschland und zumeist durch institutionelle Forschungen und kontinuierliche Pflege, aus ihrer Sprache heraus moderne Volkssprachen geschaffen. In Frankreich wurde die Académie Francaise im Jahr 1637, in England die Royal Society im 18. Jahrhundert, in Deutschland der Allgemeine Deutsche Sprachverein im Jahr 1885 und in der Türkei die Türkische Sprachgesellschaft am 12. Juli 1932 gegründet, um die Normierung und Standardisierung der jeweiligen Sprache zur Nationalsprache zu kultivieren.

Während diese Sprachen im lateinischen Westen sich auf natürliche Weise entwickelten und gepflegt wurden, sahen sich viele Völker in anderen Teilen der Welt auf Grund von Christianisierung, Kolonialisierung oder auch „Kultivierung" zur Annahme einer fremden Schrift und Sprache mehr oder minder gezwungen.

Sprachen waren meist Instrument der politischen Machthaber und zugleich auch Forschungsgegenstand. In diesem Zusammenhang besaß die Lateinschrift weltweit die größte Verbreitung. Die Tendenz ist weiterhin steigend. Sollte in China, wenn überhaupt, die chinesische Schrift jemals durch andere Schriftzeichen abgelöst werden, so wird sich gewiss nur die Lateinschrift durchsetzen (TERNES/BAUM/MONREAL-WICKERT 1979:139). Die Vorarbeit dafür wurde von Missionaren seit 1605 und den nachfolgenden Kolonialherren geleistet. Türkische und vietnamesische Sprachplanungen dienen dafür als beste Beispiele (MARTIN 1982:12).

Missionare sahen die einheimischen Sprachen als ein großes Problem bei der Übertragung ihrer christlichen Gedanken auf eine fremde Bevölkerung an. Entweder sie lernten selbst die Sprache oder sie versuchten sich mit Hilfssprachen Abhilfe zu verschaffen. Das Verständigungsmittel Sprache stellt in neuen Welten immer ein Hindernis dar, weil sie für kontinuierliches Arbeiten eine der wichtigsten Voraussetzungen ist. Bühlmann beschrieb die Situation folgendermaßen:

„Die Brücken zu schlagen von der christlichen Gedankenwelt zur einheimischen Sprache, das erschwert die Missionsarbeit und verzögert den Missionserfolg bedenklich mehr, als die meisten Außenstehenden es ahnen" (BÜHLMANN 1950:10).

Es gibt viele Gründe und ideologische Rechtfertigungen für das Engagement hinsichtlich der Alphabetisierung. Sie reichen von zynischen Begründungen bis zur erstrebten Standardisierung des gesellschaftlichen Kommunikationsmittels der Sprache, um eine fortschrittliche Gesellschaft zu gründen. Die Motive der Alphabetisierung einer Gesellschaft sind unterschiedlich begründet. Während die Missionarswissenschaft laut Bühlmann andere Ziele verfolge, glaubt Hans-Jürgen Scholz, dass sie dazu diene *„Türen für Bibelübersetzer in manchen Ländern zu öffnen, die für Mission im traditionellen Sinn geschlossen oder nur schwer zugänglich sind."* COULMAS 1985:208)

Auch Imperialisten mussten die Sprache der fremden Bevölkerung sprechen, um ihre imperialistischen Ideen verwirklichen zu können. Sie nehmen meistens ihre „Vorgänger", die Missionare, zur Hilfe. In den meisten Fällen arbeiteten Missionare und Imperialisten Hand in Hand, weswegen diese Struktur „Missionsimperialismus" genannt wird. Um die geplanten Ziele zu erreichen, benutzten sie verschiedene Elemente. Zum Beispiel Nationalismusideen: Dieses Phänomen ist eng mit dem Imperialismus verbunden. Nach W. J. Mommsen sind die beiden Phänomene sogar mit einem Chamäleon zu vergleichen, das jeweils in einer anderen Gestalt wiederkehrt (HAMMER 1978:82; KNOLL/BADE 1982:175).

Die Problematik bezüglich der imperialistischen und missionarischen Zielsetzungen kehrte auch nach der Proklamation des Tanzimat Fermanı im Jahr 1839 im Osmanischen Reich wieder. Vor dem Tanzimat waren die Missionierung, Art und Ausmaß der katholischen Präsenz im Osmanischen Reich mit der katholischen Kirche im 16. Jahrhundert festgelegt worden und an bestimmte Bedingungen geknüpft (KIESER 200:47). Durch das Tanzimat erhielten alle Untertanen des Sultans in Bezug auf ihren Glauben die Gleichstellung mit den Moslems. Die vom Westen forcierten Reformen im Osmanischen Reich hatten unter anderem das Ziel, Moslems durch ihre Missionare zum Christentum zu bekehren (GUST 1995:305, 307). Die Wut der Türken, die dem Kolonialminister Churchill zufolge höchstens als Sklaven zu „gnädigen" sind, flammte gerade unter den Kolonialherrn und Kriegstreibern wie Georg Lloyd, Winston Churchill wieder auf und gipfelte später in der Rückeroberung Izmirs durch die Türken. Stanford J. Shaw schreibt:

„The British authorities were, of course, enraged. The elections and Parliament had been presented to them as means to manifest national support for the Istanbul government, but instead the popularly elected Parliament had supported the man whom they considered to be the principal villain of the time, Mustafa Kemal". (SHAW 1997:349)

Womöglich ist es so zu verstehen, dass die Kolonialherren in den Lausanner Friedensverhandlungen (1924) die Abschaffung des Kalifats (KABAKLI 1993:311) als einzig möglichen Weg zum Fortschritt eines zurückgebliebenen Staates ansahen, und dies den türkischen Stellen, die sich später allemal für die totale „Verwestlichung" des Landes einsetzten, eingeflüstert haben sollen. Sonst ist der sog. „Call of war" von W. Churchill gegen die Türkei in der Sitzung der britischen Regierung am 15.09.1922 nicht zu verstehen.

„The re-entry of the Turks into Europe, as conquerors untrammelled and untamed, reeking with the blood of helpless Christian populations must, after all that had happened in the war, signalize the worst humiliation of the Allies. Nowhere had their victory been more complete than over Turkey; nowhere had the conqueror's power been flaunted more arrogantly than in Turkey; and now, in the end, all the fruits of successful war, all the laurels for which so many scores of thousands had died on the Gallipoli Peninsula, in the deserts of Palestine and Mesopotamia, in the marshes of the Salonika front, in the ships which fed these vast expeditions; all the diversions of allied resources in men, in arms, in treasure which they had required; all was to end in shame. Victory over Turkey absolute and unchallenged had been laid by the armies upon the council table of the Peace Conference. Four years had passed ..." (CHURCHILL 1929:419)

Die Auswahl der Untertitel der Abschnitte 2 ist nicht zufällig aber leider auch nicht vollständig. Man könnte sie mit anderen ergänzen oder auch ersetzen. Andere Beispielfälle könnten abgehandelt werden. Das liegt in der Natur der Sprache. Sie wirkt unmittelbar in alle Bereiche des menschlichen Lebens. Die Zusammenhänge von Sprache und Politik, Sprache und Kolonialismus, Imperialismus, Sprache und Religion vor allem Nationalismus schienen mir die wichtigsten Grundelemente zu sein. Sie repräsentieren die Faktoren, durch welche Sprachen in erster Linie von Außen beeinflusst werden können. Die Sprachplanungsvorschläge im Osmanischen Reich und die Revolutionen in der republikanischen Zeit waren Folgen dieser Politik. Die *„Verwestlichung des Staates"* war und ist Staatspolitik seit Sultan Mahmut II., wobei seit der Gründung der Republik noch die *„Verwestlichung der Bevölkerung"* der Türkei ergänzend hinzukam. In Denk- und Lebensweise aller Schichten der Bevölkerung und deren Glauben sind die Spuren dieser Politik zu verzeichnen. Nach allen revolutionären Änderungen gipfelte somit die Verwestlichungs- und Verweltlichungspolitik im Schriftwechsel im Jahr 1928. Eine schleichende und heimliche Polarisierung der Bevölkerung wurde Resultat dieser Revolutionen.

Im Sinne dieser Verwestlichung ist der Schriftwechsel in der Türkei kein direkter Teil der Sprachplanung oder -pflege, sondern die Fortsetzung und das Grundelement des Verwestlichungsideals. Der bewusste Eingriff von Außen in die Entwicklung der Sprache (HAZAI 1978:106) zur Schaffung und Erhaltung von sprachlichen Standards hatte nicht nur die Optimierung gesamtgesellschaftlicher Kommunikationsfähigkeit zum Ziel, sondern auch die Verwestlichung der Sprache. Denn Schrift und Sprache erlebten damit eine beispiellose und totale Änderung, ganz im Sinne einer Revolution (RONNEBERGER 1982:30).

Sprachplanung ist noch heute in den Ländern der Dritten Welt ein Teil der Entwicklungspolitik. Das konkrete Problem eines Entwicklungslandes ist immer die Überwindung der Rückständigkeit. Bei der Suche einer *„idealen Lösung"* des Problems trifft man zumeist auf eine „unterentwickelte" oder von anderen Sprachen beeinflusste Sprache oder auf eine Volksreligion als einige von vielen Hindernissen (MIRBT 1910:261). Somit wird die zentrale Problematik der Rückständigkeit dieser Länder mit den erziehungspolitischen Problemen, den herrschenden Analphabetismen vermischt und eine Lösung bei der Sprachplanung gesucht. Gewiss sollten auf dem Boden westlicher Gesellschaften entfaltete Werte keine Universalität besitzen. Die Unterentwicklung in der Türkei und in weiteren islamischen Ländern ist hauptsächlich auf fehlende Traditionen und eine fehlende konstruktive Gesellschafts- und Sozialpolitik zurückzuführen.

Viele Nationen der Erde versuchten zunächst, ihre Sprache zu standardisieren. Ein totaler und angeblich freiwilliger Schriftwechsel wie im türkischen Beispiel ist nirgends und zu keiner Zeit zu verzeichnen. Beispielsweise der rumänische Wechsel von der kyrillischen auf die lateinische Schrift im Jahre 1863 wurde durch eine Verordnung durchgeführt, der die Bestrebung zugrunde lag, die nationale Lateinisierung und Christianisierung inmitten des heidnischen, islamisch-slawisch geprägten Balkans zu fördern (FISHMAN 1975:182). In Rumänien aber blieb es nur beim Schriftzeichenwechsel. In Tschechien wurde bloß das orthodoxe Gebetsbuch als wichtigstes Mittel zur Bekämpfung der politischen Gefahr des russischen Panslawismus in die lateinische Schrift transkribiert (FISCHEL 1919:57).

Die französische Kolonialisierung in Sachen Sprache hatte das Ziel, die Rolle der arabischen Sprache auf die Religionssprache zu reduzieren und die „Französisierung" der nordafrikanischen Bevölkerung voran zutreiben (COULMAS 1985:121). Parallelen sehen wir auch bei den türkischen Revolutionen. Die arabische Schrift wurde in beiden Fällen als religiöse Angelegenheit angesehen und auf diesen Bereich beschränkt.

Als DeFrancis in Bezug auf die chinesische Sprache erforschte, ob es faktisch möglich wäre, die chinesischen Schriftzeichen abzuschaffen, kam er zu dem Resultat, dass dies vom rein sprachwissenschaftlichen Gesichtspunkt aus betrachtet durchaus realisierbar wäre. DeFrancis' Argumentationen dazu sind nicht das Thema dieser Arbeit. Er kam zu dem Ergebnis, dass es sich hier nicht um die Fragestellung der sprachtechnischen Machbarkeit des Alphabetwechsels einer Nation handelte, sondern um die Frage nach der nationalen Identität (DEFRANCIS 1950:207).

Dass die türkische nationale Idendiät, das türkische Selbstbewusstsein mit den Verwestlichungstendenzen verloren gehen könnte, hatte bei Politikern keine große Besorgnis erweckt, obwohl man unter „Identität" im wörtlichen Sinn eine vollständige Übereinstimmung eines Individuums mit seiner Nation versteht. Seine Identität ist sein Ebenbild. Es sollte kein Teil von ihm im Bild fehlen, müssten wir doch sodann von Identitätsverlust oder von Fehlidentität reden (HOTTINGER 1980:41). Identität muss sich als fähig erweisen, sich von anderen Persönlichkeiten oder Nationen zu unterscheiden bzw. zu behaupten. Fremdheit oder Andersartigkeit sind keine objektiven Eigenschaften. Sie dienen dazu, dass Personen und Nationen ihre Beziehungen zueinander bestimmen. In einem Abschnitt des Kinderzeichentrickfilms „Madagaskar" wird die Lage eines depressiven Zebras in Bezug auf seinen Freund, einen Löwen namens Alex, in einer Überlegung philosophiert. Das Zebra formuliert seine Gedanken folgendermaßen:

> „Alex, sieh mich an. Ich bin 13 Jahre alt und die Hälfte meines Lebens ist vorüber, und ich weiß noch nicht mal, ob ich schwarz bin und weiße Streifen habe oder weiß bin mit schwarzen Streifen."

Die Worte brachten mich auf den Gedanken wie ähnlich die Philosophie des Zebras mit dem türkischen politischen Leben ist: Ist die türkische Politik und Identität mit modernen europäischen Tendenzen durchsetzt oder handelt es sich vielmehr um eine schon völlig europäisierte Türkei, mit einigen übrig gebliebenen islamischen und türkischen Kulturerbteil?

3. Sprachplanung: Modernisierung, Vereinfachung und Normierung von Sprache

3.1 Einleitung

Um innerhalb einer Gesellschaft eine störungsfreie Kommunikation sicherzustellen wird Sprache modernisiert, normiert oder gar reformiert. Diese Tätigkeitsfelder zielen in allen Fällen auf die Vereinfachung, Verbesserung oder Kultivierung der Kommunikationsfähigkeit der Sprache ab. Grundsätzlich geht es darum, bewusst und zielgerichtet auf gesellschaftliche Kommunikationssysteme Einfluss zu nehmen. Sprachen und Sprachproblematik werden in allen Feldern durch Standardisierung, Vereinfachung, Pflege oder gar durch Revolutionen wie am türkischen Beispiel, normiert. Sprachplanungen werden teils aus politischen Fortschritten, teils auf Grund des eigenständigen kulturellen Fortschritts einer Nation entweder durch die institutionellen Forschungen oder durch die politischen Mächte vollbracht.

Wenn man die einzigartige türkische Sprachrevolution aus der sprachwissenschaftlichen Geschichte ausnimmt, ist zu beobachten, dass sich in gewissem Maße fast alle Sprachnationen bei der Beseitigung ihrer Sprachproblematiken auf ähnliche sprachwissenschaftliche Prozesse stützen, wenn dort vergleichbare Planungen vorliegen. Der *„Allgemeine Deutsche Sprachverein"* (1885), die Académie Francaise oder die Royal Society im 18. Jahrhundert in England wurden deshalb ins Leben gerufen um die nationalen Sprachen zu standardisieren, reinigen oder zu pflegen. Die Chinesen hingegen blieben bei einer Vereinfachung des chinesischen Alphabetssystems (MARTIN 1982:12); ein totaler Wechsel von der chinesischen Schrift auf das lateinische Alphabet blieb bis heute aus (Abschnitt 3.2).

Unter dem Begriff der Modernisierung der Sprache werden heute eine Verbindung mit der westlichen Welt und die Entstehung von Internationalismen verstanden. In diesem Fall werden Lehnwörter aus den westlichen Sprachen zugelassen. Modernisierung einer Sprache ohne Verwestlichung der Gesellschaftsstruktur war bis jetzt in keinem Land in der Welt möglich.

Obwohl es keine einheitliche Definition von Sprachplanung gibt, deuten alle Definitionen in eine Richtung: Die Sprachpolitik eines Landes. Nach Fishman ist die Sprachplanung eine organisierte Suche nach Lösungen gesellschaftlich bedingter Sprachprobleme (FISHMAN 1975:186). Nach Valter Tauli sollte das Ziel der Sprachplanung die Schaffung der Idealform der Sprache sein, denn der Besitz einer gemeinsamen Standardsprache ist die Basis für eine gewandte und leistungsfähige Verständigung einer Gesellschaft. Er sieht in einer solchen Gesellschaft die Möglichkeit, die Sprache wirksamer zu gestalten. Aufgabe der Sprachforscher sei es, durch Eingriffe die Veränderlichkeiten und Widersprüche in Grammatik, also in der Formenlehre, Satzlehre und im Wortschatz zu berichtigen, zu regeln und zu verbessern. Jedoch geschehe dies nicht durch strenge Vorschriften, sondern durch gezielte Förderung (TAULI 1968:9, 18).

Für Gröschel ist Sprachplanung ein Oberbegriff für jegliche Steuerung der Sprachentwicklung. Er gliedert Normierung, Sprachregelung, Sprachlenkung und Sprachpolitik unter diesem Begriff (GRÖSCHEL 1982:13). Nach ihm ist die Sprachplanung die Schaffung eine Standardsprache. Sprachpflege umfasst die Erhaltung und Verbesserung der Standardsprache (GRÖSCHEL 1982:20). Sie setzt die festgelegten Normen durch. Sprachnormung ist die Vereinheitlichung des nationalen Sprachgebrauchs durch Institutionen. Sprachnormierung bezieht sich vor allem auf den Bereich der Naturwissenschaft und Technik. Sie konzentriert sich besonders auf Terminologien und die Standardisierung neuer Begriffe (LEWANDOWSKI 1990:1040).

Alle vier dieser alten Beispielnationen unten und insbesondere ihre Wissenschaftler haben für die Beibehaltung ihrer nationalen Schrift gekämpft. Die politischen Einflüsse von Außen und die vorhandenen Schwierigkeiten im Schriftsystem konnten sie nicht von ihren traditionellen Schriften trennen. Sie haben an den, ihnen Identität verleihenden, Schriften festgehalten.

3.2 China

Die ersten Forschungen zur Reformierung oder Abschaffung der chinesischen Schrift von chinesischer Seite aus, gab es am Ende der Qing-Dynastie (1644–911). Wang Zhao, ein Wissenschaftler, der sich schon sehr früh für eine Reform der chinesischen Schrift eingesetzt hatte, ärgerte sich über die Schwierigkeiten der chinesischen Schrift, welche westlichen Beobachtern zufolge für den hohen Anteil an Analphabeten in China verantwortlich gewesen sei, während offizielle chinesische Quellen einen mangelnden Lernwillen des Volkes auf Grund seiner sozialen Klasse in den Vordergrund schoben (COULMAS 1985:227).

Die ersten Versuche der Standardisierung und Vereinfachung der chinesischen Sprache fallen in den Beginn der Republik (1912–1949). Die „Konferenz zur Vereinheitlichung der Aussprache", die 1913 – also nach der Gründung der Republik – in Beijing stattfand, wurde zur Grundlage der offiziellen Sprachpolitik. Die Konferenz strebte zwei Hauptziele an; die Festlegung einer nationalen Aussprache der chinesischen Schriftzeichen und die Ausarbeitung eines Lautschriftsystems. Die Aktivitäten der Konferenz wurden direkt von der neuen republikanischen Regierung unterstützt. Erst nach der Gründung der Volksrepublik 1949 bekamen diese Reformen einen politischen Stellenwert. Die Aufgaben der Schriftreformkommission waren faktisch die Vereinfachung der Schrift, Verbreitung der chinesischen Standardsprache *Pǔtōnghuà* und Festlegung und Verbreitung der pīnyīn-Rechtschreibung der chinesischen Sprache. Infolgedessen wurde in den Grundschulen *Pǔtōnghuà* eingeführt und die pīnyīn-Rechtschreibung mit lateinischen Schriftzeichen unterrichtet (MARTIN 1982:99).

Die Erhaltung der chinesischen Schrift über die Jahrhunderte, in fast unveränderter Form, wurde durch viele Faktoren begünstigt. In jenen Epochen, in denen zwischen den verschiedenen Gebieten des Landes keine beständigen Verbindungen existierten (FU 1997:12), (deshalb entstanden auch sehr stark differenzierte Dialekte) „*ich*" heißt beispielsweise in Peking „*wo*", aber in Shanghai „*a-la*" war die Schrift das einzige Bindeglied des Landes (BAUER 1991:43). So hatten die Versuche der Missionare die Schrift zu phonetisieren ein Problem deutlich werden lassen. Hätte man für jeden Dialekt eine ihm angepasste Umschrift geschaffen, dann hätte man in China verschiedene Sprachen geschaffen, ein Umstand, der die nationale Einheit gespalten hätte und auch heute noch spalten würde. Außerhalb Chinas konnten die Zeichen von Völkern verschiedener Sprachen gelesen werden, so dass leichter zwischenstaatliche Beziehungen aufgenommen werden konnten. Vietnamesen, Koreaner, Japaner bedienten sich der ideographischen Schrift der Chinesen. Später haben Koreaner und Japaner sie für sich modifiziert, die Vietnamesen gaben die chinesische Schrift vollständig auf.

Obwohl die chinesische Schrift schon beim Erlernen der Zeichen, aber auch bei der Erstellung von Tabellen, Sachregistern, Verzeichnissen, bei Schreibmaschinen und Telegraphen sowie beim Druck erhebliche Schwierigkeiten bereitete, haben die herrschenden Klassen in China die Schrift mit all den damit verbundenen Schwierigkeiten und trotz aller Komplikationen erhalten. Auf diese Weise schufen sie ein kulturelles Monopol.

Wie Lu Zhuangyhang (1854–1928), der zu den ersten Reformwilligen der chinesischen Schrift angehörte, argumentierte auch Zhou Youguang in Bezug auf die Schwierigkeiten der ideographischen Schrift:

> „Die chinesische Schrift ist die schwerste Schrift der heutigen Welt. [...] Selbst die Intelligentesten brauchen mehr als zehn große, anstrengende Jahre, um sie zu erlernen. [...] Sparen wir diese zehn Jahre Zeit und nützen sie für Mathematik, Technik, Chemie und andere Wissenschaften." (FU 1997:62)

Alldem Rechnung tragend begann vor einigen Jahrzehnten eine Reformbewegung. Unter Anderem wurde die Einführung des lateinischen Alphabets versucht. Dies jedoch, entspricht in seiner jetzigen Form der chinesischen Phonetik nicht, weil es nicht über genügend Buchstaben für die Laute der chinesischen Sprache verfügt. Dann wurden besondere phonetische Zeichen erfunden, die das Memorieren der Ideogramme erleichtern sollten. Sie wurden 1918 eingeführt (MARTIN 1982:80).

In den Jahren der Chinesischen Volksrepublik erarbeitete man für die Allgemeinheit eine Methode zur raschen Aneignung der Kultur ebenfalls auf Grundlage eines besonderen phonetischen Alphabets. Gewiss konnte nicht von einer sofortigen Ersetzung der Ideogramme die Rede sein. Es wurde daher beim Erziehungsministerium der Zentralen Volksregierung eine spezielle Kommission für die Schriftreform eingesetzt. Die Vorarbeit bestand in der Vereinfachung der Ideogramme sowohl hinsichtlich der Reduzierung ihrer Anzahl als auch hinsichtlich ihrer Merkmale, aus denen sie zusammengesetzt werden. Infolgedessen wurde von mehreren Ideogrammen für dasselbe Wort, nur eins, und zwar das einfachste, behalten. Beispielsweise das Wort *sulean* für Sowjetunion wurde mit zwei Ideogrammen geschrieben, die insgesamt 37 Kennzeichen hatten; infolge der Vereinfachung hat man die Striche von 37 auf 19 reduziert.

Die Durchsetzung der phonetischen Schrift, also der Schreibung der Sprachlaute, ist eng verbunden mit der Vereinheitlichung der Dialekte durch die Schaffung einer einheitlichen Nationalsprache auf der Basis des Pekinger Dialekts. Gewiss, solche schwerwiegenden und langwierigen Sprachprobleme lassen sich definitiv nicht von einem Tag zum anderen lösen. Aber es wurden auch in diese Richtung Maßnahmen getroffen und im Jahre 1956 wurde die Literatursprache von Peking *Pǔtōnghuà* als „lingua franca" in allen chinesischen Schulen eingeführt (FU 1997:109).

1958 wurde der Antrag der Kommission über die Annahme einer phonetischen Schrift, die auf dem lateinischen Alphabet beruht, durch den Nationalen Volkskongress beschlossen. Dieses Alphabet dient zur phonetischen Transkription der Ideogramme, zum Studium der Literatursprache *Pŭtōnghuà,* zur Registrierung von Fachausdrücken, internationalen Wörtern, Eigennamen usw. Die Ideogramme werden auch weiterhin benutzt, wobei man sich auf dem Weg einer allmählichen Vereinfachung befindet (FU 1997:73). Die während der Republik China (1912–1949) als *guóyŭ* bezeichnete Nationalsprache erhielt in der Volksrepublik (1949) den Namen *Pŭtōnghuà*. Die normierte Sprache *Pŭtōnghuà* genoss die volle Unterstützung des politischen Regimes, womit sie die Gemeinsprache des Landes werden konnte (FU 1997:71).

Die Einführung der vereinfachten Schriftzeichen brachte aber, neben der prinzipiell erfreulichen Reform, inhaltlich bedingte Uneinheitlichkeiten in der Schrift mit sich. In Hongkong, Taiwan und außerhalb Chinas werden weiterhin die alten Schriftzeichen benützt. Es existieren weder Institutionen noch ein gesetzlicher Zwang, der für den standardmäßigen Gebrauch der neu eingeführten Schriftzeichen sorgt. Die lange Phase des Sinozentrismus hat die Haltung der Chinesen zur eigenen Kultur von einer totalen Ablehnung und Selbstdemütigung hin zu einer mehr objektiven Selbstbetrachtung gebracht. Die Chinesen haben dabei nicht übersehen, dass die Einigkeit des Landes über die Jahre hinaus der allumfassenden und verbindenden Kraft der traditionellen Schrift zu verdanken ist.

„Die Schrift hat entscheidend dazu beigetragen, dass China ein gewaltiges, einheitliches Staats- und Kulturwesen geworden ist, das letztlich alle Gefahren des Zerfalls überwand und zu einer Welt zusammen wuchs." (BAUER 1991:43)

Um die Ausweitung der Gemeinsprache *Pŭtōnghuà* zu fördern, wurde durch den Nationalen Volkskongress beschlossen, das auf lateinischen Buchstaben basierende „hànyŭ pīnyīn"-System einzuführen. Somit wurde der Plan für eine Lautumschrift der chinesischen Sprache akzeptiert und als ein Hilfsmittel für das Erlernen der chinesischen Zeichen definiert und in den Schulen eingesetzt (MARTIN 1982:99). Seit dem Ende der Fünfziger Jahre setzte man hànyŭ pīnyīn systematisch in den Grundschulen ein. Die seit 1954 durchgeführten Forschungen des Reformkomitees zeigten vor allem, dass man eine auf vereinfachten chinesischen Zeichen basierende Lautschrift entwickeln müsse. Die Sprachplaner scheiterten während der Kulturrevolution mit ihrem Ziel eine Lateinschrift durchzusetzen. Der engagierte Befürworter der Sprachreform Chinas, Tschou En-Lai, seit 1949 Ministerpräsident auf Lebenszeit, unterstrich die Brisanz des Scheiterns der Einführung der lateinischen Umschrift anlässlich einer Audienz mit Frankreichs damaligem Minister für Wissenschaften und Forschung Peyrefitte mit den folgenden Worten:

„Wie gut haben die Vietnamesen daran getan, dass sie schon vor langer Zeit das lateinische Alphabet einführten. In jener Zeit war die Zahl derer, die Schriftzeichen kannten, äußerst gering. Als die neuen sozialen Schichten zur Schule gehen konnten, bedeutete das alte Alphabet kein Handikap mehr für sie und sie erzielten viel schneller Fortschritte. Aber wir haben viel zu lange gewartet. In den fünfziger Jahren versuchten wir, die lateinische Schrift einzuführen. Aber die Gebildeten, auf die wir absolut nicht verzichten konnten, um das Wissen weiterzuverbreiten, hielten an den chinesischen Schriftzeichen fest. Sie waren so zahlreich, und wir hatten noch so viele andere Dinge zu verändern, dass wir diese Reform auf später verschieben mussten." (PEYREFITTE 1974:191)

Damit war das Ersetzen der Schriftzeichen nur für mehrere Jahre hinausgezögert, aber nicht völlig aufgegeben. Eigenartigerweise hat die mächtige Führung der Volksrepublik Chinas bei den anderen notwendigen Reformen, außerhalb der Sprachreform, kaum Rücksicht auf die Gebildeten genommen.

Die Arbeiten des Komitees lieferten 655 verschiedene Lautschriftpläne, die nach bestimmten Prinzipien auf sechs Entwürfe reduziert wurden. Vier davon basierten auf den chinesischen Schriftzeichen, zwei auf Buchstabenalphabeten; eines davon war das lateinische, das andere das kyrillische Alphabet. Die sich auf lateinische Buchstaben stützende Lautumschrift rückte in den Vordergrund. Die Befürworter der kyrillischen Buchstaben stützten sich auf die engen verwandtschaftlichen Beziehungen der Sowjetunion zu China (MARTIN 1982:98). Die Zeichenvereinfachung und Standardisierung der chinesischen ideographischen Schriftzeichen dauerte noch an. Nach verschiedenen Beschlüssen wurden 1964 die Schriftzeichen von 2235 auf 1095 und später im Jahr 1977 auf nur noch 853 reduziert. Der zweite Vereinfachungsplan war problematisch, weil er technische Fehler enthielt, auf einen ungünstigen Zeitraum stieß und wegen gleich aussehender Zeichen sorgte er für heftige Kritik in der Bevölkerung (FU 1997:81).

China hat sich bereits für die Einführung der lateinisch-alphabetischen Schrift entschieden. Ob die Machthaber die Entscheidung in die Tat umsetzen können, ist noch offen. Einerseits halten die gebildeten Chinesen, auf die China nicht verzichten kann, an ihrer traditionellen Schrift fest. Andererseits ist die Tatsache, dass über 80% der Bevölkerung Analphabeten (geschätzt) sind, nicht zu ignorieren (MARTIN 1982:102). Dieser Umstand wäre mit verschiedenen Vereinfachungen der Schrift noch lange nicht zu beseitigen. Die Schriftproblematik behält in China weiterhin ihre Aktualität. Denn die Angst um den Verlust der nationalen Identität, die Größe der Nation, der Ästhetik der Schriftzeichen und – vor allem – des Verlustes der Verbindung zum kulturellen Erbgut, bilden die maßgeblichen Gegenargumente der chinesischen Gebildeten (FU 1997:177). Die Chinesen verstehen eine Änderung in der Schrift als kolonialpolitische Kulturpolitik. Eine grundsätzliche Änderung der Schrift und somit die Auflösung der verschiedenen Dialektschriften wird als Gefahr einer sprachlichen und damit politischen Zersplitterung des Landes begriffen.

Modernisierung, Sprachplanung, Normierung oder Vereinfachung einer Sprache werden immer durch staatliche oder institutionelle Maßnahmen eingeleitet, um die Eliminierung des Analphabetismus voranzutreiben und das gesamtgesellschaftliche Niveau zu erhöhen. Die Allgemeinbildung der chinesischen Bevölkerung wurde schnell mit politischer Hilfe auf den gewünschten Stand angehoben, in dem man die Verbreitung der vereinfachten und normierten Allgemeinsprache *Pǔtōnghuà* im ganzen Land förderte. Alles in allem führten die Maßnahmen – auch ohne Latinisierung der chinesischen Sprache – in China bei der Bekämpfung des Analphabetismus zu guten Ergebnissen. Die Analphabetenzahl sank von 80% im Jahr 1949, auf 25% im Jahr 1982 (FU 1997:228).

Neben der Schrift- und Sprachplanungen wurden auch viele nationale Minderheiten-Sprachen neben der chinesischen Hauptsprache innerhalb der andauernden Sprachplanung systematisiert und alphabetisiert. Dabei hatte man an den Prinzipien einer einheitlichen *hànyǔ pīnyīn*-Orthographie weitestgehend festgehalten, um eine mögliche sprachliche Konfusion im Lande zu vermeiden. Es wurden neue Schriftsysteme für andere Völker geschaffen und angewandt. Infolgedessen verwenden die Kasachen und Uiguren innerhalb Chinas die lateinische (nicht die arabische) Schrift (COULMAS 1985:231).

Als Resultat aller Vereinfachungen der Schriftzeichen und der Normierung der Sprache mussten alle Sinologen und schriftkundigen Chinesen überall in der Welt zur alten chinesischen Schrift noch Hunderte von neuen Zeichen hinzulernen. Ob diese Maßnahmen die geplante Latinisierung in Gefahr bringen, kann man heute noch nicht beantworten. Die traditionelle *zeitliche* und *räumliche* Einheit der Chinesen und die erzielten Entwicklungen im Bereich Wirtschaft, die erfolgreiche Bekämpfung des Analphabetismus, der Unterricht der Alphabetschrift in den chinesischen Schulen (COULMAS 1985:230), zeigen, dass das Sprachproblem Chinas – gemessen an chinesischen Verhältnissen – entsprechend den chinesischen Verhältnissen bestens gelöst zu sein scheint.

Vor allem die Reformer, die sich für eine Vereinfachung, Systematisierung und Reduzierung der chinesischen Schriftzeichen (wie oben erwähnt) einsetzten, vermieden eine grundlegende Umänderung der Schrift, weil sie den Bruch mit den Traditionen und damit dem ältesten Schrifttum der Welt vermeiden wollten.

3.3 Japan

In Japan wird heute eine Silbenschrift verwendet. Die Japaner haben die chinesischen Ideogramme indirekt durch die Vermittlung der Koreaner übernommen und den Bedürfnissen ihrer Sprache angepasst. Zu den vom chinesischen System übernommenen Ideogrammen wurden noch eine Reihe Silben geschaffen. Neben diesem aus dem Chinesischen entwickelten Silbenschriftzeichensystem *Katakana*, bedient man sich noch einer komplizierten Wort- und Silbenschrift aus chinesischen Wortschriftzeichen dem *Kanji*; und dies, obwohl die Japaner eine dem Chinesischen völlig fremde Sprache sprechen. Die Silbenschrift Katakana wurde sehr früh geschaffen und so kam man recht schnell vom Gebrauch des chinesischen Kanji ab (MARTIN 1982:48).

Dennoch sind *Kanji* zur Wiedergabe der Substantive, Adjektive, Verben und *Kana* zur Wiedergabe für Partikel und Affixe – gleichsam eines dualen Schriftsystems – noch in Verwendung. Dass das Japanische sowie das Finnische, Ungarische und Türkische zu den agglutinierenden Sprachen zählt, und welche Merkmale sie auszeichnet, sind nicht Themen dieser Forschung. Hier soll jedoch Folgendes erörtert werden, nämlich wie mit Hilfe der Handhabung dieses komplexen Schriftsystems die Eliminierung des Analphabetismus, welcher zur Mitte des 19. Jahrhunderts 52% der Männer und 85% der Frauen (geschätzt) betraf, erreicht wurde; und wieso das Schriftsystem bei der Erreichung des technischen- und wirtschaftlichen Know-Hows Japans kein Hindernis darstellte.
Eine distinkte Sprachpolitik herrschte schon seit der Meiji-Zeit (1867). Sie

umfasste die Standardisierung, Vereinheitlichung und Vereinfachung der japanischen Sprache. Sie war immer Thema von sprachpolitischer Auseinandersetzungen. Diese Politik endete auch nicht nach dem Zweiten Weltkrieg. Die Amerikaner als Besatzungsmacht wollten von ihrer Seite aus dem massiven Analphabetismus und der Rückständigkeit der Demokratie ein Ende setzen. Die Amerikaner verfassten frühzeitig einen ausführlichen Bericht für eine Schriftreform, die umfangreiche Veränderungen vorsah. Jedoch begegneten sie aber vor Ort 30 verschiedenen Organisationen, die sich schon für die Reformierung der Sprache auf verschiedene Weise einsetzten. Weil die Japaner den amerikanischen Vorschlag, der im Vordergrund die Einführung der lateinischen Schrift vorsah, als entwürdigend betrachteten, scheiterte dieser schließlich (MARTIN 1982:51). Die westlichen Mächte hörten nie auf, ihre Universalia wie Demokratie, Religion und Schrift in ihren Einflussgebieten einführen zu wollen. Genau an diesem Punkt sympathisiere ich mit Coulmas, da seine Ansichten darüber mit den Grundsätzen dieser Arbeit in vollem Einklang stehen. Er beschreibt folgenden Kerngedanken:

„Japan ist eines der wenigen asiatischen Länder, das dem Schicksal des Kolonialismus entgangen ist, was wesentlich der Voraussicht seiner Herrscher Ende des 16. Jahrhunderts zu verdanken ist, die die Natur der christlichen Mission als Unterminierung der herrschenden Sozialordnung erkannten und ihre Funktion als Vorbotin merkantiler und militärischer Intervention der europäischen Mächte zumindest geahnt haben müssen, weswegen sie dem Treiben der Missionare Anfang des 17. Jahrhunderts ein Ende bereiteten und von da an den Verkehr mit den Europäern bis Mitte des 19. Jahrhunderts auf ein Minimum reduzierten. Nachdem dann die Amerikaner mit ihrer Kanonenbootpolitik die Öffnung japanischer Häfen für die imperialen Mächte des Westens erzwungen hatten, geriet das Land durch die ihm aufgezwungenen Verträge, die den Europäern exterritoriale Rechte sicherten, noch einmal in die Gefahr, kolonialisiert zu werden, die jedoch durch eine entschlossene Modernisierungspolitik abgewendet werden konnte. […] Auf allen Gebieten, auf denen der Westen exzellierte, musste vom Westen gelernt werden. Die Konsequenz und Erfolg der Umsetzung dieser Einsicht suchen in der Geschichte ihresgleichen." (COULMAS 1985:248)

Auch von Seiten japanischer Wissenschaftler wie dem Pädagogen Mori Arinori (1847–1889) gab es Vorschläge, dass man die japanische Schrift und Sprache gegenüber der Englischen aufgeben solle, um wertvolle Schätze in Wissenschaft, Kunst und Religion begreifen zu können (LEWIN 1989:164).

Interessanterweise sieht man in seinen Gedanken Parallelen zu den türkischen Nationalisten. Auch alle türkischen Reformisten, Sprachreformwilligen waren ausnahmslos gleichzeitig nationalistisch eingestellte Politiker oder Journalisten wie der japanische Pädagoge Mori Arinori. Obwohl Japan eines von den wenigen homogenen Länder der Welt ist und eine der homogensten Sprache besitzt, versuchte der nationalistisch ausgerichtete Arinori seine Argumentationen über die Notwendigkeit der Aufgabe der japanischen Sprache nationalistisch zu begründen. Aber Mori und der dieselben Ideen vertretende Gründer einer Privatuniversität und Protagonist der westlich inspirierten japanischen Aufklärung Fukuzawa Yukichi (1833–1901) konnten keine anhaltende Wirkung erzielen (KRACHT/RÜTTERMANN 2001:167). Die paradoxe Begründung, die japanische Sprache mit dem Englischen zu ersetzen um die Eigenständigkeit Japans zu erhalten, erwies sich als zu widersprüchlich.

„Interessant an Moris Argumentation ist, dass sie zwar nationalistisch ist, die Sprache in ihr aber nicht als Symbol des Nationalismus figuriert, im Gegenteil. Die Notwendigkeit, Japanisch aufzugeben, wird nationalistisch begründet: Die Übernahme der modernen, leistungsfähigeren Sprache des Volkes, ‚das jetzt die Welt beherrscht', war die Bedingung der Erhaltung von Japans Eigenständigkeit in der Gemeinschaft der Nationen. Den Kontinentalmächten Europas, allen voran Deutschland, diente der Geltungsbereich einer Sprache als das geeignetste Kriterium der Abgrenzung und Behauptung ihrer Eigenständigkeit. Das Inselreich Japan litt demgegenüber nie Mangel an Symbolen der Eigenständigkeit, ja, seine Eigenständigkeit bedurfte keiner Symbole, sie war gegeben und stellte sich manchem als Isolation dar." (COULMAS 1985:252)

Die rasante Entwicklung Japans in Technik und Modernisierung der Gesellschaft hat auch die Sprache beeinflusst. Nachdem man Anfang des 19. Jahrhunderts die Kluft zwischen der gesprochenen- und geschriebenen Sprache durch die Standardisierung beseitigte, kann Japanisch heute allen Sprachanforderungen in den Bereichen wie Wirtschaft, Technik, Nachrichtenwesen entgegenkommen (LEWIN 1989:173). Nach etlichen Forschungen und Änderungen wurde schließlich in Japan nach dem Zweiten Weltkrieg die vom 1850 festgelegte chinesische Schrift zur gegenwärtigen Gebrauchsschrift *tōyō-kanji* (16.11.1946) bestimmt, für die gegenwärtige Rechtschreibung wurde das *gendai-kanazukai* auf Grundlage der modernen Aussprache (16.11.1946) eingeführt, für die einheitliche Kanji-Lesung wurde das *tōyō-kanji-onkun* (16.02.1948) bestimmt. 881 Kanji-Zeichen wurden für den Grundschulbereich auf sechs Jahre verteilt (LEWIN 1989:178). Die Sprache unterlag noch einigen kleinen Änderungen sowie Reduzierungen bei den Kanji-Zeichen und Verbesserungen in der Rechtschreibung.

Die Schrift- und Sprachreformen in Japan haben bedeutende Erleichterungen für die Sprache als gesellschaftliches Kommunikationsmittel in allen Bereichen hervorgebracht. Insgesamt erweisen sich die nach dem Krieg eingeleiteten Reformen in Sachen Schrift- und Sprache als eine Fortführung der davor unternommenen Maßnahmen zur Vereinfachung und Standardisierung der sino-japanischen Mischschrift von 1900. An dieser Stelle ist noch zu ergänzen, wie sich der Fremdwortschatz im Japanischen gestaltet. Laut des vom National Language Research Institute im Jahr 1956 veröffentlichten Berichts verzeichnet die japanische Sprache 40 000 Einzelwörter (ohne Eigennamen) 9,8%, 47,5% sino-japanische Wörter, 36,7% reinjapanische Wörter, 6,0% hybride Wortbildungen (LEWIN 1989:181).

„Klugerweise wurde auch jetzt auf eine radikale Schriftreform in Form der Buchstaben- oder Silbenschrift verzichtet: Die sino-japanischen Sprachelemente eignen sich alle schon wegen der zahlreichen Fälle von Homophonie nicht für eine solche Schreibweise." (LEWIN 1989:179)

Japan mit seinem komplexen Mischschriftsystem (Abbildung 35) baute ein beispielhaftes flexibles Kommunikationsinstrument auf, welches ohne Abschaffung der alten aber eingebürgerten chinesischen Schriftzeichen auskommt.

„Die Modernisierung des Japanischen ist gelungen, schneller und besser als in den meisten anderen Fällen von Sprachen, deren Gesellschaften sehr plötzliche Transformationen durchgemacht haben; aber sie hat Spuren hinterlassen, in der Sprache ebenso wie im Sprachbewusstsein" (COULMAS 1985:256)

3.4 Griechenland

Das Altgriechische sowie das Neugriechische werden mit 24 Buchstaben geschrieben. Sie wurden ursprünglich etwa im 9. Jahrhundert v. Chr. aus dem Phönizischen Alphabet extrahiert. Man erkennt vier Entwicklungsgrade innerhalb der griechischen Sprache: Altgriechisch (bis 300 v. Chr.), Koine von 300–0, Mittelgriechisch (300–1453) und Neugriechisch (1453–heute). Neugriechisch wird von ca. 10 Millionen Menschen in und außerhalb Griechenlands gesprochen (STÖRIG 1987:111).

Nachdem Griechenland nach über vierhundertjähriger türkischer Herrschaft seine staatliche Selbständigkeit mit dem Londoner Protokoll (3. Februar 1830) zurück gewonnen hatte (APOSTOLIDIS/REITER 1983:61) , wurde der kühne Versuch unternommen, aus der durch Entlehnungen aus dem Slawischen, Türkischen, Albanischen und Italienischen verwilderten Volkssprache eine gereinigte Schriftsprache auf der Basis des Altgriechischen zu schaffen, eine Sprache, die die Kinder in den Schulen wie eine Fremdsprache erlernen mussten. Bis zur Erlangung der Selbstständigkeit gab es nur eine geringe mundartliche Literatur in Griechenland. Das moderne geschriebene Griechisch, das sich vom Altgriechischen wesentlich unterscheidet, ist ein künstliches Produkt nach einem klassischen Vorbild, welches nach der Gründung Griechenlands kreiert wurde (BODMER 1997:297). Amtssprache ist seitdem das Neugriechische, das es in zwei Formen gibt: Einmal als Hochsprache *Katharewusa*, die im 19. Jahrhundert geschaffen wurde und bis 1976 Amtssprache war, und als Umgangssprache *Dimotiki* (HERING/HANNICK (Hrgs.) 1987:127).

Doch was im 20. Jahrhundert in Israel gelang, nämlich die Revitalisierung und Aktualisierung einer über Jahrhunderte hinweg nahezu toten, nur in religiösen Texten überlieferten Sprache, führte im nun jungen Staat Griechenland zu einer langen Folge von Auseinandersetzungen: Die gesprochene Volkssprache kultivierte sich, entwickelte sich und ist längst auch literaturfähig (HOPF 1997:148). Das Lesen der neuen griechischen Sprache ist wegen einiger orthographischer Besonderheiten hin und wieder vom Altgriechischen verschieden. Im Neugriechischen wurde B zu W und für den weichen B-Laut musste ein Ersatz gefunden werden. Das Neu- und Altgriechische verzeichnen auch Differenzen bei Aussprache und Verständnis, einmal wegen der Besonderheiten der Aussprache, zum anderen aber vor allem daher, weil gerade alltägliche Dinge neue Bezeichnungen erhielten. In diesem Fall hat die gesprochene Sprache, die nach der Gründung verschriftlicht werden sollte, die Schrift stark beeinflusst. Die gesprochene Sprache erscheint oftmals dem Geschriebenen als nicht gleichwertig: Das ist besonders dann der Fall, wenn vormals eine klassische Sprache wie das Alt-*Griechische* existierte. Der Schriftgebrauch führte außerdem bei vielen zur Einstellung, die geschriebene Sprache sei die absolut richtige Sprache, die gesprochene nur eine vulgäre Mischsprache. Sprachreformer konzentrierten sich, wie auch in diesem konkreten Fall, oft zu einseitig auf die Entwicklung der geschriebenen Sprache (Rechtschreibung, Wortschatz etc.) (HERING/HANNICK 1987:127). Die Reformer gingen davon aus, dass dieser Eingriff zur Verbesserung der gesprochenen Sprache verhelfen werde (FERGUSON/FISHMAN 1968:29; ANDERSON 1988:85). Die Standardisierung der griechischen Sprache war notwendig, um die Kluft bzw. den Diglossiezustand zwischen der gesprochenen und geschriebenen Sprache zu beseitigen. Die Differenz zwischen geschriebener und gesprochener Sprache in Griechenland war größer als in irgendeiner anderen europäischen Sprache (BODMER 1997:297). Der Kampf zwischen der griechischen Oberschicht, die sich für das Altgriechische einsetzte und jener, die für die Durchsetzung der gesprochenen Sprache waren, hatte nach der Festschreibung der Volkssprache Dimotiki im neuen Grundgesetz aus dem Jahr 1975 zumindest sein offizielles Ende erreicht. 1976 wurde Dimotiki als Schul- und Verwaltungssprache anerkannt und im Jahr 1981 im Gesetz offiziell verankert (HATZISTEFANIDIS 1986:72). Damit war der 150-jährige Diglossiezustand seit der Gründung Griechenlands offiziell beendet. Während die Hochsprache unter dem Einfluss von deutschen, französischen, italienischen, ungarischen, lateinischen und altgriechischen Sprachen stand, war die Volkssprache vom Türkischen, Slawischen und Albanischen beeinflusst und hatte eine breite Anwendung in der griechischen Bevölkerung gefunden (HOPF 1997:101). Außer einer kleinen Anzahl schreiben alle Schriftsteller ihre Werke in der Volkssprache, welche auch die Sprache der Volkslieder war. Da Altgriechisch seit fünfhundert Jahren nicht mehr im täglichen Leben in Gebrauch ist, wird sie heute als eine archaisierende Sprache eingestuft (STÖRIG 1987:112).

Demzufolge verzichteten die Griechen auf den Sprachzustand der Diglossie. Der Streit zwischen den Anhängern der Volkssprache *Dimotiki* und den Vertretern der *Katharewusa,* der sogenannten Reinsprache der griechischen Puristen, wurde unter den griechischen Schriftgelehrten mit einem sprachlichen Kompromiss, dem sogenannten Mittelweg, der unter anderem auf die Empfehlungen von Adamantios Korais (1748–1833) zurückging, beigelegt (HERING/HANNICK (Hrgs.) 1987:194). Die sprachliche Grundregelung im Gesetz führte zur größeren sprachlichen Vereinheitlichung und Integration (HOPF 1997:148).

Die ideologisierte Rückwendung zum griechischen Altertum durch die Puristen ließ in Griechenland einen neuen Klassizismus entstehen. Weder die Mischsprache Korais noch die gesprochene und geschriebene Hochsprache hatten noch keine echte Normierung erfahren (APOSTOLIDIS/REITER 1983:116). Die Forschungen Adamantios Korais basierten darauf, eine möglichst gute Sprache als Normsprache der Griechen zu schaffen. Er wollte mit seinen Vorschlägen erreichen, dass das Prestige des Altgriechischen und das Ansehen und die Ehre der Griechen wiedererlangt würden. Eine Sprache sollte von einfacheren Volksschichten verstanden werden aber auch die Bedürfnisse der Gelehrten erfüllen. Unter anderem sollten fremde Einflüsse und Fremdwörter, die nach Korais nur türkischer und italienischer Abstammung seien (HOPF 1997:210), zunächst beseitigt werden. Nur dann könne sich das Griechische als eine moderne und repräsentative, als eine nationale Sprache etablieren. Für Wörtermangel standen die altgriechischen Ausdrücke zur Verfügung. So kamen viele Begriffe ins Neugriechische, die für bestimmte Volksschichten fremd waren. In der öffentlichen griechischen Kommunikation wechselten sich bis 1975 der durchgreifende Archaismus und Dimotiki einander beständig ab. Um diesen Kampf besser verdeutlichen zu können möchte ich drei Zitate von Seiten der Dimotikizisten, Korais- und Archaismusanhänger hier übernehmen. P. Kodrikas schreibt in seinem Buch „Studie zum gemeinsamen griechischen Dialekt" unter anderem Folgendes:

„... Das Volk ist ‚vulgär', folglich ist auch seine Sprache ‚vulgär'. [...] Deswegen glaube ich, dass eine nationale Regierungsform nur dann prosperiert, wenn, wie Plato behauptete, die Reichen philosophieren und die Philosophen regieren. Doch ich halte es für eine Katastrophe der Nation, wenn die Philosophen vulgär sind oder die Vulgaristen philosophieren." (HATZISTEFANIDIS 1986:55)

In einem Versuch, eine Kompromisslösung zum Sprachproblem zu erreichen, zeigt A. Korais einen mittleren Weg auf:

„Moment mal, Sie Gesetzgeber! Sprache ist eine demokratische Tatsache, ist Eigentum der ganzen Nation und muss andächtig und vorsichtig behandelt werden ... wir dürfen nicht Altgriechisch als Nationalsprache übernehmen, denn es gibt keine Auferstehung der Toten, und auch nicht eine Mischung aus der alten und neuen Sprache [...] aber auch nicht eine einfache und gemeine Sprache wie die der Gepäckträger und Ruderer von Piräus. Zur Sprachgestaltung ist es notwendig, einem Mittelweg zu folgen. Weder Tyrannen der Vulgaristen noch Sklaven des Vulgarismus der Tyrannen." (HATZISTEFANIDIS 1986:55)

Zu diesen Auffassungen von A. Korais haben die Dimotiki-Anhänger wie folgt Stellung genommen:

„Wir wollen uns den Vielen anschließen, damit sich die Vielen uns anschließen; wenn wir es nicht tun, dann kämpfen wir umsonst und erreichen nichts anderes als für unnütz und sonderbar gehalten zu werden." (HATZISTEFANIDIS 1986:55)

Das Wortgefecht zeigt uns die Tiefe des Sprachproblems in Griechenland auf. Sogar noch in den 80er Jahren bestand das Problem fort. Die Zeitung Kathimerini veröffentlichte am 17./18. April 1983 einen Artikel von Giannadakis, N. unter dem Titel „Die Abenteuer der griechischen Sprache in unserer Zeit". Er zitierte Korais; „ *Die Sprache ist eines der untastbarsten Rechte der Nation. An diesem Recht sind alle Schichten des Volkes beteiligt. Keiner, wie weise er auch sein mag, hat das Recht und darf es sich auch nicht nehmen, dem Volke zu sagen, „ich möchte, dass du so sprichst, dass du so schreibst."* (HATZISTEFANIDIS 1986:54) Korais erachtete es für ungerecht und sinnlos, dem Volk vorzuschreiben, wie es seine eigene Sprache zu sprechen und zu schreiben habe. Sogar der kompromissfreudige Mittelweg war – wie oben geschildert – heftigen Kritiken sowohl von Seiten der Anhänger Dimotikis als auch von Anhängern Katharewusas ausgesetzt. Trotz allem sind Korais' Ansichten bei der Lösung der Sprachprobleme in Griechenland maßgeblich gewesen.

Um dem Diglossiezustand ein Ende bereiten zu können, wurden am 23.05.1911 nach heftigen Debatten zwischen Anhängern von Dimotiki und Katharawusa folgende sprachbezogene Grundsätze im Parlament beschlossen und in die Verfassung aufgenommen:

1. *Über die Religion, Artikel 2. Der Text der heiligen Schriften wird unveränderlich bewahrt. Seine Übertragung in eine andere Sprachform ohne die vorhergehende Genehmigung des Patriarchats in Konstantinopel wird strengstens untersagt.*
2. *Allgemeine Verordnungen über die Staatssprache, Artikel 107. Offizielle Sprache des Reiches ist diejenige, in welcher die Verfassung und Text der griechischen Gesetzgebung abgefasst sind. Jedes Vorgehen, das auf ihre Verderbnis abzielt, wird untersagt.* (HATZISTEFANIDIS 1986:62)

Die Katharewusa beherrschte das öffentliche Leben bis 1976, obwohl E. Venizelos, der langjährige Ministerpräsident, ein leidenschaftlicher Anhänger der Volkssprache Dimotiki war. Er glaubte immer daran, dass Dimotiki eines Tages die offizielle Sprache Griechenlands werden würde, was 1976, als das Militärregime von der Öffentlichkeit Abschied nahm und der Demokratie Platz machte, Wirklichkeit wurde. Zuvor konnte die Mehrheit der Griechen den Inhalt eines einfachen offiziellen Schreibens nicht verstehen. Wenn sie zum Beispiel in Verhandlungen ein Gerichtsurteil hörten, konnten sie nicht erfassen, ob sie freigesprochen oder für schuldig befunden worden waren (HATZISTEFANIDIS 1986:70).

Wenn Sprachnormierung von Anfang an aus irgendeinem Grund vernachlässigt wird, so wird mit ihr die Entwicklung des Denkens behindert. Die gewünschte und bis jetzt ausgebliebene Sprachpflege wurde nach 1981 mit der sozialistischen Regierung (PASOK) intensiviert. Die Vereinfachung der Orthographie, die Einführung des einakzentigen Systems, die Reduzierung der Doppelkonsonanten gehen auf das Konto dieser Regierung (HATZISTEFANIDIS 1986:73).

Auch der Vorschlag, das griechische Alphabet mit dem Lateinischen zu ersetzen, um Missverständnisse mit europäischen Beamten zu vermeiden, fand unter anderem aus nationalen Gründen bei vielen Wissenschaftlern kein besonders wohlwollendes Echo. Damit folgten die Griechen Platons Ansicht: *„Sprache ist der Gedanken- und Kulturausdruck der diese gebärenden Nation."* (HATZISTEFANIDIS 1986:77) und soll von anderen respektiert werden.

3.5 Israel

Das Hebräische gehört zum nordwestlichen Zweig der semitischen Sprachen. Sein Alphabet ist eine weiterentwickelte Form des phönizisch-kanaanäischen Alphabets und gehört zu den ältesten linksläufigen Buchstabenschriften (Abbildung 18). Es behielt im Wesentlichen seine äußere Prägung unverändert bei. Die Relevanz des Hebräischen liegt vor allem in seiner Rechtschreibung.

Die Heilige Schrift der Juden, die Tora, wurde in dieser Sprache kodifiziert und den folgenden Generationen weitergegeben. Die Muttersprache von Jesus von Nazaret war möglicherweise Aramäisch. Etwa ab dem Jahre 200 hörte das Hebräisch auf als Muttersprache zu fungieren. Es blieb indessen eine Sakralsprache, wurde jedoch nie ausschließlich zu liturgischen Zwecken benutzt, sondern stets auch zur Abfassung von philosophischen, medizinischen, juristischen und poetischen Texten verwandt, so dass sich das Vokabular im Laufe der Jahrhunderte erweitern konnte. Trotz der jahrtausendelangen Entwicklung sind die Unterschiede zwischen Althebräisch und Neuhebräisch viel weniger prägnant als zum Beispiel zwischen dem Altgriechischen und dem Neugriechischen (Abschnitte 3.4). In Israel selbst wird gar nicht zwischen Alt- und Neuhebräisch unterschieden, in beiden Fällen ist von „Iwrit" die Rede.

Das auch Neuhebräisch genannte Iwrit (עברית) stellt eine bewusst geplante Weiterentwicklung des Mittelhebräischen durch Sprachausbau dar und ist der bisher einzige gelungene Versuch in der Welt, eine kaum noch mündlich gebrauchte, als Muttersprache ausgestorbene Sprache (GESENIUS 1815:72) zu revitalisieren und zu einer universell gebrauchten, modernen Standardsprache umzuformen. Iwrit, zur Familie der afroasiatischen Sprachen angehörend, ist heute die Amtssprache Israels. Von David Ben Gurion, dem ersten Ministerpräsidenten des neuzeitlichen Staates Israel, ist folgendes Zitat überliefert: *„Wenn Moses heute zurückkäme und um ein Stück Brot bitten würde, würde man ihn verstehen."**

Die Entscheidung, dass Hebräische als Volkssprache der in Palästina lebenden Juden zu etablieren, wurde in der zionistischen Ideologie schon vor Jahren gefällt (FISHMAN 1974:5–13; HATZISTEFANIDIS 1986:3). Bekannt als Vater der neuhebräischen Sprache gründete Elieser Ben Jehuda 1890 einen Rat mit dem Ziel, die seit etwa 1700 Jahren kaum mehr gesprochene Sprache der Bibel wieder zu beleben und die hebräische Sprache durch Standardisierung in Rechtschreibung, Aussprache und Wortschatz als neue Verkehrssprache der Nation durchzusetzen. Unter allen Umständen sollte der semitische Charakter der hebräischen Sprache erhalten bleiben (KRESSEL 1981:10). Ben Jehuda drückte seinen Wunsch im Jahr 1880 mit folgenden Worten aus:

„Hebräisch ist unsere Nationalsprache. Das Blut unserer Väter wurde für jedes Wort, jeden Buchstaben, jedes Vokalzeichen vergossen, und die Besten unseres Volkes wurden um dieser Sprache willen getötet. […] Sie ist der teuerste der Schätze, der von unserer vergangenen Herrlichkeit geblieben ist, und wir sollen sie aufgeben? Sollen wir uns noch mehr versündigen als unsere Väter und sie dem Todesengel überlassen?
Unsere Väter haben gesündigt, indem sie unsere Sprache mit Fremdsprachen

---

* http://de.wikipedia.org/wiki/Hebr%C3%A4ische_Sprache

vertauschten, jedoch um ihrer und ihrer Söhne vergossenen Blutes Willen wollen wir ihnen verzeihen. Wie jedoch werden wir unsere Sprache verteidigen? Wird sie noch lang überleben, wenn wir sie nicht beleben, zum Kindermund und zu einer gesprochenen Sprache machen? [...] In all diesen Ländern sind wir eine Minderheit, und jener Wunsch, unseren Kindern unsere Sprache zu lehren, wird nicht gelingen; aber in unserem Land, im Land Israel, in den Schulen, die wir dort errichten werden, müssen wir sie zur Sprache der Erziehung und Bildung machen. Nur so werden wir Hebräer sein"*

Unter der Herrschaft der Osmanen genossen alle Volksgruppen (Millet) neben ihrem religiösen Glauben auch sprachliche Freiheit. Auch nach den Osmanen (1918) wurde die Mandats- und Weltsprache Englisch auf Grund der schon dargelegten Meinung von Ben Jehuda nicht von der Behördensprache zur Staatssprache des neuen Israel gemacht. Auch ein Alphabetwechsel in Israel kam aus diesem und anderen politischen Gründen nicht in Frage. Die jüdische Identität beruht mitunter auf der hebräischen Schrift und Sprache (KRESSEL 1981:8). Die neuhebräische Sprache lehnt sich übrigens ausschließlich an die Sprache der Religion an und der Wortschatz stammt fast ausschließlich aus der Mischna und dem Talmud.

Weil Israel vor und nach seiner Gründung nicht zu seiner erwünschten Ruhe kam, wurden Sprachforschungen – im Gegensatz zu früheren Zeiten – nicht gründlich weitergeführt. Ein anderer Grund ist die in englischer Sprache gehaltene Literatur in den Universitäten Israels. Darüber hinaus hielten und halten Gastdozenten aus dem Ausland ihre Referate und Vorträge ausschließlich in englischer Sprache (KRESSEL 1981:14).

Es ist sicherlich wichtig für diese Forschung, wie viel Prozent der israelischen Bevölkerung als Muttersprache Hebräisch spricht. 1977 veröffentlichte Statistiken zeigen, dass nur 20 Prozent der 3 bis 7-jährigen Kinder Hebräisch als Muttersprache sprechen. Demgegenüber weist eine andere Untersuchung darauf hin, dass 63% der Befragten in Hebräisch veröffentlichte Zeitungen lesen (KRESSEL 1981:12). Das bedeutet, dass die große Masse der Bevölkerung sich sprachlich dem Hebräischen anlehnt. Es liegt auf der Hand, welche sprachliche Problematik in einem national gesinnten Staat vorhanden ist, wenn dort

---

* Zitat von Elieser Ben-Jehuda dazu Kressel Rosa, H.: Muttersprachprobleme in Israel, wie sie von primärsprachlichen Fachlehrern in narrativen Interviews geschildert werden, Tirier 1981, S. 5.

nur eine geringere Zahl von Menschen die Nationalsprache als Muttersprache spricht. Fishman schreibt über die mangelnde Sprachforschung: „[...]*Es gibt in der Gegenwart keine geordnete Sprachforschung in Israel, ein Mangel, der behoben werden muss.*" (FISHMAN 1974:9–14) Neben Neuhebräisch ist auch Arabisch seit der Mandatszeit weiterhin eine der offiziellen Sprachen Israels. Nach der Proklamation der Unabhängigkeit Israels (14.05.1948) wurden die Gesetzesregelungen, nach der die Erlasse und Dekrete in der behördlichen Sprache Englisch verordnet worden waren, annulliert. Während heute die Gesetze in Hebräisch erscheinen, werden die Diskussionen in Parlament je nach Abstammung des Abgeordneten in Arabisch oder Hebräisch geführt. Für die Unterrichtssprache gelten im Allgemeinen dieselben Regeln (KRESSEL 1981:8).

Wenn in einem neu zugründenden Nationalstaat die Sprache der meisten Einwanderer von den einheimischen Volksgruppen übergangen wird, kann die seelische und geistige Eingliederung bzw. Integration der Einwanderer in der Gesellschaft dadurch verhindert werden. Die Integration scheint wichtiger für die Nationalstaatsentwicklung als die sprachliche Verschmelzung der verschiedenen Volksgruppen. Dieser Fall tritt in allen neu zugründenden Nationalstaaten auf wie auch in Israel, weil die eigene Nationalsprache und Kultur die meisten Nationalisten, welche die Macht über andere Volksgruppen innehaben, verblendet. Die Wiedergeburt Israels wird mit der Sprache gleichgesetzt.

Minimale Sprachkenntnis im Hebräischen hinderte die Neusiedler nicht und scheute sie auch nicht davor, sich in der Sprache ihre Väter zu verständigen, obwohl eine gewisse Zahl von Siedlern gegen die Revitalisierung der hebräischen Sprache war (KRESSEL 1981:8). Sie nahmen sogar hebräische Namen an, so wurde aus dem Aussiedler David Grien, David Ben Gurion, der erste Präsident Israels.

Schließlich entstand aus einer unter dem reichen Einfluss des Arabischen und Aramäischen stehenden (GESENIUS 1815:56) und seit 1700 Jahre toten Volkssprache durch Forschungen zur Revitalisierung der hebräischen Sprache von Ben Jehuda und durch die politische Einflussnahme Ben Gurions zu deren Normierung, eine lebendige Staats- und Volkssprache.

3.6 Fazit

Für viele Sprachwissenschaftler ist Sprachplanung ein Oberbegriff für jegliche Steuerung der Sprachentwicklung. Diesen Sprachwissenschaftlern zufolge ist Sprachplanung die zusammenfassende Bezeichnung für Normierung, Sprachregelung, Sprachlenkung und Sprachpolitik. Sprachplanung umfasst den Aufbau einer Standardsprache. Unter den Terminus Sprachpflege entfallen Erhaltung und Verbesserung der Standardsprache. Sie setzt die festgelegten Normen durch. Sprachnormung bezeichnet die Vereinheitlichung des nationalen Sprachgebrauchs durch Institutionen. Sprachnormierung bezieht sich vor allem auf den Bereich der Naturwissenschaft und Technik, die sich besonders auf Terminologien konzentriert und für die Bildung des Landes neue Begriffe standardisiert. Die meiner Forschung nach relevanten Beispiele unter den hiesigen Überschriften zeigen, wie verschieden von Land zu Land die Ansätze zur Lösung der sprachlichen Probleme sind.

Wenn ich Valter Taulis Ansichten hier noch einmal sinngemäß erwähnen darf: *„Idealform der Sprache ist der Besitz einer gemeinsamen Standardsprache, sie ist die Basis für eine gewandte und leistungsfähige Verständigung einer Gesellschaft"* (TAULI 1968:9). Hier ist es die Aufgabe der Sprachforscher mit dem Rückhalt der Politiker durch gezielte Eingriffe die Veränderlichkeiten und Widersprüche in Grammatik, also in der Formenlehre, Satzlehre und im Wortschatz zu berichten, zurechtzuweisen, zu regeln und zu verbessern. Jedoch sollte dies nicht durch strenge Vorschriften sondern durch konstruktive Förderung geschehen.

Wenn wir die gezielten, politischen Eingriffe ausnehmen, lässt sich zusammenfassend feststellen, dass die Sprachplanung einen Maßnahmenkatalog zur Schaffung sprachlicher Strukturen und Standardisierung sowie Kodifizierung ist. Wenn aber Sprachplanung mit der politischen Macht direkt zusammenhängt, dann wird sie im Allgemeinen der Sprachpolitik untergeordnet, um der Umsetzung politischer Programme zu dienen. Sprachplanung ist auch Teil und Folge anderer politischer Strategien wie der türkischen Sprachrevolution, wobei es in den sprachbezogenen Diskussionen seit Tanzimat offen nachvollziehbar ist, dass in der Türkei Sprachproblematik und Sprachpolitik unter den türkischen Eliten meistens bewusst vertauscht wurden (Abschnitt 6.3.).

Trotz der erzielten Erfolge nach den Vereinfachungsmaßnahmen der chinesischen Schrift, sind einige kritische Anmerkungen nicht zu vermeiden. Die Vereinfachung im Chinesischen war in mancher Hinsicht leider zu unmethodisch, weil zwar einerseits die Konzepte der Sprachkommissionen befolgt wurden, diese jedoch andererseits durch Anregungen aus dem Volk und durch historisch gewachsene Vereinfachungen ergänzt wurden. Aber selbst beim Abbau aller inneren Ungereimtheiten einer Schriftreform lässt sich diese noch aus anderen Perspektiven kritisch betrachten. Vor allem die Sorge der Kritiker über einen möglichen Verlust der eigenen Kultur erscheint berechtigt. Sie haben Bedenken, dass ihr 3000-jähriges Kulturerbe für neue Generationen verloren gehe.

„Der negative Aspekt aber bestand und besteht in der bereits hier erkennbaren beginnenden Auflösung der wunderbaren Einheit in Zeit und Raum, die die chinesische Schrift eben immer vermittelte. Denn die ehemals vertrauten alten Schriften wurden nun mit einem Male für die jüngere Generation, die nur die sogenannten Kurzzeichen kannte, äußerst fremdartig." (BAUER 1991:42)

Die zentrifugale Richtung unter den chinesischen Sprachwissenschaftlern, die zumeist gegen einen Schriftwechsel waren, scheint heute in China die Realität geworden zu sein. Die Versuche die traditionelle chinesische Schrift zu vereinfachen oder durch die lateinische Schrift zu ersetzen, war oft Diskussionsstoff chinesischer Politiker und Wissenschaftler. Demzufolge und als Resultat dieser Arbeiten bzw. Auseinandersetzungen ist die Einführung der lateinischen Schrift vom nationalen Volkskongress im Jahre 1956 offiziell beschlossen worden. Nach dem wirtschaftlichen Aufschwung scheint es heute auch den Chinesen, die für die Einführung der lateinischen Schrift waren, bewusst geworden zu sein, dass ihre traditionelle Schrift Bindemittel bzw. Zement des Vielvölkerstaates gewesen ist und dem wirtschaftlichen Aufschwung, wie man glaubte, kein Hindernis war. Wolfgang Bauer fasste diesen Umstand in folgenden Worten zusammen:

„Die Schrift hat entscheidend dazu beigetragen, dass China ein gewaltiges, einheitliches Staats- und Kulturwesen geworden ist, das letztlich alle Gefahren des Zerfalls überwand und zu einer Welt zusammenwuchs." (BAUER 1991:43)

Die Sprachplanung bzw. Sprachrevolution in der Türkei hat auch die chinesischen Sprachreformer erregt. Beide Sprachen verwandten schwierige Schriftsysteme, die mit dem lateinischen Alphabet getauscht werden sollten. Die Reformen sollten die seit Hunderten von Jahren auf diesen Erdteilen (Türkei, China) verankerten Analphabetismen eliminieren. Auch die geschriebene

Sprache sollte dadurch von Massen erlernbar sein. „*In der Türkei Kemal Atatürks kam das lateinische Alphabet wie ein Dieb in der Nacht und wurde dem Volk mit drakonischen Maßnahmen aufgezwungen*" so radikal beschreibt Frederick Bodmer (1997:248) die Geschwindigkeit des türkischen Alphabetswechsels in Relation mit der chinesischen Sprachreform, die seit dem Anfang des 20. Jahrhunderts zwischen einer Vereinfachung und Latinisierung schwankt.

Ich selbst sympathisiere mit der Ansicht Coulmas, die besagt, dass die einfachere Schrift nach der China seit Jahren strebt, der Beseitigung des Analphabetismus dienen wird, gerade wenn wir uns vor Augen halten, dass Verbreitung der Schriftkenntnis auch unter der Bedingung einer nichtlateinischen und außerordentlich komplizierten Schrift wie im Falle des Japanischen erreichbar ist (COULMAS 1985:227).

Standardisierungen und Vereinfachungen im Japanischen haben uns gezeigt, dass sogar mit Hilfe einer derart komplexen Schrift die totale Eliminierung des Analphabetismus und enormer technologischer Fortschritt zu erreichen ist. Nach der Besetzung Japans hatten die US-Amerikaner nach dem Zweiten Weltkrieg einen ausführlichen Bericht über eine mögliche Schriftreform in Japanischen verfasst. Der Bericht sah vor, die Schrift zu lateinisieren um damit den Analphabetismus zu bekämpfen. Weil Japaner dieses Vorhaben als entwürdigend empfanden, scheiterte das Konzept schließlich. Aber es gab auch Japaner wie den Pädagogen Mori Arinori und den nationalistisch orientierten Fukuzawa Yukichi, die vorschlugen, die japanische Sprache und Schrift gegen das Englische auszutauschen. Die aus den Reihen der Nationalisten stammende paradoxe Theorie, dass genau dies zum Erhalt der japanischen Eigenständigkeit erforderlich sei, erwies sich als widersprüchlich.

Mit ihrem komplexen Mischschriftsystem bauten die Japaner ein beispielhaftes flexibles Kommunikationsmittel in der japanischen Gesellschaft ohne Abschaffung der traditionellen chinesischen *Kanji-Zeichen* auf. Die fortdauernden Maßnahmen zur Vereinfachung und Standardisierung der Sino-japanischen Mischschrift als das gesellschaftliche Kommunikationsmittel haben sich in Japan in allen Bereichen ausgewirkt. Die vielfachen Entlehnungen wurden im Japanischen ohne Problem aufgenommen. So beträgt der prozentuale Anteil reinjapanischer Wörter einer im Jahr 1956 geführten Statistik zufolge nur 36,7%.

Schließlich ist es den Japanern gelungen, aus ihrer komplizierten Schrift und Sprache durch die Reduktion der Kanji-*Zeichen* und Verbesserungen in der Rechtschreibung ein modernes Kommunikationsinstrument für die japanische Gesellschaft zu schaffen (COULMAS 1985:256). Auch die Griechen haben ihre traditionelle Schrift und Sprache weiterentwickelt, ohne sie mit ihrem Nachkömmling, dem „Lateinischen" auszutauschen. Die Geburt beziehungsweise die Wiederbelebung einer Volkssprache, die von allen Schichten der Gesellschaft akzeptiert werden sollte, hat seit der Gründung Griechenlands bis heute (150 Jahre) angedauert und war keine leichte Geburt. Die Sprache wurde vielmals Instrument der politischen Mächte und wurde Thema einer langen Reihe wissenschaftlicher Auseinandersetzungen, mitunter ein Grund, warum die Diglossie in Griechenland bis 1976 bestand. Die Kluft zwischen gesprochenem und geschriebenem Griechisch war größer als in irgendeiner anderen Sprache Europas. Der Kampf um den endgültigen Sieg, welche genormte Sprache, das *Katharewusa* oder das *Dimotiki* das bessere Kommunikationsmittel für die griechische Gesellschaft sein sollte, dauerte bis zum Sieg (1976) der *Dimotiki*-Anhänger. Die griechische Oberschicht, die sich für den Archaismus einsetzte, musste für die Volkssprache Dimotiki ihre Zustimmung geben. Damit wurde die sprachliche Kluft zwischen den Ämtern des Staates und den normalen Bürgern Griechenlands offiziell geschlossen. Die Auseinandersetzungen zeigten, dass es ungerecht und sinnlos ist, dem Volk vorzuschreiben, wie es seine eigene Sprache zu sprechen und zu schreiben habe.

Dimotiki als eine Staats- und Volkssprache, die unter der Einflussnahme des Italienischen, Slawischen und Türkischen steht, hat die griechische Gesetzgebung nicht gehindert, für das Volk zu entscheiden. Ein Alphabetwechsel zu Gunsten des Lateinischen kam nicht zu Stande. J. Kakridis schreibt: *„Ich halte die Ersetzung des griechischen Alphabets durch das lateinische aus nationalen, aber auch anderen Gründen für völlig nutzlos."**

In Israel geschah Einmaliges auf der Welt. Etwa im Jahr 200 hörte das Hebräisch auf als Muttersprache zu fungieren. Verschiedene Wissenschaftler haben diese 1700 Jahre lang tote Sprache zum Leben erweckt. Die führende Größe der Wissenschaftler besteht aber im Wesentlichen darin, dass sie aus dieser ausgestorbenen traditionellen Sprache eine flexible lebendige Volks-

---

* Das Zitat stammt aus Hatzistefanidis, Theofanis: Die divergenten pädagogischen Richtungen und ihre Vertreter in den letzten hundert Jahren in Griechenland, Frankfurt 1986, S, 77.

und Normsprache herausgearbeitet haben. Althebräisch und das zur Normsprache etablierte Neuhebräisch verzeichnen keine so großen Unterschiede wie es im Altgriechischen und Neugriechischen der Fall ist. Seit 1890 wurde das von Ben-Jehuda weiterentwickelte Hebräisch innerhalb eines Revitalisierungsprozess von verschiedenen Wissenschaftlern einer Standardisierung in Orthographie, Wortschatz und Aussprache unterzogen. Das *Iwrit* genannte Neuhebräisch lehnt sich an die Sprache der Religion und den Wortschatz der Mischna und des Talmuds an.

Weil die jüdische Identität sehr mit der hebräischen Schrift zusammenhängt und weil Israel sich politisch behaupten will, kam auch hier kein Alphabetswechsel in Frage. So blieb die Sprache traditionell und geläufig bis heute jedem verständlich und war für jede Volksgruppe akzeptabel, weil sie an die eigene Religion und Tradition anknüpfte.

Zum Ausklang dieses Kapitels über Sprachnormierung, Standardisierung und Vereinfachung der Sprache kann zusammengefasst werden: Die Sprache kann sich nur graduell entwickeln. Sie darf aber nicht verletzt, entstellt und verdorben werden. Ihrer Entwicklung dürfen keine Tabus im Wege stehen. Entwicklung ist Kennzeichen einer Sprache, wie jedes lebenden Organismus. Sie ist ein Organismus, der des natürlichen Wachstums bzw. der Entwicklung und den dazu gehörenden Nebensächlichkeiten bedarf.

4. Historischer Rückblick auf den Analphabetismus in den ausgewählten Beispielgesellschaften

4.1 Einleitung und Begriffsbestimmung

Als visualisierter Form von Sprache wurde und wird der Schrift bei der Bekämpfung des Analphabetismus eine herausgehobene Bedeutung zugemessen. Die arabische Schrift schafft nach Ansicht der Revolutionäre Barrieren zwischen türkischen Kultur und der westlichen, industrialisierten Staaten. Die allgemeine Schriftlichkeit einer Gesellschaft ermöglicht erst eine umfassende soziale Mobilisierung und Vermittlung bestimmter Bildungsinhalte, die mit dem Prozess der Nationbildung eng verknüpft sind (GELLNER 1999:36).

Die türkische „Altschrift" bzw. die osmanische Schrift stellten oft seit dem Tanzimat und verstärkt seit der offiziellen Machtübernahme der Ittihat Terakki Partei (Partei für Einheit und Fortschritt) insbesondere bei der Alphabetisierung des Landes ein großes Problem dar. Der Grund dafür, laut den Schriftreformern, ist, dass das türkische Lautsystem mit arabischen Schriftzeichen nicht vereinbar ist und für den Analphabetismus verantwortlich sei. Obwohl die in Verwendung befindliche arabische Schrift neben der griechischen Schrift oder Sanskritschrift Devanagari zu den phonetischen Buchstabenschriften zählen, wird die lateinische Schrift für die Eliminierung des Analphabetismus als einziges Mittel propagiert.

Diese alphabetischen Schriften ermöglichen es dem Lernenden, nach dem Erlernen der (höchstens 40) Buchstaben jedes geschriebene Wort auszusprechen. Diese phonetischen Buchstabenschriften werden von den Linguisten als die am höchsten entwickelten Schriften eingestuft, die am bequemsten zu verwenden und am anpassungsfähigsten seien (SCHINDELE 1973:149).

Die Analphabetismusproblematik wird in dieser Arbeit nicht tief greifend untersucht. In diesem Kapitel wird mit Hilfe der Ergebnisse verschiedener empirischer Forschungen, aus denen ausgewählte Länder, in Relation zum Osmanischen Reich des ausgehenden 19. und beginnenden 20. Jahrhunderts gebracht werden, das gesamtgesellschaftliche Ausmaß dieser Problematik dargestellt. Hier geht es mir darum, anhand dieser Untersuchungen aufzuzeigen, dass der Analphabetismus in allen Ländern zu jener Zeit ein gesellschaftliches Phänomen gewesen ist.

Die ausgesuchten Länder und Bereiche werden in einem kurzen Abriss so beschrieben, dass deutlich werden sollte, dass Analphabetismus nicht nur in den Entwicklungsländern und in der die arabische Schrift verwendenden Türkei in osmanischer Zeit ein Hindernis für den Fortschritt ist und war, sondern dass auch die Industrienationen sich mit lateinischer Schrift sich mit diesem Problem konfrontiert sahen. In diesen Ländern herrscht die Meinung vor, dass Analphabetismus ein eingeschränktes Problem darstelle und mit der vorhandenen Schulpflicht der nötige Bedarf an Lesefähigkeit gedeckt sei. Viele türkische Schriftsteller glaubten seit dem Ende des 18. Jahrhunderts, dass der herrschende Analphabetismus überwiegend von der türkisierten arabischen Schrift verursacht worden wäre und infolgedessen der Fortschritt des Staates gehemmt werden würde. Die unter französischem Einfluss stehenden Reformer der osmanischen Eliten des 19. und 20. Jahrhundert, kannten sicher unter anderem den Zustand der bretonischen Sprache; nämlich dass die bretonische Sprache in Frankreich als „Behinderung des Fortschritts" und „Identifikationsfaktor einer Gemeinschaft" propagiert wurde (VETTER 1997:179). Sogar Sultan Abdulhamid II. machte sich Gedanken darüber, ob durch eine Umstellung der Schrift zur lateinischen die Sprachproblematik behoben werden könnte (SULTAN ABDULHAMID II:192).

Wissenschaftler betrachteten den Alphabetisierungsgrad als einen der wichtigsten Entwicklungsindikatoren. Freilich ist die Alphabetisierung eine erforderliche Konzession für die Entwicklung eines Landes, aber nicht die einzige. Wenn die Wirtschaft schwach ist und der erreichte Alphabetisierungsgrad nicht genügend genutzt wird, kommt es ebenfalls zur Abwanderung, wie es z.B. auf den Philippinen der Fall ist.[*]

Es muss hier nicht unbedingt erwähnt werden, dass Analphabeten, im Gegensatz zur vorherrschenden Meinung, nicht unbedingt die dümmsten Menschen sind, denn es stellt wirklich eine honorable Leistung dar, sich in einer auf Schrift basierenden Gesellschaft ohne das geschriebene Wort zurechtzufinden. So gab es auch Gesellschaften, die durch gesprochene Wörter,[*] welche Fundamente der heutigen Gesellschaften sind, über Jahre hinweg ihr Kulturgut ohne Schriftkenntnisse mit Hilfe hervorragenden Orientierungssinns und Gedächtnisses tradierten. Die ritualisierten Überlieferungen in diesen Gesellschaften werden in der neuen anthropologischen Terminologie nach dem Philologen Havelock „orale Tradition" genannt (HAVELOCK 1986:70). Bei so

---

[*] http://de.wikipedia.org/wiki/Analphabetismus

manchen Gesellschaften wurde die Schrift sogar als ein Übel betrachtet und verbreitete unter den Menschen durchaus auch Angst. So beschreibt Barthel, wie der Zoologe Adolf Portmann 1843 von einem nordamerikanischen Indianerhäuptling erzählt, der sich nach der Meinung von Barthel nicht ganz im Unrecht befand:

> „Der rote Mann hat keine Bücher, und wenn er seine Meinung mitteilen will, wie sein Vater vor ihm, spricht er sie aus durch seinen eigenen Mund. Er fürchtet die Schrift. Wenn er selber spricht, weiß er, was er sagt, der Große Geist hört ihn. Schrift ist die Erfindung der Bleichgesichter. Sie gebiert Irrtum und Streit. Der Große Geist spricht. Wir hören ihn im Donner, im brausenden Sturm, in der mächtigen Woge. Aber er schreibt niemals." (BARTHEL 1972:18)

Doch zunächst möchte ich hier kurz auf die betreffenden Begriffsbildungen zum Analphabetismus verweisen:

Semianalphabetismus heißt, dass jemand lesen, aber nicht schreiben kann.[*] Als *primäre oder totale Analphabeten* bezeichnet man Menschen, die nie lesen und schreiben gelernt haben. Mit *Sekundärem Analphabetismus* meint man, wenn Schriftkundige ihre Fähigkeiten wieder verloren haben. *Funktionale Analphabeten* sind Menschen, die zwar Buchstaben erkennen (Schulbesuch) und durchaus in der Lage sind, ein paar Worte wie ihren Namen zu schreiben (DÖBERT 2000:20; ENGELSING 1973:96), die jedoch den Sinn eines etwas längeren Textes nicht verstehen, und keinen praktischen Nutzen daraus ziehen können. *Ein fünfte Gruppe* an Lese- und Schreibfähigen mit spezifischen Schwierigkeiten in der Orthographie, der Interpunktion und der Textkonstruktion, wird von Giese in seiner Spezifizierung vorgeschlagen (GIESE 1983:35).

Während der Begriff *Analphabetismus* für die alphabetischen Schriften verwendet wird, wird oft für die chinesischen Analphabeten der Begriff *Illiteralität*, so Coulmas (COULMAS 1985:226) verwendet. Auch im Westen hat so mancher Wissenschaftler den Begriff emotionalisiert und die Analphabeten nach dem englischen Begriff der *Illiteraten* benannt, um sie sozial nicht zu sehr zu benachteiligen (KETSCHMANN 1990:1).

---

[*] http://de.wikipedia.org/wiki/Analphabetismus

4.2. Deutschland

Es gibt noch zahlreiche Analphabeten in der Welt. Ihre Zahl wurde im Jahr 2003 auf 862 Millionen geschätzt. Teile von ihnen stammen aus den Industrieländern, obgleich diese ein allgemein zugängliches Bildungssystem aufweisen. In Deutschland beispielsweise sind nach Schätzungen im Jahr 2004, 0,6% aller Erwachsenen Analphabeten bzw. 4 bis 7 Millionen funktionale Analphabeten (Abbildung 19).

Nach einer OECD-Studie (1994–1998, International Adult Literacy Survey-IALS) liegt die Zahl der funktionalen Analphabeten, die nur eine mangelnde Lesekompetenz besitzen, in zwei Dritteln der Industriestaaten höher als 15 %. Eine bedenkliche Bilanz für Deutschland ist auch in der PISA-Studie enthalten: Ein Viertel der 15jährigen in Deutschland gehört aufgrund ihrer Leseschwäche zu einer Risikogruppe, die vom gesellschaftlichen Ausschluss bedroht ist. Dabei wurde in beiden Untersuchungen noch nicht einmal eine anspruchsvollere Schreibkompetenz kontrolliert.[*]

1912 schien Deutschland alphabetisiert zu sein, denn als alphabetisiert galten damals alle Menschen, die ihren Namen schreiben konnten, was selbstverständlich heute nicht mehr als Beweis für eine ausreichende Alphabetisierung gilt (KETSCHMANN 1990:12). Die UNESCO, die Welterziehungsorganisation der Vereinten Nationen, geht von einem *funktionalen Analphabetismus* aus. Döbert zitiert die UNESCO-Definition: *„Funktioneller Alphabet ist eine Person, die sich an all den zielgerichteten Aktivitäten ihrer Gruppe und Gemeinschaft, bei denen Lesen, Schreiben und Rechnen erforderlich sind, und ebenso an der weiteren Nutzung dieser Kulturtechniken für ihre eigene Entwicklung und die ihrer Gemeinschaft nicht beteiligen kann."* (DÖBERT 2000:21)

Als es die Schulpflicht vor wenigen Jahrhunderten noch nicht gab, war es die Ausnahme, Schriftzeichen erkennen zu können. Im Hochmittelalter vom 11. bis zum 13. Jahrhundert waren die höfischen Angehörigen meistens Analphabeten (SCHÖN 1993:33). Fast in allen Teilen des lateinisch schreibenden Westen herrschten ähnliche Lese- und Schreibverhältnisse. In Italien konnten im 12. Jahrhundert der Patriarch von Aquileja und der Bischof von Triest nicht schreiben. Im Großen und Ganzen waren es im 13. Jahrhundert die Kleriker, die des Lesens mächtig waren (ENGELSING 1973:1).

---

[*] http://de.wikipedia.org/wiki/Analphabetismus

„In Frankreich waren von den ausgehobenen 1831 53 Prozent Analphabeten, 1841 45 Prozent, 1850 39 Prozent, 1854 37 Prozent. Im letztgenannten Jahr konnten in den Heiratsregistern 34 Prozent der Männer und 46 Prozent der Frauen in Frankreich nur mit einem Kreuz signieren. In England waren 1840 noch ein Drittel der Männer und die Hälfte der Frauen Analphabeten." (ENGELSING 1973:96)

Nach dem die Schulpflicht in Sachsen-Coburg-Gotha 1642, in Württemberg 1649, in Brandenburg 1662, in Preußen 1717 allgemein eingeführt worden war, konnte der Unterricht teilweise nur in den Jahreszeiten erteilt werden, in denen die Kinder nicht zur Feldarbeit gebraucht wurden.

„Die Schätzung [...], dass im 17. und 18. Jahrhundert in Deutschland 25 Prozent der Kinder zur Schule gingen und noch nicht einmal 10 Prozent lesen und schreiben lernten, ist für viele Gegenden kaum übertrieben." (ENGELSING 1973:49)

Auch in den staatlichen Ämtern war der Fall nicht anders.

„In Berlin konnte 1615 ungefähr die Hälfte der Bürgerschaft nicht schreiben. Auch in Sachsen stellte man 1617 fest, daß es Ratsherren gab, die Analphabeten waren. In Lübeck beschwerten sich 1668 die Amtsbrüder, daß keiner der fünf Älterleute lesen und schreiben können, welches doch in ihrem Ambt nothwendig wäre." (ENGELSING 1973:46)

Um 1900 konnten von den Bewohnern Wiens 3 Prozent im Alter ab 10 Jahren weder lesen noch schreiben, davon waren doppelt so viele Männer wie Frauen (ENGELSING 1973:99). Trotz Schulpflicht können heute nach UNESCO–Schätzungen 300.000 erwachsene Österreicherinnen nicht ausreichend lesen und schreiben, um alleine am Arbeitsplatz oder im privaten Bereich zurechtzukommen. Die Dunkelziffer soll weitaus höher sein.* Diese Auskünfte werden der OECD von den zuständigen Institutionen zur Verfügung gestellt. Es handelt sich hier meist um Selbstauskünfte, die geschönt sein können. Da es ein sogenanntes verdecktes Analphabetentum in allen Ländern der Erde gibt, kann die tatsächliche Alphabetisierung hinter den angegebenen Zahlen weit zurückbleiben.

---

* www.idt-2005.at/downloads/Presse/Korso_September_05_Analphabetismus.pdf

Während in England das Analphabetentum schon um 1890 praktisch eliminiert war (1900 nur noch 3%), waren in Italien 1911 42% der Männer und 50% der Frauen Analphabeten. In Rumänien waren fast gleichzeitig 44% der Männer und 76% der Frauen, in Portugal 61% der Männer und 77% der Frauen Analphabeten. In Belgien bewegten sich die Zahlen 1910 noch bei 13% Analphabeten unter den Männern und 15% unter den Frauen (ENGELSING 1973:99). Am 13.02.2003 haben die Vereinten Nationen die Weltalphabetisierungsdekade ausgerufen, deren Ziel es ist, das Analphabetentum aus der Welt zu verbannen oder mindestens bis 2013 um die Hälfte zu minimieren.*

Obwohl in den vergangenen Jahrzehnten bei der Alphabetisierung der Bevölkerung große Fortschritte erzielt wurden, zeigt doch dieser Indikator, dass viele Länder, insbesondere in Afrika, noch massive Defizite im Bildungsbereich aufweisen. Analphabetisierungsraten von über 50% sind dort keine Seltenheit. Diese Situation wird sich in absehbarer Zeit nicht ändern, weil die Kapazitäten der dortigen Bildungseinrichtungen mit dem Bevölkerungswachstum nicht Schritt halten können. Dass mit der Durchsetzung der allgemeinen Schulpflicht das Problem der Alphabetisierung bei den Industrienationen grundsätzlich gelöst werden würde, kann unter Umständen auch fehlschlagen. Es hat eher Befürchtungen gegeben, das als sekundärer Analphabetismus bezeichnete Phänomen sei eine Folge der unzureichenden Beschäftigung mit Schriftmedien. Die Hauptursache des Verstehensverlustes eines gedruckten Textes, ausgenommen motorische Lese- und Schreibkenntnisse, liegt in den Industrienationen im übermäßigen Konsum visueller Medien wie Fernseher, Computer, Gameboys (DÖBERT 2000:23; KAINZ 1998:54).

4.3 USA

In den USA wurde 1992 ein großer *National Adult Literacy Survey* (NALS) durchgeführt. Nach Angaben des *National Institute of Literacy* erreichten zwischen 21 und 23 Prozent der erwachsenen Bevölkerung, d.h. 44 Millionen Menschen nur das unterste Niveau (Level 1). Das heißt, sie waren weder in der Lage ein Formular zu lesen und zu verstehen, um es dann auszufüllen können, noch die Beschreibungen auf Lebensmitteln zu lesen oder einem Kind eine einfache Geschichte vorzulesen.* 25 Millionen Amerikaner könnten nicht die Giftwarnung auf der Verpackung eines Pestizids entziffern. Kozol beschreibt die Situation mit folgenden Worten:

* http://de.wikipedia.org/wiki/Analphabetismus

„If it is of any comfort to this man, he should know that he is not alone. Twenty-five million American adults cannot read the poison warnings on a can of pesticide, a letter from their child's teacher, or the front page of a daily paper. An additional 35 million read only at a level which is less than equal to the full survival needs of our society. Together, these 60 million people represent more than one third of the entire adult population. The largest numbers of illiterate adults are white, native-born Americans. In proportion to population, however, the figures are higher for blacks and Hispanics than for whites. Sixteen percent of white adults, 44 percent of blacks, and 56 percent of Hispanic citizens are functional or marginal illiterates. Figures for the younger generation of black adults are increasing. Forty-seven percent of all black seventeen-year-olds are functionally illiterate. That figure is expected to climb to 50 percent by 1990." (KOZOL 1985:4)

In einer hochentwickelten Industriegesellschaft bleibt der funktionelle Analphabetismus nicht auf einzelne, persönliche Schicksale beschränkt, sondern er betrifft über 60 Millionen erwachsene Menschen, die ein Drittel der Bevölkerung ausmachen. Ursachen diesbezüglich werden unterschiedlich definiert:

- Versagen der Schule
- der Erwachsenenbildung unangemessene Bildungsmaßnahmen
- Fehlen der nötigen Mittel
- ein nicht den individuellen Bedürfnissen angepasstes Bildungssystem
- eine veränderte gesellschaftspolitische Praxis.

Es ist nur dann möglich, eine Lösung der Problematik zu finden, wenn die bisher sozial- und bildungsbenachteiligten Bevölkerungsteile an der Veränderung ihrer gesellschaftlichen Situation beteiligt und materielle wie soziale Defizite ausgeglichen werden (MATZKE 1982:9). Dazu kommt die Benachteiligung der farbigen und anderer ethnischer Minderheiten im Bildungswesen. Des Weiteren wird die Bildungsproblematik durch die illegal eingewanderten Analphabeten aus den Dritte-Welt-Ländern verschärft. Gleichzeitig werden die Bildungsdefizite der jeweiligen Auswanderer-Länder in die USA „importiert" (KETSCHMANN:1990:11).

Jahr	Weiße in %	Nicht-Weiße /Andere	Gesamt in %
1870	11,3	79,9	20,0
1880	9,4	70,0	17,0
1890	7,7	56,8	13,3

Jahr	Weiße in %	Nicht-Weiße /Andere	Gesamt in %
1900	6,2	44,5	10,7
1910	7,7	5,0	7,7
1920	4,0	23,0	6,0
1930	3,0	16,4	4,3
1940	2,0	11,5	2,9

Die Tabelle der „Analphabeten in den USA 1870–1940 aufgeteilt nach Rasse und Herkunft, betreffend Personen von 10 Jahren oder älter" stammt aus dem U.S. Bureau of the Census, Education of the American Population, 1967 (MATZKE 1982:38).

4.4 Griechenland

Vom byzantinischen Niedergang (1453) bis zur Gründung Griechenlands (1830) erlebte die griechische Bildung ähnliche Verhältnisse wie die türkische. In von Griechen bewohnten Gebieten war Bildung Sache der Geistlichen in Klöstern und Kirchen (THOIDIS 1965:8). Erziehung für die muslimische Bevölkerung war Sache der Geistlichen in Zentren, die Schulen ähnelten, und Medresen (Hochschulen). Die Medresen wurden nach der Gründung der republikanischen Türkei abgeschafft. Medresen sollte man aber nicht mit rein klerikalen Einrichtungen vergleichen, was türkische Eliten meistens taten. İlber Ortaylı, Professor für Geschichte an der Universität Istanbul, beschreibt die Zuneigung der Bevölkerung zu diesen Ulema-Klassen (Wissenschaftlerschicht) folgenderweise:

„Als die Kinder (Schüler) am Basar vorbeiliefen, kamen die Geschäftsleute aus den Läden heraus, die Passanten blieben stehen und bewunderten diese Kinder. Dieses Kind, das Mitglied der heranwachsenden Ulemas (Wissenschaftler) sein wird, hatte gerade das ABC und Buchstabieren gelernt. Gerade diese Kinder wurden aber von der breiten Masse, die als Analphabeten klassifiziert sind, bejubelt und verehrt. […] In der osmanischen Gesellschaft waren Ulemas Stellungen gut und sie genossen Immunität als oberstes Privileg."
(ORTAYLI 1982:25)

Der Eliminierung des Analphabetismus in Griechenland stand noch ein weiteres Hindernis bezüglich der Sprachplanung von A. Korais bevor: Diglossie (HOPF 1997:192). Der Kampf zwischen Dimotiki (Volkssprache) und Katharewusa (Hochsprache) verursachte eine so große Kluft zwischen gesprochener und geschriebener Sprache, wie sie in keiner europäischen Sprache vorzufinden ist. Dieses Phänomen des „Analphabetismus" wurde erst in den 1980er-Jahren in Griechenland entdeckt (PANAGIOTOPOULOU 2000:243).

Diese Analphabetenproblematik, die sich über Jahre nahezu unbemerkt entwickeln konnte, wird immer noch bekämpft. Die allgemeine Unwissenheit, die besonders nach der Gründung der Republik Griechenlands als etwas Natürliches galt, war eine der großen Barrieren, welche ein normales Funktionieren der Schulen behinderte. Daher lässt sich auch die Schulpflicht nur spärlich durchsetzen, gerade auch weil viele Familien ihre Mädchen nicht in die Schule schicken und viele die Schule vorzeitig abbrechen (PANAGIOTOPOULOU 2000:238).

Nach der Volkszählung im Jahr 1920 konnten in Griechenland 42% nicht schreiben und lesen. Dabei waren 56% Frauen und 28% Männer betroffen, während die Analphabetenquote in Südgriechenland insgesamt 38% betrug. Die Frauen sind allgemein mit 54% gegenüber Männer (22%) in der Mehrzahl. (THOIDIS 1965:13) Nach den Alphabetisierungskämpfen sind die Zahlen zwar gesunken, gingen aber nicht auf Null. In den 1960er-Jahren betrug die Quote 25%, in den 1970er- Jahren sank sie auf 15%. (PANAGIOTOPOULOU 2000:217)

4.5 Türkei

Bildungspolitisch verantwortliche und reformwillige Eliten des Osmanischen Reichs hatten sich seit der „Jung-Osmanen-Bewegung" mit der Sprachproblematik befasst. Zur Bekämpfung des Analphabetismus und des *Falschlesens* wurden unterschiedliche Vorschläge unterbreitet und unterschiedliche Ursachen wurden dafür verantwortlich gemacht. Allein die Kriegsereignisse und die dazu gehörenden Bedingungen, die dem Reich nie Ruhe ließen, hatten u.a. enormen Folgen für die Schul-Volksbildung. Somit erweisen sie sich als relevant für die vorliegende Arbeit.

Einige Gelehrte und Patrioten haben dazu beigetragen, dass die Sprachproblematik – wenn auch verspätet – als wichtiges Problem erkannt wurde. Von der Schrift bis zur Rechtschreibung sollte die Sprache einer Normierung unterzogen werden. Gaspıralı İsmail Bey (1851–1914), der Jung-Osmane Münif Pascha (1846–1910) und davor Ahmed Cevdet Pascha waren die ersten, die sich mit der Sprachproblematik befassten. Der Erstere war für eine einheitliche türkische Sprache, die beiden anderen haben sich mehr für die osmanische Sprache, die von den Schreibern willkürlich verwendet wurde und daher gewisse Leseschwierigkeiten verursachte, ausgesprochen. Trotz langjährigen Aufenthalts der beiden im Ausland, vorwiegend in Frankreich, war keine Rede von einer echten Normierung oder Standardisierung des Osmanischen nach dem französischen Vorbild der Académie Française (1637).

Analphabetismus war nicht selten Gesprächsthema der osmanischen Gebildeten, wurde aber bis zur Schriftrevolution 1928 nie wirklich intensiv und ernsthaft behandelt. Hier erkennt man typische Charakteristika der Revolution: Was als Problem registriert wird, wird schnell und ohne große Planung zur Lösung gebracht. Es ist geschichtlich leicht zu verfolgen, dass sich die Alphabetisierungsbemühungen in der Bildungsgeschichte der Türken seit Volney (1757–1820) hauptsächlich auf Maßnahmen der Verwestlichung der Türkei und auf den Schriftwechsel beschränkten.

Die Gesamtpolitik der Türkei kann als ein repräsentatives Bespiel angesehen werden und als ein Beleg für die hier vertretene These, dass der Alphabetwechsel als Maßnahme zum Erwerb und der Verbreitung von Schriftlichkeit eines Landes nicht ausreicht, gewertet werden. Denn mit dem Alphabetwechsel und den dazu gehörenden Maßnahmen konnte der Analphabetismus in der Türkei nicht eliminiert werden (Tabelle unten). Das Fundament einer literaten Gesellschaft ist eine funktionierende Sprache und ein über Hunderte von Jahren hinweg gesammeltes Kulturgut. Aus einer *„modernen"* Sprache entwickelt sich nicht immer eine moderne literate Gesellschaft mit all ihren Funktionen heraus. Ein Rückgang innerhalb einer Kultur kann, wie im türkischen Beispiel, einen Rückgang in Wissenschaft, Technik und anderen Bereichen auslösen und zum Verlust der bestehenden Identität führen.

Die Frage ist noch heute berechtigt, ob das Engagement gegen den Analphabetismus in der Türkei nach 1928 besser mit der „Altschrift" hätte bekämpft werden können. Betrachtet man die osmanische Sprache beispielsweise aus der Sicht eines Analphabeten, so unterscheidet sich die osmanische Sprache in Bezug auf ihre semantische Infrastruktur nicht sehr wesentlich von der Volkssprache Türkisch. Allerdings muss dieses Phänomen nach sozialen Schichten differenziert betrachtet werden. Die Schriftkundigen und klassisch Gebildeten hatten durch ihre willkürliche Verwendung der Schrift und Sprache (AKTEPE 1968:9) logischerweise diese Problematik selbst verursacht.

Die oft von türkischen Eliten kritisierten Unterschiede zwischen gesprochener und geschriebener Sprache sind in allen Sprachen der Welt eine Normalität (FAULMANN 1880:584). Die oftmals ausgeschmückte geschriebene Sprache, die ohnehin nur bei Gebildeten verwendet wird, war den geschätzten 90% Analphabeten des Anatoliens unbekannt. Daher ist die Kritik bezüglich der Entfremdung der türkischen Sprache von Seiten der Eliten, die unter Französischen oder Persisch-Arabischen Einfluss standen, nicht unbedingt sachkundig und objektiv. Die Volkssprache Türkisch lebte nur im Volksmund und im Schrifttum wie bei Yunus Emre, Karacaoğlan ... etc. weiter. Sie wurde kaum von Sprachen wie dem Französischen aus dem Westen oder dem Arabischen aus dem Osten beeinflusst mit Ausnahme der Begriffe, die dem religiösen Bereich im Arabisch entlehnt wurden. Derzeit ist zwar die Analphabetenquote sehr hoch, aber ein „einfacher" Anatolier ist es gleich, ob das Alphabet auf dem Arabischen oder Lateinischen basiert. In beiden Fällen wäre er mit größter Wahrscheinlichkeit den Analphabeten zu zurechnen. Über ihn, über Krieg und Frieden und sein Alphabet wurde immer – je nach örtlichen und konjunkturellen Gegebenheiten – von Machtinhabern entschieden.

Der nach der Reformation erzielte Wohlstand und Fortschritt in Europa erregte die Aufmerksamkeit des Reiches frühzeitig. Die politische und geistige Kluft zwischen dem Fortschritt im westlichen Glanz und der Tradition in östlicher Rückständigkeit vergrößerte sich in der Türkei weiter. Die bekannte schwache Volksbildung war wohl schuld daran. Da die Eliten des Reiches und der modernen Türkei größtenteils ein und dieselbe waren, wandten sie sich zur Lösung aller Probleme des Landes nach Westen. So schlug die Führung der republikanischen Türkei den radikalen Weg zur Volksbildung nämlich Wechsel des Alphabets, der zu einer raschen Beseitigung des Analphabetismus führen sollte, ein. Dies führte das Land zwar zum Anschluss an den europäischen Kulturkreis, was aber die sogenannte Analphabetismusproblematik nicht grundlegend beseitigte. (1950 nach UNESCO 61,9%) (UNESCO 1970a:11)

Mir geht es hier vor allem darum, einen Vergleich des Analphabetismus in Europa zwischen dem 18. und 19. Jahrhundert und des Analphabetismus im Osmanischen Reich bis 1909 (das seit 1909 nur formal existierte) bzw. bis zur Umstellung des Alphabets durchzuführen.Eine verlässliche Untersuchung über das Ausmaß des Analphabetismus in der Reichszeit und in der Folgezeit, bis die UNESCO eigenständige Forschungen startete, existiert für türkischsprachige Gebiete nicht (GUST 1995:368). Daher kann man keinen definitiven Prozentsatz nennen. Das literarische Leben fand in einigen Kulturzentren des Osmanischen Reiches statt, wo die oben genannten Eliten entweder für eine glanzvolle europäische oder für eine traditionelle türkische Kultur bis zum endgültigen Entscheid von 1928 kämpften. Für den Anatolier blieb es jedoch gleich, wie er seine Kinder für das Leben vorbereitete, wie er seine Felder bestellte oder für seine Tiere sorgte – mit oder ohne lateinisches Alphabet. Dabei änderte sich für ihn nichts, noch erfuhr sein sozialer Status eine Besserung dadurch. Rückständigkeit und Elend blieben ihm als Schicksal erhalten (GLASNECK 1971:246).

Für den ausländischen Beobachter wurden jedoch auch die Grenzen der Reformen Kemal Atatürks sichtbar. Die türkischen bürgerlichen Nationalisten erzielten zweifellos einen bedeutenden Fortschritt gegenüber den Zuständen im Osmanischen Reich. Sie änderten jedoch nichts an der überkommenen sozialen Struktur. Es kam weder zu einer Agrarreform noch zu einer fortschrittlichen Arbeitsgesetzgebung. Die demokratische und die sozialistische Bewegung wurden unterdrückt. Die Masse des türkischen Volkes, die Bauern, verharrten nach wie vor in Elend und Rückständigkeit. Daher musste das türkische Beispiel in dem Maße an Zugkraft verlieren, wie die Ideen der Demokratie und des Sozialismus unter den Völkern der schwach entwickelten Länder an Boden gewannen (GLASNECK 1971:246).

Bevor die UNESCO ab 1950 mit Hilfe selbst durchgeführter Forschungen auf das Problem des Analphabetismus hinwies, wurde der Alphabetenstand von den zuständigen Ämtern oder Ministerien bei der UNESCO vorgelegt. Die unten aufgeführten Informationen beziehen sich auf Selbstauskünfte in der Türkei.*

Jahr	Bevölkerungszahl (gerundet)	%
1940	17.821.000	79,00
1945	18.790.000	71,10
1950	20.947.000	67,64
1955	24.112.000	59,14
1960	27.829.000	60,62
1965	25.662.000	51,28
1970	29.495.000	45,33
1975	40.180.000	45,00

* Türkische statistische Jahresschrift von 1977 (Türkiye İstatistik Yıllığı 1977), Ankara 1977.

4.6 Fazit

Dieser Abschnitt formuliert die These, dass der Analphabetismus auch mit den traditionellen Schriften wie Japanisch oder Chinesisch zu beseitigen ist. Die Sprachforschung beweist, dass auch in Ländern, die seit geraumer Zeit über ein staatlich organisiertes Schulsystem verfügen, Analphabetismus keine Seltenheit ist. Dass dies eine Reihe von Gründen hat, ist offensichtlich, gehört aber zur Forschung des sprachwissenschaftlichen Bereichs.

Der Analphabetismus in der Reichzeit und seit der Entstehung der Republik kann und wird hier nicht adäquat zu analysieren sein, ohne die Entwicklung des organisierten türkischen Schulsystems in beiden Regierungsabschnitten (vor und nach Gründung der Republik) einzubeziehen. Mir geht es hier hauptsächlich um die Klärung, ob die Behauptungen, dass das arabische Alphabet als einer der wichtigsten Indikatoren für die herrschende Unterentwicklung und für den Analphabetismus des Landes sei, berechtigt sind und ob und inwieweit mit der Übernahme der lateinischen Schriftzeichen der historisch bedingte Analphabetismus hat beseitigt werden können.

Es ist den Tabellen zufolge offensichtlich, dass der Analphabetismus ein technisches, ein soziales und vor allem aber ein politisches Problem darstellt. Wir haben gesehen, dass ein geregeltes Schulsystem wie im Westen oder wie das türkische Beispiel der *„Einführung des Lateinischen Alphabets"* zur Eliminierung des Analphabetismus zwar wichtige Lösungsansätze sind, aber bei Weitem nicht die einzigen und absoluten. Das Phänomen ist eher ein primäres Problem der abhängigen kolonialisierten Länder. Somit liegt diesem Teil der Arbeit eine Fragestellung zugrunde, die eine Beschäftigung mit den Indikatoren und den Ursachen der Unterentwicklung erfordert, welche aber mit der bis dahin verwendeten Schrift wenig zu tun haben können.

> „Eine Geschichte der Schrift ist bisher noch nicht geschrieben worden, sie hätte in früherer Zeit sehr unvollkommen bleiben müssen, da ihr das Material fehlte, welches zum größten und wichtigsten Teile erst in diesem Jahrhundert gesammelt worden ist. Von den Völkern des Alterthums haben nur Chinesen der Geschichte ihrer Schrift größere Aufmerksamkeit gewidmet, aber ihre diesbezüglichen Arbeiten sind uns erst in diesem Jahrhundert durch Hager (1801) bekannt geworden;…" (FAULMANN 1880:1)

Zunächst stellt sich die Frage nach Kriterien, aufgrund derer ein Land wie die Türkei und vormals das Osmanische Reich der Kategorie „Entwicklungsland" zuzuordnen ist: In ihrer Gesamtheit kann die Arbeit nachweisen, dass das Land seit der Verkündung des Tanzimat Fermanı ein kulturelles Glied und ein wirtschaftlich und politisch abhängiges Land der europäischen Staaten ist. Imitative Reformen seit dem Tanzimat bis in die Republikzeit hinein brachten dem Land weder den erhofften Wohlstand noch erhöhte es die Literatenquote maßgeblich.

Anhand der Analphabetentabelle der USA (siehe oben) und der erwähnten Beispiele zeigt sich deutlich, dass der Analphabetismus von 1870–1910 in den USA durchschnittlich 16 %, 1920 in Griechenland ca. 40% (THOIDIS 1965:13), 1979 in Großbritannien 6% (KAINZ 1998:21), 1911 in Italien 46% ausmachte. Wenn die Analphabetenquote in der Türkei im Jahr 1950 61,90% betrug (UNESCO 1970a:11), so stellt sich heraus, dass das arabische Alphabet mit dem Analphabetismus doch nur wenig zu tun haben kann. Die Analphabetenquoten in Ländern, die unterschiedliche Alphabete für ihre Sprache verwenden, werden in der folgenden Tabelle dargestellt (UNESCO 1970a:11).

Land	**Analphabetenquote um 1950**	**Benutztes Alphabet**
Nepal	94,9 %	Devanagari
Algerien	92,3 %	Lateinisch und Arabisch
Libyen	87,1 %	Arabisch
Guatemala	74,7 %	Lateinisch
Türkei	61,9 %	Lateinisch
Brasilien	50,6 %	Lateinisch
Japan (1980)[*]	0,0 %	Katakana, Hiragana Tōyō Kanji und Lateinisch[**]

Aus der Tabelle wird darüber hinaus ersichtlich, dass die Verwendung unterschiedlicher Alphabete nicht der Grund für Analphabetismus sein muss. In Japan verwendet man auf einmalige Weise vier verschiedene Alphabete und gerade dort tendiert die Analphabetenquote gen Null. Guatemala (Lateinisches Alphabet), Libyen (Arabisches Alphabet), Türkei (Lateinisches Alphabet) und Nepal (Devanagari-Schrift) verzeichnen durchschnittlich wesentlich höhere Analphabetenquote.

[*] Kainz, Jana: Funktionaler Analphabetismus im Medienzeitalter. Ursachen und Folgen: die Bedeutung der Medien, Stuttgart 1998, S. 33.
[**] Haarmann, Harald: Universalgeschichte der Schrift, Frankfurt 1990, S. 114. Siehe auch; Abbildung Nr. 23.

Wie die Analphabetenzahlen in westlichen und auch östlichen Kulturgesellschaften auf Null oder auf Mindestniveau abgebaut werden können, ist oben anschaulich dargestellt. Viele Staaten haben das Problem rechtzeitig entdeckt und sprachwissenschaftlich-nationale Maßnahmen getroffen. Ich hoffe, meine Ausführungen haben gezeigt, wie komplex und verschieden es von Land zu Land ist, fundierte Rahmenbedingungen zur Sprachnormierung zu schaffen. Trotz allem ist es aber zum Beispiel in Japan – den empirischen Forschungen der UNESCO zufolge – möglich gewesen, die Analphabetenzahl auf einen Nullstand zu bringen (KAINZ 1998:33), obwohl die chinesische Schrift für das Japanische, das zu den agglutinierenden Sprachen zählt,* prinzipiell eigentlich nicht geeignet ist (HAARMANN 1990:395).

Die UNESCO-Berichte erwähnen an keiner Stelle, dass die chinesische Schrift auf Grund bestimmter Schwierigkeiten ein Hindernis für eine breitere Alphabetisierung gewesen wäre. Wie die Japaner haben auch die Chinesen mit ihrer schwer lernbaren Schrift den Analphabetismus in Grenzen gehalten. Die Regierungen Chinas haben seit 1949 ihr Ziel, die Eliminierung des Analphabetismus, zwar nicht ganz erreicht (COULMAS 1985:227), haben jedoch trotz bzw. mit ihrer traditionellen Schrift die Reduzierung der Illiteratenzahl auf 13% erreicht (SUCHER 2005:10).

Eine Veröffentlichung der UNESCO von 1957 lässt erkennen, dass die erwachsenen Analphabeten 1950 in der lateinischen Welt mit einer durchschnittlichen Analphabetenquote von 7% kein besonderes Problem mehr darstellen. Für frühere Zeitpunkte gibt es nur Schätzungen, die von Seiten der jeweiligen Ministerien der befragten Länder der UNESCO (BOESCH 1965:14) zur Verfügung gestellt wurden.

Schließlich zeigen die Daten, dass sowohl in den Industrienationen als auch in den Entwicklungsländern die Alphabetisierung zwischen 1970 und 2000 im Laufe vieler verschiedener Kampagnen der UNESCO einen Aufschwung verzeichnete.

---

* Alphabete und Schriftzeichen des Morgen- und Abendlandes, Bundesdruckerei Berlin 1969, S.31.

5. Die türkische Sprache und ihre Alphabete

5.1 Sprache

Turksprachen gehören ihrem grammatikalischen Bau nach zu den agglutinierenden Sprachen; bei diesen Sprachen werden neue Wortformen durch Agglutination der Suffixe und Präfixe an den unveränderlichen Wortstamm gebildet. Zu den agglutinierenden Sprachen gehören neben den Turksprachen (Türkisch, Mongolisch, Tatarisch) auch Magyarisch (Ungarisch), Finnisch, Japanisch und die Dialekte Tibets. Türkisch gehört innerhalb der großen Sprachfamilien zu den ural-altaischen Sprachgruppen. Während Türkisch und Mongolisch der altaischen-Gruppe angegliedert wird, gehören Finnisch, Ungarisch, Lappisch, Estnisch, Samojedisch zum uralischen Sprachzweig.

Die Türken haben spätestens seit dem 10. Jahrhundert bzw. frühestens seit dem 7. Jahrhundert unter der Einflussnahme der arabischen Geschäftsleute gestanden und langsam sich die arabische Schrift zu eigen gemacht (IMER 1998:36). Mit der Übernahme des Islams stand die türkische Kultur erst im Bereich der Religion und dann langsam in allen Sektoren des gesellschaftlichen Lebens, unter dem Einfluss des Arabischen und später auch des Persischen. Der türkische Wortschatz wurde innerhalb dieser langen Entwicklungen natürlich durch diese Sprachen angereichert. Auch die fremden Satzstrukturen und sprachliche Konstruktionen flossen damit ins Türkische ein. Die türkische Sprache, die aus Mittelasien kam, war zwar eine leistungsfähige Volksprache und besaß eine Volksliteratur (KÖPRÜLÜ 1981:29), die aber sich gegenüber den ansässigen Sprachen, unter denen insbesondere das Arabische in der Bevölkerung als Religionssprache über eine große Akzeptanz verfügte, nicht behaupten konnte.

So wurde aus dem sogenannten niederen Türkisch eine Mischsprache, die nach dem Gründer des Osmanischen Reiches „Osmanisch" genannt wurde. Während ihr grammatikalischer Satzbau rein türkisch ist, besteht der Wortschatz aber überwiegend aus fremden Wörtern (WIED 1805:VII; WEIL 1917:3). Das Osmanische hatte sich, wie Taulis Ansichten besagen, in seiner eigenen Bahn ohne jedweden politischen Eingriff und fremden Zwang zu einer Mischsprache entwickelt und wurde in diesem Sinne zu einer *natürlichen* Sprache. Sie wurde von Sprachwissenschaftlern weder gepflegt noch in ihrer Formlehre, Satzlehre und im Wortschatz berichtigt. Dadurch entstand eine verwilderte Schriftsprache. Die Übernahme des religiösen Wortschatzes war ohnehin nötig, denn dem Türkischen standen in dieser Zeit seiner Entwicklung für den religiösen Bereich keine Begriffe zur Verfügung. Alles, was aus dem Arabischen kam, wurde „freundlich" aufgenommen. Die Begriffe wurden in diesem Sinne nicht als bedrohlich Fremdes empfunden. Ein dementsprechendes nationales Gefühl bestand nicht. In den letzten Jahrhunderten des Osmanischen Imperiums haben die osmanischen Eliten eine mit dem persisch-arabischen Wortschatz geschmückte bildhafte Sprache in ihren Werken vorgezogen, auch wenn so manches Mal ein adäquater türkischer Begriff vorhanden war (WEIL 1917:1).

Im Übrigen aber ist die osmanisch-türkische Sprache die einzige Sprache unter den Turksprachen, die eine unabhängige Literatur entwickelt hat, und kann daher als die türkische Schriftsprache bezeichnet werden. Sie war die Sprache des osmanischen Herrscherhauses und als Amtsprache die Sprache der Bürokratie und des Militärs im ganzen türkischen Reich (WEIL 1917:1). Sie erreichte das ganze Staatsgebiet des Osmanischen Reiches. Türkisch wurde zur Amtsprache in Nordafrika, Arabien und in Teilen Europas. Sie war gleichzeitig die Sprache der Eliten der Völker in diesem Staatsgebiet. Allerdings proportional zu dem Auftritt des Imperialismus verlor die türkische Sprache dieses Vielvölkerstaates an ihrer ursprünglichen Bedeutung.

Die Turksprachen sind über ein großes Gebiet von der Adriaküste bis an die Chinesische Mauer, vom nördlichen Eismeer bis in den Iran hinein, von Ostsibirien bis nach Osteuropa unter vielen verschiedenen Namen verbreitet. Sie haben sich unter politischer Einflussnahme verschiedener Staaten zu selbstständigen Sprachen entwickelt. Es existieren 33 Turksprachen und Dialekte, davon verfügen 20 Sprachen über ein Schrifttum und 8 davon besitzen gar keine literarischen Erzeugnisse. Nach den indo-europäischen Sprachen nehmen die Turksprachen im geographischen Sinne den größten Raum ein (MOSER-WEITMANN 2001:1; Abbildung 20).

Die viel zitierte Ansicht, dass die Türken in Anatolien unter der Herrschaft der Osmanen aus dem Türkischen eine Mischsprache geschaffen hätten, die weder von Türken noch von Arabern, Persern oder einem anderen turksprachigen Volk verstanden würde, ist weder sprachwissenschaftlich, sozialwissenschaftlich noch historisch zutreffend. Diese These wird ständig wiederholt, ohne die Hintergründe und Gegebenheiten der Zeit in Erwägung zu ziehen.

Wenn Martin Luther sich in seiner Tischrede darüber beschwerte „*Deutschland hat mancherley Dialektos, Art zu reden, also daß die Leute in 30 Meilen Weges einender nicht wol können verstehen,*" (NACHFOLGER 1967:512) so sollte bei einer derart großen Geographie eines Vielvölkerstaats wie die des Osmanischen Reiches (Millet-System) eine Verständigungsproblematik nur eine logische Konsequenz sein, wenngleich auch keine Notwendigkeit. Niemand problematisiert zum Beispiel, dass in einem flächenmäßig so kleinen Land wie der Schweiz vier Landessprachen existieren, die sogar in Paragraph 4 der Schweizer Verfassung verankert sind, oder fordert gar eine Vereinheitlichung bzw. eine Nationalsprache.

Der Tatartürke Gaspıralı İsmail Bey (1851–1914) sprach sich für eine gemeinsame Sprache der gesamttürkischen Welt aus. Diese Ansichten wurden von Zeki Velidi Togan, Wissenschaftshistoriker, als Utopie bewertet (EREN 1991:7). Anfänglich kämpften die Krimtürken und Aserbaidschaner für eine gemeinsame türkische Sprache. Auf das Wirken von Hüseyinzade Ali Bey hin, wurde es in das Programm der aserbaidschanischen Nationalisten-Partei „Milli Aserbaycan Müsavat Halk Fırkası" aufgenommen, dass das Osmanische in Mittelschulen obligatorisch und in Hochschulen als Unterrichtssprache eingeführt wird. Diese Einheitsbestrebungen wurden vom zaristischen Russland mit Gegenmaßnahmen sabotiert. Orientalisten und Missionare wie Ilminski und Astraumow, haben bereits versucht, türkische Lokaldialekte als selbstständige Sprachen zu definieren, was wiederum von den russlandtürkischen Nationalisten ohne zu zögern und ohne die Hintergründe zu recherchieren, aufgenommen wurde. Dazu zählen sogar die national gesinnten Wissenschaftler wie Sadri Maksudi, Kasache İbrahim Altunsar, Yusuf Akçura, Dr. Kibayev und viele mehr (DUDA 1942:84).

5.2 Alphabete
5.2.1 Alphabete vor der Schriftrevolution

Die Türken bedienten sich bis 1928 ebenso wie fast alle islamischen Völker unter anderem der arabischen Schrift (KORKMAZ 1991:11). Die Schrift ist wie alle semitischen Schriften linksläufig, und verfügt über ein reines Konsonantenalphabet von 28 Schriftzeichen und über ebenso viele konsonantische Laute. Das Fehlen besonderer Zeichen für die Selbstlaute erschwert dem Anfänger das Lesen. Da der Lautbestand des Arabischen von dem des Türkischen relativ stark abweicht, ist das arabische Alphabet mit dem vorhandenen

Bestand zur Wiedergabe türkischer Wörter nur bedingt geeignet. Es finden sich nämlich im arabischen Alphabet Zeichen, die im türkischen Lautsystem gar nicht existieren. Diese überflüssigen und für das Reintürkisch eigentlich nicht erforderlichen Buchstaben, werden daher beinahe nur bei der Wiedergabe der arabischen Lehnwörter verwendet. Das Arabische kennt anderseits die Laute **p**, **g**, **ç**, **ň** und **j** nicht und besitzt daher auch keine Buchstaben dafür. In dieser Hinsicht hatte das Türkische das persische System übernommen, indem es für das helle **g** und das ihm ähnliche vom kök-türkischen stammende nasale **ň** dasselbe Zeichen wie für das helle **k** (ke) verwandte und diese drei durch Setzung je dreier Punkte auf schon vorhandenen arabische Zeichen für verwandte Laute ausdrückte. Das osmanisch-türkische Alphabet besaß somit 31 Buchstaben (DİLAÇAR 1967:142).

Im Unterschied zu anderen Schriften hatte das osmanisch-türkische Alphabet nicht für jeden Laut ein eigenes von den anderen deutlich zu unterscheidendes Schriftbild; es bestanden für Laute gänzlich verschiedener Typen die gleichen Schriftbilder, die nur durch die Anzahl der über und unter dem Buchstaben gesetzten Punkte als entsprechende Lautwerte erkannt werden konnten (WEIL 1917:19).

Wir kennen über ein Dutzend Alphabete, die von den Türken seit den Anfängen gebraucht wurden (KORKMAZ 1991:11; TURAN 1994:73). In der frühtürkischen Periode wurde das Kök-Türk-Alphabet (Orchon Alphabet) verwendet (Abbildung 21). Die in Flusstälern des Orchon in der Nähe der Ruinen von Karakorum und am Jenissei gefundenen Steininschriften (Abbildung 36) wurden vom dänischen Sprachwissenschaftler Vilhelm Thomson (1893) entziffert. Diese alttürkische auch als Sibirisch bekannte Schrift wurde im 8. Jahrhundert angewendet. Die Schrift zeigt in der Schreibrichtung einen chinesischen Einfluss. Der Text von der Steininschrift ist senkrecht und rechts angefangen geschrieben. Das Orchon-Alphabet wurde dann am Anfang des 9. Jahrhunderts durch die uigurische Schrift ersetzt (SCHARLIPP 1992:69; Abbildung 22).

Das uigurische Alphabet war das offizielle Schriftsystem des Mongolenreichs unter Dschingis Khans. Die linksläufige uigurische Schrift stammt ursprünglich von dem Aramäischen ab und wurde zwischen dem 8.–15. Jahrhundert verwendet. Die Uiguren waren ein Turkstamm, der schon in der Mitte des 1. Jahrtausends n. Chr. zu einer verhältnismäßig hohen Kultur gelangt war. Eines der ältesten Werke des Uigurischen ist in Versform verfasste Tugendlehre, das

„Kutadgu Bilig" (= beglückendes Wissen) von 1069 (BARTHEL 1972:368). Auch das in Versform geschriebene Oghuz Khan-Epos (Oğuz Kağan Destanı) stammt aus dem 13. Jahrhundert und ist ebenfalls in der uigurischen Schrift und Sprache verfasst. Sultan Fatih erließ, nach dem er gegen Uzun Hasan einen Sieg (1473) errungen hatte, den Erlass, auch mit den uigurischen Schriftzeichen zu schreiben (TEKIN 1978:2). Das uigurische Schriftsystem fand schließlich am osmanischen Hofe wie auch bei mittelasiatischen Turkvölkern bis Anfang des 18. Jahrhundert Verwendung. Am Hofe wurden spezielle Kenner des uigurischen Schriftsystems beschäftigt (TURAN 1994:75). Dieses Schriftsystem fand nach dem arabischen Alphabet, die längste Verwendung in der türkischen Sprache. Um 1500 wurde die uigurische Schrift von der arabischen zurückgedrängt, an deren Stelle in neuer Zeit die kyrillische trat.

Das uigurische Alphabet wurde auch von Dschingis Khan als offizielle Schrift seines Reiches eingeführt. Das uigurische Alphabet wurde später an die Laute der mongolischen Sprache angepasst, somit entstand das **mongolische Schriftsystem**, das zugleich unter dem Einfluss der chinesischen Schrift stand, und dementsprechend physische Form und Schriftrichtung änderte (Abbildung 23). So sind die senkrechte Schriftrichtung und die Anordnung von links nach rechts sowohl für die mongolische als auch für die mandschurische Schrift charakteristisch. Des Weiteren wird das Schriftstück beim Lesen um 90 Grad gedreht, womit die Zeilen von rechts nach links zu stehen kommen (HAARMANN 1990:516).

Eines der wichtigsten Alphabete ist das **Kyrillische**, welches noch heute von weiten Teilen der auf russischem Territorium verteilten Turkstämme verwendet wird. Es wurde vom griechischen Missionar Kyrillos 9. Jahrhundert zur Übersetzung des Evangeliums ins Bulgarische ausgearbeitet und fand unter den slawischen Völkern eine breite Verwendung. Das kyrillische Alphabet ist somit eine abgeänderte Form des griechischen Alphabets, das dereinst in Byzanz, Bulgarien, Serbien etc. verwandt wurde (BODMER 1997:218). Es wurde im Rahmen der stalinistischen Zentralismuspolitik (1939) auf eine Vielzahl nichtslawischer Sprachen in der UdSSR übertragen, darunter auch auf alle Turksprachen, die ehemals das arabische oder das lateinische Schriftsystem verwandten (HAARMANN 1990:478).

Dies sind die wichtigsten Alphabete außer dem arabischen Alphabet, die in der türkischen Geschichte gebraucht wurden. Die anderen Alphabete möchte ich nur namentlich nennen: **Das arabische Alphabet** wurde in Anatolien bis 1928, in Griechenland, im Iran, Syrien, Irak und in anderen arabischen Ländern von den dort lebenden Türken verwandt. Das **griechische Alphabet** wurde von dem orthodoxen Karamanlı Türken benutzt. Das **lateinische Alphabet** wird in der Türkei, Nordzypern, Jugoslawien, China, von Uiguren und in Kasachstan verwendet (TURAN 1994:82). Außerdem wurden auch die **mandschurische Schrift**, das **armenische Alphabet,** die **sogdische Schrift,** die **hebräische Schrift,** die **manichäische Schrift** sowie die **Kerbschrift** (**Altungarisch**) für die Schreibung der türkischen Sprache verwendet (HAARMANN 1990:501; REKIN 1991:55).

5.2.2 Das lateinische Alphabet

5.2.2.1 In der lateinischen Welt

Eine der Grundideen der türkischen Vertreter der Sprachrevolution war es, dass die lateinische Schrift zur Verschriftung sowohl westlicher Sprachen als auch des Türkischen sehr wohl geeignet sei. Außerdem sei sie schnell und leicht fehlerfrei zu lernen. Diese Behauptung war der Ausgangspunkt der Lateinanhänger der türkischen Schriftrevolution und muss als ein politisch motiviertes Argument gewertet werden. Eine nichtindogermanische Sprache wie das Türkische, muss – wie unten dargelegt wird – Änderungen z.B. zur Wiedergabe fremder Laute im lateinischen Alphabet vornehmen.

Karl Faulmann, ein Wiener Sprachwissenschaftler, äußerte schon in seinem im Jahr 1880 veröffentlichtes Buch seine Meinung über die lateinische Schrift:

„Es wird unserer Buchstabenschrift nachgerühmt, dass sie die einfachste und daher vollkommenste Schrift sei, man brauche nur 25 Zeichen sich zu merken, um alles lesen und schreiben zu können. In der Praxis ist die Sache so einfach nicht, denn das Aneinanderreihen von Lautzeichen, um das Wort zu bilden, welches in der Sprache sich als Einheit darstellt, erfordert eine Kunst des Analysierens, welche weder bei Kindern noch bei Schriftkundigen zu finden ist, das Buchstabieren führt nicht zum Lesen, sondern einzig nur das Auswendiglernen von Zeichen, von Lautgruppen und schließlich von Wörtern." (FAULMANN 1880:583)

Er fügte einige Beispiele aus der französischen, englischen und deutschen Sprache hinzu und kritisierte das starre Verhalten der sprachlichen Institutionen der Franzosen und Engländer. Die Sprache habe einen anderen Entwicklungsprozess, sie verändere sich durch die Zeit, während Schrift an gelernter Schreibweise festhalte. So wird in der lateinischen Welt das Zeichen **c** mal **k** und mal **s** und ein anderes Mal **ts** geschrieben, dementsprechend wird **ch** = **kh** ein anderes Mal **sch** oder **tsch** geschrieben. Das geschriebene Wort als Spracheinheit macht es erklärlich, dass die Schrift in vielen Fällen einen von der Sprache abweichenden Entwicklungsprozess nehmen kann. Man kann dies anhand einiger Beispiele deutlich beobachten. Im Deutschen wird „di" gesprochen aber „die" geschrieben, „Fogel" gesprochen „Vogel" geschrieben (FAULMANN 1880:584). Das englische Alphabet ist laut Mark Twain sogar katastrophal; so kann man als Ausländer nicht so recht wissen, wie das Wort *Chalderon* ausgesprochen wird (TWAIN 1967. 879), und dass das Wort „genug" mit „enough" geschrieben aber als „inaf" gelesen wird. Im Französischen kann man ein noch stärkeres Auseinanderwachsen von Sprache und Schrift erkennen. Im Französischen schreibt man „moi" aber liest „moa" und Monsieur wird Mesjø* gelesen. Beispiele dieser Art und Weise sind noch viel mehr in den lateinischer Schrift geschriebenen Sprachen zu finden. Faulmann kritisierte, dass der Jugend kostbare Zeit mit dem unvernünftigen Auswendiglernen unbedeutender Unterscheidungen geraubt werde. So werde das Lesen und Schreiben sehr zeitaufwendig gelernt und in nur kurzer Zeit wieder vergessen. Die Hälfte des englischen Volkes lerne weder Schreiben noch Lesen und in französischen Grundschulen müsse man wertvolle Zeit für korrektes Schreiben und Lesenlernen verwenden, so dass für den Erwerb nützlicherer Kenntnisse keine Zeit mehr übrig bleibe (FAULMANN 1880:584).

> „Leider wird dieser Zustand gerade von den Gelehrten aufrecht erhalten, welche doch berufen wären, am ersten demselben entgegenzutreten; leider fehlt gerade diesen der offene Sinn für die Bedürfnisse des Volkes, der Muth, mit ihren eigenen Gewohnheiten zu brechen, sie ziehen es vor, mit nichtigen Tüfteleien zu prahlen und orthographische Systeme aufzubauen, denen sie um so größeren Werth beilegen, je weniger sie der Sprache entsprechen. Thatsache ist, dass die Pariser Akademie der rein lautlichen Schreibung so entschiedenen Widerstand entgegengesetzt, dass diesbezügliche Versuche sich nicht an das Licht der Öffentlichkeit wagen;[...]" (FAULMANN 1880:584)

Es ist eine Tatsache, dass Latein zwar eine tote Sprache, ihr Schriftsystem jedoch das mit Abstand am Weitesten verbreitete der Welt ist. Sie ist die Spra-

---

* Wörterbuch für Schule und Studium. Französisch, Deutsch, Stuttgart 2005, S. 749.

che des Christentums, ihre Bedeutung beruht vor allem auf dem römischen Reich und der Romanisierung Europas (TERNES/MONREAL-WICKERT: 1979:139). Wichtigster Unterschied der lateinischen Sprache zu den anderen Sprachen ist, dass die lateinische Ortgraphie auf die Kennzeichnung der Vokalquantität verzichtet, obwohl die Buchstaben bei einer Lautwiedergabe von „lang" oder „kurz" eine hohe funktionelle Bedeutung besitzen. Da außerhalb der lateinischen Sprache variable Vokalquantität in Sprachen häufig verbreitet ist, entwickelten diese für Vokaldehnungen, Längen- und Kürzen-Kennzeichnungen unterschiedliche Systeme. Zusammenfassend lässt sich sagen, dass alle Sprachen, die die lateinische Schrift verwenden, versuchen die fehlenden Laute durch diakritische Zeichen, Diphthonge, Doppelschreibung und Vokalklassen wiederzugeben (TERNES/MONREAL-WICKERT 1979:140).

Warum nun die türkischen Sprachrevolutionäre die traditionelle Schrift und Sprache mit den geltenden sprachwissenschaftlichen Regeln standardisiert bzw. reformiert haben, ist ein hier zu erörterndes Thema. Die wissenschaftlichen Arbeiten über die Normierung der traditionell-osmanischen Schrift von Cevdet Pascha basierten auf ähnliche Versuche in der Methodik, wie man in lateinischen Schriften vorgenommen hat. Die von Cevdet Pascha unterbreiteten Reformvorschläge haben unter anderem die besten Fundamente für die republikanische Schriftrevolution dargestellt (Abschnitt 6.3.1).

Im kontinentalen Amerika, in Europa, in den größeren Teilen Afrikas, Australiens, Vietnams, Indonesiens und in der Türkei wird heute die lateinische Schrift verwendet. Außer dem lateinischen gibt es kein Schriftsystem mit mehr als nur punktueller Bedeutung (wie Griechisch für Griechenland und Hebräisch für Jiddisch und Judenspanisch) (TERNES/MONREAL-WICKERT 1979:138). Doch die einzelnen Sprachen verweisen bei der Anwendung des lateinischen Schriftsystems in Orthographie, Doppelschreibung, Phonemen, Dehnung, Vokalquantität wesentliche Unterschiede auf. Werte und Wiedergabe der Phoneme wurden je nach Sprachgebrauch immer unterschiedlich fixiert. Das Deutsche **ä** beispielsweise ergibt ein helles **e**, wobei die Vokallänge durch Doppelschreibung oder den Dehnungsbuchstaben **h** bestimmt wird. *Wälle, wähle* sind Kennzeichnungen der Vokalqualität, die im Deutschen mehrdeutig sein kann.

Die phonemische Vokalqualität kommt in allen Sprachen, die lateinische Schriftzeichen verwenden, häufig vor. Mutterlatein selbst kennt keine diakritischen Zeichen, gerade dieser neutrale Zustand des Lateins stellt für die

Schriftsysteme anderer Sprachenfamilien ein Problem dar, wobei sie die Lösung bei der Doppelschreibung, bei diakritischen Zeichen und Dehnungszeichen usw. suchen. Bespielweise werden im Vietnamesischen (mit seinen Tonzeichen), im Tschechischen, Slowakischen und Französischen diakritische Zeichen ausgesprochen häufig benutzt (TERNES/MONREAL-WICKERT 1979:140). Latein stellt also hier eine schlechte Ausgangsposition dar, weil sein Phonembestand sehr niedrig ist. Zum direkten Vergleich stelle ich einige europäische Sprachen mit ihren Vokalen und Konsonanten mit Hilfe einer Tabelle von Elmar Ternes dar (TERNES/MONREAL-WICKERT 1979:145).

Da ich hier nicht rein sprachwissenschaftlich fortfahren will, möchte ich noch kurz auf einige wichtige Differenzen unter den europäischen Sprachen, die sich der Lateinschrift bedienen, hinweisen.
Viele europäische Sprachen verfügen über Phoneme, die zwar im lateinischen Alphabet nicht vorhanden aber in anderen Sprachen gängig sind. Um diese Phoneme wiederzugeben, wurden von Sprache zu Sprache verschiedene Lösungen gefunden. Einige Beispiele sind:

- Schaffung neuer Buchstaben: Zum Beispiel: Deutsch; **ß**, Isländisch **þ**.
- Durch Buchstabenverbindungen: Französisch **ch** für **s**.
- Zufügung eines diakritischen Zeichens zu vorhandenen Buchstaben: Rumänisch **ş** für **s**.
- Durch Affrikaten, die in europäischen Sprachen sehr verbreitet sind (z.B. **ç,**): **ts**: In Deutsch **tz**, italienisch **z**, slawische Sprachen und Ungarisch **c**, **ts**: Englisch, Spanisch **ch**, Polnisch **cz**, Türkisch, Albanisch **ç**, Rätoromanisch tsch dz: Türkisch **c**, Albanisch **xh**, Ungarisch **dzs**, Rätoromanisch dsch tʃ: Englisch, Spanisch **ch**, Türkisch **ç**, Polnisch **č** (TERNES/MONREAL-WICKERT 1979:146).

Da Affrikaten in allen Sprachen sehr breite Verwendung finden, ist es sinnvoll nur einen Teil der Affrikaten und nur einige Sprachen als Beispiele zu nennen. Alle europäischen Sprachen haben Affrikaten in unterschiedlicher Weise in ihrer Schrift und ihren Phonemen verwendet und kombiniert (TERNES/MONREAL-WICKERT 1979:157).

Das lateinische Phonemsystem kennt keine stimmhaften Frikative. Während im Deutschen die Opposition mehrdeutige Verwendung besitzt, haben die meisten Sprachen die Buchstaben **f, v** wie **f = f, v = v** wiedergegeben. Im Deutschen wird **v** wie in Vater als **v = f**, in Vase als **v = v** wiedergegeben. Im

Walisischen wird das Phonem **f** wie **v** und das Phonem **ff** wie **f** dargestellt, und **w** wird benutzt um den Vokal **u** zu verkörpern. Der Buchstabe **v** wird im Walisischen gar nicht gebraucht. Das Problem vertieft sich noch mehr bei der Opposition von **s-z**. Alle lateinisch schreibenden slawischen und baltischen Sprachen, das Ungarische, Rumänische, Türkische und Albanische verwenden die Phoneme **z** für **s**. Das Italienische kennt beide Phoneme ohne einen weiteren Buchstaben als nur das **s** zu benutzen.

In den europäischen Sprachen sind die palatalen Konsonanten, die wiederum im lateinischen Phonemsystem gänzlich fehlen, häufig in Gebrauch. Diesbezüglich schreibt Ternes:

> „Das Fehlen von /ʃ/ ist die wohl eklatanteste Lücke im lateinischen Phonemsystem. Wir haben in den europäischen Sprachen mit der Lateinschrift 24 verschiedene Arten, dieses Phonem graphisch wiederzugeben, gezählt. Diese hohe Zahl ergibt sich, obwohl Schreibungen in folgenden Fällen nicht mitgezählt wurden: Assimilationen, morphophonemische Schreibweisen (z.B. im Falle von ‚Auslautverhärtung'), nicht angepasste Schreibungen von Fremdwörtern. (TERNES/MONREAL-WICKERT 1979:161)

Um das zu verdeutlichen, werde ich hier einige Beispiele anführen.
- **ci**: Englisch
- **ise**: Irisch, Schottisch-Gälisch
- **ix**: Katalanisch
- **ş**: Rumänisch, Türkisch
- **sch**: Deutsch, Rätoromanisch
- **sh**: Albanisch, Englisch
- **sk**: Norwegisch, Schwedisch
- **sz**: Polnisch, usw. (TERNES/MONREAL-WICKERT 1979:161)

Besonders die nasalisierten Vokale in den lateinisch geschriebenen Sprachen zeigen Unterschiede untereinander auf. Am bekanntesten sind das Französische **n**, **m** und das Portugiesische mit den übergesetzten Tilden ã = ɐ, ãe = ɐi̯, õe = õi und das Spanische mit **ng**, die in diesem Fall sehr ähnlich zur arabischen Sprache sind (Mehr dazu oben im allgemeinen Teil). Ob dies Zufall ist, oder ob durch frühere Sprachgrenzen oder Beziehungen eine Beeinflussung erfolgte, bleibt noch offen.

Im Türkischen, Rumänischen und Bretonischen wird die Wiedergabe von ʒ mit **j** geschrieben, während im Kroatischen, Lettischen, Tschechischen, Slowakischen **ž** verwendet wird. Im Französischen, Katalanischen, Portugiesischen werden abhängig vom Folgevokal zwei Schreibweisen, **j** oder **g**, verwendet. Alle anderen europäischen Sprachen haben dafür ihre eigene Lösung.

Verschiedene phonemische Akzente wurden im Gegensatz zu Latein in den romanischen Sprachen selbständig entwickelt. Am meisten kommt dies im Spanischen zum Ausdruck. Auch die Schriften des Katalanischen und des Portugiesischen verwenden extrem komplexe Regeln, um Akzente graphisch wiederzugeben. Phonemische Akzente werden in den Lateinschriften der europäischen Sprachen, außerhalb der romanischen Sprachen, meistens nicht gekennzeichnet(TERNES/MONREAL-WICKERT 1979:168). Eine vollständige Berücksichtigung aller Phoneme, aller, die Lateinschrift verwendenden Sprachen, kann hier nicht erfolgen, wäre jedoch im Rahmen einer größeren sprachwissenschaftlichen Forschung eine interessante Aufgabe.

Zusammengefasst sollte noch ein entscheidender Punkt hier erwähnt werden:Lateinische Buchstaben wie **j, k, q, v, w, x, y, z** existieren in den Sprachen Irisch, Schottisch-Gälisch gar nicht.[*] Im Italienischen fehlen **j, k, w, x, y**, die nur in Fremdwörtern vorkommen,[**] im Kroatischen sind **q, w, x, y** nicht vorhanden. Finnisch verwendet **k** statt **c** aber nicht **c, q, w, x, z** (FAULMANN 1986:231). Im Deutschen werden **c**, **k** für **k** ; **ck** für **kk**; **ü**, **y** für **y** ; **v**, **f** für **f**; **v**, **w** für **v**; **x** für **ks**; **q**, **k** für **k**; **qu** für **kw** verwendet (FAULMANN 1986:227). Viele ähnliche Verwendungen für verschiedene Buchstaben sind auch im Französischen und Englischen zu finden. Außerdem werden die erwähnten Buchstaben jeweils umgedeutet und recht unterschiedlich genutzt (TERNES/MONREAL-WICKERT1979:169).

Auch in außereuropäischen Sprachen, die die lateinische Schrift verwenden, wurden entsprechende Phoneme in die Schrift eingearbeitet. Die afrikanischen Tonsprachen wurden mit einem originellen System von diakritischen Zeichen zur Wiedergabe der Sprachtöne versehen. Auch Vietnamesisch bediente sich der diakritischen Zeichen, um ihre vertonte Sprache eindeutig zu kennzeichnen. Die Chinesen haben zwar die Lateinschrift noch nicht angenommen, haben aber bei der viel verwendeten Lateintranskription zur Kenn-

---

[*] Alphabete und Schriftzeichen des Morgen- und des Abendlandes, Bundesdruckerei Berlin, S. 96
[**] idem: op. cit. S. 100

zeichnung der chinesischen Sprachtöne verschiedenartige Systeme aus den diakritischen Zeichen heraus entwickelt.

Dieser Forschungsbereich ist mit einer Reihe sprachwissenschaftlicher Arbeiten noch auf unbestimmte Zeit hin durchzuführen. Für die Ausarbeitung der unerlässlichen Erneuerungen, Ergänzungen, Zusatzzeichen – gerade bei der Annahme eines neuen Alphabets – gelten immer sprachwissenschaftliche Regeln.

Des Weiteren geschieht die graphische Wiedergabe der Vokale und Konsonanten in allen Sprachen auf verschiedenartigste Weise, weil jede eigenständige Sprache ihre eigenen Wege entwickelt hat.

Ein weiterer wichtiger Punkt ist, dass die europäischen Sprachen ihre orthographischen Probleme nicht einheitlich und naturgemäß nicht befriedigend lösen konnten (TERNES/MONREAL-WICKERT 1979:154). Daher haben die Nationalsprachen zur Wiedergabe der Phoneme neue Lautschrift-Systeme eingeführt, die im Mutterlatein nicht vorhanden sind. Ich werde eine Gesamttabelle über lateinischen Schriftzeichen aufstellen, in der aber die Vokale, Diphthonge und Konsonanten getrennt stehen, um die unterschiedliche Verwendung des lateinischen Alphabets innerhalb dieser verschiedenen Sprachen übersichtlicher zu machen. Der Duden verzeichnet 88 Buchstaben, die die genannten 17 diakritischen Zeichen miteinbeziehen (Abbildungen 24, 25). Die Zahl der unterschiedlichen Schriftzeichen in der lateinischen Welt beläuft sich nach Störig auf 120 (STÖRIG 1987:381; Abbildung 26).

Lateinalphabet-Sprachen konnten, wie oben auch erwähnt, viele sprachliche Differenzen nicht einheitlich lösen. Das wiederum entspricht dem Wesen von Sprachen an sich, es sei denn es setzten Sprachplanungen ein, wie im Falle der sowjetischen Sprachplanung in Bezug auf die nicht-russischen Nationalitätensprachen und im Falle der Schriftrevolution in der Türkei der 1920er-Jahre (HAARMANN/SPILNER 1990:41).

An diesem Punkt muss weiter aufgeführt werden, dass die Vorstellung, man habe vor und während des Alphabetwechsels in der Türkei, die in arabischer Schrift verfassten türkischen Texte nicht fehlerfrei lesen können, nicht zutreffend ist. Denn das ist kein sprachliches Problem, sondern, ein Problem der Sprachbildung. Diese „Problem" genannten Schwierigkeiten im Osmanischen verzeichnen auch viele andere Sprachen. *„Die Schreibung lässt also für den*

Leser verschiedene Deutungen zu. Die grammatischen Formen und der Sinnzusammenhang müssen für die richtige Lesung eines Textes berücksichtigt werden" (BARTHEL 1972:345). Schreib- und Leseregeln einer Sprache müssen gelernt und beachtet werden, so Barthel. Dies gelte auch für das korrekte Lesen des Arabischen. Die minderen Schwierigkeiten, wie oben in Bezug auf die Lateinschrift ausgeführt, sind allen Sprachen der Welt geläufig. Nach Strohmaier sei die arabische Schrift sogar leichter anwendbar und ihre zumeist runde Natur ermögliche eine höhere Schreibgeschwindigkeit als das Lateinische. Gründe hierfür sind darin zu sehen, dass die arabischen Schriftzeichen nicht getrennt und linksläufig geschrieben werden, außerdem kennt das Arabische nur die schnelle Form der Handschrift, keine Blockschrift oder Ähnliches. Als Bestätigung sei Gotthard Strohmaier und Marcel Cohen zitiert (Zitat übernommen von Barthel), die die Kenner der arabischen Schrift sind:

„Die arabische Schrift ist rationaler als die lateinische und ermöglicht eine höhere Schreibgeschwindigkeit." (STROHMAIER 1979:18)

„Die arabische Schrift war eine schnelle, gebundene Kursivschrift, besonders wenn man es unterließ, ein Vokalzeichen über oder unter die Buchstaben zu setzen, wie man es für den Koran und für die Schule machte…" (BARTHEL 1972:319)

Im Arabischen sind die grammatischen Formen und Sinnzusammenhänge für die richtige Lesung eines Textes notwendig. Diese Leseregeln sind allgemein. Ein einfaches Beispiel im Deutschen: *einstellen* heißt im technischen Bereich, ein Gerät oder eine Maschine in die gewünschte Stellung zu bringen, eine Tätigkeit beenden, oder Rekruten zum Militärdienst einzuberufen, also mindestens drei verschiedene Bereiche und Bedeutungen. Die Endungen von Adjektiven im Deutschen werden kausal bestimmt. Ihre grammatische Form bestimmt ihre Endung (SOMMERFELDT 1988:245). Die reintürkischen Begriffe wurden neben den türkisierten arabischen- und persischen Fremdwörtern unterschiedlich geschrieben, weil keine einheitlichen Lösungen gefunden werden konnten. Probleme dieser Art treten vor allem dann auf, wenn Lexeme in ihrem sprachlichen Entwicklungsprozess phonologische und morphologische Unterschiede verzeichnen und die Schrift Lese- und Schreibschwierigkeiten verursacht, weil sowohl die orthographischen als auch physischen Gegebenheiten nicht vollständig entwickelt sind. Beispiele im Deutschen sind: Sauce = Soße, Friseur = Frisör … etc.

Im Türkischen hat man dagegen vor 1928 insbesondere die Lehnwörter aus der arabisch-persischen Sprache völlig willkürlich und unterschiedlich geschrieben. Aber auch im heutigen Türkisch lebt das Problem, allerdings vermindert. Beispielsweise Begriffe wie **hala = Tante** und **hala = noch** kann man nur voneinander unterscheiden, wenn sie in einem vollständigen Satz auftreten. Bei der Bedeutung „**noch**" bedurfte das Wort *hala* früher auf dem ersten *a* eines aufgesetzten Zirkumflexes (**â**). Damit unterschied man die beiden Wörter. Das Phonem **a** in **halâ** ließ eine noch längere und weichere Lesung zu (DUDA 1930:400). Ein treffliches Beispiel ist auch der Name *Kemal* des Gründers der Türkei. Ursprünglich wurde der Name mit einem Zirkumflex auf dem **â** (Kemâl) geschrieben. Weil alle diakritischen Zeichen und Aussprachezeichen wie das Zirkumflex (ˆ bei Kâmil = männlicher Name) und das Apostroph (' bei san'at = Kunst, Gewerbe) seither aus der türkischen Sprache verbannt sind, werden solche Wörter von heutigen Sprechern mit *a* statt des weichen *a* = *â* gelesen. Der Staatsname „**Azerbeycan**" für Aserbaidschan wird selten von einem türkischen Nachrichtensprecher richtig ausgesprochen.

Deswegen ist der Aufschrei „*Viele Wörter im Osmanischen werden sogar bei den Ausgebildeten nicht fehlerfrei gelesen*" aus den Reihen, die sich für einen Alphabetswechsel vor 1928 einsetzten, zwar berechtigt, aber nicht völlig zutreffend. Denn wie oben dargelegt wurde, bedürfen die Sprachen innerhalb ihrer Geschichte einer Standardisierung und eine dauerhaften Pflege, was wiederum in der Reichszeit der Türken unterblieb.

In osmanischer Zeit waren die Alphabetisierung des Volkes, die sprachwissenschaftliche Forschung im Sinne der Erweiterung und Standardisierung der Sprache, vor allem die Beseitigung sprachlicher Probleme durch Spezialisten keine Diskussionsthemen. Eine kontinuierliche Sprachpflege kannte man nicht. Immer, wenn ein Problem auftauchte oder Kenner westlicher Sprachen darauf aufmerksam machten, schlugen Machtinhaber (Militär, Politiker etc.), die mit Sprache nicht das Geringste zu tun hatten, Lösungen vor (ORTAYLI 1982:32). Dieser unmögliche Zustand bei der Sprachpflege blieb den Türken bis heute erhalten. Die Versuche zur Normierung der Schrift seit Münif Pascha, Mirza Fethali Ahundov, Enver Pascha, der Schriftwechsel 1928, die Sprachrevolution 1932, die Eingriffe der türkischen Sprachgesellschaft bis hin zur Ausbildung von Sprachwissenschaftlern, waren unter anderem willkürliche Reformversuche unter anderen.

Völker und Staaten müssen ihre Sprache pflegen, damit unter den jeweiligen Lebensbedingungen Bedürfnisse und Interessen besser artikuliert werden können. Die Veränderungen in den physischen, technischen, kulturellen oder politischen Lebensbedingungen werden von der Sprache registriert und sprachlich nachvollziehbar, darstellungsfähig gemacht. Wenn eine Nation ihre Sprache nicht rechtzeitig standardisiert, wird natürlicherweise die gesprochene Sprache ihre eigene Richtung einschlagen.

Dass Französisch am Ende des 18. Jahrhundert nicht nur die Sprache Frankreichs sondern die Kultursprache der europäischen Eliten außerhalb Frankreichs geworden war, hatte es einem, kontinuierlichen und kritischen Prozess zu verdanken. Die Académie Française wurde mit dem festen Ziel, den Dialekt der *Ile de France* als Standardfranzösisch zu pflegen, im Jahr 1637 gegründet, und trieb die Französisierung Frankreichs voran. Die durch Anordnung des Nationalrates im Jahr 1793, wie es die unter der Leitung Abbés Grégoire geführte Untersuchung zeigte, dass nur drei von 26 Millionen Einwohnern Frankreichs die Standardsprache beherrschten. Die Vorreiter der Französischen Revolution, obwohl sie aus dem Volk stammten, zeigten keinerlei Toleranz gegenüber anderen Dialekten in der Bevölkerung. Die Sprecher anderer Dialekte wurden als Verräter an der Sache der Revolution abgestempelt. Abbé Grégoire und anderen erschien es infolgedessen nur konsequent, die Volkssprache *von oben* zu bestimmen (COULMAS 1985:30). Mit der Académie gab es eine Institution seit 1637, die es zum Ziel hatte, die Sprache Frankreichs zu standardisieren.

Die Lateinschulen spielten in allen Teilen Europas bis ins 18. Jahrhundert eine wichtige Rolle. Eine Erziehung in der jeweiligen Nationalsprache gab es bis dahin nicht. Leibnitz, der selbst vorwiegend lateinisch und französisch schrieb und für die Erhaltung der Volkssprache des Deutschen in Deutschland plädierte, schrieb 1697 über die Wichtigkeit der Sprachpflege durch eine Institutionalisierung der deutschen Sprache. Christian Thomasius, der 1687 eine Vorlesung in Leipzig in Deutsch abhielt, wurde zwar nach drei Jahren aus Leipzig verbannt, aber seine Arbeiten sprachen für eine Normierung der Ostmitteldeutschen. Sprachwissenschaftler wie Gottsched und Adelung setzten sich ebenfalls für die Normierung des Ostmitteldeutschen ein, um diese Volkssprache als Bildungssprache zu etablieren (COULMAS 1985:60).

In England war die Sprache ebenso wenig standardisiert. Noch im 17. Jahrhundert beschwerte sich der bekannte Dichter John Dryden über seine

Schwierigkeiten mit dem Englischen zu schreiben. Er betont seine Verzweiflung, was er schreibt, ob es falsche Grammatik oder das gesprochene Idiom ist. 1712 beklagte sich der englische Dichter, Jonathan Swift, auch von einer unvollkommenen englischen Sprache. Erst im 18. Jahrhundert wurde nach den Vorbildern Frankreichs und Deutschlands der Versuch unternommen, eine Sprachakademie einzurichten. Damit wurde das Komitee der *Royal Society* zur Pflege der englischen Sprache gegründet. Bis zum Beginn der Renaissance war keine dieser großen Sprachen Englisch, Deutsch oder Französisch Bildungssprache. Latein hatte die Vorherrschaft als die Bildungssprache (COULMAS 1985:60).

Institutionen oder Sprachwissenschaftler, die sich für die Sprachpflege und die Standardisierung der Sprache oder Normierung der osmanischen Sprache engagiert haben und darüber sprachwissenschaftliche Untersuchungen publiziert haben, sind mir vor den langjährigen Diskussionen in der Reichzeit aus der bestehenden Literatur nicht bekannt. Ähnlich wie in Frankreich, Deutschland und England hätten osmanische Wissenschaftler rechtzeitig mit dem festen Ziel, die Sprache nach europäischen Mustern zu erforschen und zu standardisieren, eine Institution gründen sollen. In den Revolutionszeiten nach den 1920er-Jahren hätte seitens der Politiker und Journalisten, die als Sprachreformer wirkten, nicht nur von *„ungeeigneter Schrift für die Wiedergabe der türkischen Laute"* sprechen sollen, sondern man hätte eine kontinuierliche Normierung der osmanischen Sprache vorantreiben sollen, statt diese einfach nur abzuschaffen.

Eine Sprachgesellschaft, wie die TDK mit ihrer Macht und ihren Möglichkeiten könnte die notwendige Normierung und Standardisierung der Sprache in kürzester Zeit bestens lösen. Denn die Volksprache ist das Bindemittel der verschiedenen Gesellschaften, sie ist Ausdruck der Vollkommenheit einer Nation, sie zeigt deren Größe und Schönheit. Sie ist die Wiedergabe der inneren Stärke, der Kultur und des Charakters einer Nation.

> „Die Sprache des Volkes ist also alles andere als nur ein Instrument der Kommunikation. Sie ist Symbol der Eigenständigkeit und in sie werden Wunschvorstellungen projiziert. Die Sprache wird anthropomorphisiert – z.B. wenn behauptet wird, dass sie, die Sprache fremde Vokabeln aufnimmt oder ablehnt – und ihr werden geistige Kräfte beigemessen. Z. B. macht sie frei. (COULMAS 1985:70)

5.2.2.2 In der türkischen Welt

Die Forschungen und Vorschläge über die Schrift und Sprache seit dem Tanzimat sind innerhalb der Regierungsperioden bis 1928 nicht über die Qualität von reinen Diskussionen hinausgegangen. Fast alle Eliten dieser Zeit waren sich einig, dass Schrift und Sprache eine effiziente Sprachpflege erfordern. Eine Alphabetumstellung im Sinne Mustafa Kemals wurde nur vereinzelt vorgeschlagen.

Der heutige Wissenstand zeigt, dass die türkische Sprache mit der lateinischen Schrift seit dem 14. Jahrhundert (1303) geschrieben wurde. Die Missionare, die die Kumantürken bekehrten, erlernten die kumanische türkische Sprache und übersetzten mit Hilfe der lateinischen Schrift verschiedene christliche Hymnen in diese Sprache (TEKIN 1983:590).

Türkeitürkisch mit lateinischen Buchstaben wurde zum ersten Mal von Filippo Argenti in seinem Werk „*Regola del parlare turcho*", welches im Jahr 1533 entdeckt aber erst 1938 präsentiert werden konnte, wissenschaftlich erfasst (TEKIN 1983:591). Beispiele diesbezüglich möchte ich keine mehr anbringen, denn dies würde den Rahmen dieser Arbeit sprengen. Es geht hier nur darum festzuhalten, wann für die Schreibung der türkischen Sprache anfänglich die lateinischen Schriftzeichen verwendet wurden.

Im Jahr 1857 kam zum ersten Mal der konkrete Vorschlag einer Schriftumstellung der türkischen Sprache von M. Fethali Ahundov (1812–1879) aus Aserbaidschan. Er war ein Theaterdramaturg, der mit der Sprachwissenschaft nicht das Geringste zu tun hatte. Die Christianisierungsmaßnahmen seit der Zeit Ivan des Schrecklichen (1530–1584) führte in Russland zur Romanisierung der türkischen Schrift und Sprache unter den Turkstämmen. Dass dort Völker mit oder ohne Schrift existieren, hat wahrscheinlich auch Ahundov unter russischem Einfluss und unter russischem Auftrag dazu gebracht, die türkische Sprache mit lateinischen Schriftzeichen darzustellen (Abschnitt 6.2 und 7). Gerade hier muss ich hinzufügen, dass gewisse türkische Eliten, wie der Historiker der Wissenschaften und ein Russlandtürke Togan, die Sachlage wie folgt beschreiben:

„Obwohl die Ansicht der europäischen ‚hohen Rasse' und ‚Wertlosigkeit der restlichen Rassen' von renommierten Wissenschaftlern abgelehnt wird, ist die Annahme unter den Europäern sehr verbreitet. Diese Ansicht fand aber auch ihre Geltung bei den Eliten der orientalischen Nationen, die durch Übersetzungsliteratur unter dem politischen und geistigen Einfluss der europäischen Kultur stehen. Die russischen Orientalisten des letzten Jahrhunderts und der Philosoph Tschadayev (Caadayev) dachten auch so. Die Ansicht hat sich sehr unter den in verschiedenen Ländern lebenden türkischen Eliten krankhaft verbreitet." (TOGAN 1950:XIX)

Tschuwaschen, Jakuten, Tataren (Christianisierte Kresin Tataren) waren die ersten, die für ihre türkische Sprache das kyrillische Alphabet verwendeten. Die Jakuten haben von 1851–1917 das kyrillische dann bis 1929 das lateinische Alphabet verwendet. Sie haben bis 1939 ein auf der lateinischen Schrift basierendes Alphabet heraus gearbeitet, mussten aber – wie oben erwähnt – im Zuge der stalinistischen sprachplanerischen Maßnahmen wieder – wie alle anderen Turkvölker – ihre Schrift zu Gunsten des kyrillischen Alphabets aufgeben (TACEMEN 1994:12).

Als die christlichen Tatartürken von der Latinisierung des türkischen Alphabets in Aserbeidschan hörten (1917), registrierten sie die russische Politik, die zwischen den Turkvölkern eine geistige Grenze ziehen sollte, und stellten vom kyrillischen Alphabet auf die arabische Schrift um. Pressevertreter entschieden sich für ein sich auf das Arabische stützende Alphabet (1920) und verwendeten dies bis 1930. Von 1930–1939 benutzen sie die lateinische Schrift bis sie wieder gezwungen wurden, ihr altes kyrillisches Alphabet zu übernehmen (REKIN 1991:79).

Die unter der präsidialen Leitung des russischen Turkologen Aleksandr Samojlovič einberufene Sprachkommission in Moskau hatte für jede türkische Sprache ein lateinisches Alphabet ausgearbeitet. Als die Alphabetproblematik (Arabisch-Lateinisch) in Aserbaidschan heftige Diskussionen auslöste, entschied die gegründete aserbaidschanische Kommission sich für eines dieser lateinischen Alphabete, das ebenfalls nach den sprachpolitischen Entscheidungen Stalins im Jahr 1940 dem Kyrillischen weichen musste.

Nach der Entstehung der modernen Türkei 1923 setzte sich die politische Führung, vor allem Mustafa Kemal, für eine moderne, nationale Schrift (wie in Russland) und Sprache ein. Die nichtnationale Schrift und Sprache repräsentierten die letzten Barrieren, die unter einer gründlichen sprachplanerischen Revolution fallen sollten. Die durchgeführten Revolutionen in allen Bereichen des Staates, veranlassten jedoch noch nicht die totale Ablösung aus dem orientalischen Kulturkreis. Die Brücke zur westlichen Welt und zur dort bewährten Wissenschaft schlagen sowie die Abwendung von der rückständigen Tradition des Orients bzw. der türkisch-osmanischen Vergangenheit erreichen, war nur mit einer modernen Schriftsprache möglich: Eine lateinische Schrift und eine reintürkische Sprache ohne fremde Lasten waren gefordert.

Mustafa Kemal ordnete am 26. Juni 1928 in Ankara eine Sprachkommission an, die ein lateinisches Alphabet für die türkische Sprache entwickeln sollte. Die Kommission konzipierte in kürzester Zeit (in zwei Monaten) ein türkisches Alphabet aus dem Lateinischen (KORKMAZ 2003:316). Der Gesetzentwurf trat genauso schnell in Kraft (3. Nov. 1928), indem das Parlament ihn über Nacht bestätigte (1. Nov. 1928).

5.3 Fazit

Auch die lateinische Welt verfügte über keine einheitliche Schrift. Die lateinischen Sprachen verwenden etwa 88 Schriftzeichen[*] und 17 diakritische Zeichen.[**] Erst seit dem 19. Jahrhundert hat die Lateinwelt, wenn wir die weniger wichtigen Änderungen seither ausnehmen, ihren heutigen Stand erreicht. Die Türkei überbrückte ihren Schriftwechsel innerhalb von drei Monaten. Die Geschichte der Sprachwissenschaft kennt über ein Dutzend Alphabete, nach Agop Dilaçar 18 (DİLAÇAR 1967:141; DİLAÇAR 1964:170), die von der türkischen Sprache in derer langen Vergangenheit verwendet wurden.

Gewiss werden allgemein Kulturen und Sprachen sich in Schrift und Wort etc. gegenseitig beeinflussen. Verantwortlich sind dafür, unter anderem, die großen Völkerwanderungen in der Frühgeschichte, die religiösen Missionsversuche, kriegerische Auseinandersetzungen und Kulturgrenzen.

In der türkischen Sprachgeschichte sind die erwähnten Einflüsse keine Seltenheit. Während die gesprochenen Turksprachen in Zweigen und Dialekten weiterlebten, konnte die Beeinflussung dieser durch die stark weiterentwickelten Alphabete anderer Sprachen nicht vermieden werden. Einen wichtigen Grund stellt noch die erworbene islamische Religion mit ihrer früh kultivierten arabischen Schrift und Sprache dar, die schon in ihren Anfängen ins

---

[*] Dudenredaktion und Dudensetzerei (Hrsg.): Duden Satzanweisungen und Korrekturvorschriften. Mannheim 1973, S. 161.
[**] idem: op. cit., 160.

Uigurische eingedrungen ist. Die Türken haben seither – je nach Geographie und Kulturgebiet – verschiedene Alphabete verwendet (Abschnitt 5.2.1). Nach der Übernahme des Islams durch die Türken hatte sich neben der Sprache des Korans auch die arabische Schrift langsam in den türkischen Sprachen eingebürgert und sich als türkisches Alphabet etabliert (BOLAND 1928:70). Ein Jahrtausend später wurde diese Schrift nach der Gründung des neuen Nationalstaats der Türkei aufgegeben und der Alphabetwechsel vom Arabischen zum Lateinischen mit Hilfe des Gesetzes vom 03.11.1928 vorgenommen.

Mit der Schriftrevolution (1928) bzw. der Einführung des lateinischen Alphabets und den Purismusmaßnahmen im Vokabular (1932) wurden in der Türkei die äußerlichen Umstellungen, die direkt zu den geistigen Umwälzungen der türkischen Gesellschaft führten, determiniert. Ohne bekannte Einmischung oder Zwang von westlichen Mächten wurden die Palastreformen, die seit dem Tanzimat im Gange sind, mit der letzten und wichtigsten Revolution von 1928 besiegelt. Die kolonialpolitischen Wünsche der Alliierten und der Missionare stimmten vorwiegend mit den Reformen überein. Daher wurden die Revolutionen, wenn sie auch dem Volk aufgezwungen wurden, ohne Widerstand, vielmehr bestärkt von westlicher Politik und Wissenschaft geduldet (LAUT 2000:1).

Die Sprachrevolutionen kosteten jedoch Teile des wertvollen Kulturguts aus der türkischen Vergangenheit (STEINHAUS 1969:113), selbst wenn von späteren Anhängern der Revolution das Gegenteil behauptet wurde. Dieses Kulturgut wurde sogar als wertloses Fossil betrachtet. Es wurde darüber hinaus der Versuch unternommen, alles vor der Republikgründung Geschriebene per Zeitungsannonce an Ausländer zu verschenken oder gar zu verbrennen (REKIN 1991:291; NUR 1994:9). So hatten am Anfang in der Türkei weder Sprachwissenschaft, Turkologie, noch andere Wissenschaften festen Boden, um Wissenschaft und Geschichtsschreibung eine bessere Zukunft bieten zu können. Eine der ersten Institutionen zur Spracherforschung und Bewahrung war die TDK, die anfangs aus Mangel auch ausländische Turkologen beschäftigen musste (TEKIN 1994:9).

Die politische Führung hat mit den erfolgreich durchgeführten Revolutionen eine funktionierende und auch eine einheitliche Sprache für die türkische Gesellschaft entwickelt. Sie ist aber von einer Wissenschaftssprache weit entfernt. Zunächst fehlt es ihr an der nötigen Literatur (Abschnitt 1). Noch vor der Schriftrevolution schrieb Professor Hartmann, in seinem im Jahr 1928 publizierten Reisebericht: „*Das [türkische] Volk Anatoliens stand kulturell vor einem Nichts.*" Er bezeichnete die Revolutionen als einen peinlichen und großen Bruch mit der türkischen Vergangenheit (HARTMANN 1928:144). Auch Herbert Jansky weist auf diese These hin und warnte die Türken vor solchen Aktionen (JANSKY 1929:163).

Die früheren Turksprachen verwendeten verschiedene Alphabete: Indische, Manichäische, sogdische, uigurische, mongolische, mandschurische, sibirische, altungarische und schließlich lateinische Schriften. Bis zur lateinischen Schrift sind alle von den Türken verwendeten Schriften linksläufige oder fangen rechts an und laufen dann von oben nach unten. Eine weitere Gemeinsamkeit ist noch, dass alle Schriften der Türken phonetische Buchstabenschriften sind und, wie das Arabische, zusammengeschrieben werden (HAARMANN 1990:502). Es ist deswegen unverständlich, dass – trotz der türkischen Kulturtradition mit ihrem Schrifttum und mit der Verwurzelung der linksläufigen Schrift in Mittelasien und im Orient – die Türken unter den propagandistischen Zwängen von Innen und Außen förmlich ihren Kulturkreis wechselten.

6. Sprachplanung: Schrift- und Sprachrevolution als Konfliktquellen

6.1 Einleitung

Die Geschichte einer Sprache ist eng verbunden mit der Geschichte einer Gesellschaft. Wie das soziale Wesen einer Gesellschaft, so entwickelt sich auch die Sprache, um den entsprechenden Bedürfnissen der Gesellschaft zu dienen. Es besteht also eine allgemeine Gleichförmigkeit in Bezug auf Entwicklung von Sprache und Gesellschaft. So verfügt eine einfache Gesellschaft über eine unterentwickelte Sprache, die arm an Wortschatz ist und eine kaum systematisierte grammatische Struktur aufweist. Eine entwickelte Gesellschaft besitzt eine entwickelte Sprache mit einem reichen Wortschatz und stellt Strukturen in allen Bereichen der Sprache her. Sprache zeigt hier eine logische Parallelität zur Gesellschaft, denn sie hat die Aufgabe, der Gesellschaft als Mittel der Verständigung und des Gedankenaustausches zu dienen. Mit ihr werden Gedanken im Kommunikationsprozess übermittelt und formuliert. Wenn Sprache das Produkt einer Gesellschaft ist, so ähnelt Sprache gesellschaftlicher Struktur und beide bedingen sich gegenseitig. Daher ist Sprache den vorherrschenden gesellschaftlichen Bedürfnissen angepasst, und entwickelt sich in notwendigen Bereichen dementsprechend. So sind die Sprachen von Jägern und Sammlern nicht weniger komplex als jene der Industrienationen, sie sind nur ihren Bedürfnissen angepasst.

Der Mensch kann zwar sprechen, aber wenn er Sprache wissenschaftlich studiert, gelangt er zu einem besseren Sprechen und Schreiben. Das Studium der Sprache verhilft den Menschen dazu, sich klarer und expliziter auszudrücken. Da zwischen Sprache und Denken eine unauflösliche Einheit besteht, impliziert dies, dass wir besser lesen und denken lernen können, wenn wir Sprache wissenschaftlich erforschen.

Es gibt verschiedene Arten, Sprache zu studieren. Von klein auf erlangen wir bereits dadurch, dass wir in der Schule die elementaren grammatischen Regeln lernen, eine Reihe nützlicher Kenntnisse zur Verbesserung unserer Sprechweise. Diese Kenntnisse brauchen wir. Im Allgemeinen verhilft uns jedoch das Studium einer Sprache nicht zwingend dazu, sprachliche Probleme zu verstehen und sie zu beseitigen. Und wenn die Mehrheit der Menschen sich mit dieser Situation zufrieden geben muss, so dürfen doch gebildete Menschen – allen voran Philologen – sich damit nicht abfinden. Sie müssen die Sprache in ihrer Entwicklung, die Geschichte von Sprachengruppen und die allgemeinen Prinzipien, nach denen sich Sprachen entwickeln, studieren. Man muss zwischen dem Erlernen von Sprachen und dem Studium sprachwissenschaftlicher Prinzipien unterscheiden. Ein Polyglott, also ein Mensch, der mehrere Sprachen spricht, ist deshalb noch nicht unbedingt ein Sprachwissenschaftler. Ebenso kann jemand ein Sprachwissenschaftler sein, ohne mehrere Sprachen zu sprechen. Der Sprachwissenschaftler jedoch muss die Struktur der Sprachen kennen und ihre Entwicklungen verstehen. Nur so kann er seine eigene Meinung entwickeln, z.B. über die Eignung der Schriftzeichen für das Türkische. Die allgemein unter den ersten Eliten bzw. Journalisten der Republik weit verbreitete Meinung „die osmanisch-türkischen Schriftzeichen seien für das Türkische nicht geeignet oder die arabischen Schriftzeichen seien nur schwer erlernbar", ist, ohne eine fachliche Ausbildung zum Sprachwissenschaftler, nicht ausreichend zu begründen (Abschnitt 6.4.1).

İlber Ortaylı bedauert, dass die Türkei in diesem Bereich bis jetzt keine namhaften Wissenschaftler ausbilden konnte:

„In unserem Lande sind leider noch keine elitären Sprachwissenschaftler, die eine breitere Wissenschaftlerformation bilden könnten, vorhanden. Wir wissen alle, dass die meisten sachkundigen Turkologen Nichttürken sind." (ORTAYLI 1982:43)

Schon aus dem bisher Gesagten kann man ersehen, dass es eine deskriptive Sprachwissenschaft gibt. Von einem anderen Gesichtspunkt aus, wenn man die Bildungselemente einer Sprache, das Material, das sie nutzt, im Auge hat, zerfällt die Sprachwissenschaft in eine Reihe untergeordneter Disziplinen; die phonetische Erforschung der Laute (*Phonetik*), derer sich die Sprache bedient; die lexikalische Erforschung der Elemente des Vokabulars (*Lexikologie*), die *Etymologie,* die Ursprung und Geschichte der Wörter erforscht, und die *Semantik* also die Erforschung von Sinn, Bedeutung und deren Entwicklung; die grammatikalische Erforschung der Buchstaben, Schrift und Satzstruktur (*Grammatik*), also der *Morphologie* und des *Syntax;* (ABRAHAM 1988:586)* die stilistische Erforschung der sprachlichen Besonderheiten verschiedener Gruppen von Sprechern der gleichen Sprachgemeinschaft in verschiedenen

---

* Abraham, Werner: Terminologie zur neueren Linguistik, Tübingen 1988, S. 586, 442, 192, 731, 506, 855.

Konstellationen; und schließlich die mundartlichen Forschungen territorial bedingter Verzweigungen, die in jeder Sprache zu finden sind (*Dialektologie*) (BARTSCHAT/KONRAD 1985:55).

All diese Gebiete der Sprachwissenschaft sind untereinander durch die Beziehungen der sprachlichen Bildungselemente verbunden: Wortschatz kann ohne Grammatik nicht richtig verwendet werden, es gibt keine Grammatik ohne Wörter, also ohne Vokabular usw. Demnach kann die Lexikologie nicht von der grammatischen Struktur absehen, die Satzstruktur kann man nicht losgelöst vom Vokabular untersuchen. Im breiteren Zusammenhang ist Sprachwissenschaft das Studium der alten und neuen Literatur, ja sogar ganz im Allgemeinen das Studium von Kultur.

Im vorigen Jahrhundert steckte die Sprachwissenschaft in der Türkei noch in ihren Anfängen, bis es zur Gründung der TDK kam, die auch ausländische Wissenschaftler beschäftigte. Heute wird Sprachwissenschaft als eine Gesellschaftswissenschaft anerkannt. Sprache existiert nur innerhalb von Gesellschaft, um ihr zu dienen. Das Studium der Sprache muss mit dem Studium der Geschichte einer Gesellschaft fest verbunden werden. Sprachwissenschaft kann sich in vieler Beziehung, gerade gesellschafts- und kulturwissenschaftlich, nützlich erweisen.

Unter Berücksichtigung der erwähnten Bedingungen ist die Sprachwissenschaft in der Türkei und vormals in osmanischer Zeit vielfach vernachlässigt worden. Sie wurde in diesem Sinne von Nicht-Sprachwissenschaftlern, vorwiegend von Schriftstellern, Journalisten und Militärs, mit oberflächlichen Änderungen zur Normierung gezwungen (ORTAYLI 1982:33).

Es ist die Pflicht der Sprachwissenschaftler, Grammatiken und Wörterbücher zu erarbeiten und Normen sowie die orthographische Struktur einer Standardsprache festzulegen. Ebenfalls müssen sie einen Beitrag zur Vereinheitlichung der technischen Terminologie verschiedener Berufe und zur Abfassung technischer Wörterbücher leisten. Das Studium alter Sprachen ist von großem Nutzen für die Geschichte, denn es befähigt zur Entzifferung von Dokumenten, die das hauptsächliche Quellenmaterial zur Geschichtsrekonstruktion darstellen. So gelangt die Sprachgeschichte häufig dazu, Geschichte direkt zu vertreten. Es gibt Perioden und Gebiete während der Osmanischen Reichszeit, für die uns historische Belege gänzlich fehlen, so dass wir dieses Manko nur oberflächlich aus Geschichtsbüchern beheben können.

Der Alphabetwechsel von 1928, die Sprachrevolution nach 1932 baute eine Barriere zwischen dem Gestern und dem Heute auf. Die Revolutionen führten zu verschiedenen Verlusten: Zum Ausschluss aus dem islamischen Kulturkreis, zum Verlust des Bezuges zur Vergangenheit, und zum Verlust der Identität (HARTMANN 1928:144).

Behrendt zufolge ist Kultur „... *ein Komplex von Gefühls-, Denk- und Verhaltensweisen, die für eine Vielzahl von Menschen bezeichnend sind und von ihnen gewohnheitsmäßig getragen werden. [...] Kultur ist also stets **eine gesellschaftliche und relativ kontinuierliche**, für eine Reihe von Generationen gültige Lebensform. Diese Auffassung entspricht dem Kulturbegriff der modernen Anthropologie und Soziologie*". (BEHRENDT 1965:110) Unter Zugrundelegung dieser Definition ist demnach die türkische Kultur, beginnend mit dem Tanzimat und abschließend mit den republikanischen Revolutionen bis zur Unkenntlichkeit reformiert.

6.2 Schrift- und Sprachreformen im türkischsprachigen Russland: Die politisch-geistige Quelle der türkischen Schriftrevolution

Die Bestrebungen, die türkische Sprache mit Lateinschrift wiederzugeben, verstärkten sich unter den Russlandtürken unter Mithilfe der russischen Staatsführung. Um die kulturellen Bindungen der türkischen Stämme zu torpedieren und die mögliche natürliche Einflussname der anatolischen Türken zu unterbinden, beauftragte Moskau den Turkologen Samojlovič mit der Entwicklung verschiedener Alphabete für die Russlandtürken. Daraufhin wurden 36 Alphabete von Samojlovič für die türkische Sprache und ihre Dialekte ausgearbeitet. Die russische Absicht war es, aus jedem türkischen Stamm eine wirtschaftlich, kulturell und politisch nicht allein lebensfähige, völlig bedeutungslose, kleine Nation zu machen (JÄSCHKE 1944:251). Endzweck der russischen Politik war es, langfristig durch sprachpolitische Bestimmungen die Präsenz der islamischen Religion zu schwächen und den Kontakt zwischen den Arabisch schreibenden Türkeitürken und den Russlandtürken zu unterbinden (Lewis 1961:426). Dies gelang der russischen Politik letztendlich auch. Jäschke betont, dass sogar das von Mustafa Kemal eingeführte lateinische Alphabet keinesfalls der Integration der türkischen Völker (JÄSCHKE 1944:251) in Asien und Kleinasien diente.

Spracherneuerungen der 1920er-Jahre bei den Russlandtürken, die Sprachrevolution 1928 in der Türkei und schließlich – wie vom stalinistischen Nationalismus 1939 vorgesehen – die Auferlegung des kyrillischen Alphabets für alle Volksgruppen Sowjetrusslands (HAARMANN 1990:488), führten zu einem geistigen aber auch einem sprachlichen Riss zwischen den gespaltenen türkischen Welten. Die 78 Schriftsprachen in Russland verwendeten das Kyrillica für ihre nationalen Sprachen. Sowjetische Sprachplanung innerhalb der Nationalismuspolitik Stalins nahm merkwürdigerweise aber die Schriften und Sprachen des Armenischen, Georgischen, die Lateinschrift der baltischen Sprachen und das hebräische Alphabet für Jiddisch, die karaimische Turksprache, die mit der hebräischen Schrift als Symbol der jüdischen Religion geschrieben wird, aus (HAARMANN 1990:488).

Die Russlandtürken bezogen ihre geistigen Quellen vor der Oktoberrevolution 1917 im zaristischen Russland vom Osmanischen Reich. Durch Post- und Pilgerwege sowie durch Zeitungsabonnements waren die Istanbuler Presse und andere Publikationen den Russlandtürken präsent. Die Verbreitung und Entwicklung der türkischen Publikationen bewegte russische Reichspolitiker, aber auch Politiker nach 1917 zu einer Reihe von Maßnahmen, wie die Latinisierung in den 1920ern und die Rerussifizierung Ende der 1930er-Jahre durch die Einführung der Kyrillica für die Turksprachen (KIRZIOĞLU 1977:107). Während das Hauptziel der Zarenpolitik die Unterwerfung und Assimilation der Völker durch Russifizierung, Missionierung, Kolonisierung, Gewaltmaßnahmen, aber auch durch Güte war, sollten alle Nationalitäten nach leninistischer Regelung im kommunistischem Russland das volle Selbstbestimmungsrecht nach der Oktoberrevolution genießen (MENZEL 1927:2). Dies beweist wiederum, dass die Alphabetumstellung vom Arabischen auf das Lateinische im Russland der 1920er-Jahre und dann Ende 1930er-Jahre vom Lateinischen auf das Kyrillische rein politische Akte waren und nur dazu dienten, die russische Machtpolitik dauerhaft unter den Türken auszubauen. Die Argumente zu Gunsten des lateinischen Alphabets, die auf dem Sprachkongress in Baku erwähnt wurden, z.B. dass die arabische Schrift für das Türkische nicht geeignet sei, zielten auf Grund der erneuten Umstellungen auf die Kyrillica unter den russischen Türken ins Leere (JANSKY 1962:6).

Das zweitwichtigste Bevölkerungselement nach den Russen (ausgenommen die Kleinrussen) waren die Turkvölker und machte Russland somit zu einem potentiellen Türkenland. Darin begründete sich die russische Angst vor dem türkischen Einfluss aus Anatolien. Nachdem die russischen sprachpolitischen

Maßregelungen zum Stopp des natürlichen, kerntürkischen Einflusses aus Anatolien die Gruppen gespalten hatte, schlug die Entwicklung mit der Einführung der lateinischen Schrift in Aserbaidschan eine neue und umgekehrte Richtung ein. Eine davon war die Latinisierungskampagne der Turksprachen, was die Einflussrichtung zwischen Russland und der Türkei umkehrte. Den Höhepunkt dieses Einflusses bildete der Sprachkongress von Baku (DUDA 1929:442).

Die sprachpolitischen Maßnahmen in den neu gegründeten Turkrepubliken und letztendlich der von Russland initiierte und von Stalin selbst angeführte (TACEMEN 1994:52) Turkologenkongress in Baku hatten die reformwillige national gesinnte Staatsführung des jungen türkischen Staates bei der Einführung des lateinischen Alphabets beeinflusst und ermutigt (KIRZIOĞLU 1977:107; DUDA 1929:442). Der Sprachkongress selbst und seine Schlussdeklaration ermutigte die Protagonisten der Lateinschrift in der Türkei. Nach dem Bakuer Sprachkongress betrachteten die Lateinschriftanhänger ihre Ansichten darüber als wissenschaftlich bestätigt. Sie stützten sich, ohne die politischen Hintergründe des Sprachkongresses, der zweifellos das Resultat der russischen Sprachpolitik ist, erfasst zu haben, auf die Deklaration dieses Kongresses. Somit überwand die russische Sprachpolitik ihre Grenzen, indem sie ihre Wirkung auch im türkischen Kernland Anatolien gleichzeitig mit dem „Alphabetwechsel" entfaltet hatte (LEWIS 1961:426).

Jansky vergleicht die dramatische Lage mit dem Überleben einer Nation und weist auf die kulturpolitischen Maßstäbe der russischen Politik hin. Die Vernichtungsprozesse der russischen Sprachpolitik gegenüber anderen Nationen innerhalb Russlands fallen nicht unter philologische Fragen, sondern unter machtpolitische. So formuliert Jansky;

> „Die Schriftreform der letzten Jahre dagegen droht in Russland so viele Schriftsprachen zu schaffen als es dort Turkdialekte gibt. Sie sind vielleicht der gefährlichste Anschlag, der je gegen das Türkentum Russlands unternommen worden ist, denn sie drohen, aus ihm statt eines einheitlichen nationalen Organismus mit gemeinsamer Schriftsprache und entsprechender Machtstellung, eine Gruppe von einander geschiedener, völlig bedeutungsloser, wirtschaftlich, politisch und kulturell nicht lebensfähiger Natiönchen zu machen. Ob sich die Freunde der Lateinschrift zu Baku dieser Sachlage bewusst geworden sind? Man kann gespannt sein, wie die Türken Russlands, die so viele Stürme überstanden haben, diese Lebensfrage lösen werden.

[…] Die maßgebenden Faktoren im türkischen Schriftproblem sind nicht Wissenschaft im Allgemeinen und Philologie im Besonderen, sondern in erster Linie Macht und Kulturpolitik." (JANSKY 1929:164)

Die russische Staatsführung beauftragte zur Lösung des Problems schon recht früh den kaukasischen Großherzog Michel (Abschnitt 6.3.1). Er wiederum schickte Mirza Fethali Ahundov, einem Bewunderer der westliche Kultur (SCHARLIPP 1995:172), der laut Kırzıoğlu russischer Beamter und Spion im Dienstgrad eines Ehrenmajors der russischen Armee war, nach Istanbul. Im Gepäck hatte er einen Brief an den russischen Botschafter, den Mirza Fethali dem Großwesir Fuat Pascha mit seinem Plan zur Reformierung der Schrift vorstellte. Dieser erste Vorschlag war ein auf dem arabischen basierendes Alphabet. Seine zweite Ausarbeitung eines Alphabets fußte auf dem lateinischen Alphabet (KIRZIOĞLU 1997:108). Sein großes Interesse an der Modernisierung der Schrift führt Scharlipp auf folgende Umstände zurück:

„Warum er sich dermaßen stark und kontinuierlich mit der Schriftfrage identifizierte, wird zunächst nicht recht klar. Erst aus späteren Arbeiten ist zu ersehen, dass dieser Tätigkeit seine eigentliche Abneigung gegen den Islam zugrunde lag." (SCHARLIPP 1995:147)

Seine Argumentation über die arabische Schrift unterschied sich nicht von der F. Ch. Volneys, und Mirza Melkon Han's, die die „Rückständigkeit des Landes auf die Schrift" zurückführten. Dies wiederum wurde von Cemiyet-i İlmiyey-i Osmaniye mit folgenden Begründungen abgewiesen:

- Der Schriftwechsel wird vorhandenes und geschriebenes Kulturgut zunichte machen.
- Die Schrift kann nicht, wie behauptet wird, Ursache einer Rückständigkeit sein, denn die Kalifen von Bagdad und die Mauren in Andalusien, die eine der fortschrittlichste Zivilisationen ihrer Zeit gründeten, hatten dieser Schrift verwendet.

Die Ausführungen von Ahundov sind, weil sie die türkische Verbindung zur Vergangenheit kappen, nicht anzunehmen (KIRZIOĞLU 1977:108). Schließlich diente der Sprachkongress in Baku dazu, die russische Türkenpolitik wissenschaftlich zu beurkunden. Menzel, der neben Wittek als deutscher Turkologe zu den geladenen Wissenschaftlern zählte, beschrieb die Details in einem Artikel in der Zeitschrift *Islam* (1927). Aus seinen Ausführungen geht hervor, wie die Sowjetrussen geplant hatten, die angebliche türkische Schriftfrage zu lösen.

Neben den 92 turkstämmigen Wissenschaftlern war die, wenn auch zahlenmäßig geringere, russische Turkologenpräsenz deutlich spürbar. Viele Referenten – mit Ausnahme der Turkmenen und Aserbaidschaner – sprachen sich noch für die arabische Schrift und gegen die Einführung der lateinischen Schrift aus. Aserbaidschaner befürworteten eine Umstellung, weil sie das Alphabet selbst schon eingeführt und in der Praxis erprobt hatten. Auf Antrag von Samojlovic, um die Zahl der Delegierten, die sich für die lateinische Schrift entscheiden würden, zu vergrößern, wurden weitere Delegierte unter anderem Jakuten, Şor, Hakkaz, Urjanchai, eingeladen (MENZEL 1927:190).

Die Alphabetfrage war Hauptgegenstand der folgenschweren Verhandlungen des Kongresses. Neben zahlreichen Vorträgen, in denen die Lateinschrift befürwortet wurde, hielt der Kasaner Alimcan Şeref eine Rede, die die arabische Schrift verteidigen sollte. Er machte darin deutlich, dass die Schrift nicht Schuld an einer schlechten Orthographie trage. Man solle *diese* verbessern, nicht das ganze Alphabet und damit das Schrifttum beseitigen (MENZEL 1927:190). In seinem ausführlichen Vortrag sprach er über die Vorteile einer Beibehaltung der arabischen Schrift. Das Wichtigste in seinem Vortrag erscheint mir, dass er darauf hinwies, dass man auf einem solchen Kongress die lateinische Reformschrift nur mit der reformierten arabischen Schrift vergleichen dürfe und nicht mit der alten „vorsintflutlichen" arabischen Schrift (MENZEL 1927:191). Er weist die vorgetragenen Behauptungen, die arabische Schrift besäße einen panislamischen Hintergrund, in seinen Ausführungen entschieden zurück. Seine Erklärungen blieben aber ohne tiefgreifende Auswirkungen. Der Delegierte Alimcan Şeref aus Kasan fügte in seinem Bericht hinzu, dass der christliche Araber Scheich Cuzi, der damalige Zensurbeauftragte der Zaren für die Presse in Kasan, behauptet habe, wie gesundheitsschädlich die arabische Schrift für die Augen der Leser sei. Er widerspricht dem zaristischen Zensurbeauftragten Cuzi, der in seinem in Baku vorgetragenen Bericht behauptete, dass die Türken beim normalen Lesen mit der punktierten Schrift so sehr beschäftigt seien, dass ein flüssiges und schnelles Lesen unmöglich wäre und die intensive Beschäftigung mit den Punktierungen in der arabischen Schrift dementsprechenden Schaden an den Augen verursache (ŞEREF 1926:28).

Die Ausführungen des Propagandisten der russischen Sprachpolitik, Cuzi, schien fern von jeder Objektivität und sprachwissenschaftlich nicht fundiert zu sein. Denn die wissenschaftlichen Gegebenheiten besagen, dass die Schriftzeichen einzelne Bilder darstellen (MCLUHAN 1992:14). Wenn einige arabische Buchstaben einen bis drei Punkte besitzen, so folgt daraus, dass diese Punkte unmittelbar zum Schriftbild gehören. Wenn er aber mit Punktierung die drei arabischen Vokalzeichen (Fatha, Kasra, Damma) meint, hat er bewusst in seinem Bericht diese Tatsache entstellt, weil im Allgemeinen die gedruckten oder geschriebenen arabischen Texte unvokalisiert sind (KRAHL 1980:28; Abschnitte 2.2.3 und 6.6.1).

Wie die meisten nichttürkischen Turkologen und die beiden Delegierten Mehmet Fuat Köprülüoğlu und Hüseyinzade Ali Bey aus der Türkei enthielt sich auch Menzel seiner Stimme mit der Begründung, dass alle Völker solch eine volkseigene Frage selbst meistern sollten (MENZEL 1927:200).

Wie erwartet, entschieden sich die meisten der Kongressteilnehmer für die Einführung der lateinischen Schrift für die Turksprachen. Die Resolution des Kongresses wurde mit 101 Stimmen für die Einführung der lateinischen Schrift, mit 7 Gegenstimmen und 9 Enthaltungen verabschiedet (Menzel 1927:199). Man kann deutlich erkennen, dass die Leitmotive der Änderungen im sprachlichen Bereich vor allem politischer Natur waren (JANSKY 1929:164). Der historische Schritt wurde in Baku besiegelt und hatte folgenschwere Auswirkungen auf das Schicksal des zukünftigen Türkentums. Ein unheilbarer geistiger Riss innerhalb der türkischen Sprache wurde hiermit begründet (Abschnitt 6.3.1).

Gleich nach dem Kongress in Baku erklärte der Bildungsminister Mustafa Necati die Schriftfrage zur Staatsfrage und veranlasste danach die Gründung einer Alphabetkommission. Damit war der erste Schritt zur mutigen Alphabetrevolution offiziell getan.

„One aim of this Soviet policy of Romanization was to reduce the influence of Islam; another was no doubt to cut off contact between the Turks of the Soviet Union and those of Turkey, who were still using the Arabic script. The contrary consideration – that of maintaining contact between the different Turkic peoples – induced some Turkish nationalists to favour the adoption of the Latin script in Turkey. When, eventually, this was done, the Russians countered again by abolishing the Latin script and introducing the Cyrillic, thus reopening the gap between the Soviet Turks and Turkey.

[…]The idea of Romanization fitted well with die policies of Kendal, though for different reasons. The Latin alphabet appealed to him less as a link with the Azerbaijan Republic than as a barrier against the Ottoman Empire. By learning a new script and forgetting the old, so it seemed, the past could be buried and forgotten, and a new generation be brought up, open only to such ideas as were expressed in the new, Romanized Turkish.

[…]This planned exchange of lexical populations reached its height during the years 1933–4, when it coincided with a general movement of secularization and Westernization. It is significant that the hue and cry after alien words affected only Arabic and Persian, the Islamic, Oriental languages. Words of European origin, equally alien, were exempt, and a number of new ones were even imported, to fill the gaps left by the departed.

[…]Reform was needed, but not all would agree on the wisdom and success of the reforms accomplished. The attempt of the reformers to strip away the accretions of 1,000 years of cultural growth seemed at times to bring impoverishment rather than purity, while the arbitrary reassignments of words and meanings often led to confusion and chaos. (LEWIS 1961:426)

6.3 Vorläufer der Schrift- und Sprachrevolution vor 1928

Die Kluft zwischen gesprochener Volkssprache und geschriebener Literatursprache führte auch zur Entfremdung innerhalb der Gesellschaftsschichten. Durch die nach dem Tanzimat entlehnten arabisch-persischen Wörter, Wendungen und Ausdrücke, war im Osmanischen Reich eine neue Literatursprache entstanden, die allmählich den breiten Volksschichten fremd geworden war. Die flutartige Besetzung des türkischen Wortschatzes, besonders im ausgehenden 18. Jahrhundert, wurde bis 1928 heftig unter den türkischen Eliten diskutiert. Für die hohe Analphabetenrate und die damit verbundene Rückständigkeit der türkischen Gesellschaft war für sie die volksfremde Sprache verantwortlich. Die Eliminierung des Analphabetismus und der Fortschritt des Staates waren abhängig von dieser Mischsprache. Deswegen wurden eine Reihe unterschiedlicher Reformbestrebungen unternommen und Vorschläge in der Reichszeit formuliert, die aber im Wesentlichen erfolglos blieben. Zu den wichtigsten Reformern, Reformbestrebungen, Strömungen und Konzepten werden die folgenden gezählt:

- Münif Pascha (1862), Minister für Unterrichtswesen, der sich für die Normierung und Vereinfachung der Verkehrsschrift einsetzte.
- Der Vorschlag zur Einführung des lateinischen Alphabets, also der von M. Fethali Ahundov (1863) propagierte Schriftwechsel.
- Die Vorschläge von Ali Suavi (1869) und Şemseddin Sami (1900).

Ahmed Cevdet Pascha erkannte in seinem Werk *Kavaid-i Osmaniye* (Regeln des Osmanischen) die Sprachproblematik als erster und versah mit seinem Beitrag die Schreibung des Osmanischen mit diakritischen Zeichen (1851). Während des ersten Weltkriegs unternahm – von progressiven Kräften unterstützt – Kriegsminister Enver Pascha den Versuch, die Schrift getrennt in einzelnen Buchstaben als Blockschrift zu schreiben, um ein fehlerfreies Lesen und Schreiben zu gewährleisten (ÜLKÜTAŞIR 1973:17).

Nachdem die Sprachproblematik in Schrift und Wortschatz bis 1928 auf den Einfluss des Arabischen geschoben worden war und oftmals im Brennpunkt des Interesses und im Kreuzfeuer der Kritik gestanden hatte, kehrte sich die kritische Haltung gegenüber der Sprache nach der Sprachrevolution 1928 um. Viele Probleme wurden und werden auf den westlichen Einfluss geschoben. Eine Problematik, die noch heute unverändert diskutiert wird.

Hinsichtlich der Relation von Schrift und Sprache stimme ich Weisgerbers Ansichten voll und ganz zu. Er meint, dass die Sprache historisch älter sei als die Schrift:

„Sprache ohne Schrift ist aufs Ganze gesehen die Naturform der Sprache; Schrift ohne Sprache ist Gekritzel. Diese Rangordnung gilt unveränderlich auch durch alle späteren Verbindungen zwischen Sprache und Schrift hindurch. […] Das Schriftzeichen vollbringt nicht eine eigene symbolische Leistung, sondern weitet nur die sinnliche Seite vom Hörbaren ins Sichtbare aus." (WEISGERBER 1964:20, 21)

6.3.1 Frühe Forschungen zur Normierung der Schrift und Sprache im Osmanischen Reich

Der Einfluss der arabischen Sprache auf das Türkische geht bis ins 10. Jahrhundert zurück. Das zum großen ural-altaischen Sprachstamm gehörende Türkisch verfügt über eine eigene Agglutination, Vokalharmonie, selbständige Wortfolge und Satzlehre, die im Kontrast zum Arabisch-Persischen steht.

Diese Umstände wurden erst nach dem Tanzimat von den verschiedenen Eliten des Osmanischen Reiches als eine sozial-politische und sprachliche Problematik aufgefasst. Ausnahmslos alle Eliten und Staatsmänner waren sich über die Reformbedürftigkeit der Sprache einig. Die Sprache sollte eine Normierung erfahren (ORTAYLI 1982:34).

Der erste Wissenschaftler, der sich damit auseinandersetzte war Ahmed Cevdet Pascha. Er betonte in seinem Werk *Kavaid-i Osmaniye* (Regeln des Osmanischen: Eine nationaltürkische Grammatik), im Jahr 1851, dass manche türkische Laute mit arabischen Buchstaben nicht wiederzugeben seien. Er befasste sich in seiner Forschung damit, wie die türkischen Laute mit Hilfe diakritischer Zeichen, die im arabischen Alphabet fehlen, wiederzugeben sind und die Laute adäquat auszudrücken. Hauptsächlich die Vokallaute **a, e, o, ö, u, ü** stellten ein Problem dar. Dies zu lösen gelang ihm mit dem Einsatz verschiedener Zeichen in der Schrift (REKIN 1991:98).

Encümen-i Dâniş (Akademie der Wissenschaft), die erste *Türkische Akademie,* griff seine Forschungen auf und versah 1863/1864 die Schrift mit Vokalzeichen und anderen Zusatzzeichen (wie Fatha = ⁻, Kasra = _, Damma = ʼ, Ausdehnungszeichen Mad = ~, Verdoppelungszeichen Šadda ˝ [ÜLKÜTAŞIR 1973:20; KRAHL 1980:28]).

Ihren Forschungen folgten weitere sprachspezifische Vorschläge. Münif Pascha, der gleichzeitig das Ministerium für Unterrichtswesen leitete, wies auf einer wissenschaftlichen Konferenz in der Cemiyet-i İlmiyye-i Osmaniye (Osmanische Akademie für Wissenschaften) auf das Problem der arabischen Schrift in der Schreibung der türkischen Sprache hin. Er wünschte sich eine Neugestaltung der arabischen Schrift. Seine ausführliche Forschung veröffentlichte er im Jahr 1868 (Nr. 14, Seite 74) in seiner Zeitschrift Mecmua-i Fünun (ÜLKÜTAŞIR 1973:17; KRAHL 1980:17). Er hob die Einfachheit der lateinischen Schrift hervor, bevorzugte aber eine getrennte Schreibweise der arabischen Schrift, die eigentlich zusammengeschrieben wird.

Er übersetzte das Werk „*Ruinen"* von Volney Constantin François ins Türkische (BUDAK 2004:375). Ein anderes Werk „*Überlegungen über den Krieg zwischen der Türkei und Russland" „Considérations sur la guerre des Russes et des Turcs"* (1788–1789) von Volney, entging sicherlich nicht Münif Paschas Aufmerksamkeit. In diesem Werk versuchte Volney die Resultate der Kriegsgeschehnisse differenziert zu betrachten. Für ihn war die Ursache allen

Übels die Unwissenheit, und deren Ursache wiederum war die Religion. Die von Religion verursachte Eitelkeit verhindere Weitsicht und Fortschritt einer Gesellschaft (BERKES 2005:299). Sein erstes Werk wurde mit der Zufügung *„L'alphabet Européen appliqué aux langues Asiatique"* im Jahr 1821 und 1826 publiziert. Er empfahl hierin für die Sprachen des Orients dringend einen Alphabetwechsel zu Gunsten des Lateinalphabets (VOLNEY 1826:XV; TURAN 1994:77; Abbildung 27).

Im Jahr 1862 wies Münif Pascha wohl daraufhin, dass die unnormierte arabische Schrift für die osmanisch-türkische Schrift ein Hindernis zur Literalität sei und um Alphabetismus unter der Bevölkerung zu verbreiten, eine Schriftreform notwendig sei. Zwei Jahre später (1864) kam Ahundov nach Istanbul mit seinem Entwurf, in dem er feststellte, dass erstens die Ursache für die Unwissenheit in der türkischen Welt die arabische Schrift sei, zweitens die Verwendung der arabischen Schrift keine Angelegenheit der Religion sei und drittens – bis der neue Schriftprozess seinen Lauf nähme – die alte Schrift, neben der neuen Schrift weiterverwendet werden solle. Mögliche Beeinflussungen erkennt man ebenfalls, wenn man seine Aufzeichnungen näher betrachtet. Er schlug vor, die Vokale wie im Lateinischen zwischen den Konsonanten zu schreiben statt der arabischen diakritischen Zeichen (BALDAUF 1993:58). In seinen Theaterstücken hob er immer hervor, wie sinnlos Traditionen und Glauben seien (BERKES 2005:264). Ob Ahundov Volneys Werke kannte, konnte ich in der bestehenden Literatur nicht erkennen, aber Ahundov hatte lange Jahre in Paris gelebt und legte, genau wie Volney, fest, dass die Ursache der Rückständigkeit der türkischen Gesellschaft auf der Religion und der arabischen Schrift basiere (BERKES 2005:264).

Auch Mirza Melkon Han, ein Mann armenischer Abstammung (1831–1908) und persischer Vertreter in London und Berlin, lebte eine Zeit lang in Istanbul. Er warb mit zahllosen Briefen für die lateinischen Schriftzeichen in Istanbuler Zeitungen und vertrat wie der Aserbaidschaner Ahundov die Meinung, dass die arabische Schrift vor allem den Fortschritt der Gesellschaft behindere und Ursache allen Übels sei (TANSEL 1953:230; LEVEND 1960:156).

Ein zweiter späterer grundsätzlicher Änderungsvorschlag kam – wie gesagt – von Mirza Fethali Ahundov (1857), der diesmal eine Umstellung von der arabischen auf die lateinische Schrift vorsah, um damit die geistige Herrschaft des Arabischen restlos abzubauen (BALDAUF 1993:56).

Seine erste Studie über die Reform der Schrift überreichte er dem Cemiyet-i
İlmiyye-i Osmaniye in Istanbul im Jahr 1863 durch Sadrazam (Ministerpräsident) Fuat Pascha. Die Akademie studierte seine Arbeit, die unter den Mitgliedern der Akademie für großes Aufsehen sorgte, äußerst sorgfältig. Ihm
wurde deswegen sogar der Sultanorden verliehen. In einigen Sitzungen wurde
sein Vorschlag diskutiert und die Mehrheit der Mitglieder äußerte sich positiv zu einer Reform der arabischen Schrift. Dieses Projekt wurde aber aus verschiedenen Gründen nicht in die Praxis umgesetzt (ÜLKÜTAŞIR 1973:19).

Ahundov vertiefte seine Forschungen und Reformbestrebungen und erarbeitete, wie oben erwähnt, einen weiteren Vorschlag und überreichte ihn gleichzeitig in Teheran und Istanbul. Auch diese Studie, die diesmal auf ein auf dem
lateinischen Alphabet basierendes neues Alphabet beinhaltete, erlebte kein
nachhaltiges Echo. Allgemein ist bekannt, dass Ahundov bei der Gestaltung
der russischen Kaukasienpolitik während seiner Stellung als Übersetzer beim
Gouverneur Kaukasiens, Großherzog Michel (TANSEL 1953:225), massiv mitwirkte und sich gleichzeitig für die türkischen nationalistischen Ideen einsetzte. Daher erscheint es merkwürdig, dass er seine Studie zur Latinisierung
der Schrift auch nach Teheran geschickt hatte. Seine Aufgabe im Dienste des
russischen Staates und seine Abneigung zum Islam führten ihn kontinuierlich
zu einer Ablehnung der von ihm als religiös eingestuften arabischen Schrift
(SCHARLIPP 1995:147). Einen weiteren Hinweis hierzu kam von Ingeborg Baldauf: *„Bemerkenswert ist die Tatsache, daß Mirzä Fätäli Axundov nur wenig
unternahm, um offizielle Stellen seiner engeren Heimat Transkaukasien für
das Projekt zu interessieren."* (BALDAUF 1993:57)

Der zu Zeiten Sultans Abdulhamit lebende Wissenschaftler Şemseddin Sami
(1850–1904) befasste sich in der Einführung zu seiner Enzyklopädie Kâmus-i
Firansevi (Französisches Wörterbuch) mit diesem Thema. Für die richtige
Schreibung des enorm hohen Fremdwortanteils und deren Lautung in der türkischen Sprache schlug er 34 lateinische Buchstaben und verschiedene diakritische Zeichen als Hilfsalphabet vor und wandte sich dabei bewusst gegen
den Purismus. Er plädierte jedoch für die Abschaffung unnötiger Fremdwörter, die hauptsächlich aus den arabischen und persischen Sprachen stammten.
Man verzeichnet innerhalb der Phase von Tanzimat bis zur Sprachrevolution
im Jahr 1928 eine Reihe an Diskussionen, die mehrheitlich eine Reform der
arabischen Schrift vorsahen. Der Theaterdramaturg Ahundov war der einzige,
der einen durchgearbeiteten Entwurf, welcher eine gravierende und fundamentale Umstellung der Schrift von der arabischen zur lateinischen vorsah,

unterbreitete. Mit Recht bezeichnete man ihn in der Sowjetunion „Vater der Schriftreform" (BALDAUF 1993:55). Alle anderen Studien bis zu dem ersten Viertel des 20. Jahrhundert zielten, mit Ausnahme einiger Vorschläge, ohne irgendein wissenschaftliches Konzept auf die Reformierung der arabischen Schrift ab.

Alle Staatsmänner, unter anderem Sultan Abdulhamit, Koca Reşit Pascha, Fuat Pascha, Mithat Pascha waren sich – trotz ihrer oppositionellen politischen Meinungen untereinander – oder die Schriftsteller, Traditionalisten und Reformer in einer Sache einig: Sie wollten die Gesellschaft und die Sprache durch Reformen weiterentwickeln (ORTAYLI 1982:20). Allerdings waren nur wenige schwache Stimmen zur „Einführung der lateinischen Schrift" zu hören. Şerafeddin Turan, Professor für türkische Kulturgeschichte, machte darauf aufmerksam, dass fast alle Mitglieder des Ittihat Terakki Cemiyeti (Verein für Fortschritt und Einheit) sich für die Einführung des lateinischen Alphabets aussprachen (TURAN 1994:78). Weitere Wissenschaftler, die sich zu dieser Thematik äußerten, habe ich unter dem Abschnitt 6.3.3 aufgeführt. Zwar geben sie hier kritische Stellungnahmen zur unnormierten Schrift ab, beabsichtigten jedoch keine grundsätzliche Änderung in diesem Sinne. Ihre Äußerungen stellen aber wichtige Grundsteine für spätere Diskussionen und die darauf folgenden Revolutionen dar.

6.3.2 Sprachplanung seit der Proklamation der zweiten konstitutionellen Monarchie 1908 bis zur Gründung der Republik

Die Auseinandersetzungen über eine mögliche Reform oder die Umstellung des vorhandenen Alphabets zugunsten des lateinischen dauerten noch über den ersten Weltkrieg hinaus, bis zur Gründung der Republik.

Die aufsteigenden Nationalismusideen fanden rechtzeitig in das türkische Reich Eingang. Der türkische Nationalismus fand seine Rolle auch im Zusammenhang mit der Forderung nach der Reformierung von Schrift und Sprache. In erster Linie setzten sich die Vereine *Türk Derneği* (Türkischer Verein) und *Genç Kalemler* (Die jungen Schiftsteller) für eine vereinfachte Literatur- und Schriftsprache ein. Der *Türk Derneği* bemühte sich, die Kluft zwischen geschriebener und gesprochener Sprache abzubauen, damit eine vereinfachte einheitliche Sprache breiteren Boden bei der Bevölkerung fände. Diese neue vereinfachte Sprache verstanden sie als *Yeni Lisan* (die Neue Sprache), in der keine fremden grammatischen Regeln zur Geltung kommen sollten. Sie lehnten aber eine puristische Haltung, die die Ausmerzung aller arabischen und persischen Fremdwörter vorsah, in der Sprache ab (LEVEND 1960:313).

Ziya Gökalp brachte in seinem Hauptwerk *Türkçülüğün Esasları* (Grundlagen des Türkismus) einen neuen Gesichtspunkt zur Sprache, indem er die Sprachproblematik als eines der wichtigsten, dringend zu überwindenden Hindernisse des türkischen Nationalismus darstellte. Seinen Prinzipien zufolge konnte eine nationale Schriftsprache nicht durch Vereinfachung der osmanischen Schriftsprache, sondern nur durch Förderung des gesprochenen Istanbuler Türkisch als Schriftsprache etabliert werden. Man sollte dabei so vorgehen, als existiere die künstliche osmanische Mischschriftsprache überhaupt nicht. Als Voraussetzung für die Entstehung einer neuen türkischen Sprache *Yeni Lisan* (neue Sprache) legte Gökalp *elf Punkte* fest. Die ersten und wichtigsten drei Schritte, Reinigung, Nationalkultivierung und Veredelung der Sprache, stellte er in den Vordergrund (GÖKALP 2004:134).

Erstens sollten die unnötigen arabischen und persischen Ausdrücke sowie Zusammensetzungen im Türkischen eliminiert werden; **zweitens** sollte die Schriftsprache mit nationalen Ausdrücken und Wendungen aus der gesprochenen türkischen Sprache ergänzt werden und **drittens** sollte sie durch Übernahme internationaler Termini optimiert werden. Ziya Gökalp fasste so die Grundsätze des türkischen Sprachnationalismus zusammen und legte somit Methoden zur Erreichung einer nationalen türkischen Sprache fest. Trotz der rein nationalistischen Inhalte und wissenschaftstreuer Grundsätze und Diskussionen, die parallel zum republikanischen Nationalismus der vorrepublikanischen Zeit abliefen, fanden diese nach Jens Peter Laut als Modell einer Sprachrevolution in der Sprachpolitik zwischen 1928 und 1932 keinerlei Beachtung (LAUT 2000:23).

Die Methoden von Ziya Gökalp beinhalteten im Zusammenhang mit einer Sprachreform recht allgemeine Prinzipien. Die Ansichten der Sprachreformer und der Fachwissenschaftler wie Cevdet Pascha, Ziya Gökalp (HARTMANN 1928:142), Fuat Köprülü und schließlich Zeki Velidi Togan, fanden kein rechtes Echo in den Reihen der politischen Mächte. Weil manche Ursachen der Schrift- und Sprachrevolution in diesem Zeitabschnitt liegen, möchte ich daher die *elf Punkte* von Gökalp in Kürze (GÖKALP 2004:138).

- Um die Bildung einer türkischen Nationalsprache zu fördern, sollte die osmanische Sprache zunächst ignoriert werden, gleichsam als existierte sie nicht. Die türkische Volksliteratursprache sollte auf Grundlage der Istanbuler Lautung, insbesondere der Lautung der Frauen, zur Schriftsprache werden.
- Fremdwörter aus dem Arabischen und Persischen, für welche – außer nuancierten Begriffen in der Volkssprache Synonyme existierten, sollten abgeschafft werden.
- Lehnwörter aus dem Arabischen und Persischen, die in der Volkssprache ihre ursprüngliche Struktur verloren hatten, wurden türkisiert und sollten demnach einer eingebürgerten Ausspracheform angepasst werden.
- Ausgestorbene türkische Wörter, an deren Platz neue Wörter sich etabliert hatten, sollten nicht revitalisiert werden.
- Bevor man einen neuen Terminus bildete, sollte der Begriff innerhalb der Volkssprache gesucht werden. Wenn dies nicht möglich wäre, sollte man mit Hilfe türkischer Wortbildungsregeln den gesuchten Begriff neu bilden. Wenn auch dies nicht möglich wäre, könnten Begriffe und Bezeichnungen aus dem Arabischen und dem Persischen ohne ihre ursprüngliche Satzstruktur, aber Begriffe technischer Bereiche und Bezeichnungen bestimmter Berufsgruppen aus anderen Fremdsprachen wortwörtlich übernommen werden.
- Die Privilegien des Arabischen und Persischen müssten getilgt werden und aus ihnen dürften weder Affixe noch Partikel, noch Konjunktionen in die türkische Sprache eingeführt werden.
- Alle bekannten Begriffe und verwendeten Wörter sind Türkisch und sollen als nationale Wörter betrachtet werden.
- Wenn das Vokabular, die Aussprache und Formenlehre des gesprochenen Istanbuler Türkisch die Grundlage der neuen türkischen Sprache bilden sollte, so dürften aus anderen Turkdialekten auf keinen Fall Wörter, Affixe, Partikel, Konjugationsformen zugelassen werden.
- Falls Werke über die früheren türkischen Zivilisationen neu geschrieben würden, so würden urtürkische Termini sowieso ungehindert ins neue Türkische eindringen. Weil diese Begriffe jedoch nur als Termini der wissenschaftlichen Forschung weiterleben würden, sollte man sie nicht als vitalisierte Begriffe einstufen.
- Wörter wären keine Begriffsbestimmungen, sondern würden einen Sinn symbolisieren. Was für ein Sinn ein Wort in sich trüge, sollte nicht aus seinen etymologischen Wurzeln abgeleitet werden.

Unter diesen Voraussetzungen wären ein Lexikon und eine Grammatik des Türkischen zu erstellen. In diesem Lexikon sollte die Herkunft der Lehnwörter nicht ausgewiesen werden.

Ziya Gökalp entwickelte später seine Ansichten zur Normierung und Vereinfachung der Sprache fort, indem er behauptete, dass kein Wort durch ein anderes neu gebildetes Wort substituiert und keine Sprachregel geändert werden könne (Levend 1960. 333).

Im Jahr 1917 wurde unter der Schirmherrschaft der İstanbuler Universität eine Kommission mit Gökalp als Präsidenten, zusammen mit den Turanisten Necip Asim, İbrahin Necmi Dilmen und einigen deutschen Professoren, gegründet. Sie erarbeiteten ein Alphabet mit zehn Vokalen und zwanzig Konsonanten aus, um die türkischen Eigennamen fehlerfrei zu schreiben. Wenn man das auf dem lateinischen Alphabet basierende damalige Alphabet mit dem modernen türkischen Alphabet vergleicht, findet man alle phonetischen Laute des Türkischen wieder (ERGIN 1971:1759). Es gab übrigens eine Reihe Alphabetvorschläge aus verschieden Quellen wie von Şemseddin Sami, Hüseyin Kâzım Kadri, Zeki Velidi Doğan etc., die sich auf die arabische Schrift stützten aber die fehlenden Selbstlaute berücksichtigten (REKIN 1991:267).

Innerhalb dieser Periode wurde von verschiedenen Schriftstellern die Einführung der lateinischen Schrift vorgeschlagen. Dazu gehörten die Publizisten Hüseyin Cahid (1874–1957) und Abdullah Cevdet (1869–1932), der Journalist Celâl Nuri (1877–1939) und der Schriftsteller Kılıçzade Hakkı (1872–1953) (ÜLKÜTAŞIR 1973:28). Die Pressestimmen des Tanin, İctihad, Hürriyet-i Fikriye vertraten ebenfalls die Einführung des lateinischen Alphabets. Diese Ansicht erhielt seit der Proklamation der konstitutionellen Monarchie immer mehr Zuspruch (REKIN 1991:135).

Die überwältigende Mehrheit der Wissenschaftler war zu dieser Zeit für eine Normierung durch Reformierung der vorhandenen Schrift. Alle Namen seien hier nicht genannt, einige wichtige Namen müssen jedoch, um einen Vergleich ziehen zu können, an dieser Stelle erwähnt werden. Milaslı Dr. İsmail Hakkı (1870–1939), Celâl Sahir (1883–1935), Gazi Ahmet Muhtar Pascha, Süleyman Nazif und Cenap Şahabettin waren in dem Verein Islah-ı Huruf Cemiyeti (Verein für Buchstabenreform) versammelt. Ihr einziges Ziel war die Schrift durch Modifikationen zu reformieren (REKIN 1991:138). In ihrer Publikation *Yeni Yazı* (Neue Schrift) berichteten sie, dass das Beharren auf der lateinischen Schrift für die Bevölkerung nachteilig sein könnte. Stattdessen wäre eine Weiterbenutzung der reformierten Schrift, die ihnen zu Eigen geworden sei, im Kulturleben vorteilhafter. So schreibt Milaslı İsmail Hakkı (REKIN 1991:136) in *Yeni Yazı*, dass durch den getrennt geschriebenen Buchstabenstil alle Analphabeten innerhalb von zwei Wochen lesen und schreiben lernen könnten. Sie arbeiteten ernsthaft an der Orthographie der Sprache und weiterhin an möglichen Umstellungen der Schrift. Der Verein beeinflusste mit dem von ihm propagierten getrennten Schreibstil sogar die reformwilligen Russlandtürken, die ebenfalls die arabische Schrift verwendeten.

Der Kriegsminister Enver Pascha wollte kurz vor dem Balkankrieg (1911–1913) ein reformiertes Alphabet, das eine getrennte Schreibung des Alttürkischen vorsah, einführen. Der damalige Offizier İsmet Pascha versuchte den Minister von diesem Gedanken abzubringen: Er argumentierte, dass in diesem schwierigen Zeitabschnitt des Krieges die vorgesehenen Änderungen innerhalb der Sprachpolitik der Gesamtpolitik des Staates schaden könnten (REKIN 1991:152). Die anfänglich von Münif Pascha erdachten Reformen der Schrift wurden in vereinfachter Form von Enver Pascha noch während des Krieges ins Leben gerufen. Diese getrennt geschriebene arabische Schrift wurde zumeist nach ihm als „Enver Schrift" bezeichnet (SÂBIS 1990:152). Die Zurücknahme bzw. das wieder Aufgeben der getrennten Schreibweise im Staat, die auch während der Mobilisierungszeiten des ersten Weltkriegs vorgeschrieben war, gelang Sâbis Pascha, indem er den Kriegsminister einen entsprechenden Gegenbefehl unterschreiben ließ (SÂBIS 1990:153). Mustafa Kemal würdigte dieses Untenehmen später, fügte aber hinzu, dass die Terminierung ungünstig gewesen sei (REKIN 1991:153).

Während des ersten Weltkrieges klangen die Diskussionen über die Vereinfachung der Sprache ab. Gegen Ende des Krieges dauerten die Debatten nur noch sehr vermindert an, und brachten für die Sprachfrage keine neuen Argumente hervor. Die Auseinandersetzungen um die Normierung der Sprache riefen aber auch Gegenbewegungen hervor. Die Definition des Osmanischen als eine aus dem Arabischen, dem Persischen und dem Türkischen rekrutierte Mischsprache, lieferte den Gegnern das Argument zur Erhaltung der arabischen und persischen Fremdwörter im Türkischen, was wiederum später von Mustafa Kemal akzeptiert wurde. *„Falih bey, mit den Wörterbüchern der Exzerpte (Tarama Dergisi) und Taschenführer (Cep Kılavuzları) kann die Sprachforschung nicht weitergehen. Wir müssen uns die osmanischen- und westlichen Sprachen heranziehen"*. (İNAN 1992:346) In dieser Periode war das Türkische für Schriftsteller, Wissenschaftler ohne den arabischen und persischen Wortbestand, unmöglich zu nutzen. Das Arabische als Sprache der eigenen Religion und des Heiligen Buches und vor allem die Schrift des Türkischen mit seiner historischen Tiefe seit dem 10. Jahrhundert spielten dabei eine entscheidende Rolle.

6.3.3 Ansichten der türkischen Eliten über die Schrift- und Sprachthematik in der vorrepublikanischen Periode. Pro und Contra

Anklingend im ausgehenden 15. Jahrhundert mit Aydınlı Visâli sowie Mercimek Ahmed und ihrer Forderung nach einer volksnahen Sprache unter verschiedene Begriffbildungen von „*basit dil* (einfache Sprache), *sade dil* (reine Sprache), *halk dili* (Voksssprache), *güzel türkçe* (schönes Türkisch)" (REKIN 1991:329), begann der wahre Reformprozess der Schrift und Sprache im Osmanischen Reich mit Ahmed Cevdet Pascha (1851) dauerte bis zur Einführung der lateinischen Schrift im Jahr 1928, 77 Jahre. Wenn man die wenigen kurzlebigen Vereine und Akademien auslässt, so kamen die Reformvorschläge ausschließlich von Einzelpersonen. Eine Institution in dem Sinne wie die Académie Française oder die Royal Society in England, die von osmanischen Eliten unterstützt worden wäre und die Sprachfragen überarbeitet hätte, gab es nicht. Gerade aus diesem Grund sind in diesem Rahmen einige wichtige Reformatoren und Eliten, die sich mit der Schrift- und Sprachproblematik befasst haben, substanziell zusammenzufassen.

Es ist ebenso wichtig alle Meinungen, die diese Periode wissenschaftlich auch literarisch bestimmten, zu berücksichtigen, bevor wir hier zur kemalistischen Revolution übergehen. Obwohl namhafte Wissenschaftler mit ihren fundierten Ansichten gegen eine totale Umstellung der alten Schrift waren, haben sich nur wenige Wissenschaftler kontinuierlich gegen die Einführung der lateinischen Schrift eingesetzt. Fraglich bleibt, warum ihre Ansichten von den Protagonisten der lateinischen Schrift und von jenen Journalisten, die gute Beziehungen zu den revolutionären Mächten unterhielten, niemals ernst genommen wurden. Es ist allgemein bekannt, dass die genannten Personen nicht immer ein und dieselbe politische Meinung vertraten. Sie vertraten unterschiedliche politische Parteien und waren unterschiedlichen religiösen Glaubens; vorwiegend islamisch, christlich und jüdisch. Ihre Weltanschauungen gestalteten sich ebenfalls recht verschiedenartig.

Tevfik Fikret und Hâlid Ziya (1868–1915), der mitunter viele arabische und persische Begriffe und eine wahrlich pompöse Sprache in seinen Romanen verwendete, waren auch mit der osmanischen Mischsprache nicht zufrieden (ÖKSÜZ 1995:47) Ein Alphabetwechsel aber kam bei diesen viel gelesenen wichtigen Schriftstellern ebenfalls nicht in Frage. Es ging immer um die Mischsprache als solche, welche verschiedener Normierung bedürfe.

Die Ansichten zur Normierung und Verbesserung des Alphabets von verschiedenen Wissenschaftlern, Kommissionen, auch die Ansichten von Turkologen aus dem Ausland (REKIN 1991:252) erfuhren bezüglich der reformbedürftigen (Normierung, Standardisierung) türkischen Sprache innerhalb der republikanischen Schrift- und Sprachrevolutionen keine Berücksichtigung.

Ali Suavi (1839–1878) war Schriftsteller und Publizist der Zeitung „Ulûm" in Paris. Er verfolgte interessiert die Diskussionen in Istanbul. Er gestand, dass die vorhandene Schrift eine Reihe Unstimmigkeiten mit der türkischen Sprache aufweise (ÖKSÜZ 1995:223). Er beanstandete, dass die Lateinschriftanhänger mit ihrem einzigen Argument, dass die europäischen Schriften schnell zu lernen seien, nicht Recht hätten. Er trug in seinem Artikel verschiedene Beispiele aus dem Französischen vor, so beispielsdweise, dass e (é è ê e) vier verschiedene Schreibweisen kenne. Der amerikanische Botschafter Ch. H. Sherril (1932–1939) in Ankara erwünschte sich Gottes Hilfe für die Menschen, welche die englische Orthographie lernen wollten, und zog den Vergleich zwischen dem Osmanischen und dem Englischen in Aussprache und Orthographie heran. „[...] *in Ottoman Turkish its difficulties were augmented by a gap between spelling and pronunciation wider even than in English*". (LEWİS 1961:420)

Die Beziehung zwischen Laut und Buchstabe variiert allerdings von Sprache zu Sprache. Während z.B. das Deutsche relativ „buchstabengetreu" ausgesprochen wird, ist dieser Zusammenhang im Englischen und Französischen bedeutend schwieriger zu erfassen. Nach Twain besäßen die Deutschen ein Alphabet, dessen Buchstaben sich mit seinen verschiedenen Lautwerten in wenigen Tagen lernen ließen. Dabei wäre der Lernende im Stande, jedes gehörte Wort richtig zu buchstabieren, ohne dazu einen Leitfaden zur Orthographie zu Hilfe nehmen zu müssen. Eine satirische Kritik der inkonsequenten englischen Schreibweise findet sich in Mark Twains Essay „Vereinfachte Orthographie". In diesem konstatiert er, dass die englische Orthographie wie das Alphabet dringend der Vereinfachung und der Reformierung bedürfe.

„Das englische Alphabet hingegen ist der reine Irrsinn. Kaum ein Wort dieser Sprache lässt sich mit einem hohen Grad an Zuverlässigkeit buchstabieren. Stößt man beispielsweise in einem englischen Buch auf das Wort Chaldron, so kann kein Ausländer wissen, wie es ausgesprochen wird; nicht mal ein Einheimischer kann es. Der Leser weiß, dass es wie Chaldron, der Kaldron, oder Kauldren ausgesprochen wird, aber weder er noch seine Großmutter kann sagen, was richtig ist, ohne im Wörterbuch nachzuschlagen; und tut er das, so gibt hundert zu eins auch das Wörterbuch nicht an, was richtig ist, sondern stellt alle drei Aussprachen anheim.[…] Die Albernheiten des englischen Alphabets lassen sich gar nicht aufzählen. Das ganze Alphabet besteht aus nichts als Albernheiten." (TWAIN 1967:878)

So erkannten die Europäer, laut Suavi, ihre Sprachproblematik rechtzeitig und standardisierten ihre Sprachen und Orthographien rechtzeitig. Suavi zufolge hätten im europäischen Bereich sich Fachleute der Sprachfrage angenommen (ÜLKÜTAŞIR 1973:21; REKIN 1991:117). Er war grundsätzlich gegen einen Alphabetwechsel.

Nach **Mehmet Şakir** (1894) sollten die Vokale, die in der türkischen Sprache vorhanden sind, mit Vokalen in der Schrift wiedergegeben werden. Er gehörte dem Islâh-ı Hurûf Cemiyeti (Verein für Buchstabenreform) an und war für die Einführung eines reformierten arabischen Alphabets (ÜLKÜTAŞIR 1973:21).

Şemseddin Sami (1876–1909) hatte mit seinem Bruder Abdül Bey ein selbstständiges albanisches Alphabet mit 36 Buchstaben ausgearbeitet. In dem von ihm im Jahr 1883 veröffentlichten Kâmus-i Firansevi schlug er ein Alphabet mit neun Vokalzeichen und 25 Konsonanten vor, in dem alle türkischen Laute vertreten waren (REKIN 1991: 267; Abschnitt 6.2). Ihm zufolge habe die türkische Sprache trotz vieler Begriffe aus dem Arabisch-Persischen, ihre Grammatik und Mundart beibehalten. Für ihn war es eine Selbstverständlichkeit, dass die Religionssprache Arabisch die nationale Sprache beeinflusst hatte. Man sollte folglich Arabisch neben Türkisch weiter lernen, dabei könne jede Nation ihre nationale Sprache dessen ungeachtet standardisieren (ÖKSÜZ 1995:26).

Namık Kemâl gilt als wichtigster Gegner des Schriftwechsels. Er wird zwar viel zitiert, aber seine Ansichten bleiben doch meist im Dunkeln. In einem an Menemenli Rıfat Bey gerichteten Brief warnte er die Lateinschriftfürsprecher, dass die Annahme eines fremden Alphabets mehr Schaden verursachen könne als „nur" den Verlust der eigenen Religion. Für ihn war eine gemeinsame Schrift bei der Bildung einer Nation eine Grundvoraussetzung (TANSEL 1953:244).

„Diejenigen, die zur lateinischen Schrift stehen, glauben, dass wir somit die westliche Zivilisation schneller und leichter erreichen werden. Die westliche Zivilisation kann weder mit dem Schriftwechsel noch der Schriftreform erreicht werden. […]…wenn die Schrift einer Nation gewechselt wird, wird diese Nation über kein Kulturgut mehr verfügen oder sie wird zu den primitiven Gesellschaften gehören müssen. Die türkische Nation besitzt sehr altes Kulturgut und ist auch kein primitives Volk. […] In diesen schwierigen Perioden sollte Fachwissenschaft den höchsten Respekt genießen. Mit einem so wichtigen Themenbereich sollte sich nicht jeder befassen, sonst wird dies einen chaotischen Zustand verursachen."*

Namık Kemal sprach sich für die Ausmerzung einiger Buchstaben, deren Laute im Türkischen nicht existieren, aus. Wenn man, nach ihm, diese überflüssigen Buchstaben weglassen würde, sei eine Diskussion über einen Alphabetwechsel überflüssig.

Nationen würden durch eine gemeinsame Sprache zusammengehalten und nicht durch gemeinsame Schriften: So antwortete **Ebuzziya Tevfik** in seinem Artikel *Hayreddin Bey*, der zuvor in der Zeitung Terakki den Alphabetwechsels vorschlug. Wie Namık Kemal und Suavi stellte er sich gegen einen Alphabetwechsel, war aber für eine grundsätzliche Reformierung des Schrift- und Bildungssystems (TANSEL 1953:234). Gegen die Idee, eine gemeinsame Schrift für alle Turkstämme einzuführen, waren unter anderem Namık Kemâl, Ziya Pascha, Ahmet Mithat, Ahmed Vefik Pascha, Şinasi und die oben erwähnten Şemseddin Sami und Ali Suavi. Fast alle zeitgenössischen Eliten, die die Schrift- und Literatursprache vor der republikanischen Zeit prägten und in die Diskussionen eingetreten waren, sprachen sich für eine Vereinfachung bzw. Reformierung der arabischen Schrift aus.

Rıza Tevfik Bölükbaşı, İsmail Hakkı Baltacıoğlu, Babanzade Naim und der schon genannte namhafte Soziologe Ziya Gökalp gehörten der Kommission Istılahat-ı İlmiye Encümeni (Kommission für wissenschaftliche Termini)

---

* Zitat von Namık Kemal übernommen von Eren, Hasan: Dilde Birlik, Yazıda Birlik, in: Dil ve Alfabe üzerine Görüşler, Atatürk Kültür, Dil ve Tarih Yüksek Kurumu Yayınları, Ankara 1991, S. 6.

an, welche vom Ministerium für Unterrichtswesen gefördert wurde. Neben dieser Kommission wurden noch drei weitere Kommissionen einberufen, um Schrift und Sprache zu standardisieren.

Fast alle namhaften zeitgenössischen Turkologen im Ausland, wie Herbert Jansky, Paul von Janko (REKIN 1991:164), Gotthard Jäschke, Zoltan Gombocz (ÖZERDIM 1983:586) waren gegen einen Alphabetwechsel. Die Reformwilligen nahmen meistens die türkische Phonetik als Vorwand zum Schriftwechsel, ein Argument, das von den meisten Turkologen als Irrtum oder als Wissensmangel in Bezug auf das Osmanische entschieden abgewiesen wurde (JANSKY 1929:164; DUDA 1942:77).

Schließlich ist zu betonen, dass sich nur der Publizist **Abdullah Cevdet**, der Journalist **Celâl Nuri İleri**, der Schriftsteller **Kılıçzade Hakkı** und seine Freunde aus Kreta sowie der Journalist **Hüseyin Cahid Yalçın,** welcher dann Mustafa Kemal die Einführung des lateinischen Alphabets vorschlug, in dieser Periode gegen jegliche Reform der arabischen Schrift aussprachen. Sie wollten stattdessen gleich die Einführung der lateinischen Schrift (ÜLKÜTAŞIR 1973:28, 39). Eine Vertiefung der Latinisierungsidee des türkischen Alphabets wurde von diesen Persönlichkeiten in ihren Zeitungen und Artikeln propagiert. Ihre Ansichten fanden auch in republikanischer Zeit großen Anklang. **Dr. İbrahim Temo,** ein sogenannter *Latiner* (Latinci İbrahim) albanischer Abstammung wie Hüseyin Cahid, gehörte auch zu dieser Gruppe. Er bekam diesen Spitzname wegen seiner hohen Anteilnahme an der Latinisierung des Osmanischen. Ihre Inspiration war wahrscheinlich der Schriftwechsel in Albanien, dessen Alphabet durch die Einflussnahme und Hilfe der Italiener und der in Italien studierten katholischen Studenten ausgearbeitet worden war. Hüseyin Cahid nahm den Alphabetwechsel der Albaner, die überhaupt kein schriftliches Kulturgut besaßen, in seiner Zeitung „Tanin" mit großer Freude auf und empfahl diesen Schritt auch den osmanischen Türken (KIRZIOĞLU 1977:108).

Alle Intellektuellen des türkischen Reiches außer den erwähnten Persönlichkeiten, Cevdet, İleri, Yalçın und Temo, vertraten nach 1908 die Meinung, dass der Fortschritt des Landes ohne Schriftreform oder gar einen Schriftwechsel nicht angekurbelt werden könne.

Einige bekannte Kritiker der lateinischen Strömung wie Köprülüzade Fuat, Zeki Velidi Togan, Avram Galanti, Kazım Karabekir habe ich hier nicht angeführt, um Wiederholungen zu vermeiden. Sie nahmen immer wieder in der republikanischen Zeit und auch noch nach der Einführung der lateinischen Schrift (1928) an den Diskussionen teil.

6.4 Auf dem Weg zur Schriftrevolution – Ein geschichtlicher Abriss

6.4.1 Strukturen und strukturelle Erfolgsbedingungen der Revolution von 1928

Der Minister für Unterrichtswesen rief schon zwei Wochen nach dem Kongress in Baku, obwohl die türkischen Delegationen sich dort ihrer Stimme zur Einführung des lateinischen Alphabets für die Turksprachen enthalten hatten, am 20 März 1926 eine Sprachkommission ins Leben und erklärte, dass die Alphabetfrage eine Staatsfrage sei (WEISBACH 1930:125). Demnach ist anzunehmen, dass die Debatten auf dem Turkologen-Kongress in Baku ihn veranlassten, diese voreilige Entscheidung zu treffen. Er sah voraus, dass die demokratischen Grundsätze und wissenschaftlichen Regeln und Ideale ein Hindernis bei der Einführung der geplanten Schrift- und Spracherevolution darstellen könnten.

Trotz aller Warnungen von westlichen und einheimischen Wissenschaftlern, Turkologen und Sprachwissenschaftlern wurde die beabsichtigte Schriftumstellung von der reformwilligen Staatsführung und von Journalisten erfolgreich in die Wege geleitet. Auch die kühne und komplizierte Sprachreform (HAZAI 1978:105) wurde in Angriff genommen und die Orthographie und vor allem der Wortschatz wurden auf revolutionäre Weise einer totalen Erneuerung unterzogen.

Komplizierte Schriftlichkeit einer Sprache setzt zumeist eine Standardisierung voraus, was dem Türkisch-Osmanischen in seiner Geschichte fremd war. Es ist interessant, dass vor und nach der türkischen Revolution immer wieder ein Kriterium betont wurden: Die „Modernisierung" und ihre Attribute: „Fortschritt durch Alphabetwechsel", „Europäisierung mit Kleiderreform". Realistischer und vernünftiger wäre es gewesen, wenn nicht nur Politiker über den Wechsel und über die Sprachwerkzeuge entschieden hätten, sondern Wissenschaftler und breitere soziale Kräfte, ja das Volk, einbezogen worden wären. Dies wiederum wäre aber mit dem Geist der nationalistisch-revolutionären Grundsätze nicht vereinbar gewesen. Sachlicher wäre es meines Erachtens gewesen, die Relevanz der Literatur (vorhandene türkische Literatur) – entsprechend der Vier-Punkte-Gliederung von Ferguson – dabei zu beachten:

• The basis of the standard was the speech of an educated middle class in an important urban centre.
• The standardizing language was displacing another language from its position as normal written medium.
• One writer or a small number of writers served as acknowledged models for literary use of the standardizing language.
• The standardizing language served as a symbol of either religious or national identity. (FERGUSON 1968:32)

Tatsache war, dass diese epochale Revolution fast ohne Berücksichtigung jedweder wissenschaftlicher Grundsätze durchgeführt werden konnte. Gesellschaftliche Werte wurden innerhalb kürzester Zeit von 1923 bis 1932 von Grund auf geändert (Abschnitte 1 und 6.2). Die Türkei hatte in den langen Kriegsjahren des ersten Weltkrieges und besonders während des entscheidenden Widerstands gegen die Alliierten im Dardanellen-Krieg viele bedeutende Vertreter aus den militärischen Reihen und den gebildeten Volksschichten im Namen des Vaterlandes verloren. So musste das Land fast ohne nennenswerte Wissenschaftler – außer den später zur tragenden Macht werdenden Militärs – weiter bestehen. Dazu kamen Gegenrevolutionäre, die wiederum nachdem die republikanische Reformen begonnen hatten, auf verschiedenste Weisen entmachtet wurden oder unter Zwang das Land verlassen mussten (GLASNECK 1971:227). Das türkische Volk verlor mehrfach Teile seiner Eliten: Durch die Entmachtung Sultan Abdulhamits zusammen mit seiner gesamten Anhängerschaft und seinen Diplomaten (1909), durch die Machtübernahme der Ittihat Terakki Partei während des Ersten Weltkrieges, durch den Befreiungskampf – insbesondere durch den Dardanellkrieg (Çanakkale Savaşı) (ORTAYLI 1982:19).

Verluste erlitt das Volk bzw. der Staat auch nach der Gründung der Republik (ORTAYLI 1982:19, 38). Zum Beispiel wurde nach dem kurdischen Aufstand (1925) die Fortschrittspartei, die mit diesem Aufstand in Verbindung gebracht worden war, am 3. Juni 1925 verboten und ihre Abgeordnetenmandate wurden entzogen. Hundertfünfzig bekannte Personen, darunter republiktreue Persönlichkeiten Halide Edip Adıvar und ihr Gatte Dr. Adnan, wurden des Landes verwiesen (GLASNECK 1971:227). Hüseyin Cahid Yalçın, der hartnäckige Vorkämpfer der Lateinschrift seit der osmanischen Zeit, wurde aus demselben

Grund nach Çorum verbannt (Abschnitt 6.4.2). Wolfgang Gust beschreibt die Situation in folgenden Sätzen:

„Gleich nach ihrer Revolution hatten die Bolschewisten die in den Archiven aufgefundenen Verträge zur Aufteilung des Osmanischen Reichs veröffentlicht. So war nun auch den Türken zum Kriegsende klar, was auf sie zukam. Für eine versierte osmanische Diplomatie alter Schule wäre es wohl möglich gewesen, die sich widersprechenden Vorverträge gegen die Großmächte auszuspielen, um das Kernreich zu retten. Aber die Osmanen hatten keinen Sultan mehr von Format und auch keine Diplomaten alter Qualität." (GUST 1995:378)

Ein weiterer Hinweis auf einen Mangel an Persönlichkeiten im diplomatischen Bereich kam von Berkes. Nach dem Befreiungskampf wählte Mustafa Kemal als ersten Delegierten für die Lausanner Friedenskonferenzen seinen Kriegsgefährten İsmet İnönü aus. Berkes äußerte sich verwundert darüber, warum dieser für eine so wichtige Aufgabe ausgewählt wurde, weil İnönü weder große Fremdsprachenkenntnisse besaß, noch diplomatisch ausgebildet war. Berkes glaubte, dass Mustafa Kemal ihn auf Grund des Mangels an diplomatischen Persönlichkeiten und in seiner Eigenschaft als ihm vertraute Person nach Lausane zur Friedenskonferenz entsandt hatte (BERKES 1997:483).

Innerhalb dieser Periode wurden Parteien und damit auch jede Opposition verboten. Die Presse wurde einer harten Zensur unterworfen. Unter diesen Umständen wurde die Republik gegründet und die geplanten Reformen wurden nahezu ohne wissenschaftlichen Beistand weitergeführt (RILL 2004:91; ORTAYLI 1982:19, 38). Als Bilanz der Sprachrevolution wurde zwar eine schöne nationale Sprache gewonnnen, aber dafür sank das physisch zusammengefallene Land auch geistig in die Tiefe, insbesondere gegenüber den westlichen Kulturnationen. Die Seele des Volkes wurde durch manche unannehmbare Reformen zutiefst getroffen.

Obwohl Mustafa Kemal unermüdlich zur Durchsetzung der Reformen insbesondere der Schriftrevolution selbst das Land bereiste und mit Kreide und Schiefertafel dem Volk Schreiben und Lesen beizubringen versuchte, konnte die Analphabetenzahl in den Jahren vom 1927 bis 1935 nur auf 76,6% reduziert werden. Neben der Eliminierung des Analphabetismus wurde auch die Rückständigkeit des Landes, die durch die fortschrittlichen Schrift- und

Sprachrevolutionen bekämpft werden sollte, auch nicht beseitigt. Verschiedene Gründe sprachen dafür, dass der Analphabetismus nur langsam zu bekämpfen sei. Der erwartete Sieg über den Analphabetismus blieb aus und die Rückständigkeit blieb ein Schicksal der türkischen Gesellschaft. Hinweise hierfür finden sich in den Reden Mustafa Kemals, so unter anderem in seiner Rede vor dem Parlament am 8. August 1926. In seiner einzigen fulminanten Rede sprach er – nachdem die gesamte Opposition in der vorherigen Nacht ausgeschaltet worden war – wie folgt:

„Alle meine Handlungen in der Vergangenheit sind nur der Ausfluss einer einzigen Leidenschaft: Aus der Türkei eine starke und unabhängige Nation zu machen. […] Reden Sie mir nicht vom Kalifen! Es ist behauptet worden, ich hätte mich ihnen gegenüber von persönlichem Hassgefühl leiten lassen. Das ist Irrtum! Ich habe sie nur ausgetilgt, damit sie wieder sich selbst zurückgegeben werden.

Ich habe die Armee erobert. Ich habe das Land erobert. Ich habe die Macht erobert. Warum darf ich nicht auch mein Volk erobern? Die Männer, die diese Nacht umgekommen sind, hatten die Absicht, mir das zu untersagen. Sie wollten mich von dem trennen, was mein einziger Lebensinhalt ist: Dem türkischen Volk. Ich habe ihre Köpfe rollen lassen, und so werde ich jedes Mal handeln, sobald man wieder versucht, sich zwischen mich und das Volk zu drängen. ... Ich bin die Türkei. Mich vernichten wollen bedeutet: Die Türkei selbst vernichten wollen. Sie atmet nur durch mich, und ich lebe nur durch sie ... Blut ist geflossen. Das war notwendig. Wisst, dass Revolutionen mit Blut begründet werden müssen. Eine Revolution, die nicht mit Blut zementiert ist, hat nie Bestand. Ich will, dass mein Werk mich überlebt. Jede große Bewegung muss ihre Wurzeln in die Tiefe der Volksseele senken: Das ist die wahre Quelle jeder Kraft und jeder Größe. Abgesehen davon, ist nichts als Trümmer und Staub ... ich werde mein Volk an der Hand führen, bis seine Schritte sicher sind und bis es seinen Weg kennt. Dann wird es seinen Führer frei wählen und sich selbst regieren können. Dann wird mein Volk vollendet sein, und ich werde mich zurückziehen können. Aber vorher nicht!" (zit. n. BENOIST-MECHIN 1995:317)

Auf ein sehr ermüdetes Volk kamen Reformen bezüglich der Kopfbedeckung am 02.09.1925, die Einführung des christlichen Kalenders 26.11.1925, ebenso die Umstellung des wöchentlichen Feiertags vom traditionell islamischen Freitag auf den christlichen Sonntag zu (RILL 2004:95). Die Volkshelden und engsten Vertrauten Mustafa Kemals aus der Zeit des Befreiungskrieges Rauf Pascha, Refet Pascha, Ali Fuad Pascha, Kazım Karabekir Pascha vertraten traditionell volksnahe politische Meinungen, die mit den revolutionären Erneuerungen nicht vereinbar waren. Die Entmachtung dieser Persönlichkeiten und die oben erwähnten Hinrichtungen führten das Volk zu einer unterwürfigen Haltung gegen die Staatsmacht (RILL 2004:92). Die Führer des Freiheits- und Glaubenskampfes der Türken fanden in den letzten Tagen des Osmanischen Reiches bis die zweite Nationalversammlung einberufen wurde, innerhalb und außerhalb des Landes, von Marokko bis Indien, höchste Verehrung (GUST 1995:390). Nach Einberufung der Zweiten Nationalversammlung waren die Wege für jegliche Reformen frei (GLASNECK 1971:227). Die Rücksichtslosigkeit vieler Reformen, die Modernisierungsmaßnahmen in allen Bereichen des öffentlichen Lebens führten zur Abwendung der Bevölkerung vom Staat.

Neben dem Staat wurde auch das Volk durch den neuen Kalender, die Kleiderreform und weitere Reformen umformiert. Das Land wurde in die geistigen und kulturellen Arme des Westens getrieben. Das negative Leitmotiv unter der Bevölkerung war dabei sicherlich die Ablösung von der traditionellen und eigenreligiösen Schrift durch die lateinische. Abschließend wurden die Brücke zur eigenen muslimischen Vergangenheit und auch die Brücke zu den zentralasiatischen Türken unter russischer Herrschaft abgebrochen, obwohl namhafte Eliten wie Gaspıralı İsmail, Kazaner Alimcan Şeref (MENZEL 1927:188), Avram Galanti eine allgemeingültige gesamttürkische, einheitliche Schrift und Sprache angestrebt hatten.

„Die Modifizierung der arabischen Schrift nach den angedeuteten Grundsätzen und noch mehr natürlich die Einführung der neuen Lateinschrift schaffen einen geistigen Riss zwischen den Muslimen Russlands und der übrigen islamischen Welt, der sich im Laufe der Zeit immer mehr vergrößern muss und die russischen Muslime der Einwirkung der gegenwärtig in Russland herrschenden Ideen in dem Maße zugänglicher macht, als er sie dem Einfluss allislamischer Ideen und einheimischer islamischer Traditionen entzieht. […] Ob sich die Freunde der Lateinschrift zu Baku dieser Sachlage bewusst geworden sind? Man darf gespannt sein, wie die Türken Russlands, die so viele Stürme überstanden haben, diese Lebensfrage lösen werden." (JANSKY 1929:163)

Jansky warnte hier die Türken vor einem durchdachten russischen Plan in der Sprachfrage und in Bezug auf Schrift, Nation und Religion. Er gab zu bedenken, dass es ein Irrtum wäre zu glauben, man träfe Entscheidungen in Sprachfragen, welche den Erfordernissen der türkischen Phonetik entsprächen. Diese viel erwähnte Sprachproblematik unter den Türken war für Jansky weder eine philologische noch wissenschaftliche Frage, sondern in erster Linie ein Ergebnis der Macht- und Kulturpolitik der Russen (JANSKY 1929:164).

Diese Revolutionen fanden Ablehnung in der Volksseele selbst und so empfanden viele die Palastreformen als unakzeptabel und lehnten staatliche Eingriffe in das Menschenleben und die Einführung des „*Fremden*" bis heute ab. Rill beschrieb die Rücksichtslosigkeit der Reformen folgendermaßen:

„Der Freitag als moslemischen Feiertag musste dem europäischen Sonntag weichen. Auch hier nahm Kemal keine Rücksicht auf die moslemischen Gefühle seiner Landsleute, wenn er den Tag, an dem der christliche Gott von der Erschaffung der Welt ausruhte, in den Schatten der anatolischen Moscheen verpflanzte." (RILL 2004:95)

Der amerikanische Diplomat und die christlichen Geschäftsleute äußerten ihre Bedenken zur Einführung des christlichen Kalenders und des Sonntag als Wochenfeiertag und berichteten nach Amerika, dass diese Umstellung ohne Berücksichtigung des muslimischen Wochenfeiertags Freitag auf eine die Gefühle des Volkes verletzende Weise durchgeführt worden sei. Sir George Clerk berichtete am 29. Mai 1928:

„Als der Nationalismus sein oberste Niveau erreichte, mussten die Geschäfte und Büros der Christen und Juden freitags geschlossen bleiben. Weil sie ihre Geschäfte nicht verlieren wollten, machten sie samstags oder sonntags auf. Dass der Sonntag als Wochenfeiertag (statt Freitag) eingeführt wird, löste in Ankara unter den politischen Persönlichkeiten heftige Diskussionen." (zit. n. SONYEL 1979:286)

Die Berichte wurden mit größtem Interesse im Außenministerium verfolgt. Der Leiter der Angelegenheiten der Türkei G. W. Randel in London fügte in diesem Bericht hinzu: „*Interessant, wenn die Türkei den Islam praktisch fallen gelassen hat, sollen diese durchgeführten Revolutionen dann als unwichtig betrachtet werden.*" (zit.n. SONYEL 1979:286)

Randel führte weiterhin aus: „*[...] Deswegen ist es kein Wunder, dass es unter der Bevölkerung darüber Gerüchte gab, dass Gazi die Absicht habe, das ge-*

samte Land zu christianisieren. Die Allgemeinheit hat zwar keine Ahnung, aber im Grunde ist etwas daran wahr: Vor einiger Zeit hat Gazi in der Nähe seiner Residenz den Bau einer Moschee befohlen, in der man mit den modernen Methoden seine Gebete verrichten könnte. Er gab seine Idee vorläufig auf, indem er seinen Freunden folgte, dass für solche Aktionen die Zeit noch nicht reif wäre. [...] Es wird geglaubt, dass die Religion, wie sie in der Türkei praktiziert wird, ein Hindernis für den Fortschritt des Landes ist." G. W. Rendel machte darauf folgende Bemerkung: *„Der letzte Teil dieses Dokuments ist sehr wichtig. Es ist doch nicht zu erwarten, dass ein modernisierter Islam eine Zukunft in der Türkei haben könnte. Im Endeffekt wird die Türkei laizistisch."* (zit. n. SONYEL 1979:290)

All diese Umwälzungen waren dem Volk bekannt. Da war es selbstverständlich nicht zu erwarten, dass die Bevölkerung hinter diesen revolutionären Aktionen stand. Aber jene Reformen, die auf staatlicher Ebene stattfanden und die Reorganisierung des Staates betrafen, fanden hohe Beachtung unter der Bevölkerung. Hier ist zu bemerken, dass die kemalistischen Reformen überhaupt ohne eine vorgefasste Ideologie Rıll 2004:98), ohne irgendwelche konkrete Zukunftsvisionen bewerkstelligt wurden. Sie hatten das Ziel, das Land in Kürze mit der modernen westlichen Welt zu vereinigen. Der Ausdruck *„Moderne"* wurde nach dem Tode Atatürks vom rechten und linken Flügel in der Politik verschiedentlich genutzt – um nicht zu sagen missbraucht.

Letztendlich wurden Ziele wie die Beseitigung des Analphabetismus und die Abschaffung der Armut in der Türkei nicht erreicht, die Armut der Anatolier wurde lediglich „modernisiert"(GLASNECK 1971:246), aber nicht auf das von Mustafa Kemal gewünschte Niveau gebracht. Es wäre nicht unangemessen, wenn man Ivan Illichs hier aufgeführtes Zitat auf Anatolien übertragen würde.

> „Armut bezieht sich dann auf Menschen, die auf einem wichtigen Gebiet hinter dem angepriesenen Ideal des Konsums zurückgeblieben sind. In Mexiko ist arm, wem drei Jahre Schulbildung fehlen, in New York sind es diejenigen, denen zwölf Schuljahre fehlen. Die Armen sind immer ohne gesellschaftliche Macht gewesen. Das zunehmende Angewiesensein auf institutionelle Fürsorge verleiht ihrer Hilflosigkeit eine neue Dimension: Seelische Ohnmacht, die Unfähigkeit, für sich selber aufzukommen. Die Bauern auf den Hochebenen der Anden werden von Grundbesitzern und Kaufleuten ausgebeutet; sobald sie sich in Lima ansiedeln, geraten sie zusätzlich in Abhängigkeit von politischen Bossen und sind durch die ihnen fehlende Schulbildung benachteiligt. Die mo-

dernisierte Armut verbindet den Mangel an Macht über die Verhältnisse mit einem Verlust an persönlicher Durchschlagskraft. Diese Modernisierung der Armut ist eine weltweite Erscheinung und ein Grundübel der gegenwärtigen Unterentwicklung. Selbstverständlich präsentiert sie sich in reichen und armen Ländern in verschiedener Gewandung." (ILLICH 1972:20)

Die Alphabetumstellung drehte sich fast nur um den Vokalreichtum der türkischen Sprache, dabei sind Vokale dort im Grunde zahlenmäßig nicht mehr vertreten als in anderen westlichen Sprachen auch. Es ging vor allem um die dumpfen Vokale **a, ı, o, u** und die hellen Vokale **e, i, ö, ü**, die – ausgenommen der im Arabischen vorhandenen Vokallaute **a, i, u** und der diakritischen bzw. orthographischen Zeichen (KRAHL 1980:24) – im Osmanischen nicht vorhanden sind. Sie hätten aber von Sprachwissenschaftlern ohne größere Probleme in das türkische Schriftsystem integriert werden können. Die seit dem Tanzimat vielmals nur diskutierte türkische Phonetik hätte auch mit Hilfe einer auf dem arabischen Alphabet basierenden und reformierten Schrift verwirklicht werden können. Der zeitgenössische Turkologe Herbert Jansky widerspricht der Anschauung, dass die arabischen Schriftzeichen für die türkische Phonetik nicht geeignet seien:

„Es ist ein Irrtum, zu glauben, man treffe den Kern dieser Frage, indem man von Erfordernissen der Phonetik spricht. Die maßgebenden Faktoren im türkischen Sprachproblem sind nicht Wissenschaft im Allgemeinen und Philologie im Besonderen, sondern in erster und auch letzter Linie Macht- und Kulturpolitik." (JANSKY 1929:164)*

Wenn man die Umstellungen des Alphabetes der Griechen auf das Lateinische betrachtet, sieht man kaum mehr eine physische Ähnlichkeit zwischen dem ursprünglichen griechischen und dem lateinischen Alphabet (Abschnitt 5.2.2.1).

Sprachwissenschaftler bestätigen, dass das Türkische auch auf dem im arabischen System basierenden Schrift hätten gut geschrieben werden könnten. Die folgende Aussage von Haarmann ist, was dieses Thema betrifft, von besonderer Brisanz:

---

* Siehe auch den Artikel „Demokrasi üzerine Siyasilerle Harf Devrimi Tartışılıyor", in: Teklif, April–Mai 1988, S. 8–12.

„Dass wir heute mit Alphabeten schreiben, die ursprünglich von der phönizischen Schrift abgezweigt worden sind (das lateinische, kyrillische, arabische, u. a.), beruht genau genommen auf einem Wechselfall der Geschichte. Genau so gut könnte man einen modernen deutschen Text in Hieroglyphen oder Keilschrift schreiben, und die betreffenden Schriftzeichen – wie in Nubien oder in Ugarit als Buchstaben verwendet – würden sich nicht besser oder schlechter zur Wiedergabe eignen als die Zeichen der Lateinschrift." (HAARMANN 1990:13)

Also kann abschließend konstatiert werden, dass die mit der durchgeführten Alphabet- und Sprachrevolution erzielten Entwicklungen nicht unbedingt den Wünschen der Masse entsprachen. Die erlangten Fortschritte der Revolutionen und deren erzwungenen revolutionäre Erfolge trugen nicht immer zur Lösung vorhandener Probleme bei. Denn die aus diesen Aktionen resultierenden Kulturprobleme in der Türkei entstammen diesen Umstellungen. Fast alle Revolutionswilligen, aber auch die Gegner, haben sich nach den 1950er-Jahren aus verschiedenen Anlässen über den Schriftwechsel, folglich auch über die Sprachrevolution, kritisch geäußert. In der Tat ist die fortwährend diskutierte Sprachproblematik, wie Essayist Enis Batur es beschrieb, nur die *sichtbare Seite eines Eisberges*. Murat Belge äußerte sich auch zu dieser Thematik und vertrat die Meinung, dass auch mit der alten Schrift eine moderne Kultur, welche das Ziel der Revolution war, möglich gewesen wäre.

6.4.2 Politiker und Sprachplaner testen von 1924 bis 1928 das türkische Volk. Eine Wartezeit

In der Zeit von der Proklamation der Republik bis zur Einführung der lateinischen Schrift wurde keine offizielle Deklaration zu Schrift und Sprache abgegeben. Das Vorhaben wurde nur in engsten Regierungskreisen angedeutet. Die Staatsführung observierte die Diskussionen und die daraus resultierenden Vorschläge aus der Distanz. Für die letzte und wichtigste Revolution – den Schriftwechsel – waren die politischen gesetzlichen Gegebenheiten jetzt zwar geschaffen worden, aber diese entscheidende Hauptrevolution durfte keinen Misserfolg erleiden. Deshalb wollte man die Sache mit aller Vorsicht behandeln (Lewis 1961:271). Die Wartezeit von 1924–1928 bezüglich der Einführung der Lateinschrift wurde von Korkmaz als Wartezeit zur „Schaffung der Rahmenbedingungen" bewertet (KORKMAZ 2003:316).

Dass in absehbarer Zeit die lateinischen Buchstaben eingeführt würden, soll Mustafa Kemal zum ersten Mal in Erzurum (08.07.1919) angeblich seinem Begleiter Mazhar Müfit schreiben lassen (KANSU 1966:131). Später als er mit Halide Edip Adıvar und mit ihrem Gatten Adnan Adıvar über die Verwestlichung der Türkei sprach (1922), wandte er sich auch dem Thema eines möglichen Alphabetwechsel zu (ADIVAR 1962:264). Mustafa Kemal schnitt das Thema noch einige Male bis 1928 an: So auch während der Erweiterung der Bibliothek des Çankayapalastes (1923) und bei einem Treffen mit dem Amerikaner Winn (1927), der seine Freundlichkeit zu den Türken zeigen wollte und sich gegenüber Mustafa Kemal äußerte, dass er Türkisch lernen wolle (REKIN 1991:178). Daraufhin sprach Mustafa Kemal das letzte Mal inoffiziell von seinem Plan:

„Es ist schwer, mit der arabischen Schrift Türkisch zu lernen. Warten Sie noch ein Jahr, nächstes Jahr werde ich die Schriftrevolution realisieren und die lateinische Schrift einführen. Mit dieser Schrift können Sie das Türkisch schneller und leichter lernen." (zit. n. REKIN 1991:178)

Zuvor (1922), als die Frage *„Warum führen wir die lateinische Schrift nicht ein?"* nach der Proklamation der Republik von Hüseyin Cahid an Mustafa Kemal herangetragen worden war, hatte dieser die Anregung mit der Begründung, dass es noch zu früh für solche Aktionen sei, abgelehnt (ÜLKÜTAŞIR 1973:42). Dieses Gespräch war zwischen Mustafa Kemal und einigen Journalisten der Istanbuler Presse wie Hüseyin Cahid, Yakup Kadri Karaosmanoğlu, Hüseyin Yalman, Ebuzziya Velid geführt worden. Falih Rıfkı suchte in seinem biographischen Werk skeptisch nach einer logischen Antwort, warum die Frage damals verneint wurde. Er unterstrich sogar, dass Mustafa Kemal die gestellte Frage unfreundlich empfangen habe. *„[…] Atatürk, Hüseyin Cahid'in sualini iyi karşılamamıştı."* Ob Mustafa Kemal sich darüber noch keine Meinung gebildet hatte, oder ob er, wie allgemein ausgeführt wird, die Zeit dafür als noch nicht reif ansah (ATAY 1984:439; TEPEDELENLİOĞLU 1966:231), muss weiterhin offen bleiben. G. Lewis bestätigt das zweite Argument in seinem Buch und führt aus, es sei zu bedenken, dass eine Menge Geistlicher, Scheichs und Oberhäupter aus verschiedenen Großfamilien im ersten Parlament vertreten waren, die eine solche Aktion hätten verhindern können.

„Kemal had been asked by Hüseyin Cahit, ‚Why don't we adopt Latin writing?' He replied, ‚It's not yet time.' His answer is understandable, if one remembers that this was the period of the first Grand National Assembly, some fifty members of which were hocas, professional men of religion, in addition to eight dervish sheikhs and five men who gave their occupation as ‚tribal chief'." (LEWIS 1999:32)

Ich selbst tendiere zur ersten Ansicht: Wie unter anderem von Ahmet Kabaklı (1990:21), Eric Hobsbawn (1978:106) ausgeführt, scheint mir, dass Mustafa Kemal damals sich darüber noch keine Gedanken gemacht hatte. Der zeitgenössische Schriftsteller M. Şakir Ülkütaşır (1973:63) bemerkte, dass Mustafa Kemal erst nach dem konstruktiven ABC-Report der Sprachkommission, welche die Abschaffung der arabischen und die Einführung der lateinischen Schrift vorsah, überzeugt war.

Auch Berkes meinte, dass Gazi erst durch die Artikel über die Schrift von Ahmet Cevat Emre aus den Jahren 1927/1928 beeinflusst wurde. Es stellt sich heraus, dass İnönü gegen einen Schriftwechsel war und Mustafa Kemal ohne sein Einverständnis den Alphabetwechsel nicht in die Wege leiten wollte. Mustafa Kemal hatte ihn mit eben diesem Schriftsatz von Emre von einem Wechsel überzeugen können. Ahmet Cevat betonte in seinen Memoiren, dass aus dem Munde Mustafa Kemal Folgendes zu hören war:

„Diese Arbeit ist von Cevat: Wir haben uns sein Buch vorgenommen und es mit dem Ministerpräsidenten (İsmet İnönü) Kopf an Kopf zusammen in sieben Stunden durchgelesen und darüber diskutiert; erst dann habe ich die Einwilligung des Ministerpräsidenten einholen können." (EMRE 1960:327)

Emre publizierte eine Reihe von Artikeln und propagierte darin die lateinische Schrift. Seine Argumentationen waren immer darauf gerichtet, dass der Alphabetwechsel mit der nationalen Kultur nicht das Geringste zu tun habe, sondern es eine Sache der Zivilisation sei. *„Diese Ansicht veranlasste Atatürk sich die lateinischen Schriftzeichen anzueignen"*, unterstreicht Berkes (2005:549).

Alle Indizien deuten darauf hin, dass Mustafa Kemal erst nach den Lausanner Friedensverhandlungen darauf kam, diese epochale Revolution durchzuführen. Wie sonst ist die Tatsache zu erklären, dass der Bildungsminister Necati, auf den Befehl Mustafa Kemals, schon 1925 ein großes Budget für eine Sprachkommission (Dil Heyeti), die bis 1928 gar nicht existierte, bereitstellte. Erişirgil (1952:241), der Vorsitzende der späteren Alphabetkommission zweifelte an der Verzögerung und drückte es mit folgendem Satz aus; *„Warum soll ich lügen, damals dachte ich, dass entweder der Ministerpräsident İnönü oder Gazi die Gründung dieser Kommission verhinderten."*

Der Nationalismus, die von Innen und Außen durchgeführte Propaganda und vor allem die Publikationen von Ahmet Cevat Emre und die Verwestlichungswünsche des Landes waren für Mustafa Kemal keine ausreichenden Gründe für einen Schriftwechsel. Den Befehl und die Meinung von Mustafa Kemal diesbezüglich überbrachte der nächste Vertraute Falih Rıfkı Atay an die Kommission *„Ich komme eben aus Istanbul. Bevor ich in den Zug einstieg, habe ich mit Atatürk gesprochen. Er vertritt die Meinung, dass die Kommission zuerst untersuchen soll, ob die Einführung der lateinischen Schrift erforderlich ist, oder nicht"* (Abschnitt 6.4.3). Dies verdeutlicht seinen Wunsch, herauszufinden, ob eine solche Aktion wissenschaftlich überhaupt vertretbar sei. Wenn die Kommission aber den Alphabetwechsel nicht genehmigt hätte, ob Mustafa Kemal dann trotzdem – mit der Begründung, dass die vollzogenen Revolutionen dadurch geschwächt werden könnten – gegen die Kommission gehandelt hätte und, ob es die damaligen Umstände erlaubt hätten, das alte Alphabet so zu reformieren, wie es die Allgemeinheit gewünscht hatte, ist heute nicht mehr zu rekonstruieren.

Letztendlich sprach sich die Kommission für die Einführung des lateinischen Alphabets aus. Warum die Kommission zu diesem Ergebnis kam, blieb auch dem Präsidenten der Kommission Emin Erişirgil (1953:8) unerklärlich. Er verlangte von Lesern in selbigem Artikel *„Es ist zu erforschen, warum es so kam"*.

Die Freude von Cevat Emre, im Übrigen, über seine Berufung in die Sprachkommission war anscheinend deswegen so groß, weil er endlich sein Ziel erreicht hatte. Erişirgil hingegen war verzweifelt, wie er diese Aufgabe erhalten hatte. Emre war einer von zwei Sach- und Fachkundigen. Der zweite Mann, Ragip Hulusi Özdem, verließ die Kommission später, mit der Begründung, dass die Kommission nicht nach linguistischen Regeln handle. Er sah die Verantwortung und die Auswirkungen voraus, die ein solches Kommissionsgebilde gegenüber der Sprache hat (ÜLKEN 1994:461). Die beiden Sprachwissenschaftler hätten sich eigentlich gegen einen Schriftwechsel in der neunköpfigen Kommission aussprechen sollen. Drei Beamte, drei Abgeordnete hätten, selbst wenn sie es gewollt hätten, nicht dagegen stimmen können. Die Mitglieder Avni Başman und İhsan Sungu wurden in den Diskussionen überredet. *„Es ist es wert zu erforschen, warum es zu diesem Ergebnis kam"* äußerte sich Erişirgil (1952:241) und fügte hinzu, dass man sich nicht wundern müsse, dass man nicht über das zu erwartende Ergebnis hinauskam.

In späteren Jahren versuchten die Revolutionspartisanen dem Schriftwechsel historische Wurzeln zu unterlegen. Deswegen wurden nebensächliche historische Wurzeln im Lebenslauf Mustafa Kemals gesucht und veröffentlicht, um dieser Revolution in seinem Leben eine größere Tiefe zu verleihen.

Ein französischer Brief Mustafa Kemals mit einer türkischen Notiz und lateinischen Buchstaben an Madam Corinne (1914), eine Unterhaltung (1908) im Cafehaus in Saloniki mit dem bulgarischen Turkologen Ivan Malinov (TURAN 1994:79; TDK 1963:25) und schließlich eine in den 60ern Jahren verfasste Biografie von Müfit Kansu (1966:131) werden bei dieser Diskussion oft als Hinweise herangezogen. Diese in vielen Schriften erwähnten Punkte scheinen mir nur Bemühungen und Wünsche einiger hitziger Anhänger der Revolutionen, die dem sprachrevolutionären Gedanken Mustafa Kemals mehr historische Tiefe verleihen wollen, zu sein. Am Anfang dieses Abschnitts erwähnte ich Gespräche zwischen dem Ehepaar Adıvar. Dort finden sich in klarer Weise seine Gedanken, die er mit den Gesprächspartnern austauschte, wieder, insbesondere, wenn man seine Wortwahl und die Setzung der Konjunktivsätze näher betrachtet. Adıvar schrieb in ihrem Buch, worin Mustafa Kemal von der Verwestlichung der Türkei sprach und erwähnt auch die lateinischen Buchstaben dabei: So z.B. über die Schrift *„Es bestehe die Möglichkeit, die lateinischen Buchstaben einzuführen"*. (zit. n. KANSU 1966:131) Während der Erweiterung des Çankayapalastes sagte Mustafa Kemal zu Yahya Kemal *„Die Bücher sind schön, aber es ist schwer, mit diesen Buchstaben das gesamte Volk lesen zu lassen und es zu bilden. Deswegen sollte man über einige Neuheiten nachdenken und wir sollten die lateinische Schrift annehmen."* (zit. n. AFETINAN 1973:141) Erst 1927 verwendete er zielgerichtete und bestimmende Worte *„[...] Warten Sie noch ein Jahr, nächstes Jahr werde ich die Schriftrevolution realisieren"*. (zit. n. REKIN 1991:178)

Die folgerichtigsten und abschließenden Nachweise dafür, dass die Gedanken Mustafa Kemals, die einen Schriftwechsel betreffen, nicht weit zurückreichen, sind die Erinnerungen seines nahe stehenden Freundes und Schicksalsgenossen İsmet İnönü;

> „Die Schriftrevolution wurde 1928 realisiert. Atatürk beabsichtigte es seit zwei Jahren. Von Zeit zu Zeit vertraute er es mir an. Zuerst war ich dagegen".
> (İNÖNÜ:1987:221)

Beweis dafür ist auch der Artikel des ersten Präsidenten der Sprachkommission (Dil Heyeti) Emin Erişirgil, den er in Ulus Gazetesi am 8. August 1953 schrieb:

„Zumindest hatte Atatürk sich über die Einführung des lateinischen Alphabets seit 1925 Gedanken gemacht. Sein Beschluss fiel in Istanbul, dass es an der Zeit sei, diese Schriftzeichen anzunehmen. Er ließ Necati (nach Istanbul) kommen, teilte ihm seinen Beschluss mit. Das ist die Wahrheit. Nun, es ist forschungsbedürftig, warum er seinen festen Beschluss erst 1928 bekannt gab, obwohl er dies seit langem beabsichtigte."

In der Sprachkommission besaßen mit ihm noch İhsan Sungu, Avni Başman und Ragıp Hulusi Özdem eine Abneigung gegen die lateinische Schrift. Sie waren dafür, dass man die beiden Schriftsysteme zusammen frei verwende. Erişirgil hatte immer Angst um die türkische Kultur. Seine Besorgnis war *„Was wird unsere Kultur danach?"*, nämlich nach dem Entscheid für einen Schriftwechsel (ERIŞIRGIL 1952:241).

Am 22. September 1923 publizierte Hüseyin Cahid in der Resimli Gazete („Bild-Zeitung") einen Artikel. Der feurige Verteidiger der Einführung der Lateinschrift könnte Mustafa Kemal mitgerissen haben. Er schrieb; *„Was verbindet uns mit dieser Schrift? […] Diejenigen, die ihr Leben zur Rettung des Landes opfern, warum tilgt ihr dieses Kulturgut (gemeint ist die traditionelle Kultur) nicht aus, um das ewige Heil des Landes zu erreichen. Ich bin aber sicher, ihr werdet nicht zögern, wenn ihr die Wichtigkeit der Sache ermessen und eingestehen würde. Dies ist bedauerlich."* (zit. n. ÜLKÜTAŞIR 1973:47) Er führte logisch fort, dass die arabische Schrift mit der Religion nichts zu tun habe und sie auch keine nationale Schrift der Türken sei. Er wollte damit *das Argument*, dass die arabische Schrift heilig sei, schwächen.

Der religiöse Hintergrund von Schrift in der Kulturgeschichte der Menschheit ist jedoch kein Sonderfall. Latein fand mit der katholischen Kirche, die chinesische Schrift mit dem Buddhismus, die arabische Schrift mit dem Islam, das Hebräische mit dem Judentum und die kyrillische Schrift mit der orthodoxen Kirche ihre Verbreitungen.

Lewis stellte fest, dass Schrift und Religion nirgends in einer Gesellschaft so eng verbunden seien wie in der osmanischen Welt.

„In many societies there is a close link between religion and writing – nowhere more clearly than in the Ottoman world. The language of the South Slavs is written in Latin letters by the Catholic Croats, in Cyrillic by the orthodox Serbs. In Syria the common Arabic language has been written in Arabic script by Muslims, in Syriac script by Christians, in Hebrew script by Jews. Greek-speaking Muslims in Crete wrote Greek in Arabic letters, while Turkish-speaking Christians in Anatolia wrote Turkish in Greek or Armenian letters, according to their Church. Not language, but script was the visible and outward sign distinguishing Muslim from unbeliever." (LEWIS 1961:419)

Die argumentationsstärkeren Gegner der Lateinschrift vor der Gründung der Republik verloren nach deren Gründung an Gewicht. Erst nach dem Wirtschaftkongress in İzmir hat sich in einer Antwortrede (21.02.1923) und später in einem Artikel „*Wir können die lateinische Schrift nicht annehmen*" in der Zeitung *Hakimiyeti milliye* (05.03.1923), der Kongressvorstand Kazım Karabekir Pascha über die Einführung der lateinischen Schrift ablehnend geäußert: „*Die Einführung der lateinischen Schrift könne den Bruch mit der islamischen Welt bedeuten.*" (zit. n. ÜLKÜTAŞIR 1973:42) Es scheint aber merkwürdig, warum drei Kongressmitglieder einen Antrag auf die Einführung der lateinischen Schrift, der nicht das Geringste mit dem Thema des Wirtschafskongresses zu tun hatte, stellten. Noch merkwürdiger ist es, dass die drei themenfremden Antragsteller sich über solch eine sprachspezifische Problematik Gedanken gemacht haben.

Die Veröffentlichung des oben genannten Artikels von Kazım Karabekir und die vorangegangene Presseerklärung ermutigten einige Lateinkritiker und mobilisierten deren Befürworter. Der veröffentlichte Artikel des Befreiungskämpfers, Kazım Karabekir, gab den Kontra-Eliten den Mut und die Gelegenheit, sich über die Schrift zu äußern und gegen die verstärkte und fortdauernde Propaganda der Lateinschrift zu kämpfen.

Daraufhin äußerten sich unter anderem İbrahim Alaaddin Gövsa, Ali Tevfik, Rasih Kaplan, Hıfzı Tevfik Gönensay, Ahmet Hikmet Müftüoğlu, Mehmet Fuat Köprülü, Zeki Velidi Togan über die Schriftfrage mitunter sehr kritisch. Ihr Standpunkt diesbezüglich war, dass die Annahme der lateinischen Schrift, bestehende und fortdauernde geisteswissenschaftliche Arbeiten verhindern und das bestehende alte Kulturgut vernichten würde. (LEWIS 1961:271) Statt Einführung einer neuen Schrift, müsste man die gegenwärtige arabische Schrift der türkischen Sprache entsprechend normieren und die Orthographie standardisieren (REKIN 1991:251).

Der Widerstand gegen einen Schriftwechsel ließ nach der Proklamation der türkischen Republik aus verschiedenen Gründen stark nach. Denn die immer gewichtiger und kühner gewordenen Publikationen zur Lateinschrift und die Unterstützung auf Regierungsebene führten zu immer mehr Anhängern unter den türkischen Eliten. Die gesetzlichen Verbote nach Tahrir-i Sukun 04.03.1925 (Gesetze zum Schutze der Ordnung) und seit Erlass des Pressegesetzes 25.06.1931 ließen überhaupt keine Kritik mehr zu (LEWIS 1961:426; GLASNECK 1971:222; Abschnitt 6.6).

Die Diskussionen zur Reformierung der arabischen Schrift näherten sich langsam ihrem Ende, nachdem die meisten Teilnehmer am Kongress in Baku ihr erhofftes Resultat erreicht hatten (1926). Der Kongress entschied die Einführung der Lateinschrift für die türkischen Sprachen und Dialekte. Dieser Beschluss und das vom hohen Sowjet Aserbaidschans erlassene Gesetz vom 1. Mai 1925 (LEWIS 1961:426), zur Einführung der lateinischen Schrift für das aserbaidschanische Türkisch ermutigte die Modernisten in der Türkei. Sie erkannten, dass solch eine Aktion für die Türkei auch möglich wäre. Die eifrigen, langjährigen und fundierten Sprachforschungen von İsmail Gaspıralı von der Krim wurden auf dem Bakuer Kongress nicht als eine Schriftsache in Erwägung gezogen, sondern lediglich als eine Sprachproblematik aufgefasst. Er befasste sich in seinen wissenschaftlichen Arbeiten damit, dass das Osmanisch-Türkische in seiner vorhandenen Form zur allgemeinen türkischen Sprache zu etablieren sei (DUDA 1942:83). Sein bekanntes Ideal „*Eine Sprache, eine Nation*" hat weder in der russischen noch der türkischen Sprachpolitik aus unterschiedlichsten Gründen keinen Lebensraum finden können. Und schließlich durch die Entscheidungen der Bakuer Sprachkongress erlitten seine Ideen über die einheitliche Sprache für den gesamten türkischen Sprachraum den letzten Schlag und sie wurden praktisch dadurch in die Geschichte verschoben.

Die Diskussionen darüber dauerten in unterschiedlichster Weise und Heftigkeit und mit verschiedensten Argumentationen an, bis die Staatsführung mit dem Beschluss vom Juni 1928 die Gründung einer Kommission vorsah und dieses bekannt gab. Ihre erste Aufgabe war die Beurteilung darüber, ob ein Schriftwechsel richtig sei oder eine neue Schriftart auszuarbeiten sei (FALIH 1984:439).

6.4.3 Die Suche nach einem neuen Alphabet

Während der Debatte über das Gesetz zur Einführung der lateinischen Zahlen (20. Mai 1928) wurde von den Abgeordneten Rafet bey, Necip Asım Yazıksız, Hasan Fehmi Tümerkan an den zuständigen Minister die Frage gestellt, wann das lateinische Alphabet nun eingeführt werde. Der Bildungsminister, Mustafa Necati, beantwortete die Frage mit folgender Rede und erklärte darin die Schriftfrage zur Staatssache:

> „[...] Über die Schrift haben wir noch keine einheitliche und übereinstimmende Meinung, Wir werden alle denkbaren Schritte tun, um unsere Schrift neu zu gestalten. [...] Die Angelegenheit, was die lateinische Schrift betrifft, ist eine direkte Sache der Staatspolitik. [...] Zurzeit sind wir dabei dies genauer zu prüfen und auch eine Kommission einzuberufen, die diese Schriftfrage gründlicher untersuchen wird, wenn dies (Schriftwechsel) der allgemeinen Richtung der Staatspolitik entspricht, werden wir die Sache angehen."
> KORKMAZ 1992:53)

Die Wortwahl des Ministers lässt erkennen, dass zu jener Zeit noch keine Sprachkommission gebildet worden war. Drei Tage später wurde die Sprachkommission (Dil Encümeni) einberufen. Durch diese offizielle Erklärung wurden die Diskussionen in Bezug auf die Orthographie verstärkt und die Schriftfrage wieder in den Vordergrund gerückt. Diskussionen über das Ersetzen der arabischen Schrift mit der lateinischen wurden lebhafter. Die seit Anfang der 1920er-Jahre geführten Auseinandersetzungen darüber waren damals jedoch bereits auf dem Wirtschaftskongress entschieden zurückgewiesen worden. Der Antrag war damals auf erbitterten Widerstand des Kongressleiters Kazım Karabekir Pascha gestoßen und abgelehnt worden. Jetzt war die Zeit jedoch reif. Die Presse mit ihren reformwilligen und privilegierten Journalisten wie Falih Rıfkı, Hüseyin Cahid, Yakup Kadri hatten im Grunde für entsprechende Verstärkung der Lateinschrift seitens der republikanischen Eliten gesorgt.

Während die Diskussionen sich eifrig ausweiteten, wurde am 23. Mai 1928 eine Sprachkommission unter staatlichem Protektorat gegründet. Unter den neun Mitgliedern der Kommission waren Falih Rıfkı Atay, Ruşen Eşref Ünaydın, Yakup Kadri Karaosmanoğlu. Ohne die Teilnahme Ruşen Eşref's kam die Kommission zum ersten Mal am 26. Juni 1928 zusammen (ÜLKÜTAŞIR 1973:60; LAUT 2003:73) Falih Rıfkı schrieb in seinem autobiographischen Buch Çankaya, dass er bei Mustafa Kemal in Istanbul war, bevor er nach Ankara kam. Die Kommission sollte die Diskussion darüber beenden, ob ein Alphabetwechsel nötig sei oder nicht und sollte sofort mit der Festlegung der Schriftzeichen beginnen (ATAY 1984:439). Nach Hakkı N. Uluğ und Emin Erişirgil, dem Präsident der ersten Sprachkommission (Dil Heyeti), griff Falih Rıfkı das Wort und übermittelte der Kommission die Absichten Mustafa Kemals.

„Ich komme jetzt von Istanbul. Bevor ich in den Zug einstieg, habe ich mit Atatürk gesprochen. Er vertritt die Meinung, dass die Kommission zuerst untersuchen soll, ob die Annahme der lateinischen Schrift erforderlich ist, oder nicht. Wenn es erforderlich ist, was sind die dafür sprechenden Gründe, wenn nicht, was spricht dagegen. Dies soll diskutiert und in einem Bericht beschrieben werden. Deswegen schlage ich vor, zunächst diese Frage auszudiskutieren." (ERIŞIRGIL 1953:3)

Dieser Vorschlag soll trotz Mustafa Kemals Order von der Kommission abgelehnt worden sein. Sie sollen mit der vorgefassten Absicht, die arabische mit der lateinischen Schrift abzulösen, an der Kommission teilgenommen haben (REKIN 1991:216). Hier ist eine wichtige Widersprüchlichkeit zu erkennen. Denn aus glaubwürdigen Quellen hieß es, die Devise von Mustafa Kemal sei es gewesen, erst untersuchen zu lassen, ob das lateinische Alphabet nötig sei oder nicht. Es erscheint äußerst merkwürdig, dass die Kommission bei so einer wichtigen revolutionären Entscheidung im Widerspruch zu Mustafa Kemals Ansichten handelte und sofort mit der Festlegung einer auf dem lateinischen Alphabet basierenden Schrift begann. Dabei schrieb Falih Rıfkı in seinem Buch Çankaya, dass er auf Befehl von Atatürk nach Ankara geht und an der Kommissionsarbeit teilnehmen sollte. Der Kommission sollte sofort mit der Festlegung der lateinischen Buchstaben beginnen (ATAY 1984:439). Selbst Erişirgil fragte sich in seinem Artikel vom 8. August 1953, wie man den Ausspruch von Falih Rıfkı *„Die Streitigkeiten über die Annahme oder Ablehnung der lateinischen Schriftzeichen hatten wir schnell überwunden"* zu bewerten habe (ERIŞIRGIL: 08.08.1953).

Die eingesetzte Kommission beendete ihre Arbeit in kürzester Zeit mit dem zielgerichteten Ergebnis, dass das arabische Alphabet kaum mit der türkischen Sprache in Einklang zu bringen sei, weshalb nämlich auch die Lernphase im Türkischen so langwierig und schwierig sei. Die Arbeit der Kommission, ein mit der türkischen Phonetik harmonisierendes und auf dem Lateinischen beruhendes Alphabet zu erarbeiten, nahm nur 36 Tage in Anspruch. Das Alphabet, das von italienischen, französischen, deutschen, spanischen, tschechischen, kroatischen und albanischen Vorbildern abgeleitet war, beinhaltete einige türkische Laute nicht, dafür waren einige fremde Laute wie **q, w, x** in diesem Alphabet vorhanden. Nach einigen Nachbesserungen von Mustafa Kemal selbst, nahm das Alphabet seine endgültige Form an (ÜLKÜTAŞIR 1973:62). Es verfügte über 29 Buchstaben und einige verschiedene Zeichen. Das neue Alphabet kennt jetzt als Lesezeichen, wie bei â den Zirkumflex und das Apostroph, wie bei San'at. Zirkumflex muss im Übrigen dazu dienen, Wörter gleicher Schreibung oder verschiedener Bedeutung wie bei Ali und Âli zu unterscheiden. Apostroph zeigt den Stimmabsatz an und geht auf ein ursprüngliches Áin ع oder Hemze ء zurück (DUDA 1930:400). Das Alphabet kennt weiterhin ö Ö mit Trema wie bei köle (Sklave), ğ Ğ mit Breve wie bei ağaç (Baum), ç Ç mit Zedille wie bei ağaç (Abbildung 28).

Die Frage, ab wann das neu gestaltete Alphabet für die Allgemeinheit eingesetzt werden sollte, beantwortete Mustafa Kemal mit den Worten *„entweder in drei Monaten oder nie"*. Damit wollte er vermeiden, dass mit dem neuen Alphabet geschehen könnte, was der sogenannten „Enver-Schrift" vor dem ersten Weltkrieg widerfahren war (KORKMAZ 2003:317). Obwohl einige Lautwerte bei der Zuordnung nicht *Eins zu Eins* erreicht wurden (PETERS 1947:13), wurde das als türkisch bezeichnete Alphabet mit 29 Buchstaben nach sechs Wochen Arbeit vollendet. Am 9. August 1928 wurde das Alphabet in seiner endgültigen Form in Sarayburnu von Mustafa Kemal persönlich der Bevölkerung vorgestellt (REKIN 1991:223). Am 1. November 1928 wurde das Schriftgesetz mit der Nr. 1353 im Parlament verabschiedet und trat am 3. November 1928 in Kraft. Das Gesetz sah vor, dass die neue Schrift spätestens bis Ende 1929 anstelle der alten arabischen Schrift im öffentlichen wie privaten Schriftverkehr des Landes verwendet werden sollte (KORKMAZ 2003:318).

Von Ahmed Cevdet Pascha wurde bis zur Einführung des lateinischen Alphabets 1928 über verschiedene Schriftsysteme für die türkische Sprache diskutiert:

- Reformation der arabischen Schrift passend zur türkischen Phonetik,
- Ersetzen der arabischen Schrift mit der Lateinischen,
- Annahme einer vorislamischen Schrift, z.B. Orchon (eine Variante der sibirischen Schrift) oder der uigurischen Schrift (BERKES 2005:585).
- Aus den Diskussionen von dieser Zeit kennen wir zwei weitere Thesen für die Schreibung der türkischen Sprache; das armenische Alphabet und die Neuschöpfung eines neuen Alphabets.

Ahmed Mithat Efendi (1844–1912) schrieb zwar vom phonetischen Reichtum des armenischen Alphabets, von einer Schreibung des Türkischen mit armenischen Schriftzeichen war in seinen Schriften jedoch keine Rede.

„Wenn die vorhandenen Alphabete untersucht werden, werden wir feststellen, dass die armenische Schrift die vollkommenste ist. Denn das lateinische Alphabet ist noch nicht mal für die Schreibung der vom Mutterlatein abstammenden Sprachen ausreichend." (REKIN 1991:121

Auf die Feststellung von H. İbrahim Efendi hin, dass das uigurische Alphabet wenig Schriftzeichen besäße und daher für die Schreibung des Türkischen sich nicht eignen würde, entgegnete Ahmed Mithat Efendi, dass es nicht richtig sei von einem geringeren Bestand an Buchstaben eines Alphabets in diesem Zusammenhang zu sprechen. Eine vollkommene Sprache ist nicht mit ihrer Buchstabenzahl zu messen. Man sollte sich das weit verbreitete lateinische Alphabet, das ja nur 24 Buchstaben hat und für zahlreiche Sprachen verwendet wird, vor Augen führen. Buchstaben könnten also keine Schuld bezüglich einer Eignung haben. Methodik und Praxis seien für eine Anwendung vor allem verantwortlich. Ahmed Mithat zufolge, sollte man zu den schon vorhandenen arabischen Buchstaben, weitere Buchstaben hinzufügen, um so eine ideale Schreibung des Türkischen zu ereichen (REKIN 1991:121, 258).

Am 15. August 1883 wurde in der Zeitung *Vakit* (Die Zeit) die Empfehlungen von Macid Pascha zur Schreibung des Türkischen mit dem armenischen Alphabet veröffentlicht. Er zog zwar wenige Tage später seine Behauptungen zurück, die Diskussionen hielten aber weiter an. Ali Sedad schrieb in derselben Zeitung (21. August 1883), dass die These Macid Paschas ihre Gültigkeit verloren habe, nach dem die Reformen (Schreibung des Türkischen mit diakritischen Zeichen) nach Cevdet Pascha im Bildungswesen durchgeführt worden waren (Abschnitt 6.3.1). Darüber hinaus fehlten, so der türkische Bildungsreformer Elhac İbrahim Efendi (1826–1891), einige türkische Laute im armenischen Alphabet (REKIN 1991:127).

Im Übrigen, die Idee von Dr. İsmail Şükrü ein gänzlich neues Alphabet zu schaffen, fand wenig Anklang in den Reihen der Reformwilligen. Er fasste seine These von einer neuen Schrift in einem Schriftstück mit dem Titel „*Wir sollten eine bessere Schrift als die Lateinische finden*" zusammen, den er Hüseyinzâde Ali Turan, einem Teilnehmer des Bakuer Sprachkongresses (1926), schickte. Er verglich in seiner Arbeit das arabische mit dem lateinischen Alphabet und wies auf die positiven und negativen Punkte bei der Wiedergabe der türkischen Laute mit diesen Alphabeten hin. Man sollte alle Alphabete, die man ja ohnehin der türkischen Phonetik erst hätte anpassen müssen, beiseite schieben und über ein völlig neues Alphabet diskutieren. Weder die arabischen Schriftzeichen noch die lateinischen gäben die türkische Phonetik korrekt wieder. Die diskutierten Alphabete seien, so İsmail Şükrü, wegen ihrem Mangel an Schriftzeichen, in Sprache, Orthographie oder in Phonetik nicht zur Verschriftung des Türkischen geeignet. In einem anderen Artikel äußerte er seinen Wunsch nochmals und sprach sich wiederum für ein neues Alphabet aus. Er war der Meinung, dass je früher die Türken sich von der osmanischen und arabischen Schrift abwenden würden, desto schneller könnten sie sich mit einem neuen zeitgenössischen, reintürkischen Alphabet aus ihrer Unwissenheit befreien (REKIN 1991:189).

Im selben Jahr (1926) wurden die vorgestellten Thesen vom Minister für Bildung Mustafa Necati im türkischen Parlament thematisiert.

6.4.4 Der Gesetzesentwurf für eine neue Schrift im Parlament

Der Hardliner İsmet İnönü wurde – um Unruhen zu unterdrücken – zum zweiten Mal zum Ministerpräsidenten ernannt. So wurde das Gesetz zum Schutz der Ordnung (Takrir-i Sukûn Kanunu) am 4. März 1925 beschlossen (GLASNECK 1971:226). Neben den Rebellen wurden somit nun auch oppositionelle Parteien und Persönlichkeiten verfolgt. Die Fortschrittspartei wurde im Zuge dieses Gesetzes verboten und die Abgeordnetenmandate wurden ihr dementsprechend entzogen. Parteianhänger und weitere 150 Personen, darunter Dr. Adnan Adıvar und Halide Edip Adıvar, wurden des Landes verwiesen. Oppositionelle Zeitungen mussten ihre Arbeit einstellen. Journalisten bekamen wegen ihrer kritischen Berichte drakonische Strafen auferlegt. Hüseyin Cahid Yalçın, der Journalist, der zu den Initiatoren der Lateinschrift zählte, wurde nach Çorum in die Verbannung geschickt (JANSKY 1929:162). Der Weg war nun für wichtige Entscheidungen, ohne eine Opposition überzeugen zu müssen, frei. Die Revolutionen konnten nun ungehindert fortgesetzt werden (GLASNECK 1971:229). Wegen eines versuchten Attentats auf Mustafa Kemal in İzmir wurden weitere wichtige Persönlichkeiten, wie Kazım Karabekir Pascha (politisch starker Gegner der Lateinschrift), Ali Fuat Pascha, Refet Pascha, Cafer Tayyar und Rauf Bey, die den Freiheitskampf mitgeführt hatten, aus dem politischen Leben verbannt (GLASNECK 1971:229).

„By 1927 all Opposition to the regime – military, religious, or political – had been silenced, and when elections were held in August and September 1927 for a third Assembly of the Turkish Republic, only one party, the Republican People's Party of Mustafa Kemal, was there to take part in them." (LEWIS 1961:270)

Nach diesen politischen Umwälzungen wurde heftig über den Schriftwechsel diskutiert. Zur Hebung des Bildungsniveaus der Bevölkerung und zur Erreichung des wesentlichen Ziels der Revolution, sollte für die vielerseits erwartete Lateinschrift etwas getan werden. Demzufolge wurde am 24. Juni 1928 ein Sprachausschuss zur Einführung des lateinischen Alphabets einberufen. Er bestand aus:

- den Fachwissenschaftlern Ahmet Cevat Emre, Ragıp Hulusi Özdem (Philologen),
- İbrahim Osman Grandi (Beamten im Außenministerium),
- Falih Rıfkı Atay, Ruşen Eşref Ünaydın, Yakup Kadri Karaosmanoğlu (Abgeordnete)
- Mehmet Emin Erişirgil, Mehmet İhsan Sungu, Avni Başman (Vertreter des Bildungsministeriums)
- İbrahim Necmi Dilmen, Ahmet Rasim, Celal Sahir Erozan, Fazıl Ahmet Aykaç, İsmail Hikmet Ertaylan, Gyula Meszaros kamen später dazu (ÜLKÜTAŞIR 1973:61, 220; REKIN 1991:215; LAUT 2000:25).

Während die propagandistischen Publikationen der regimetreuen Zeitungen wie Hakimiyeti Milliye, Cumhuriyet, İkdam die lateinische Schrift weiter propagierten, konzipierte der Sprachausschuss innerhalb von zwei Monaten einen Bericht, welcher die Einführung des lateinischen Alphabets und die Abschaffung der arabischen Schriftzeichen mit den erwarteten Argumenten befürwortete (BOLAND 1928:72). Die Begründung des Sprachausschusses umfasste die Summe der bisher geäußerten Meinungen der Lateinschriftanhänger, welche selbst einen Teil dieser Arbeit verfasst hatten. Der als ABC-Bericht bezeichnete (Elifba Raporu) Beschluss wurde ab diesem Zeitpunkt zum Grundsatz der kommenden Umstellungen in der Schrift- und Sprachrevolution. Der Ausschuss konstatierte in seiner Untersuchung neben schrifttechnischen Details, dass das arabische Alphabet kaum mit dem türkischen Lautsystem in Einklang zu bringen sei, weshalb das Lesen- und Schreibenlernen im Türkischen langwierig und schwierig sei (STEINHAUS 1969:112).

Mustafa Kemal nahm dann selbst offiziell die Alphabetfrage in die Hand und leitete sofort nach dieser positiven Berichterstattung des Ausschusses die erforderlichen Maßnahmen ein. Er holte den Ausschuss nach Istanbul, um die Arbeiten aus der Nähe zu verfolgen. Nach genau sechsunddreißigtägiger Arbeit überreichte die Kommission das Ergebnis an Mustafa Kemal.

Am 9. August 1928 wurde der Entschluss des Sprachausschusses von Mustafa Kemal auf einem von der Volkspartei veranstalteten Volksfest in Istanbul mit glücklicher Stimme verkündet (ÜLKÜTAŞIR 1973:63).

„Freunde, um unsere schöne Sprache darzustellen, führen wir die neuen türkischen Buchstaben ein. Unsere schöne harmonische und reiche Sprache wird mit den neuen Buchstaben ihren wahren Wert finden. [...]" (zit. n. ÜLKÜTAŞIR 1973:64)

Mustafa Kemal inszenierte sich selbst und die Sache gekonnt „medienwirksam" (würde man dies heute sagen), denn seine Selbstbeteiligung bei der Unterrichtung der neuen türkischen Schriftzeichen im Dolmabahçe Serail vor den Abgeordneten und der Presse war bei der Durchsetzung der neuen Revolution von großem Nutzen. Er verwandelte den Serail in ein Schulgebäude. İbrahim Necmi Dilmen, der frühere Befürworter der arabischen Schrift, wurde als Lehrer der neuen Schrift in Dolmabahçe eingesetzt.

Mustafa Kemal bereiste für die Reformen, insbesondere zur Durchsetzung der Schriftrevolution, selbst das Land und versuchte mit Kreide und Schiefertafel dem Volk, wie ein Lehrer, Schreiben und Lesen beizubringen (GLASNECK 1971:242). Diese wichtige Revolution sollte von den breiteren Schichten des Volkes gehört und akzeptiert werden. Denn gerade die kritische Haltung dieser Volksschichten konnte auch die anderen Revolutionen in Gefahr bringen. Jeder Türke unter 40 Jahren, wurde verpflichtet die neue Schrift zu erlernen (STEINHAUS 1969:111). Nach dem alle Staatsmänner, Abgeordneten, hohe Staatsdiener und Beamten die neue Schrift gelernt hatten, gingen sie in ihre Wahlbezirke und versuchten dort vor Ort den Menschen das neue Alphabet zu lehren (REKIN 1991:233). In seiner Betrachtung der Schriftrevolution benennt Bernd Rill (1980:99) ein *positives* und ein *negatives Motiv*:

„[...] das Abschneiden von der muslimischen Vergangenheit, durch Abschaffung ihrer Schrift. Zweifelsohne war dies gewissermaßen das negative Hauptmotiv für die Ablösung der arabischen Schrift im allgemeinen Gebrauch durch die lateinische. Dann könnte niemand mehr die Quellen aus osmanischer Zeit lesen! Unmittelbar einsichtige Argumente gab es dafür natürlich auch: Die lateinischen Buchstaben konnten, mit wenigen Zusätzen versehen, die Lautwerte der türkischen Sprache viel besser ausdrücken als die arabischen. Das arabische Alphabet berücksichtigt die Vokale weitaus weniger als die Konsonanten, obwohl die Vokale im Türkischen ebenso unveränderlicher Bestandteil eines Wortes sind wie in den indogermanischen Sprachen. Zum Erlernen des lateinischen Alphabets brauchte man ein Jahr, zu dem der arabischen drei Jahre. Proportional zur Einfachheit des Erlernens würde auch die Prozentzahl der Analphabeten im Land sinken. [...] Es ging um mehr als um Buchstaben: Es ging um den geistigen Anschluss der Türkei an die Erkenntnisse moderner Wissenschaft auf allen Gebieten (das war das positive Hauptmotiv)."

Das als negativ bezeichnete Motiv von Rill wurde damals von vielen revolutionären türkischen Persönlichkeiten bestätigt. Einige Meinungen:

Mustafa Şekip Tunç; *„Weil die arabische Schrift nicht für Türkisch geschaffen ist und bei der Entwicklung und Unabhängigkeit der türkischen Sprache wie ein chinesischer Schuh (von mir; eng) ist, soll sie dorthin verschoben werden, woher sie kam".* Mehmed Ali Aynî; *„Das Hindernis für den Fortschritt ist nicht die Religion sondern die Schrift. Die verwendete Schrift hindert die Entwicklung der orientalischen Nationen."* (zit. n. REKIN 1991:240)

In der am 11. Februar 1929 veröffentlichten Zeitschrift *Halk* (Volk) waren unter anderem folgende Zeilen zu lesen: *„Überall im Westen wurden Regierungen vom Volk geführt [...]. Der Weg zur Wissenschaft geht über Schreiben und Lesen. Aus diesen Gründen ist die Bildung im Okzident weit fortgeschritten. In den großen Nationen des Okzidents ist ungefähr seit dreißig Jahren kein analphabetischer Mensch übrig geblieben."* (zit. n. ÜLKÜTAŞIR 1973:68) Ähnliche Ansichten gegen das Osmanische sind unzählig; ein weiteres Zitat aus der monatlichen Zeitschrift *Türk Dili* (Türkische Sprache) von Zeki Arıkan (1967:132) möchte ich hier wiedergeben:

„Es ist der alleinige Beweis dafür, dass die von Millionen Menschen verwendeten arabischen Schriftzeichen ungenügend sind, denn von den Verwendern dieser Schrift verdient keiner sein Leben mit eigener Kopfarbeit. Es gibt keinen Schriftsteller. Warum? Weil sie keinen Leserstamm haben. Weil das Lesen (gemeint Lesenlernen) viele Jahre beansprucht, kann daher auch kein Leserstamm entstehen."

In einem Gespräch mit der Zeitschrift *Meydan* (Platz) nannte der namhafte Schriftsteller Ahmet Kabaklı die Revolutionäre als *„ahnungslose Menschen".* Er beschuldigte sie und kritisierte die Situation sarkastisch: *„Zufällig geht einer nach Frankreich sieht eine Frau, sagt: „was für eine hübsche Frau. Wären unsere auch so". Einer geht, sieht eine Hose und sagt, „diese Hose ist schöner". Einer steht auf und meint, „diese (lateinische) Schrift ist leichter zu* *lernen". Sie kannten weder die westlichen noch die türkischen Strömungen. Von der Französischen Revolution hatten sie überhaupt keine Ahnung."* (KA-BAKLI 1990:21)

Zur Minimierung der Druckfehler und der Vereinheitlichung der Ducksachen wurden alle Drucksachen mit dem neuen Alphabet monopolisiert. Verlagsdruckereien sollten ihre gedruckten Alphabete erst zur Kontrolle dem Sprachausschuss vorlegen.

Es wurde eine Alphabethymne komponiert. Durch Großplakate wurden für die neue Schrift Werbekampagnen geführt. Von der Staatshand wurde noch eine Reihe von Maßnahmen geleitet und durchgesetzt. Kazım Özalp Pascha, der Parlamentspräsident, nannte die Schriftrevolution die wichtigste aller Revolutionen und betonte, dass dies ein Kulturwechsel für die Türkei sei (REKIN 1991:238).

Mustafa Kemal hielt eine Rede im Parlament in der Anwesenheit vieler ausländischer Botschafter und ihrer Frauen. Nach dieser Rede wurde schließlich der Gesetzentwurf von den Abgeordneten Cemil Uybadın, Ali Çetinkaya, Saffet Arıkan am 1. November 1928 ins Parlament eingebracht und nach zwei Tagen am 3. November 1928 wurde das Gesetz mit der Nr. 1353 verabschiedet (REKIN 1991:283). Das Gesetz machte die Verwendung der lateinischen Schrift obligatorisch und untersagte den Gebrauch des arabischen Alphabets bis spätestens zum Jahresende (WEISSBACH 1930:26). Im Strafgesetzbuch wurde verankert, dass wer gegen dieses Gesetz verstoße, mit einer Geldstrafe von 30–600 Lira oder mit drei Monaten Freiheitsentzug rechnen müsse (REKIN 1991_ 290). Damit wurde eine über zehn Jahrhunderte alte Schrift Makulatur: Sie wurde aus der Gegenwart verbannt und wurde nunmehr Teil der türkischen Vergangenheit. Das bestehende Kulturgut wurde somit samt seiner Schrift zu einem Untersuchungsgegenstand sui generis für einen kleinen auserwählten Kreis von Wissenschaftlern (RILL 2004:99). Die türkische Vergangenheit behandelte man ab diesem Moment wie eine archaisierte Volksgeschichte und ihre Sprache wie eine archaisierte Sprache.

Steinhaus benannte unter Anderem zwei wichtige Gründe für die Latinisierung der Schrift und die Türkisierung der Sprache. Zum einen sollten die Kommunikationsschranken innerhalb der verschiedenen Volksschichten beseitigt werden. Zum anderen war es damit möglich, eine gezielte, radikale Trennung von der osmanisch-türkischen Vergangenheit zu schaffen. Aus den gleichen Absichten verlagerten sowohl Historiographie als auch Sprache ihre Schwerpunkte auf die vorislamische Zeit (STEINHAUS 1969:113). Die Türkisierungswelle erreichte ihren Höhepunkt dann mit der Einbringung des Sprachgesetzes im Parlament. Yusuf Ziya Özer, der Lehrer des neu eingeführten Studienfaches *Geschichte des türkischen Rechtswesens* der Istanbuler Universität (1927), stellte eine Geschichtstheorie, die auch Mustafa Kemal akzeptierte und eifrig unterstützte, auf. Dieser Theorie nach, stammen neben der griechischen Zivilisation alle Ortsnamen und Götternamen des klassischen Griechenlands nicht aus dem Griechischen sondern aus dem Urtürkischen. Sogar die Gründer der altgriechischen Zivilisation sollen demzufolge der türkischen Rasse angehören (ÜLKÜTAŞIR 1973:110). Die mittelasiatischen Türken sollen nach dieser Theorie die Gründer der meisten Hochkulturen sein (STEINHAUS 1969:113). Die Erklärung des Kultusministers Esat Sagay am 2. Juli 1932 *die türkische Sprache sei die Ursprache aller Sprachen* (zit. n. LAUT 2000:28), verdeutlicht welches Niveau diese Türkisierungswelle hatte.

Nach der gesetzlichen Konsolidierung der neuen angenommenen lateinischen Schrift für das Türkische wurde im ganzen Land der Kampf gegen das Analphabetentum eröffnet. Überall im Lande wurden Volksschulen (Halk evleri) gegründet, um die Ziele der Revolution – der Bevölkerung Schreiben und Lesen beizubringen – zu erreichen. Mustafa Kemal bereiste das Land, um die neue Schrift zu fördern, versuchte selbst dem Volk das Lesen beizubringen. Trotz des staatlichen Drucks und der informellen Massenorganisationen konnte die Zahl der Lesekundigen von 1,1 Millionen im Jahr 1927 nur auf 2,5 Millionen im Jahr 1935 erhöht werden (STEINHAUS 1969:112). Glasneck schrieb dazu *„Die spektakulären Reisen des Präsidenten und anderer Staatsfunktionäre zur Propagierung der neuen Schrift hatten also nicht vermocht, das Analphabetentum unter den Erwachsenen wesentlich zu reduzieren".*(GLASNECK 1971:244)

Ausgenommen Modernisierung und Verwestlichung der Türkei, die, je nach der ideologischen Prädisposition des Betrachters, anders beurteilt werden können, erfüllten sich die Sehnsüchte und Prognosen auch insofern nicht, als dass das Analphabetentum bis heute in der Türkei nicht eliminiert werden konnte (GLASNECK 1971:244, 246).

6.5 Schriftrevolution als Innovationsfaktor des Kulturwandels

6.5.1 Schrift als Instrument der Modernisierung – Die Verwestlichung von Schrift und Sprache

Schrift ist die geschriebene Form der Sprache. Sie tritt uns in einer bestimmten Form von Bildern, Zeichen in einer Aneinanderreihung, die einen sprachlichen Sinn ergibt, entgegen. Heute glaubt man oft unbegründet, dass Analphabetismus und Schriftlosigkeit immer Kennzeichen eines niedrigen Kulturstandes seien. Schrift ist nicht ein notwendiger Bestandteil der Sprache, wie die Geschichte uns zeigt. Sie ist aus den Bedürfnissen der Menschen als ein wichtiger Bestandteil der Zivilisation entstanden. Die Gesellschaften verkehrten überwiegend nach der Erfindung des Buchdrucks mit schriftlichen Mitteln (MOSER 1969:14). Erweiterung und Entwicklung der Schrift schwächte das menschliche Gedächtnis, denn uns sind gerade rezente schriftlose Kulturen mit großen Gedächtnisleistungen bekannt (BARTHEL 1972:18). Doch seit die Schrift einen bestimmten Verbreitungsstand erreichte, wurde sie untrennbarer Bestandteil der Kultur. Sie ist Bindemittel und Zusammenhalt der großen Staaten. Beispiele hierfür sind Staaten wie China, Japan, Indien und die westlichen Kulturen als Staatenbund sowie auch Sowjetrussland seit 1939. Während der Gründung des bolschewistischen Regimes wurde aus diesem Grund den Turkvölkern die lateinische Schrift aufgezwungen und seit 1939 die Kyrillica (SARAY 1993:89), damit wurde dem multiethnischen und multikulturellen Russland der Zusammenhalt gesichert. So jedenfalls äußerte sich der russische Turkologe Nikalaj Baskakov, als Russland die Kyrillica für die Turksprachen einführte (SARAY 1993:90).

Wenn beispielsweise die seit jeher normierte und gepflegte deutsche Sprache auch in ihrer Form des Hochdeutschen nicht völlig einheitlich geschrieben und gesprochen wird (MOSER 1969:15), so kann man sich leicht vorstellen, welche Unterschiede das geschriebene und gesprochene Osmanisch wohl im 18. und 19. Jahrhundert aufwies. Die Uneinheitlichkeit des Osmanischen jedoch hätte die reformwilligen Eliten und revolutionären Politiker nicht gleich zu einer völligen Abschaffung der Sprache und Schrift führen müssen. Sprachgeschichte verzeichnet im Allgemeinen immer Unterschiede zwischen geschriebener und gesprochener Sprache, zwischen der Umgangs- und Alltagssprache sowie der Wissenschaftssprache. Die gesprochene Volkssprache ist fast niemals in Wortschatz, Aussprache und Regeln mit der geschriebenen Sprache identisch (MOSER 1969:15). Durch die sprachpflegerischen Sprachplanungen zumindest in westlichen Sprachen werden die Unterschiede teilweise gemindert.

Mit den institutionellen Revolutionen und durch den Wechsel des Alphabets den gesellschaftlichen Rückstand in Technologie und Bildung zu beseitigen, scheiterte in der Türkei, weil die Revolutionen sich nicht auf das eigene nationale Bürgertum und die eigentliche sozioökonomische Basis stützten (STEINHAUS 1969:10).

„Der Übergang zu maschinellen Produktionsweisen verschaffte den europäischen Staaten eine klare technisch-ökonomische und damit militärische Überlegenheit. Aufgrund der zeitlichen Parallelität von Stagnation auf der einen Seite und der forcierten Entfesselung neuer Produktionskräfte auf der anderen entstand im 19. Jahrhundert ein unübersehbares internationales Machtgefälle. Und zu diesem Zeitpunkt war das Zurückbleiben im gesellschaftlichen Entwicklungsstand nicht mehr mittels institutioneller Reformen auszugleichen. Mit einer einzigen Ausnahme – Japan – blieben zunächst alle Versuche östlicher Länder, den Rückstand gegenüber dem Westen aufzuholen, erfolglos." (STEINHAUS 1969:7)

Modernisierung der Sprache in diesem Sinne kann es nicht geben. Was wird dann modernisiert? Das Alphabet durch Alphabetwechsel oder die Sprache durch Wortschatzerweiterung mit erfundenen Wörtern und durch Reinigung der Sprache von den verpönten arabisch-persischen Wortschatz? *„Modernisierung"* bedeutet wie die türkischen Revolutionen zeigen, Verwestlichung der Sprache, also Einführung eines westlichen Alphabets. Coulmas nennt zwei Beispiele in seiner Forschung: Indonesien und Japan (COULMAS 1985:235). Ersteres konnte dem Schicksal, eine Kolonie der westlichen Staaten zu sein, nicht entgehen, Japan dagegen war einer der wenigen Staaten, welches diesem Schicksal entronnen ist. Indonesien hat mit Hilfe der Kolonialherrschaft das lateinische Alphabet eingeführt, was Japan frei entscheiden konnte und zur Erhaltung seines Kulturgutes an der eigenen Schrift fest hielt.

Daraus resultiert im Prinzip, dass das Osmanische Reich eine Halbkolonie (STEINHAUS 1969:8) der westlichen Kulturen war, dessen Eliten den europäischen Lebensstandard bewunderten und Modernisierung erstrebten. Die gesellschaftlich-wirtschaftliche Diskrepanz zwischen den westlichen und östlichen Ländern ist nicht mit verordneten Revolutionen zu überbrücken (STEINHAUS 1969:7). Wir stellen immer noch fest, dass die Revolutionen bis heute, insbesondere die Schrift- und Sprachrevolutionen, in allen Bereichen der türkischen Gesellschaft noch diskutiert werden. Jens Peter Laut (2000:VII) zufolge werden die Auseinandersetzungen noch weiter anhalten. Denn der viel propagierte Wohlstand und der versprochene wissenschaftliche Fortschritt, welche beide mit den Revolutionen eintreten sollten, blieben weit hinter den europäischen Standards zurück. Modernisierung der Sprache blieb somit als *„Verwestlichung der Schrift"* eine Konfliktquelle innerhalb der türkischen Gesellschaftsschichten (COULMAS 1985:235).

Was den Zusammenhang zwischen Modernisierung und türkischer Sprache betrifft, so komme ich auf zwei Aspekte zurück: Zunächst auf die Verwestlichung, und dann auf die Veränderung des Vokabulars, indem man die östliche Wortschatzlast aus dem Arabischen und Persischen aufgab. Diese Art von Modernisierung der Sprache wurde in späteren Jahren wegen des entstandenen Wörtermangels und der heftigen Kritik daran gelockert bzw. zurückgenommen. Der Begriff *Modernisierung* besitzt in sich schon eine Wertschätzung. In der Tat kann man nicht diagnostizieren, ob oder dass überhaupt eine Zivilisation überlegener ist als die andere. Dafür fehlen uns nach Halil İnalcık die nötigen objektiven Maßstäbe. Der Begriff *Modernisierung* ist nach Soziologen von jedweder Wertschätzung in Form von entwickelt bzw. nicht entwickelt oder progressiv bzw. nicht progressiv freizumachen. Den Begriff sollte man nach Molinovski innerhalb des Bereichs des Kulturwechsels betrachten (TDK 1963:625). Der Literaturhistoriker Fuat Köprülü ist der Meinung, dass Alphabetwechsel unvermeidlich auch Kulturwechsel bedeutet (BERKES 2005:549). Wenn wir diese universelle Interpretation auf den türkischen Fall der „Modernisierung der Sprache" anwenden, bedeutet das, dass mit diesem Prozess der Wechsel von einer vorhandenen Gesellschaftsordnung in eine andere eingeleitet wird. Dazu gehören sowohl die geistige als auch die materielle Zivilisation wie der Alphabetswechsel, Gesetzeswechsel, die Änderung der Kleiderordnung, der Religionswechsel (KABAKLI 1989:55) etc. Nach İnalcık ist dies ein Kulturwechsel, der bei den Türken als Modernisierung der Gesellschaft bzw. als ein Sprung zu einer höheren Zivilisationsstufe aufgefasst wird. Überlegenheit einer Zivilisation kann nur im technischen Bereich zur Geltung kommen. Wie Namık Kemal vertrat auch Ziya Gökalp diese Meinung (İNALCIK 1953:625).

6.5.2 Politische Instrumentalisierung und Ideologisierung von Sprache

Nationen werden nach ihren Sprachen oder umgekehrt Sprachen werden nach Nationen benannt. Die Begriffe definieren sich gegenseitig. Somit sind Sprache und Nation eng verflochten (COULMAS 1985:48). Die meisten multinationalen Reiche wurden am Anfang des 20. Jahrhunderts in nationale Staaten umgewandelt. In ihrer Eigenschaft als Reichssprache – wie im englischen und französischen Beispiel – wurde die Herrschaftssprache als Muttersprache den kolonisierten Völkern aufgezwungen. Im russischen Reich war eine Mischform im Gange. Die Staatsführungen versuchten mal die Russifizierung der Nationalsprachen durchzusetzen, mal waren die Sprachen frei von Unterdrückungen.

Im Osmanischen Beispiel ist der umgekehrte Fall zu beobachten. Ein Fürstentum wurde zu einem Weltreich. Die nomadisch lebenden Türken begegneten zunächst hochkultivierten Arabern und nahmen ihre Schriftzeichen an und ließen folglich auch ihre Sprache von der arabischen Schrift und Sprache beeinflussen. Bei den späteren Begegnungen mit der europäischen Hochkultur, während und nach den Eroberungen in Europa, wurde die türkische Kultur und Sprache noch einmal beeinflusst (BOLAND 1928:70; MENZEL 1927:177). Die Türken suchten Indizien dafür, nach denen das Reich seit der Renaissance in Europa im wirtschaftlichen und im militärischen Bereich die Rückständigkeit gegenüber westlichen Staaten aufwies. Nationalgesinnte Politiker und Eliten fanden die Lösung unter anderem bei einem Schriftwechsel (Abschnitte 2.2.1 und 6.5.1). Für sie war ein Land in seinen nationalen Grenzen nur mit einer nationalen Schrift und Sprache zukunftsträchtig und zu anderen Staaten konkurrenzfähig.

Im Zuge des Nationalismus sollten das Alphabet und die von den Lasten der Fremdwörter zu reinigende türkische Sprache unbedingt türkisch sein. Die Schrift sollte übrigens später für ein beabsichtigtes Reintürkisch die Basis bilden. Daher wurde das lateinische Alphabet immer als *Türkisches Alphabet* bezeichnet (LAUT 2003:74). Denn das lateinische Alphabet wurde öfters als *„das Alphabet der Ungläubigen"* von Latinisierungsgegnern dargestellt. Von *„Islamischen Buchstaben"* sprach Kazım Karabekir Pascha in Bezug auf die arabischen Schriften. Um dieser Art von Propaganda den Wind aus den Segeln zu nehmen, führte die Staatsführung das Lateinalphabet unter dem Titel *„Türkisches Alphabet"*, um ihm eine nationale Gestalt zu verleihen, damit es eine gewisse Immunität geniesst (REKIN 1991:233). Das Alphabet, so wurde auch propagiert, sei gleichzustellen mit der Vaterlandsliebe, der Liebe zur Nation. Und schließlich wurden die neuen Buchstaben als „Türkisches Alphabet" in den gesetzlichen Bestimmungen verankert (SCHARLIPP 1995:177; REKIN 1991:290).

Die Revolutionäre ideologisierten die neue Schrift und Sprache dermaßen, dass für sie alles Historische – die alten Schriften, Bücher, Akten etc., die mit arabischer Schrift geschrieben waren – zu vernichten sei. Es wurden sogar für den Verkauf aller Bibliotheksbestände Zeitungsannoncen aufgegeben. Der Vorschlag wurde unterbreitet, die Schriften am Beyazit-Platz zu verbrennen (NUR 1967:1440). Als weitere Verachtung des alten Schriftgutes ist hier anzuführen, dass im Jahr 1931 wertvolle Dokumente des osmanischen Finanzministeriums als Altpapier an Bulgaren verkauft wurden (LAUT 2000:24; Fussnote 35). Die Zukunft des nationalen Staats sollte, den Anhängern der Revolution zufolge, vom „Gerümpel der Vergangenheit"* (RILL 1985:100) befreit werden.

Mustafa Kemal setzte das erste Exempel und bezeichnete die neuen Schriftzeichen als „Türkisches Alphabet". Damit sollten die Befürworter der arabischen Schrift, die diese „unsere Buchstaben", „islamische Buchstaben", nannten, in ihre Schranken verwiesen werden. Seine Rede am 8. August 1928 fing er mit folgenden Worten an und hob dabei ein Blatt in die Höhe: „Bürger, diese meine Notizen, mit den echten (Original) türkischen Wörtern sind mit den (echten) türkischen Buchstaben geschrieben." (SCHARLIPP 1995:176) Auch sein Innenminister Şükrü Saracoğlu antwortete im Zuge einer Frage vom 26/27. August 1928 auf einer Reise mit Mustafa Kemal nach Mudanya mit den Worten, „In der Türkei sind Schrift und Sprache Türkisch. Selbst Araber würden nicht behaupten, dass sie arabisch sein soll." (zit. n. ÜLKÜTAŞIR 1973:96)

Die neue Schrift und später nach 1932 im Zuge des Sprachpurismus auch die neue Sprache spielten in dem Nationalstaat eine große Rolle. Wie oben erwähnt, waren Schrift und Sprache das politische Instrument bei der Durchsetzung ideologischer Werte. Verantwortlich waren für die Instrumentalisierung der Schrift und Sprache eine allgemeine Unruhe einerseits und die gespannte politische Lage anderseits. Die Entscheidungen sowohl für den Schriftwechsel als auch den Sprachpurismus waren sicherlich politisch-ideo-

---

* Der Ausdruck „Gerümpel der Vergangenheit" stammt von Rill.

logisch motiviert. Der Anschluss an die europäischen Kulturnationen sollte auch im schriftkulturellen Bereich nicht verpasst werden. Die sprachtechnischen Probleme waren nebensächlich (JANSKY 1929:164). Die Polarität zwischen den Gegnern und Befürwortern der Latinisierung der Schrift bestimmte von Anfang an die Auseinandersetzungen.

Während die Revolutionäre ihre sozialen, ideologischen und politischen Differenzen auf die alte Schrift projizierten und einer Divergenz den Boden bereiteten, war an der Gegenfront nach der Schriftrevolution 1928 keine Kritik mehr zu verzeichnen. İnönü sprach zum dritten Mal vor der gesammelten Oberschicht in Dolmabahçe mit den folgenden Worten:

„Meine Herren, alle Schwierigkeiten stammten aus den arabischen Schriftzeichen. Schriftangelegenheiten sind für alle Nationen sehr wichtig, so hat auch die türkische Nation ihre Schrift entdeckt. Die Schriftzeichen, die nach einer sorgfältigen Arbeit von der Sprachkommission herausgearbeitet wurden, sind niemals mit den deutschen, französischen und englischen Alphabeten gleichzustellen. Sie sind die echten Türkischen (Buchstaben) und die ganze Welt wird sich nicht zurückhalten, sie ‚Türkisches Alphabet' zu nennen." (zit. n. ÜLKÜTAŞIR:1973:76)

Die Schrift- und Sprachdiskussionen wurden in engen Kreisen der Regierung geführt. Wenn man bedenkt, dass im Jahr 1927 nur 1,1 Millionen Menschen (KODAMANOĞLU 1964:33) bei einer auf 14 Millionen geschätzten Einwohnerzahl lesefähig waren und die allgemeinen Kommunikationsmittel (Zeitung, Radio usw.) kaum verbreitet waren, kann man davon ausgehen, dass die Viehzüchter und Bauern aus Anatolien davon kaum etwas erfahren hatten, was tatsächlich im Land geschah. Das heißt, 13 Millionen Menschen kommunizierten zwar mit der türkischen Sprache in unterschiedlichen Mundarten, keiner davon war jedoch schriftkundig. Es ist absurd, zu behaupten, dass das Volk die türkische Sprache, die von arabischen und persischen Fremdwörtern überflutet war, nicht verstünde. Denn das Türkisch sprechende Volk hatte gar keinen Zugang zu dieser Sprache. Wenn man den Wortschatz der Volksbücher, Orta Oyunu Texte, Gesänge (Türkü), Hacivat ile Karagöz etc. untersucht, wird man feststellen, dass die sogenannte Entfremdung der Sprache eine Illusion war. İlber Ortaylı (1982:42), Professor für Geschichte an der Universität Istanbul, gab eine kritische Stellungnahme zu diesem Thema ab:

„Die bei uns unkritisch wiederholte These, dass das Türkische über lange Zeiten in der Geschichte vernachlässigt und nicht verwendet wurde, ist total falsch. Die Verwendung des Türkischen als Staats- und Literatursprache (sowohl Volks- als auch Elitenliteratur) ist älter als einige europäische Nationalsprachen, die in diesem Zuge im nationalen Bereich Verwendung fanden."

Natürlich ist sich die anatolische Bevölkerung wohl immer bewusst gewesen, welche Schrift in ihrem Lande verwendet wurde. Sie nahm aber an den Entscheidungen nie teil, welche Schrift, die uigurische, arabische oder lateinische, der Schreibkundige verwenden solle.

Die extrem nationalistische, enge Sprachideologie nach den Revolutionen (1928, 1932) und die rücksichtslose Sprachpolitik spaltete das Volk von den Staatsgebilden. Diese Sprachpolitik und die Konfrontation der Sprachkritiker dauerten bis in die 1980er-Jahre hinein an, bis die TDK gründlich umorganisiert wurde.

Die politisch-wirtschaftlichen Unzufriedenheiten artikulierten sich immer wieder in sprachlichen Forderungen. Das neue Türkisch als Wissenschaftssprache war bedeutungslos, denn es fehlte ein Schrifttum dafür (SOYSAL 08.10.1988). Wirtschaft konnte nur mit dem Kommunikationsmittel der Sprache angekurbelt werden. Die politischen Beschlüsse bedeuteten zugleich auch philologische Entscheidungen.

Glasneck beschreibt die wirtschaftliche Lage mit folgenden Behauptungen:

> Für den ausländischen Beobachter wurden jedoch auch die Grenzen der Reformen Kemal Atatürks sichtbar. Die türkischen bürgerlichen Nationalisten erzielten zweifellos einen bedeutenden Fortschritt gegenüber den Zuständen im Osmanischen Reich. Sie änderten jedoch nichts an der überkommenen sozialen Struktur. [...] Die Masse des türkischen Volkes, die Bauern, verharrten nach wie vor in Elend und Rückständigkeit. Daher musste das türkische Beispiel in dem Maße an Zugkraft verlieren, wie die Ideen der Demokratie und des Sozialismus unter den Völkern der schwach entwickelten Länder an Boden gewannen. (GLASNECK 1971:246)

Die Sprache als die traditionelle Brücke zur Vergangenheit hätte nach sprachwissenschaftlichen Regeln, auch im Zuge der Revolution, nicht politisiert und instrumentalisiert werden dürfen. Jedoch wurde die Sprache zum Gegenstand der Politik gemacht. „Gegen diese Sprachpolitik" zu sein, wurde mit „Verrat an der Nation" (vatan haini) und Rückständigkeit (gericilik) gleichgestellt. Die Zugehörigkeit zur neuen Schrift war Ausdruck von Vaterlandsliebe (vatanperverlik) (SCHARLIPP 1995:177). Bedingt durch das Fehlen von Gedankenfreiheit wurden Schrift- und Sprachpolitik in Diskussionen meistens nur von Wenigen stellvertretend geführt. Weil Mustafa Kemal voraussah, dass das Volk noch nicht reif genug sei, sich selbst zu regieren, legte er selbst die Kandidaten für die Wahlen zur Großen Nationalversammlung (TBMM) fest. Kaum jemand wagte es, sich dagegen auszusprechen. Die normalen bürgerlichen Freiheiten wurden in der Praxis weitestgehend eingeschränkt. Das Pressegesetz von 1931 war für alle Verbote eine legitime Grundlage, die jegliche Propaganda für das Sultanat, das Kalifat oder jede ernstere Kritik an der Regierung unter Strafe stellte (GLASNECK 1971:222).

Als die visualisierte Form der Sprache wurde die Schrift in der Türkei von beiden Seiten, von den Befürwortern der arabischen Schrift und denen des Lateinischen, im höchsten Maße ideologisiert. Erstere machten sie zum Instrument ihrer politischen Handlungen auf Grund ihrer traditionellen Vergangenheit und religiösen Zugehörigkeit. Für letztere war sie Vermittlerin zwischen den entwickelten westlichen Staaten und der Türkei und ein Anzeichen der Kulturzugehörigkeit. Wenn die Schrift Barrieren erschafft oder die Verbindungen zwischen Kulturen und Traditionen herstellt (BLUM 2002:129), müssten beide Interessensgruppen eigentlich Recht zugesprochen bekommen, da sie beide im Zuge der Politik mit der Schrift sich für ihre Zugehörigkeit entscheiden.

Dass die Sprachrevolution darauf abzielte, in den europäischen Kulturkreis zu gelangen und den Bruch mit der osmanisch-türkischen Vergangenheit herbeizuführen, war offensichtlich. Die tatsächlich vorhandenen schrift- und sprachtechnischen Probleme als Gründe für eine solche Entscheidung für einen Alphabetwechsel waren für die Entscheidungsträger nur Vorwände. Bewiesen wird dies durch Wissenschaftler – unter anderem Haarmann, Jäschke, Galanti, Kabaklı – die die Meinung vertraten, dass das Türkische mit einer der türkischen Sprache angepassten arabischen Schrift genauso gut geschrieben werden könnte (HAARMANN 1990:13). Eine wissenschaftliche Basis für den Wechsel gab es also nicht. Daher möchte ich gerade hier einen Fachmann, einen zeitgenössischen Turkologen, Herbert Jansky, noch einmal zu Wort kommen lassen:

> „Durch ständig wiederholtes Vorgetragen werden ist die Ansicht, die arabische Schrift sei zur Wiedergabe des Türkischen ungeeignet, für viele, darun-

ter Orientalisten von Rang, geradezu ein Axiom geworden. Dabei ist diese Ansicht völlig unbegründet und unhaltbar: Jede Lautschrift, und die arabische Schrift ist ja eine solche, ist zur Wiedergabe jeder beliebigen Sprache geeignet, natürlich unter der Bedingung, dass sie der Sprache, erforderlichenfalls durch Schaffung zusätzlicher Schriftzeichen, soweit angepasst wird, dass eine möglichst große Anzahl von Lauten je einem Zeichen entspricht. Die arabische Schrift dem türkischen Lautbestand anzupassen, war ohne weiteres möglich, dass und warum dies nur sehr mangelhaft geschah, ist eine andere Angelegenheit. Was die Kritiker der arabischen Schrift in ihrer Verwendung für die Wiedergabe sämtlicher Türksprachen aber völlig übersehen, ist die Tatsache, dass gerade in den bedeutendsten europäischen Kultursprachen die Dinge um kein Haar besser liegen, und zwar aus genau dem selben Grund. Denn woher kommt denn die zur exakten Wiedergabe des vorhandenen Lautbestandes völlig unfähige englische und die wohl wesentlich bessere, aber vom Ideal himmelweit entfernte deutsche Rechtschreibung anders als von der erschütternden Einfalt jener, die den Germanen mit dem Christentum die lateinische Schrift brachten und sich dabei unterfingen, mit den, das griechische y eingerechnet, sechs lateinischen Vokalzeichen, den ungleich reicheren Vokalbestand des Germanischen wiederzugeben, und [...]." (JANSKY 1962:146)

An einer anderen Stelle seines Artikels vergleicht er eine Kriegserklärung mit dem Schriftwechsel und weist darauf hin, dass beide ähnliche Aktionen seien. Man könne sie leicht proklamieren, aber keiner könne die Resultate dieser Aktionen vorher abschätzen.

6.5.3 Der Weg zur türkischen Nationalsprache: Purismus oder die Sprache als Werkzeug der TDK

Aus reintürkischen Begriffen Wörter zu erfinden, bringt nicht nur die grammatischen Regeln durcheinander. Diese Wortschöpfungen sind dem Volk fremder als ein Fremdwort. Die Strömung, die die Sprache zu vereinfachen anstrebt, führt die Sprache zur Finsternis und Verwirrung, statt zur Vereinfachung. Weiterhin wird durch Ausmerzen der Leihwörter und durch Einsetzen neuen künstlichen Begriffe die Sprache zu einem künstlichen Türkischen Esperanto verwandelt. Das Land braucht statt dieses künstlichen Esperanto, eine ihm bekannte, verständliche, gewöhnliche Sprache und kein künstlich gebildetes Kommunikationsmittel."[*] **Ziya Gökalp**

In diesem letzten Kapitel sollte Sprachpurismus wegen seiner Wichtigkeit innerhalb der republikanischen Revolutionen zumindest zusammengefasst werden. Er ist innerhalb der türkischen Kulturgeschichte nicht weniger bedeutsam als die Schriftrevolution selbst. Denn der Alphabetwechsel mit seinen Auswirkungen und insbesondere puristischen Bemühungen um eine reintürkische Sprache waren verantwortlich für einen schnellen Bruch mit der langjährigen türkischen Tradition.

Die neue Schrift gab gleichzeitig den Anstoß für eine Sprachrevolution. Schriftsteller, Journalisten aber auch reine Anhänger der Revolution nahmen die Entwicklungen in der Schrift als Anlass, sich im sprachlichen Bereich um willkürliche Erneuerungen zu bemühen (LEVEND 1960:406). Die willkürlichen, eigenartigen, puristischen Bestrebungen in Kombination mit den mangelnden Nachschlagewerken für das Türkische und dem fehlenden Subjektivismus riefen schnell ein Chaos im Sprachgebrauch hervor. Dies führte zu einer vom Staat organisierten Sprachrevolution, die als Spracherneuerung bezeichnet wurde.

Der für die Schriftrevolution gegründete *Sprachausschuss* zur Spracherneuerung bzw. zum Sprachpurismus und zur Erfüllung der oben genannten Aufgaben konnte keine ergiebigen Sprachforschungen durchführen, weshalb er am 12. Juli 1931 von der Staatsführung aufgelöst wurde (STEUERWALD 1963: 16). Ob die Auflösung von den Ausschussmitgliedern ausging, weil sie das Ende ihrer Aufgabe mit der Schriftrevolution kommen sahen, oder aber weil sie gegen einen derartigen Sprachpurismus waren, bleibt fraglich (LEWIS

---

[*] Türkçülüğün Esasları, İstanbul 2004, S. 11

1999: 45). Nach genau einem Jahr wurde die Sprachgesellschaft „Türk Dili Tetkik Cemiyeti" zur Erforschung der türkischen Sprache gegründet. 1935 wurde ihr Name noch zweimal geändert. Schließlich wurde sie unter dem Namen TDK (Türk Dil Kurumu = Türkische Sprachgesellschaft) bis zum 17. August 1983 weitergeführt (STRAUSS 1990:324).

Seit TDK am 12. Juni 1932 unter dem Einfluss von Samih Rıfat, Ruşen Eşref, Celal Sahir und Yakup Kadri und auf Anweisung Mustafa Kemals unter präsidialer Leitung von Samih Rıfat gegründet worden war, führte die TDK die begonnene Säuberung der türkischen Sprache permanent und offiziell weiter. Die vier leitenden Persönlichkeiten der TDK selbst waren Sprachpuristen (LEWIS 1999:45). Die ideologische, institutionelle Zerstörung des als fremd bezeichneten Sprachguts des Osmanentums bildete das Hauptmotiv der umfassenden Spracherneuerung, die nahezu bis zur Umstellung der TDK in den 1980er-Jahren andauerte (STRAUSS 1990:324). Duda verurteilte ihre Aktionen, indem er einige Wortbeispiele anführte: *„Die Leichtigkeit, mit der fremdes Sprachgut im Türkischen rezipiert wird, geht zum großen Teile darauf zurück, dass der Türke wohl immer in seinem sprachlichen Ausdruck weniger begrifflich als dinghaft eingestellt war."* (DUDA 1942:81) Das althergebrachte osmanische değirmen = Mühle wurde nun *un fabrıkası* = Mehlfabrik. Der europäische Scharenpflug *pulluk*, entstand aus dem englischen *plough*. Aus *sapan* im Türkischen wurde also *pulluk* = Pflug. Um dem Türkischen einen westlichen Habitus zu verleihen, schuf man sogar die Suffixe -**man** und -**men**, wie in koca**man** = riesig, öğret**men** = Lehrer, yönet**men** = Leiter (DUDA 1942:81, 86). Darauf wiesen auch die Aufsätze von J. Deny und Ettore Rossi hin, die bestätigten, welche Gestalt die türkische Sprachrevolution bis zum Jahre 1935 angenommen hatte. Er fügte weiter hinzu:

> „[…] schufen die offiziellen Sprachreformer, an ihrer Spitze İbrahim Necmi Dilmen, angeblich ein aus Saloniki stammender Dönme*, eine unhomogene Sprache, eine künstliche Sprache, die der breiten Masse des Volkes bedeutend unverständlicher war als das kunstreichste Hochosmanische." (DUDA 1942:85)

Auch Lewis kritisiert sarkastisch die Haltung der TDK und gab ein Wortbeispiel des TDK-Präsidenten Samih Rıfat. Rıfat wollte den Begriff *academy* aus folgenden türkischen Wörtern bilden: Erste Silbe (ac) *ak* = weise, weiß und *adam* = Mann. Aus Letzterem forme sich die letzte Silbe – *ademy* (im

---

* Dönme: jemand, der vom Judentum zum Islam übergetreten ist. Jude aus Saloniki.

Türkischen: Adam = adem). Im Endeffekt hieße das Wort *ak adam = weiser Mann* = ac - ademy. Ein anderes Beispiel stellt ein Gespräch zwischen Admiral Necdet Uran und Mustafa Kemal (1937) über das Wort *rota* = Route dar. Im Kartenraum fragte Mustafa Kemal die Route zeigend Uran: *„What's this? [...] Your're going to tell me it's English, Italian, French, that sort of thing, but what I was asking was the origin of the word"* Nach dem er das türkische Wort *yü - rüt - mek* = führen auf einem Zettel getrennt geschrieben hatte, erklärte er dem Admiral, dass der Stamm des Wortes *„rüt"* türkischen Ursprungs sei. Aus dem Wortstamm *„rüt"* hätten die Italiener *„rota"* geformt und auch die Deutschen und Franzosen hätten den Stamm in ihre Sprache aufgenommen und verändert. Jeder würde sofort dahinter kommen, bemerkte Lewis, dass die Sprachpuristen nicht den wissenschaftlich-akademischen Grad besäßen, um eine fundierte Neuerung im sprachlichen Bereich durchführen zu können. Ihn wundert es, dass die Türken immer noch mit einer unbegreiflichen Naivität daran glauben, dass erfundene Wörter türkischen Ursprungs seien (LEWIS 1999:43). Wörtermangel im technischen und in anderen Bereichen führte wahrscheinlich bei den Puristen dazu, den einfacheren Weg zu wählen, nämlich Wörter zu erfinden. Der Versuch eine völlig neue Terminologie zu erschaffen, war der Wunsch der Puristen und bereitete unlösbare sprachliche Probleme, weil diese wiederum die zu erneuernde türkische Sprache und Schrift nicht mit ihrer Vergangenheit zu vereinbaren vermochten. Ein anderer wichtiger Grund war, dass nur einige von ihnen etwas von sprachlichen Grundsätzen verstanden und Linguisten waren.

„One should not be shocked at the apparent disingenuousness or self-deception that still allows some Turks to look one in the eye and insist that all the neologisms are entirely home-grown and uninfluenced by the foreign words that have manifestly inspired them; to swear, for example, that the resemblance between okul ‚school' and the French école is fortuitous. One's first thought is, who do you think you're fooling? But when anyone except the most unregenerate of reformers says such a thing, it means no more than ‚But it could have a Turkish etymology, couldn't it?'" (LEWIS 1999:44)

Eine Unmenge von Beispielen wurde sowohl in der türkischen als auch in der westlichen Literatur angeführt. Meistens wurden die Tätigkeiten der TDK zur Bildung einer nationalen Sprache von Wissenschaftlern sarkastisch kritisiert. Der französische Botschafter in Ankara sagte; *„Auf Nichts kann man keine Zivilisation gründen."* Aus diesem Grund und um die Grundlosigkeit des Sprachpurismus zu überspielen, erstellte Yusuf Ziya Özer in seinem umfangreichen

Buch eine Geschichtstheorie (Abschnitt 6.5.2). Ihm zufolge stamme sogar die arabische Sprache aus dem Türkischen. Als Begründung nannte er das Wort Pharao, das eigentlich Türkisch sei. Pharao sollte seiner Theorie nach *burun* = Nase heißen. Die Nase sei ein Organ „an der vorderen Front eines Menschen" und der Pharao sei ja auch als Herrscher an erster Stelle vor den Menschen. Deswegen würde diese Person als Pharao = *burun* von Ägypter bezeichnet. Im Laufe der Zeit habe sich dann aus dem türkischen *burun* das ägyptische Pharao herausgebildet (ERER 1973:186). Die Türkisierungsbestrebungen gipfelten zum Schluss in Auswüchsen, die die türkische Sprache zu einer Art menschlichen Ursprache machten. Nach dieser chauvinistischen Rassentheorie wären die Türken das ursprüngliche Kulturvolk der Welt, dessen Rasse bis zu den Sumerern und Hethitern zurückreiche (STEINHAUS 1969:113).

Fast alle Sprachnationalisten waren sich einig, dass die Diskrepanz zwischen gesprochener und geschriebener Sprache beseitigt werden müsse. Hüseyin Cahid Yalçın, einer der Vorkämpfer der lateinischen Schrift, wandte sich gegen eine Einwirkung von Außen in die natürliche Entwicklung der Sprache. Die Sprache sei kein Spielzeug für den persönlichen Eigenwillen. Sie solle sich in ihrer Entwicklung gemäß den natürlichen Erfordernissen entfalten (YALÇIN 1933:270). Seine Haltung gegen den Sprachpurismus hatte weder bei den Sprachpuristen noch bei Mustafa Kemal selbst Zustimmung erfahren. Im ersten Sprachkongress (Birinci Dil Kurultayı) 1932 fühlten sich die argumentlosen Sprachpuristen nach der guten, wenn auch inhaltlosen Rede von Samih Rıfat, der von Mustafa Kemal aufgefordert worden war sich gegen Hüseyin Cahid zu äußern, wieder in ihren nationalistischen Argumenten bestärkt und erklärten die fundierten Thesen Hüseyin Cahids für tot (ATAY 1984:474). Nach diesem Auftritt musste er sich gänzlich von der politischen Bühne zurückziehen. Hierbei handelte es sich um die zweite Unstimmigkeit in der Karriere Cahids, nach dem er das erste Mal im Jahr 1925 mit dem Kurdenaufstand in Zusammenhang gebracht worden und später aber begnadigt worden war (JANSKY 1929:162). Seine Karriere erholte sich nach diesem Angriff von seitens Mustafa Kemals nicht mehr (ATAY 1984:474).

Die meisten Puristen waren dennoch überzeugt, dass man den Entwicklungsprozess der Sprache progressiv durch Nutzung der Kenntnisse aus der wissenschaftlichen Forschung leiten könnte. Es wurden innerhalb dieser Zeit Methoden festgelegt, mit denen die Diskrepanz zwischen Schriftsprache und gesprochener Sprache beseitigt werden sollten. Trotz des Regierungsbeschlusses vom 21.11.1932, der die Ersetzung der Fremdwörter durch im Zuge der Wortsammlungsaktionen (Derleme) von der Bevölkerung gesammelte türkischen Begriffe vorsah, wurde die Sprache von puristischen Worterfindungen überflutet (Jansky 1929:87). Mustafa Kemal gestand seine Reue bzw. seine Fehlentscheidung nach diesem chaotischen Sprachzustand mit den folgenden Worten an Falih Rıfkı „*Wir haben die Sprache in eine Sackgasse geführt.*" (zit. n. ATAY 1984:477)

Die türkische Sprachrevolution verzeichnet seit 1935 mit der pseudowissenschaftlichen „Sonnensprachtheorie" (Güneş Dil Teorisi) eine neue Phase, in der das Türkische zur Entstehung und zum Ursprung aller Sprachen der Welt erklärt wurde. Sie beruht auf der These des aus Wien stammenden Orientalisten Dr. Hermann F. Kvergić. Dieser hatte in einer Abhandlung „*La psychologie de quelque éléments des langues turques*" die Theorie aufgestellt, dass das Erstaunen des frühzeitlichen Menschen über die Sonne zu bestimmten Urlauten geführt habe. Im Türkischen, behauptete Kvergić, diese Laute lokalisieren zu können. Das Konzept war aber nicht gänzlich neu (STEURWALD 1963:88, Anmerkung 70; LAUT 2000:99-101). Bereits 1932 wurde die türkische Sprache zur Ursprache erklärt und Sumerisch und Hethitisch wurden zu den ältesten Turksprachen gezählt. Eine bessere zeitliche Terminierung der Theorie Kvergićs, die außerdem Mustafa Kemal sehr imponierte, hätte es, so Lewis, gar nicht geben können (LEWIS 1999:57). Diese Theorie war die Rettung. Mustafa Kemal wollte, wie oben erwähnt, der Sprache aus der Sackgasse verhelfen, indem er mit wissenschaftlichen Erkenntnissen beweisen wollte, dass das Türkische alle Sprachen umfasse. Als Mustafa Kemal die Abhandlung zum ersten Mal gelesen hatte, freute er sich so sehr darüber, schreibt Yakub Kadri Karaosmanoğlu, und sagte: „*Das ist es! Ich habe gefunden, was ich gewollt habe!*" (zit. n. LAUT 2000:100) Somit wollte er der türkischen Nation Selbstvertrauen verleihen. Vor allem aber wollte er mit der Sonnensprachtheorie der Sprachrevolution und der Sprache mit ihrem hohen Fremdwörteranteil einen linguistischen Unterbau verschaffen (DUDA 1942:87). Jens Peter Laut fasst die Sonnensprachtheorie in zwei Sätzen zusammen:

> „Nach dieser Theorie gehört der Urmensch der türkischen Rasse an, und seine Sprache entwickelte sich, beginnend mit der Benennung der Leben spendenden Sonne, von einem undifferenzierten Urlaut zu einem türkischen Idiom, das die Ursprache der Menschheit geworden ist. Alle Rassen und Sprachen der Welt gehen auf den türkischen Urmenschen und sein Prototürkisch zurück." (LAUT 2000:48)

Diese theoretischen Grundsätze bildeten jetzt eine neue Ausgangsposition. Mustafa Kemal beschäftigte sich ernsthaft mit dieser These, die er als politisches Mittel eingesetzt haben soll, um die Sprachrevolution auf ein realistisches Niveau zurückführen zu können. Die Propagierung der Sonnensprachtheorie mit Hilfe eingeladener ausländischer Wissenschaftler, brachte auch die Puristen nicht weiter. Mit dem Tode Mustafa Kemals wurde die viel propagierte Theorie von Wissenschaftlern entweder aus sprachpolitischen Gründen oder wegen eines Erkennens ihrer wissenschaftlichen Unzulänglichkeit in keiner Arbeit oder Rede mehr erwähnt (LAUT 2000:51). Lewis bezeichnete die Vorträge über die Sonnensprachtheorie auf dem Dritten Sprachkongress als inhaltslose Gespräche. Neben Lewis, äußerte sich keiner der ausgewählten fremden Wissenschaftlern wie Sir Denison Ross, Alessio Bombaci, Jean Deny, Friedrich Giese, Julius Németh, Ananiasz Zayaczkowski – mit Ausnahme Kvergićs – positiv über die Sonnensprachtheorie (LEWIS 1999:62). Lewis kritisierte die Arbeiten der TDK sarkastisch und führte Beispiele auf, wonach die Begriffe Atom, Geometrie, Polygon … etc. türkisch seien.

> „These instances of the application of the theory are not cited just for their inherent fun. They also demonstrate the unscholarliness of the officers of the Language Society (as well as of Dr. Kvergić), who unblushingly delivered themselves of such drivel in public. And these people and others like them were largely responsible for the creation of Öztürkçe, a fact which helps to explain why so much of it violates the rules of the language." (LEWIS 1999:63)

İbrahim Necmi Dilmen, der Generalsekretär der TDK und ein fanatischer Vertreter der Sonnensprachtheorie (BEŞİKÇİ 1991:145) antwortete auf die Frage eines Studenten der Ankara Universität, *„warum er die Vorlesungen über die Sonnensprachtheorie abgeschafft habe"* mit den Worten *„Nachdem die Sonne selbst gestorben ist, bleibt nichts übrig von ihrer Theorie"* (zit. n. BANARLI 1977:310) Die türkische Sprachgeschichte verzeichnete in ihrem Entwicklungsprozess seit den 1930er-Jahren nur den despotisch-diktatorischen Zwang der TDK (LEWIS 1961:271, 428).

Der Inhalt der Sonnensprachtheorie betrifft unser Thema nur am Rande, daher soll diese hier nicht ausführlich behandelt werden. Es geht vordergründig zu betonen, dass die Theorie zur rechten Zeit in den Sprachdiskussionen ihren Platz einnahm, aber keine nachhaltige Wirkung bei den Sprachpurismusbestrebungen verursachte.

Geoffrey Lewis zeigte sich sichtlich erstaunt darüber, dass die TDK-Wissenschaftler ungeniert die Sonnensprachtheorie von Kvergić annahmen und kritisierte zugleich Kvergićs unangemessene wissenschaftliche Vorgehensweise in Bezug auf diese Theorie (LEWIS 1961:63). Warum Mustafa Kemal sich an diese Theorie klammerte und sie bis zu seinem Tode nicht fallen ließ, wurden unterschiedliche Ansichten bekundet (HEYD 1954:36). Während die Zeitschrift *Türk Dili* (Türkische Sprache) die Meinung vertrat, dass sich die türkische Sprache unter der wegweisenden Sonnensprachtheorie, die alle Sprachen der Welt umfasse, so weit entwickelt sei, womit dann die puristischen Bestrebungen nicht mehr nötig wären, sah der national gesinnte Schriftsteller Yakup Kadri Karaosmanoğlu in der Theorie einen Mittelweg. Vecihe Hatipoğlu vertrat die Meinung, dass Mustafa Kemal die ausweglose Situation der Sprachrevolution erkannt habe und in dieser Theorie Auswege für die entstandenen Sprachproblematiken gesucht habe (HATIPOĞLU 1963:20). Der Literaturwissenschaftler Nihat Sami Banarlı vertrat dieselbe Meinung wie Hatipoğlu (BANARLI 1977:305). Im Übrigen diente die Sonnensprachtheorie zur linguistischen Absicherung der türkischen Geschichtsthese, folglich die Hochkulturen der Hethiter und Sumerer auf die Einwanderung turkstämmiger Völker zurückzuführen seien (STEINHAUS 1969:113).

Mustafa Kemal äußerte sich offen gegenüber Falih Rıfkı bezüglich der Sprachproblematik mit den Worten: *„Wir haben die Sprache in eine Sackgasse geführt"*, fügte aber hinzu *„[...] Die Arbeit* (mit der Sprache) *überlasse ich aber niemandem,* (Die Sprache) *werden wir aus diesem Dilemma retten."* (zit. n. ATAY 1984:477)

Trotz oben erwähnten Ansichten über die Sonnensprachtheorie ist es heute ersichtlich, dass die Sonnensprachtheorie Mustafa Kemal als eine echte Lösung erschien, um die chaotische Situation in Bezug auf die Sprachproblematik zu bewältigen. Einerseits konnte er nicht von dem Ziel lassen, die Sprache von fremder Beeinflussung mit Hilfe des Purismus zu befreien, anderseits beobachtete er, dass die Entfernung des Lehnwortgutes seiner Vorfahren zwecklos sei. Beweis dafür sind zwei Telegramme, die er zur Gratulation an die TDK schickte. Ersteres wurde laut Lewis in Reintürkisch (=*Öztürkçe*) verfasst; das zweite Telegramm war wieder ganz in der alten Sprache formuliert. Die Telegrammtexte sind für die Interessierten im Anhang nachzulesen, denn die Unterschiede in Wortschatzauswahl der Texte in einer anderen Sprache wiederzugeben bzw. zu übersetzen ist nicht möglich. Das erste Telegramm ist im Original nicht mehr vorhanden (LEWIS 1999:68), aber eine Textversion darüber ist von verschiedenen Autoren in Umlauf (Abbildung 29). Obwohl die Sonnensprachtheorie durch viele Turkologen u.a. in der Dritten Türkischen Sprachkongress in Frage gestellt wurde, brach Mustafa Kemal seine Bindung zu dieser Theorie nicht ab (LEWIS 1999:73; KORKMAZ 1995:780), weil er sie auch als seinen eigenen Beitrag zur Wissenschaft bewertete. Lewis resümierte die ganzen Geschehnisse zu Recht in einem Satz:

„What began as harmless as an after-dinner game had ended up as an incubus." (LEWIS 1999:73)

Die von Mustafa Kemal bis zu seinem Tode eifrig unterstützte Theorie wurde von Revolutionspartisanen beiseite gelegt (LAUT 2000:155). Selbst İbrahim Necmi Dilmen, Generalsekretär der TDK, sprach, *„Nachdem die Sonne selbst gestorben ist, bleibt nichts übrig von ihrer Theorie"*. Nicht zu übergehen ist hier, dass fast alle Nachkömmlinge der Revolution immer wieder widersprüchlich die Meinung vertraten, dass die Ursache für die Rückständigkeit des Türken das Arabische gewesen sei, obwohl die Sonnensprachtheorie doch klar besagt; dass alle Sprachen auch die semitischen wie das Arabisch und das Hebräisch türkischer Abstammung seien (LAUT 2000:47). Eine beispielhafte Aussage dazu von Emin Özdemir (1978:540):

„Die arabische Schifft hatte genau 900 Jahre die Türken, besser gesagt das Erwachen des türkischen Volkes gehindert. Die Altschrift hatte weiterhin das Aufblühen der türkischen Denkweise wie eh und je gehemmt."

Jansky schrieb in einem Artikel, dass jene, die solche Vorstellungen gegenüber dem Osmanischen vertreten, gewiss keine Turkologen seien (JANSKY 1962:135). Ihre Meinungen sind nach Lewis wie oben erwähnt beschämend und von jeder wissenschaftlichen Begründung entfernt. Unter anderem bestätigten Duda, Ahmet Kabaklı die Haltung gegenüber dieser Meinung von Lewis und Jansky.

Die kulturell-traditionelle Diskrepanz zwischen der Republik Türkei und dem Osmanischen Reich sollte sich nicht nur auf die visuelle Änderung der Schrift also den Wechsel der Alphabete beschränken, die eigentliche Kluft kam erst mit dem Bruch mit der Vergangenheit nach 1932 durch den Sprachpurismus zustande. Die politische und geistige Kluft zwischen der Republik Türkei und ihrer türkisch-muslimischen aber auch die türkische Vergangenheit wurden mit den Aktivitäten der Sprachrevolution von 1932 noch weiter vertieft. Das osmanische Kulturleben, die Sprache und Literatur wurden sich selbst überlassen. Die Revolutionen ignorierten alles Osmanische, dieses wurde ablehnend betrachtet oder nur am Rande erwähnt (RILL 1985:99). E. Havelock beschrieb die Sprachpolitik Kemal Atatürks als eine historische Regression und betrachtete die Republik als ein Byzanz, das zu seinem Alphabet zurückgefunden habe:

„Es blieb Kemal Atatürk im zwanzigsten Jahrhundert überlassen, diese historische Regression zu revidieren und Byzanz zum Alphabet zurückzuführen, diesmal zur römischen Version. Seine Absicht war, Anatolien zu literarisieren, und er begriff, dass dies nur die Alphabetisierung leisten würde. Zu beachten ist, dass ihm dies erst nach der politischen Diskreditierung des früheren Establishments gelang, das das arabische System benutzt hatte." (HAVELOCK 1990:162)

Fakt ist, dass die Schrift- und Sprachrevolution dem gesamten türkischen Bildungswesen kräftige Impulse gaben. Zu beachten ist im Übrigen, dass die erfundenen Begriffe ausschließlich Erzeugnisse der Puristen der Sprachgesellschaft, Lohnempfängern des Staates oder Interessenten ohne jegliche Qualifikation im sprachlichen Bereich tätig waren (LEWIS 1999:108). Diese seien, so Glasneck, so weit gegangen, dass ein türkischer Schüler ein fünfzig Jahre altes Buch nicht mehr lesen könne:

„Liest heute ein türkischer Schüler ein fünfzig Jahre altes Buch, so hat er dabei
– auch wenn es in die neue Schrift transkribiert ist – dieselben Schwierigkeiten wie wir beim Lesen des Mittelhochdeutschen." (GLASNECK 1971:242)

Um eine bessere Einsicht zu schaffen, führe ich ein Zitat von Nihat Sami Banarlı, dem Kommissionsberater der technischen Termini der TDK, über die Leichsinnigkeit der Sprachpuristen auf. Ali Dilemre, Doktor der Medizin von Beruf und Präsident der linguistisch-etymologischen Kommission der TDK hatte in einer heftigen Auseinandersetzung seiner Wut Ausdruck verliehen.

„Freunde, ohne wenn und aber, wir hatten keine Prinzipien oder ähnliches. Wir haben alles erfunden." (LEWIS 1999:108)

Die Sprache stand im Mittelpunkt des öffentlichen Interesses und sie wurde dabei unterschiedlichsten Experimenten unterzogen. Herbert Duda fasste als grundsätzliche Stellungnahme zur Problematik der türkischen Sprachrevolution zwei Punkte zusammen.

„1. Die Jahre, in denen die Sprachreform im Mittelpunkt des öffentlichen Interesses in der Türkei stand, in denen die verschiedensten Experimente angestellt wurden, sind nicht ohne Spuren am gegenwärtigen Osmanisch-Türkischen vorübergegangen. Neben einer erfreulichen Hellhörigkeit für sprachliche Dinge ist das Ergebnis der wild bewegten Reformjahre auch eine tatsächliche Bereicherung des Wortschatzes durch einige Neologismen, die aus der übergroßen Fülle des Vorgeschlagenen sich als lebensfähig erwiesen haben.

2. Mehrere nichttürkische Linguisten and Turkologen haben sich zur Sprachreform in einer Weise geäußert, die erkennen ließ, dass sie entweder der einstigen offiziösen türkischen Propaganda erlegen sind oder dass sie aus prinzipieller Freude über eine Reform das, um was es eigentlich ging, nämlich das Osmanisch-Türkische, vergessen haben." (DUDA 1942:77)

Ich tendiere eher zum zweiten Punkt, dass viele Wissenschaftler aus dem Westen die osmanische Sprache vergessen hätten. Einheimische Wissenschaftler waren sowieso schon seit dem „Gesetz zum Schutze der Ordnung" (Tahrir-i Sukun Kanunu) und später mit dem Pressegesetz 1931 ausgeschaltet (GLASNECK 1971:222, 226). Auch für sie, nach einer gewissen Zeit, war das Osmanische wie eine Fremdsprache Sprache, weil sie daran gebunden waren, ihre Tätigkeiten an die vorgeschriebenen Gesetze zu halten.

Neben den Verdiensten, die die TDK der türkischen Sprache bei der Normierung erwiesen hatte, muss hier ein weiteres Beispiel für die Misserfolge erwähnt werden. Es zeigt, in welche Lage der extreme Sprachpurismus die Sprache gebracht hatte. Falih Rıfkı (1984:478), der unerschütterliche Kemalist (STRAUSS 1990:322), erzählte in seinem Buch „Çankaya":

„Nach dem Ende (der Sitzung) kam Abdul Kadir zu mir und sagte: Ich kann fast alle Mundarten der zentralasiatischen Türken. Ich verstehe auch die Mundart eures Yakup Kadri. Wenn es eine Mundart gibt, die ich nicht verstehe, ist es die Mundart der TDK."

Trotz der fundierten Kritik von Turkologen aus dem Ausland und der immer stärker werdenden Kritik nach den 1950er-Jahren im Inland wurde der radikale Purismus von der TDK und von den Repräsentanten der Sprachrevolution fortgeführt. Kenner der osmanischen Sprache und führende Persönlichkeiten wie Agah Sırrı Levend und Cevdet Kudret plädierten auch nach dem Tode Mustafa Kemals noch für eine puristische Haltung in der Sprache

(STRAUSS 1990:322). Um ihre Verwundbarkeit zu überspielen, bemühte sich die TDK sich stets mit ihrem Gründer Mustafa Kemal zu vereinen. Mustafa Kemal jedoch war von den extrem puristischen Bestrebungen in der Sprache, wie es seiner Wortwahl im oben genannten Telegramm (Abbildung 29) sowie dem Gespräch mit Falih Rıfkı zu entnehmen ist, abgekommen.

Die extremen Vertreter der Sprachrevolution konnten ihre puristische Haltung nicht aufgeben, denn die Sprachrevolution, die die Loslösung der türkischen Republik aus dem islamisch-orientalischen Kulturkreis und ihre Förderung zur Entwicklung zum neuzeitlichen Nationalstaat westlicher Prägung bezweckten, wären ohne einen radikalen Bruch zu den sprachlichen Gemeinsamkeiten mit den orientalischen Sprachen unvollständig geblieben.

Wenn man den Ablauf der Sprachrevolution genauer verfolgt, sieht man das Volk selten eingebunden. Nur in den anfänglichen Zeiten (1932) wurde das Volk in die Wortsammelarbeit miteinbezogen (LAUT 2000:34). Die von der TDK eingeführten Neologismen schufen einen so großen Riss zwischen Volks- und Schriftsprache, dass dies sogar dem Leser gewichtige Schwierigkeiten bereitet (GLASNECK 1971:242). Gerade hier möchte ich ein Zitat von Paulo Freire (1970:151), Professor für Volkspädagogik, anführen, denn außer dieser wichtigen Aktion hatte das Volk an keiner Entscheidung teilgenommen.

„Revolutionäre Führer können nicht ohne das Volk, auch nicht für das Volk, sondern nur mit dem Volk denken. Die herrschenden Eliten anderseits können ohne das Volk – und tun das auch –, wobei sie sich allerdings nicht den Luxus leisten, das Nachdenken über das Volk zu versäumen, um es besser kennen zu lernen und es wirkungsvoller beherrschen zu können."

Von den oppositionellen wurde die TDK allgemein folgendermaßen kritisiert: Die TDK hätte die Sprache für ihre politischen Zwecke ausgenützt. Unter staatlichem Zwang wurden die Neologismen (Öztürkçe) in den Büchern aufgenommen. Die Verbindungen zwischen den Generationen wurden abgebrochen. Die Mitarbeiter der TDK waren ungebildete Beamte, die auf Befehl hin ihrer Arbeit nachgingen. In gewisser Hinsicht offenbart diese Haltung rassistische Tendenzen (STEUERWALD 1963:46; LEVEND 1960:452).

Auch der wissenschaftliche Architekt der Schriftrevolution, Ahmet Cevat Emre, beklagte sich später u. a. über die verräterische Haltung gegenüber der türkischen Sprache der TDK (EMRE 1956:98). Man überging sogar Gökalp, den geistigen Lehrer der republikanischen Revolutionen. Denn er war gegen jede Ausmerzung der Begriffe aus dem Bereich der Religion, der Ethik, der Philosophie und der Lehnwörter aus dem täglichen Leben, weil ohne diese Begriffe die Sprache verarmt wäre. Er kritisierte noch zu seiner Lebzeit, also vor der Schriftrevolution 1928, die mäßigen Türkisierungsbestrebungen der Zeitung İkdam, weil sie statt der Reformierung bzw. der Vereinfachung der Sprache, einen Schritt weitergingen und eine Reinsprache (Tasfiyecilik) anstrebten. Wie seine Reaktion gegenüber der späteren Spracherneuerungen der TDK sein würde, ist offensichtlich (GÖKALP 2004:11).

6.6 Diskussionen vor und nach der Schrift- und Sprachrevolution

6.6.1 Einführung

Die türkische Sprache lässt sich, aus verschiedenen Blickwinkeln betrachtet, unterschiedlich einordnen. Deshalb ist die Terminologie noch nicht vereinheitlicht. Für die osmanische Sprache werden mehrere Bezeichnungen nebeneinander gebraucht, z.B. für die westlichen Sprachwissenschaftler ist sie türkisch (Abbildung 30), für den osmanischen Reformer eine Mischsprache und für Republikaner ist sie osmanisch, eine fremde archaisierende Sprache (JANSKY 1962:134–164). Sie kann nicht als eine Hoch-, Normal-, Gemein-, Allgemein-, Standardsprache und damit als überregionale Sprache definiert werden. Sie ist auf jeden Fall eine Sprache, die in der Verwaltung des Osmanischen Reiches, in der herrschenden Schicht und bis zu einem gewissen Umfang im Volk verwendet wurde (WEIL 1917:1). Die internationale Turkologie definiert das Osmanische als türkische Schrift- und Literatursprache, die aus dem Südwest-Ogusischen entstanden ist (DUDA 1942:77, Fussnote 1; ORTAYLI 1982:42; LEWIS 1961:8)

Natürlich beeinflussen sich in so einem großen Imperium die verschiedenen Sprachen der Nationalitäten untereinander. Auch die Amtsprache wird von der Sprache der eigenen und anderer Religionen beeinflusst. Beispielsweise wurden Bücher (1727) oder Zeitungen (1840) in Türkisch mit armenischen Buchstaben veröffentlicht (DILAÇAR 1964:173). Das Osmanisch bzw. Türkisch wurde, wie allgemein von Revolutionären behauptet wird, nicht von Herrscherschicht und von osmanischen Eliten bewusst vernachlässigt, sondern im Gegenteil, es war die Sprache der Eliten aller Völker des Reiches. Mit der Expansion des osmanischen Staatsgebietes hielt gleichzeitig auch die türkische Sprache in diesen Gebieten Einzug. Das Osmanisch-Türkisch galt sodann als Sprache in Arabien, Nordafrika, in großen Teilen Europas. Sie war neben der Religion sowohl für die muslimischen Völker des Vielvölkerstaates als auch für die Griechen, Slawen der unabdingbare Faktor zur Machterlangung bzw. zur Erhöhung des sozialen Status. *„Islam and the Turkish language were the entry requirements which opened the door both to real power and the social status, to Albanian, Greek, and Slav as well as to Kurd and Arab."* (LEWIS 1966:8) Proportional zum Aufstieg des Imperialismus und der Kolonisation, insbesondere in Nordafrika, verlor jedoch das Türkische an Bedeutung, weil das Französische deren Rolle als die Sprache der Kolonialmacht übernahm (BECKMANN 1947:16).

Die türkische Sprache lässt sich wie andere Sprachen auch durch ihren historischen Verlauf, ihre regionalen Unterschiede, ihre sozialen Verhältnisse, durch den medialen Bereich und den stilistischen Gebrauch unterscheiden. Während die geschriebene Sprache, Osmanisch, in der Wissenschaft, in der Zentralverwaltung, in Urkunden, in Gerichtsurkunden, in der Literatur, in der Presse etc. ihre Entwicklung vollzog, lebte das gesprochene Volkstürkisch über Generationen hinweg mündlich oder nur in geringem Maße schriftlich (wie in der Prophetengeschichte; Mevlit von Süleyman Çelebi, Gedichten von Yunus Emre, dem Schattenspiel Karagöz und Hacivat) fort (KREISER 2001:68). Mit der türkischen Sprache hat sich jedoch keiner als Sprache in der Sprachgeschichte näher beschäftigt. Deswegen kann die Sprache tatsächlich wie es bei den entwickelten Sprachen normalerweise der Fall ist, nicht gut periodisiert werden. Allgemein kann aber gesagt werden, dass die geschriebene Sprache bis zum Tanzimat unter dem Einfluss des Arabischen und Persischen, danach bis zur Sprachrevolution des Französischen stand.

Die großen geographischen Unterschiede, vor allem was den Wortschatz und die Aussprache betrifft, weisen viele Mundarten (Dialekte) auf. Dies ist keine Besonderheit der osmanisch-türkischen Sprache. Die deutsche Sprache weist auch solche Unterschiede auf. Im Norden ist die „Apfelsine", im Süden die „Orange" gebräuchlich. Es gab keine überregionale Sprache oder eine Standardsprache im Osmanischen Reich außer der Amtssprache Türkisch (WEIL 1917:1). Bis zum Tanzimat war der sprachliche Unterschied zwischen den sozialen Schichten nicht besonders stark ausgeprägt. Erst als noch das Französische dazu kam, bildeten sich langsam unter den Gebildeten zwei starke soziale Schichten aus, wobei die Traditionalisten das arabisch-persisch geprägte Türkisch verwendeten, die anderen das reine Türkisch bis hin zum Französischen.

Eine Sprache kann sich nur dann als Standardsprache etablieren, wenn sie eine lange Entwicklungsgeschichte vorweisen kann. Ihre grammatischen, stilistischen und orthographischen Normen entwickeln sich definitiv erst nach Jahrhunderten. Dann nähert sich die Standardsprache allmählich der Umgangssprache. Infolgedessen ist sie erst eine geschriebene, nicht eine gesprochene Sprache.

Die Aussprache und der Wortschatz der verschiedenen Mundarten von Anatolien bis nach China, unterschieden sich aus den oben genannten Gründen von Dialekt zu Dialekt, manchmal sogar schon von Ort zu Ort. Weil diese Dialekte nur eine begrenzte Reichweite hatten, wurden Orthographie und Grammatik eines solchen nicht normiert. Daher waren Mundarten auch leichter veränderlich als die geregelte türkische Standardsprache, die wiederum bis in die republikanische Zeit gänzlich fehlte. Trotzdem sind und waren die Mundarten ausdrucksvoller und konkreter als die sehr erzwungene geschriebene Sprache. Heute überleben die Mundarten nur noch in kleinen sozialen Schichten in Anatolien, weil der Istanbuler Dialekt zum Standardtürkisch auserkoren wurde. Die Massenmedien, das Schulwesen sowie die Landflucht begünstigten die Verbreitung der gewählten Standardsprache.

Als eine soziale Erscheinung ließ Sprache früher oft deutlich die Zugehörigkeit zu einer bestimmten Gesellschaftsschicht erkennen. Auch innerhalb der Osmanischen Sprachperiode, sowie überall auf der Welt, waren im sprachlichen Bereich die Unterschiede zwischen den sozialen Schichten selbstverständlich. Basil Bernstein, der in seinen Aufsätzen das Experiment unternahm, die Wechselbeziehungen zwischen Sozialstruktur und Sprachgebrauch und das daraus resultierende Verhalten des Individuums zu erforschen, stellte fest:

> „In gewisser Weise wirkt die Form der sozialen Beziehung selektiv auf die Sprachmöglichkeiten des Individuums, und die Möglichkeiten bedingen wiederum in bestimmter Hinsicht das Verhalten." (BERNSTEIN 1972:154)

Nachdem er den Unterschied zwischen dem begrenzten Kode der Unterschicht und dem differenziert ausgebildeten Kode der Mittel- und Oberschicht beschrieben hatte, kam der Begriff Sprachbarriere auf, d.h. die Behinderungen eines sozialen Aufstiegs durch unvollständige Ausdrucksfähigkeit und begrenzten Wortschatz (BERNSTEIN 1972:155). Dazu kommt unter anderem noch der Mangel an Schrifttum (SOYSAL: 08.10.1988). Weil hier sowohl die Sprache und als auch die Schrift in der alten Alphabetsperiode also in der osmanischen Zeit keine fundierte Normierung erlebten, tauchten für den Leser und Schreiber infolgedessen bei dem einheitlichen Lesen und Schreiben öfters gewisse Probleme auf. Dieser Zustand veranlasste den jungen türkischen Staat dazu, die Schrift zu ändern und die Sprache zu türkisieren, wonach aber das vorherige Schrifttum des türkischen Kulturgutes unterging.

Die seitens der Modernisten verpönten arabisch-persischen Entlehnungen im Türkischen sind jedoch bei Weitem nicht mit den Einflüssen aus den westlichen Sprachen, vor allem aus dem Französischen, im türkischen Sprachgebrauch zu vergleichen. Der französische Einfluss auf die türkische Sprache war von Anfang an immer mehr als nur die Folge der Einführung westlicher Ideen (Modernisierung) mit imperialistischem Hintergrund (MATUZ 1985:250). Dagegen sind die Entlehnungen aus dem arabisch-persischen Sprachgut in Schrift und Wortschatz freiwillige Importe und Modeerscheinungen der jeweiligen Zeit. Der Einfluss also der persisch-arabischen Sprachen beschränkte sich nur auf den Kulturwortschatz (BOLAND 1928:70), die Grammatik blieb aber reintürkisch. Die Sprachkommission sollte die Tatsache erkennen, so Duda, dass das Osmanisch-Türkische wie das Englische eine Mischsprache ist. Er fügt hinzu:

„Das in der Tagespresse verwendete Wortmaterial, das bis in die untersten Volksschichten hinein verstanden wird, kann nicht als fremd aufgefaßt werden. Sollte wirklich ein unvoreingenommener Türke ohne Bildung annehmen, daß mektūb, hajvân, kitáp, tebrīk etmek, weniger türkisch sei als eśek, oġurlar usw.?" (DUDA 1930:410)

Wenn verschiedene Bezeichnungen für die gleichen Begriffe verwendet werden, führt das nicht so leicht zu kommunikativen Störungen*, wie wenn ein Begriff für zwei verschiedene Bedeutungen bzw. Dinge verwendet wird. Eine Anzahl von Wörtern erlebte vom Osmanisch-Türkischen zum verwestlichten Türkischen innerhalb einer kurzen Entwicklungszeit einen Bedeutungswandel im Sinne einer Bedeutungserweiterung und einer Bedeutungsverschie-

---

* Wie Staatsbürgerschaft/Staatsangehörigkeit, Abendbrot/Abendessen, fegen/kehren ... etc.

bung. Das bekannteste Beispiel dazu ist das Wort „Laizismus". Seine türkische Auslegung ist regional-politisch und ideologisch gebunden, nicht universell. Mit fremden Inhalten gefüllte Begriffe wurden oft von Reformern heftig verteidigt, sogar gesetzlich dem Volk vorgeschrieben (GLASNECK 1971:222, 226) und Bedeutungswandel wurde toleriert. Missdeutungen wurden derweil auch von westlichen Wissenschaftlern ignoriert (LAUT 2000:1).

Dass gerade bei abstrakten Begriffen in verschiedenen politischen Gruppensprachen Bedeutungsdifferenzen entstehen, liegt auf der Hand. Durch häufigen Gebrauch werden diese Begriffe jedoch abgenützt. Diese inhaltleeren Klischees in der Türkei werden besonders seit den 1980er-Jahren oft und heftig diskutiert.

6.6.2 Protagonisten und Antagonisten der Schrift- und Sprachrevolution im Überblick

Es hat schon immer politische und soziokulturelle Implikationen gegeben, wenn der konsequente Gebrauch einer Sprache im gesamten Staatswesen, in der Literatur, in der Religion und im Schulbereich gefordert wurde. Die politischen Mächte stützten sich gewiss nicht auf wissenschaftliche Gegebenheiten. Daher waren die Meinungen der Eliten vor und nach der Republik nur von wenig Subsistenz für die Entscheidungen der Staatsführung. Andererseits war auch eine grundlegende sprachwissenschaftliche Arbeit, auf der sich die Staatsführung hätte stützen können, zu keiner Zeit vorhanden.

Um Wiederholungen zu vermeiden, werde ich hier nur einige namhafte Wissenschaftler und ihre Argumente für und gegen die Schrift- und Sprachrevolution, die ich entweder in der Gesamtheit der Studie gar nicht oder nur namentlich erwähnt habe, kurz aufführen.

Abdullah Cevdet (1869–1932), Publizist: *„Die Lateinischen Buchstaben stammen von der hethitischen Nation, die die Vorfahren der Türken sind. Also sind sie vom Grund her türkische Buchstaben."* So äußerte sich Abdullah Cevdet in der Zeitung Akşam Nr. 2689 am 6. April 1926 (REKIN 1991:194). Ihm zufolge sind die arabischen Schriftzeichen ein Hindernis für die Entwicklung des Türkischen. Die alten Werke umzuschreiben wäre kein Problem, aber nicht nötig, denn sie verfügten über keinen Wert (ÖZERDIM 1983:586). Der junge Arzt kurdischer Abstammung (HEYD 2001:27), der ein öffentlich bekennender Atheist und Revolutionär war, bereute und verurteilte später seine Taten als großen Fehler (MISIROĞLU 1993:30).

Celal Nuri Ileri (1877–1939), Journalist: Zunächst war er für eine getrennt geschriebene arabische Schrift (REKIN 1991:138). Dann aber wurde er zu einem der wichtigsten Verfechter der lateinischen Schrift. In seinen Publikationen verteidigte er, mutig für seine Zeit, die Einführung der lateinischen Schriftzeichen und betonte deren Vorteile. Er machte auch klar, dass die arabischen Buchstaben keinen göttlichen Ursprung hätten (ÜLKÜTAŞIR 1973:28). Er schlug dem Bildungsministerium vor, die lateinische Schrift in einem Gebiet erst ein Jahr lang anzuwenden. Wenn dort keine befriedigenden Ergebnisse im Zuge der Alphabetisierung erzielt würden, sollte man von der Idee absehen. Später äußerte er sich sehr aggressiv gegen das alte türkische Kulturgut. *„Wenn wir die alten Bücher nicht auf dem Beyazit-Platz verbrennen, kann sich diese Nation nicht mehr retten."* (NUR 1967:1440)

Kılıçzade Hakkı (1872–1953) Schriftsteller: Er war dafür, dass das lateinische Alphabet im Original für die türkische Sprache eingeführt werden sollte. Die Schrift allein habe mit der Religion nichts zu tun. Er brachte folgendes Beispiel in einem seiner Artikel: *„Nehmen wir an, die Franzosen würden überzeugt und konvertieren zum Islam. Um die Franzosen als Moslems anzuerkennen, sollte ihnen vorgeschrieben werden, ihre sehr elegante Sprache mit der arabischen Schrift zu schreiben."* (zit. n. ÜLKÜTAŞIR 1973:40) Als der mächtige General Kazım Karabekir auf dem Wirtschafkongress in Izmir diesen Vorschlag erhielt, sagte er unter anderem; *„[...]Die Türken haben eine fremde Schrift eingeführt und wurden Christen..."* Darauf hin warf Kılıçzade dem General in einem Zeitungsartikel vor er sei *„ahnungslos"* und bewertete seine Lage als *„merkwürdig"*, wenn so ein Mann mit guter Ausbildung eine solche Meinung äußere (zit. n. ÜLKÜTAŞIR 1973:44).

Hüseyin Cahid Yalçın (1874–1957), Publizist: Er wurde in dieser Arbeit oft erwähnt, weil er der eifrigste und fähigste Vorkämpfer für die Lateinschrift war und nach der Gründung der Republik den ersten Vorschlag an Mustafa Kemal herangetragen hatte, die lateinische Schrift einzuführen. Seine Ansichten waren schon in den letzten Jahren des Osmanischen Reichs bekannt. Als ihm die Bildungsministerstelle während des Ersten Weltkrieges angeboten wurde, wollte er diese Position nur annehmen, wenn die lateinische Schrift im Reichsleben eingeführt werden würde (ADIVAR:07.08.1954). Als er mit dem Kurdenaufstand 1925 in Verbindung gebracht wurde, ging allerdings seine Karriere unter. Seine gegnerische Haltung gegen den extremen Purismus in der Sprache schließlich läutete 1932 sein endgültiges Ende ein. Seine kritische Haltung während der Osmanischen Zeit führte er auch in der republikanischen

Ära weiter fort. Er stand mit der Staatsführung der Republik nicht im besten Einklang und somit kritisierte er sarkastisch die Tatenlosigkeit, so wie es folgende Sätze belegen: *„Republik, in Ordnung! ... Ein Wechsel des Namens der Regierung reicht eben nicht. Die Arbeit ist die Tat."* (NUR 1967:1307) Obwohl er der wichtigste Verfechter der lateinischen Schrift war, schrieb er seine Notizen, sogar seine Artikel für Zeitungen bis zu seinem Tode in arabischer Schrift (ORHON:19.04.1969; MISIROĞLU 1993:30; Abbildung 31).

Necip Asım Yazıksız (1861–1935) Sprachwissenschaftler: Obwohl er anfangs als türkischer Nationalist sich gegen das lateinische Alphabet stellte, korrigierte er seine Meinung später und lief zu den Latinisten über: *„Ich bin nicht für das Lateinische, denn dadurch müssen wir uns von unseren dreitausend Jahre alten Bibliotheken verabschieden."* Nach ihm ist das Alphabet ein Bindemittel der Muslime. (REKIN 1991:129, 193)

Als der Gesetzesentwurf über das in der Türkei als internationale Zahlen bekannte arabische Zahlensystem ins Parlament eingebracht wurde (20.05.1928), sprach er sich als Abgeordneter von Erzurum für die Einführung des lateinischen Alphabets aus (REKIN 1991:211). Er war für ein einfaches und vom arabisch-persischen Einfluss befreites Türkisch. Er hatte zuvor in einer Sprachkommission (1917) mit Ziya Gökalp unter der Schirmherrschaft der Istanbuler Universität mitgewirkt, um ein reformiertes lateinisches Alphabet für die türkischen Eigennamen auszuarbeiten (REKIN 1991:129, 268).

İbrahim Alaaddin Gövsa (1889–1949) Schuldirektor: Wenn es Ziel sei, die westlichen Zivilisationen zu erreichen, dann könne man, laut Gövsa, eine zweite Sprache als Hilfssprache einführen (ÖZERDIM 1983:586) . In unterschiedlichen Phasen schrieb er über die Nachteile der lateinischen Schrift in der Resimli Gazete (Bild Zeitung). Er beurteilte Hüseyin Cahid, den Pionier der Lateinschrift, als ahnungslos in Sachen Schriftproblematik und kritisierte seine Vorhaben mit sarkastischem Wortlaut. Wenn die Türken die lateinische Schrift annähmen, könne die Türkei sogleich – wie aus einem magischen Stab hervorgezaubert – sich in allen Bereichen entwickeln.

Halil Nimetullah Öztürk (1880–1957): Er begründete seine Meinung über den Schriftwechsel auf sehr ironische Art und Weise in der Zeitung Akşam (Abend) 1926: *„Ich bin nicht dafür, denn in den Worten der Freunde der lateinischen Schrift habe ich keine ernste und wissenschaftliche Erkundigung angetroffen"* Er fügte hinzu, dass ein Wechsel großes Durcheinander bringen würde (ÖZERDIM 1983:58; REKIN 1991:194). Er war dafür, dass man das vorhandene Alphabet beibehalten solle, sogar ohne es zu reformieren. Er ging sogar noch einen Schritt weiter und behauptete, dass solche Ideen und Aktionen fremde Beeinflussungen seien (REKIN 1991:251). Er gehörte später zu den Extremisten (Öztürkçeciler), die aus der türkischen Sprache ein Reintürkisch machen wollten. Ob seine Haltung gegenüber Schrift und Sprache mit der Tatsache, dass ihm an der neu gegründeten Istanbuler Universität keine Stelle angeboten wurde, wie Özerdim (1983:588) in seinem Artikel behauptete, in Verbindung gebracht werden kann, bleibt fraglich.

Auf jeden Fall brachte ihn der extreme Meinungswandel soweit, dass er am 14.08.1953 in einem in *Hürses* (Freie Stimme) veröffentlichten Artikel das osmanische und damit das arabische Alphabet schimpflich verurteilte und jegliche konstruktive Auffassungen der osmanischen Kultur als *„perverse Ansichten"* abstempelte (ÖZTÜRK: 14.08.1953).

İbrahim Necmi Dilmen (1889–1945): Auch er war anfangs Gegner der Lateinschrift. Seinen Vorstellungen nach wären bei der Übernahme des Lateinischen einige physische Änderungen und Zufügungen unvermeidlich. Statt dieses fremde Alphabet zu reformieren, könnte man mit Leichtigkeit das eigene 700jährige Alphabet verändern und der türkischen Sprache anpassen (ÖZERDIM 1983:586). Er warnte die Protagonisten der Lateinschrift in Akşam am 19. April 1926, dass ihnen die lateinische Schrift bei der Aussprache türkischer Wörter keine Hilfe sein werde (REKIN 1991:195). Später wurde er von Mustafa Kemal in Dolmabahçe „für das Kolleg für hohe Staatsmänner" als Lateinlehrer ernannt. Der aus Saloniki stammende Dilmen, wie Mustafa Kemal, war als Generalsekretär der TDK ebenso Vorkämpfer für ein radikales Reintürkisch. Seine Sprache war nach Duda genau so künstlich und unhomogen, gerade in Bezug auf eine „Volkssprache", wie das kunstreichste Hochosmanische (DUDA 1942:85). Seine puristische Haltung gegenüber Sprache verzeichnete ihren Höhepunkt als die Sonnensprachtheorie aufkam. (Abschnitt 6.5.3)

Yakup Kadri Karaosmanoğlu (1889–1974) war der bekannteste Schriftsteller seiner Zeit. Er benannte die osmanischen Bücher in den Regalen der Bibliotheken als wertlose und staubige Gegenstände. *„Man muss die Anhänger der persisch-arabischen Kulturwirren nicht ernst nehmen." (zit . n. Rekin 1991:221)* Gegen die puristischen Bestrebungen sprach er sich jedoch heftig aus. Er betrachtete die Ansichten von Nurullah Ataç sowie Hacıeminoğlu, einem Professor für Türkisch, als eine Gefährdung für die Entwicklung der Sprache (KARAOSMANOĞLU 1981:55; HACIEMINOĞLU 1996:106).

Zoltan Gombocz (1887–1935), Professor für Turkologie, war gegen die Einführung der lateinischen Schrift. Für ihn wäre es sinnvoller gewesen die vorhandene Schrift zu reformieren, als einen totalen Wechsel durchzuführen (REKIN 1991:195). Er bemerkte in seinem an die Sprachkommission gerichteten Artikelbrief, dass die Staatsführung beabsichtige, das lateinische Alphabet ohne wissenschaftlichen Rückhalt einzuführen. Er führte weiter aus, dass für die Wiedergabe der türkischen Laute die lateinische Schrift nicht ausreichend und auch nicht geeignet sei. Er empfahl der Sprachkommission drei Punkte in seinem Artikel. Erst solle man feststellen, über wie viele Laute das Türkische verfüge, wonach man dann so viele Buchstaben finden solle. Zweitens gäbe es einige überflüssige arabische Buchstaben, die man früher, obwohl die Laute im Türkischen nicht vorhanden sind, angenommen hatte. Diese sollten herausgenommen werden. Drittens solle man die Buchstaben physikalisch vereinfachen. Es sei richtig, dass die türkische Schrift ein Problem darstelle. Modernisierung und Entwicklung der vorhandenen Schrift sei jedoch leicht und möglich. Die Vereinfachung der Schrift in dieser Richtung verschaffe übrigens einer Nation große Vorteile, weil die Verbindung zur Vergangenheit bestehen bleibe und das Kulturgut der Vorfahren genutzt werde. Dies solle für eine Nation oberste Wichtigkeit und Priorität genießen (YORULMAZ 1995:219).

„Soweit ich gehört habe, wollen sie unsere (d.h. ungarische) Schrift annehmen. Wir haben unsere Schrift vor Jahrhunderte eingeführt. Als wir die Schrift einführten, hatten wir kein Schrifttum und keine entwickelte Schrift. Sie sind jetzt nicht in diesem Zustand. Sie haben eine Schrift, die sie seit Jahrhunderten verwenden. Ja, Ihre Schrift heute ist sehr schlimm. Aber diese Schrift zu entwickeln und eine moderne Schrift daraus zu machen, ist möglich und auch sehr leicht. Das können sie auch selbst bewerkstelligen ohne die europäischen Wissenschaftler einzubeziehen. Somit könnt Ihr den Abbruch mit der Tradition verhindern und die Werke von Ihren Vorfahren weiter verwenden. Dies ist dann für jede bewusste Nation von oberster Priorität." (zit. n. YORULMAZ 1995:221)

Avram Galanti (1884–1961): Er hat durch Forschungen in der Geisteswelt der Türkei regen Anteil an den Diskussionen genommen. Der Istanbuler Universitätsprofessor für alte Sprachen brachte im Zuge des Alphabetwechsels grundlegende Gegenargumente vor (JANSKY 1929:162). Er publizierte seine Arbeit in einem Büchlein mit dem Titel „Arabi Harfleri Terakkimize Mani Değildir" (Die arabischen Buchstaben sind kein Hindernis für unsere Entwicklung), worin er seine Meinung darüber ausführlich begründet. Er versuchte revolutionäre Gründe anzuführen, so z.b. dass die arabischen Schriftzeichen eine höhere Funktionalität hervorbrächten als das Lateinische. Die Analyse Galantis ist zwar eine detaillierte Arbeit von sprachlicher Natur, aber von ihren Erwägungen her enthält sie wesentliche politische Hinweise. *„Wir können die arabischen Buchstaben durch Zufügungen weiterer Vokale unserer Sprache anpassen. Jetzt ist es auch eine Notwendigkeit in politischer Hinicht an unseren Buchstaben festzuhalten."* (GALANTİ 1996:13) Er äußert seine Angst darüber, dass das Land durch die Einführung des lateinischen Alphabets, also durch einen Schriftwechsel statt eines hohen Bildungsstandards, einem freien Land adäquat, eine koloniale Erziehung einbürgere, wie es sich die Feinde wünschten. (GALANTİ 1996:16) Auch Lewis zufolge sei es die Schrift, nicht die Sprache, die als äußerliche Erscheinung auf eine Zugehörigkeit hinweise (LEWIS 1991:420). Sir Denison Ross war auch der Meinung, dass ein Alphabetwechsel mit Hegemonie gleichzustellen sei. Ross hatte am „Zweiten Türkischen Geschichtskongress" (18–23. August 1934) teilgenommen und beim Rückweg auf einer Konferenz an der Bonner Universität seine Ansichten mit den folgenden Feststellungen vorgetragen (1935).

„Die Einführung des lateinischen Alphabets führte die Orientalen zur Hegemonie des Westens nicht nur im technischen Bereich, sondern auch im geistigen. Die europäische Denkart und deren Methodik ist ein europäisches Patent; in der Tat wird sich nichts ändern, wenn die eine oder andere einzelne Personen aus dem Orient dieser Denkart ganz oder nur teilweise aufgreift." (zit. n. TOGAN:1951:17)

Zeki Velidi Togan (1890–1970): Die Beeinflussung Togans durch Galanti ist nicht anzuzweifeln und so bestätigte Togan ihn und fügte aber weiter hinzu, dass das Alphabet nicht deswegen angenommen werden müsse, um sich in die geistige Gefangenschaft des Westens zu begeben, sondern um das Land auf das geistige Niveau Europas zu erheben.

Er war anfangs immer gegen einen Wechsel des Alphabets gewesen. Nachdem das eingeführte Alphabet sich langsam eingebürgert hatte, versuchte er gegenüber westlichen hegemonialen Äußerungen das neue Schriftsystem mit schwachen Begründungen zu rechtfertigen. Außerdem ging er als russischer

Türke immer von dem Standpunkt aus, dass die Russlandtürken mit der Lateinschrift gegenüber den Kyrillisch schreibenden Russen im Vorteil seien, weil sie mit dem entwickelten Westen mit der Lateinschrift eine Verbindung herstellen könnten.

Ob seine Meinung über den Schriftwechsel eine grundsätzliche Abkehr von seinem sprachlichen Standpunkt darstellte, lässt sich diskutieren. Kurz vor dem Schriftwechsel schlug er vor, die lateinische Schrift als Hilfsschrift oder als zweites Alphabet einzuführen (REKİN 1991:199). In einem 1926 in *TürkYurdu* (Türkische Heimat) veröffentlichten Artikel äußerte er sich ausführlich darüber, welche Nachteile der beabsichtigte Alphabetwechsel verursachen könnte und stellte fest; *„Wir müssen unbedingt wissen, dass die Anwendung der lateinischen Buchstaben in unserer Sprache unmöglich und schädlich ist"*. (zit. n. ÜLKÜTAŞIR 1973:55) Es würden mit dem lateinischen Schriftsystem aus den verschiedenen Turkstämmen „verschiedene neue Zivilisationen" entstehen und eine einheitliche nationale Kultur würde sich davon lange Jahre nicht mehr erholen können. Später bearbeitete er in seinem Buch „Türk Dünyasında Elifba Meselesi" die Alphabetproblematik ausführlicher. Die Vor- und Nachteile werden darin ausführlich dargestellt. Die arabische Schrift sei flexibel, könne in aller Form dargestellt werden. Neben diesen Nachteilen nannte er auch einige Vorteile; so würde sie den Türken gegenüber den Russen das Gefühl vermitteln, einer höheren Zivilisation anzugehören. Eine gemeinsame Schrift mit Europa würde den nächsten Generationen den Weg zur europäischen Wissenschaft öffnen (REKİN 1991:199).

Sir Denison Ross: Um den Kampf um den Schriftwechsel und das Ausmaß der Einführung der lateinischen Schrift verständlich zu machen, möchte ich hier einpaar Bemerkungen Togans über Ross aufführen. In einem Brief von 1926 an Fuad Köprülü bestand Ross darauf, dass das lateinische Alphabet in der Türkei einzuführen sei. Er reiste sogar, um das lateinische Alphabet zu propagieren, 1929 nach Kairo, Bagdad, Damaskus und Teheran und erzählte König Fuad und Reza Schah von seinen Projekten. Keiner jedoch bewertete seinen Vorschlag positiv. Aber als der indische Moslem Elme Latifi für indische Moslems ein Alphabet für das Urdu ausarbeitete und in einer Konferenz bekannt machen wollte, ergriff Sir Denison Ross das Wort und sprach über die Mängel des lateinischen Alphabets und über die Vollkommenheit der arabischen Schrift. Ob der Meinungswandel des sehr politisierten Orientalisten Ross, der den Türken 1926, die Einführung des lateinischen Alphabets empfahl und 1929 sogar dafür die Welt bereiste, ein Resultat seiner Reisen in der islamischen Welt per se war, oder ob es sich nur um ein politisches Kalkül handelte, ist bis heute unklar (TOGAN 1951:XVIII). Auf einer Konferenz in Bonn 1935 äußerte er sich wie folgt aus:

> „Der Orient lernt von uns die Technik und Methodik; aber allen ihren Unternehmungen eine Richtung zu geben, ihre Staatsgrenzen zu bestimmen, deren Geschichte, heutiges Leben und die Arbeiten werden immer im okzidentalen Wertschätzungsermessen liegen. Die Einführung des lateinischen Alphabets führte die Orientalen zur Hegemonie des Westens nicht nur im technischen Bereich, sondern auch in Geistigen. Die europäische Denkart und dessen Methodik ist ein europäisches Patent; in der Tat wird sich nichts ändern, wenn die eine oder andere einzelne Personen aus dem Orient diese Denkart ganz oder teilweise aufgreift." (TOGAN 1951:XVIII).

Die Feststellungen von Ross sind bis ins kleinste Detail eingetroffen. Diese Geschehnisse werden bis jetzt nicht von den Türken wahrgenommen und ignoriert. Diese Diagnosen von Sir D. Ross in der Bonner Konferenzreihe (Zitat oben) fanden später auch bei Schaeder, Prof. für iranische Philologie an der Universität Berlin, in seinem Eröffnungsvortrag beim 8. Orientalistentag in Bonn am 3. September 1936 „Die Orientforschung und das abendländische Geschichtsbild" ihre Bestätigung (SCHAEDER/STIER 1936:377-396). Er weist in seinem Vortrag „Der neuere Orient" daraufhin, dass die Engländer zum Erhalt ihres Weltreichs immer eine einseitige, egoistische Politik betrieben hätten.

> „Beim flüchtigen Zusehen scheint es keinem Zweifel zu unterliegen, dass das englische Vorgehen aus nichts weiter als einem rücksichtslosen politischen und wirtschaftlichen Egoismus entspringt, der die europäische Konkurrenz, wo immer das möglich ist, auszuschalten sucht und dem die orientalischen Staaten reine Objekte wirtschaftlicher Ausbeutung sind. Aber das ist nicht das Ganze. Die englische Politik hat hier wie immer ein doppeltes Gesicht. Einerseits ist die Aufrichtung des britischen Weltreichs doch zugleich eine Angelegenheit Europas gewesen und sie ist es bis heute. England war durch Jahrhunderte der Schrittmacher des Europäismus im Orient und der ganzen Welt und es weiß um diesen seinen Beruf." (SCHAEDER 1935:46)

Togans Bedenken über den Meinungswandel von Sir D. Ross und Schaeders Ansicht über die englische Politik verdeutlichen, dass er sich womöglich zur Erledigung seiner politischen Aufgabe, auf unterschiedliche Weise zur Lösung der Alphabetsfragen in Indien und in der Türkei äußerte.

M. Fuad Köprülü (1890–1966): Dekan der philosophischen Fakultät in Istanbul, Religions- und Literaturhistoriker (HARTMANN 1919:93). Er zählte eigentlich als Fachmann zu den Gegnern der Lateinschrift. Nach seinem ersten Aufsatz in der Zeitschrift *Milli Mecmua* (Nationale Zeitschrift) vom 1. Dezember 1926 äußerte er sich mit fundierten Argumenten gegen die Lateinschrift (REKIN 1991:197), wobei er aber zehn Jahre später in der Ausgabe der Zeitschrift *Ülkü* (Ideal) vom September 1938 (ÖZERDIM 1983:587) einen mit revolutionärem Wortwahl angefüllten Aufsatz gegen die arabische Schrift veröffentlichte. Viele zeitgenössische Turkologen oder verwandte Wissenschaftler wie Jansky, Duda erwähnten diesen zweiten Aufsatz jedoch nie.
In seinem ersten Aufsatz konnte man lesen:

> „Die, die für den Alphabetwechsel eintreten, würden danach erkennen, dass diese Aktion keine einfache Logikproblematik ist, sondern ein Problem, das die wissenschaftliche Bearbeitung benötigt. […] Zum Beispiel, wenn eine Nation ihr Alphabet wechseln sollte, sollte diese Nation entweder kein Kulturgut besitzen oder primitive Zustände vorweisen. In der Tat besaß die türkische Nation ein reiches Kulturgut und sie ist auch keine primitive Nation. […] Sogar das arabische Alphabet ist für die türkische Sprache besser anwendbar gewesen als das uigurische." (KÖPRÜLÜ, zit. n. Eren 1991:7)

Er betonte in seinem Artikel, dass die Einführung der lateinischen Schriftzeichen nicht nur Gegenstand der Kultur und Geschichte seien, sondern gleichzeitig eine Problematik der Wirtschaft darstellten und die Meinung von Fachmännern diesbezüglich respektiert werden solle.

In seinem unter dem Titel *Alfabe İnkılabı* (Alphabetrevolution) in Ülkü veröffentlichten Artikel zeichnete sich sein extremer Meinungswandel ab:

> „Die Türken haben nach dem sie den Islam angenommen hatten, mit der islamischen Beeinflussung ihr ehemaliges Alphabet aufgegeben und angefangen die arabischen Schriftzeichen zu gebrauchen. Dieses auf die türkischen Sprache nicht anwendbare und für die Wiedergabe der türkischen Lautung nicht geeignete Alphabet hatte die türkische Sprache neunhundert Jahre gefangen genommen." (KÖPRÜLÜ 1938:1)

Diese zwei so widersprüchlichen Aussagen können meines Erachtens nach nicht dem kompetenten Geist eines der wenigen führenden Wissenschaftlern dieser Zeit entsprungen sein. Seine politische Haltung, seine Parallelität in den nationalistischen Ansichten mit Ziya Gökalp und seine Sympathie zu der Staatsführung waren durchaus bekannt. Das herrschende Einparteiensystem erlaubte ihm nur in der CHP (Republikanische Volkspartei) (1935–1945) ein politisches Leben zu führen (STROHMEIER 1984:79). Dass die oben geäußerte Meinung eine im Zuge des Alphabetwechsels von der Partei aufgezwungene geläufige parteipolitische Einstellung war, scheint mir eine logische Erklärung für diesen sprunghaften Wechsel zu sein. Denn wie ist es sonst zu erklären, dass ein führender Wissenschaftler wie Fuad Köprülü folgende Sätze in der Zeitschrift Ülkü 1941 schrieb:

„[…] Die türkische Macht und der Wille, die von keiner physikalischen Macht der Welt erschüttert werden können, werden in Person des würdevollen Vertreters Milli Şef (İsmet İnönü) vereint, der die Quelle des Glaubens und die göttliche Hoffnung für alle Menschen, welche an die gerechte Macht glauben, ist." (KÖPRÜLÜ, zit. n. Kabakli 1993:312)

Hinzu kommt noch, dass er 1945 durch Ausschluss aus der Partei austrat (STROHMEIER 1984:79) und durch die Gründung einer neuen Partei eine neue Ära beginnen ließ. Diese widersprüchliche Haltung und der Meinungswandel bei Köprülü erzeugten jedoch im besten Fall Skepsis bei der Erkundung seiner Meinung zur Schrift und Sprachrevolution.

Man muss hier nochmals betonen, dass viele wichtige Revolutionswächter, die im Widerspruch zur Philosophie der Revolution oder im Glaubensverlust an die Revolutionen gehandelt hatten, meistens für ihre Notizen und den täglichen Schriftverkehr die alte Schrift (arabische Schrift) verwendeten. Dazu zählten unter anderem: Refi Cevad Ulunay, Falih Rıfkı Atay, Ahmed Emin Yalman, Yahya Kemal Beyatli, Orhan Seyfi Orhon, Hasan Ali Yücel (ORHON:19.04.1969).

Ahmet Cevat Emre (1887–1961) ist einer der, wenn nicht die wichtigste Persönlichkeit in diesem Schrift- und Sprachstreit (neben Mustafa Kemal). Er trug mit seinen fachwissenschaftlichen Artikeln zur Überzeugung der Politiker zu einem Schriftwechsel wesentlich bei. Als Beschäftigte des Orientalischen Instituts in Moskau gehörte es zu seinen Aufgaben, die türkischen Zeitungen zu lesen und bestimmte Artikel zusammengefasst ins Russische und Französische zu übersetzen (Nureddin 1969:309).* Er publizierte davor in Tiflis und Batum zusammen mit Nazım Hikmet die marxistische Zeitschrift *Yeni Dünya* (Neue Welt).** Er wurde später neben Dr. Şefik Hüsnü, Sadrettin Celal

Mitglied des zentralen Komitees der Türkischen Kommunistischen Partei (TKP) in Moskau. Sehr merkwürdig mutet es an, dass er in seinen 1956 veröffentlichten Memoiren „*Revolutionsziel von Atatürk und seine Geschichtsthese*" kein Wort über seine Freundschaft mit Nazım Hikmet, über seine Mitgliedschaft in der kommunistischen Partei und seinen Aufenthalt in Moskau verlor. Er beklagte sich darin auch über die verräterische Haltung der TDK-Mitarbeiter gegenüber dem atatürkschen Erbe (EMRE 1956:98).

Vor dem Schriftwechsel (1928) schrieb er eine Reihe von Artikeln (18 Artikel), die angeblich später Mustafa Kemal beeinflusst hätten. Er konnte sie aber statt in der staatlichen Zeitung Milliyet, nur in der Zeitung Vakit mit Hilfe seiner Freunde – darunter der Leiter der Zeitung İbrahim Necmi – publizieren. Auch die Zeitung Akşam (Abend) veröffentlichte seine Arbeiten nicht. Sie haben ihn immer mit der Begründung „*Wir wollen uns keine Schriftproblematik schaffen*" abgewiesen (EMRE 1960:319; ERIŞIRGIL 08.08. 1953). Er wusste genau, dass alle Wissenschaftler, Journalisten und Universitäten, selbst İsmet İnönü, nur Angst hatten, was mit dem Kulturerbe geschehen würde (AYDEMIR/KORKMAZ 1992:385). Diese Gruppierungen waren unter sich auch einig, dass die osmanischen Schriftzeichen und Sprache einer echten Normierung, die seit *Genç Kalemler* (Die jungen Schriftsteller) folgenreich angefangen hatte, unterzogen werden müsse. Daher baute er wahrscheinlich seine Thesen in den Artikeln auf diese Weise auf, um die möglichen Widerstände aus diesen Reihen zu schwächen, so dass angeblich ein Schriftwechsel keinen Zusammenhang zu Kultur und zu Kulturwandel haben soll. Demgegenüber vertreten jedoch alle Wissenschaftler, die in dieser Studie zitiert werden, vertreten eine gegenteilige Meinung.

Paradoxerweise scheint Emre den in seinem 1931 veröffentlichten Buch „*Yeni Bir Gramer Metodu Hakkında Layiha*", das sorgfältig von Mustafa Kemal gelesen wurde, gegen eine Sprachrevolution gewesen zu sein (KORKMAZ 1992:447). Er erzählte in seinen Memoiren „*İki Neslin Tarihi*", dass Mustafa Kemal ihn in einer Sitzung der Sprachkommission in Çankaya heftigst tadelte, „*Du sagst, dass man in der Sprache keine Revolution durchführen könne; doch, dich haben die französischen Wissenschaftler irregeführt; [...] zuvor hattest du dich für eine Sprachrevolution ausgesprochen; jetzt widersprichst du dir selbst.*" (EMRE 1960:338)

* Siehe auch: httb://nazimhikmet.net/ahmet_bican_3.html
** httb://nazimhikmet.net/ahmet_bican_3.html

Als zeitgenössischer und einziger Fachmann in Dil Cemiyeti, nach dem Ragıp Hulusi die Kommission freiwillig verlassen hatte, schrieb Emre 1956 in seinen Erinnerungen, dass Atatürk sagte; *"In zwei Sachen kann man keine Revolution machen: In Sprache und in Musik"*: (EMRE 1960:338; DOĞAN 1990:167)

> „Für alle ist es vorteilhaft, dass man die Sprache wie sie ist, aufbewahrt. Unter bestimmten Voraussetzungen ist die Sprache gezwungen, Änderungen aufzunehmen. Jede Änderung ist allmählich und eigenständig, das heißt, die Änderungen sollen sich innerhalb eines bestimmten Bereichs und nach und nach verbreiten." (KORKMAZ 1992:449)

Ahmet Cevat Emre, der für Mustafa Kemal ein Unbekannter war und dessen Rückkehr aus Russland für die Polizei ein Dorn im Auge war, war auch für den Präsidenten der Sprachkommission Emin Erişirgil ein Rätsel: Woher hatte Atatürk von seiner Begabung in der türkischen Sprache und Grammatik erfahren? Ihm kam es weiterhin verdächtig vor, wie schnell er nach dem Beschluss der Kommission, den ihm überlassenen Auftrag eine Grammatik für und mit der neuen lateinischen Schrift zu verfassen, binnen 48 Stunden erfüllte. *„Wir alle waren erstaunt deswegen"* berichtet später Erişirgil (1952:241). Oder gehörte er zu einer der beiden Gruppen wie Hacıeminoğlu (1996:129) sie unterteilte: Die Gruppe der Sorglosen oder die Gruppe der Verräter?

Seine Argumentation über die traditionelle türkische Kultur hat er wie folgt zusammengefasst: *„Wir müssen unsere gestrige Kultur und Technik wie rostige Geräte wegwerfen; das rostigste darunter, welches in unserer Kultur kaum Nutzen vorweist ist die Schrift. Mit dieser Schrift, also der arabischen Schrift, kann man sich die westliche Kultur nicht aneignen."* (EMRE 1956:19)

6.6.3 Resonanzen zur Schrift- und Sprachrevolution im Ausland

In Fachzeitschriften wurde die Schrift- und Sprachrevolution von Zeit zu Zeit überwiegend von Turkologen und anderen Wissenschaftlern thematisiert. Dazu zählt der zeitgenössische Turkologe Ettore Rossi, mit seinen Beiträgen in der Zeitschrift „Oriente Moderno" aus Italien.

Weitere Beiträge dazu verfassten Herbert Jansky, Herbert W. Duda, Theodor Menzel, Gotthard Jäschke, W. Boland in der Zeitschrift „Islam" oder in der

„Wiener Zeitschrift für die Kunde des Morgenlandes", in den „Mitteilungen des Seminars für Orientalische Sprachen".

Die Fachmänner, die wir in dieser gesamten Studie verfolgt haben, haben die Sprachgeschehnisse in ihrer Entwicklung aus sprachwissenschaftlicher Perspektive beobachtet und abgehandelt. Die Frage bleibt, wie diese einmalige Aktion „Schriftwechsel" in der Welt und später die „Sprachrevolution" in einem kultivierten aber unterentwickelten Land von der ausländischen volksnahen Presse eingeordnet und ihren Lesern wiedergegeben wurde. Weil die zahlreichen Presseberichte die Grenzen dieser Studie sprengen würden, sind sie hier zumeist aus der Sekundärliteratur herausgearbeitet, um ein Bild vermitteln zu können, wie die Presse bzw. die Weltöffentlichkeit auf diesen einmaligen Kulturwandel reagiert hatte.

Bilal Şimşir, ein TDK-Mitglied, gab in seinem Artikel *„Die Türkische Schriftrevolution in amerikanischen Dokumenten"* in Belleten einige Zeitungsberichte wieder: Der Boston Evening Transcript berichtete am 02.06.1928 unter der Überschrift „Turkey Now Fighting for Its Culture" den Lesern *„Die Türken, die die mittelalterliche islamische Zivilisation verlassen und die moderne Zivilisation angenommen haben, erleben im Moment eine schwere Kulturkrise."* (zit. n. ŞİMŞİR 1979:113)

In Ohio veröffentlichte eine Kleinstadtzeitung folgende Nachricht: *„Kemal Pascha (Atatürk) ist das Oberhaupt unter den zeitgenössischen Reformatoren. [...] Er hat Bâbıâlî (die osmanische Regierung) beiseite geschoben. Den Islam hat er auf den Kopf gestellt. [...] jetzt will er die lateinischen Buchstaben einführen [...]"*. (zit. n. ŞİMŞİR 1979:113)

Die New York Times schrieb am 30.04.1928: *„Turks drop arabic for our alphabet".** Sie behandelte das Thema am 02.09.1928 noch ein Mal unter der Überschrift „Changing alphabet obsesses *Kemal*" und berichtete weiter, dass die Türken versuchen eine schwierige Aufgabe zu lösen. Nach einer allgemeinen Lagebeschreibung betont die NT, dass die Türken ihr seit Tausenden von Jahren an gesammeltes Kulturgut, unter den im 20. Jahrhundert entstandenen Zuständen und Zwängen (Nationalismus etc.), für nichtig erklärten und infolgedessen das ganze Volk in die Schule geschickt werden würde, um das neue Alphabet zu erlernen. Um dieses Verhältnis ihren Lesern verständlicher

---
* New York Times: 30.04.1928.

zu machen, beschrieb die Zeitung die Situation wie folgt, *„It is as if the United States, in the midst of its modern economic and social development suddenly adopted the Greek alphabet to express itself phonetically in English."* Laut der New York Times wollte Mustafa Kemal seine Besessenheit vom Alphabetwechsel auch zur Sache des Volkes machen.* Sie berichtete am 28. Oktober 1928 unter der Überschrift; *„Turkey as a Republic breaks with her Past. Five Years of the New Regime Have Witnessed a Complete Revolution, with the Struggle to Meet Changed Conditions Still Going On"*, wobei sie den Erfolg der Reformen von Beginn an bezweifelte** (Abbildung 32).

Unter der englischen Presse berichtete die Daily Mail ihren Lesern über die Einführung des lateinischen Alphabets und lobte die Aktion (ÜLKÜTAŞIR 1973:128). Wie einige der Berichte zeigen, hatte die Weltöffentlichkeit diese Revolution eher positiv und unbekümmert, meistens sogar mit Freude entgegen genommen. Kritische Einwände, wenn es auch nur wenige waren, fand man viel mehr in Fachzeitschriften und Forschungsbeiträgen (LAUT 2000:1).

6.7 Ein Abriss über die Folgen der Schrift- und Sprachrevolution und die möglichen Restaurationen der Sprachpolitik

6.7.1 Allgemeines

Die Ziele der Revolution waren nationaler Natur. Sie wurden im Zuge der allgemeintürkischen Politik durchgeführt, welche ihre Absicht im Wesentlichen verfehlte, sogar vielmehr Schaden verursachte. In dieser Hinsicht zeigen die Sprachpolitiken der kommunistischen Sowjetrepublik seit Stalin und der türkischen Nationalpolitik seit der Gründung der modernen Türkei einige Parallelitäten. Die türkischen Dialekte wurden in der Sowjetunion zu selbständigen Sprachen (Abschnitt 6.2). Die Sprachpolitik agierte in beiden Ländern in Bezug auf die türkische Sprache gegen jede Tradition und sorgte für eine Kluft zwischen den verschiedenen türkischen Dialekten.

Es fragt sich aber, ob im sprachbezogenen Bereich, wie propagiert, die gewünschten Ziele erreicht wurden. Eine positiv ausfallende Antwort hier ist

---
* New York Times: 02.09.1928.
** New York Times: 28.10.1928.

berechtigt, weil die orale und schriftliche Kommunikation unter der Bevölkerung verbessert wurde. Eine nationale türkische Wissenschaft ist aber nicht entstanden. Vor Gründung der Republik gab es überwiegend Übersetzungen aus der arabisch-persischen und der französischen Literatur. Danach überwogen die Übersetzungen aus dem Französischen und Englischen und in kleinerem Maße der deutschen Literatur. Anfang des 20. Jahrhunderts soll jedes vierte Buch in der Türkei eine Übersetzung gewesen sein. Besonders beliebt waren die französischen Rationalisten: Rousseau, Voltaire, Montesquieu, Hugo etc. Nach Hubert Grimme und Hachtmann bildeten die türkischen Reformisten eine geistige Kolonie dieser und weiteren Schriftsteller aus Frankreich (GRIMM/ HACHTMANN 1918:5, 9).

Das heißt: Türkische Forscher vor hundert Jahren verfügten nur über westliche Literatur, um ihren wissenschaftlichen Zielen nachzugehen. Arabische Schriftzeichen waren sicherlich nur ein Instrument, aber ein so wichtiges Instrument, dass man ohne sie die türkischen Kulturquellen noch nicht mal entziffern könnte. Die Schrift war somit für die neue türkische Generation nicht anders als die ideographische Schrift der Chinesen. Die Sprachrevolution war nach der Schriftrevolution der nächste Schlag auf die kulturelle Entwicklung der Türkei. Ihre Besonderheit liegt darin, dass Generationen sich durch einen immer wieder erneuerten Wortschatz sprachlich untereinander fremd wurden. So führte dies dazu, dass der vor 30 Jahren veröffentlichte „Nutuk" (Die Redesammlung von Mustafa Kemal) von den Lesern nach jedem neuen Druck nicht mehr verstanden wurde, weil er immer ein neues sprachliches Gesicht bekam. Er wurde immer wieder auf den neusten sprachlichen Stand gebracht, damit er für den zeitgenössischen Leser (der Jugend) verständlich sei (LEWIS 1999:2). Nach Lewis ist der Sprachzustand in der Türkei allein nach dem oberen Beispiel eine echte Tragödie.

Die türkischen Bibliotheken haben sich nach den Schrift- und Sprachrevolutionen über Nacht in unlesbare Bücherberge verwandelt. Millionen Bücher waren von den fanatischen Revolutionsgardisten, wie Celal Nuri Ileri, zur Verbrennung auf dem Beyazit-Platz bestimmt worden (NUR: 1967:1440). Oder sie wurden, wie Yakup Kadri Karaosmanoğlu formulierte (REKIN 1991:360), zu nutzlosen Staubfängern, die man einfach als Papiermüll an Fremde verkaufen solle (LAUT 2000:24). Ein anderer Revolutionsanhänger, Agah Sırrı Levend, nannte dieses Kulturgut hingegen den größten Schatz, den man gut schützen solle. Er machte die Bibliotheken und deren Werke vielmals zu seinem Thema in Türk Dili:

„Unter den Stadtbibliotheken ist die reichste die Süleymaniye die unter anderem die Büchersammlungen von Esat Efendi, Halet Efendi, Bagdatlı Vehbi, Damat İbrahim Pascha [...] umfasst. Dazu die Bibliotheken wie Millet, Ayasofya, Fatih, Nuriosmaniye, Köprülü ve Ragıp Pascha ist jeder für sich betrachtet ein Schatz. [...] Gewiss, unter diesen Büchern, die diese Bibliotheken füllen, sind auch Bücher von geringerem Wert vorhanden. Aber es gibt auch solche Bücher darunter, die in unserer geistigen Geschichte zu den Grundsteinen zählen. Diese Werke warten in den Bücherregalen auf den Bücherliebhaber, um in dessen Händen zur Sprache zu kommen." (LEVEND 1955:3)

Obwohl es das Ziel der Revolution war, die gesprochene türkische Sprache zur geschriebenen Sprache weiter zu entwickeln, muss man erkennen, dass die Sprache des Volkes also die gesprochene Sprache und die Sprache der TDK nach 1932 sich nicht näher gekommen sind, sondern sich eher entfremdeten. Man verfehlte dieses Ziel vor allem im Zuge der puristischen Bestrebungen, die man in den 1930er- und 1940er-Jahren fanatisch betrieben hatte, und die erst in den 1980er-Jahren gelockert wurden.

Begeisterte Verwestlichungsbestrebungen vor allem innerhalb der einseitigen Sprachpolitik seit der Schriftrevolution brachten die Türkei auf einen eindimensionalen dogmatischen Höhepunkt (GEVGILI 04.12.1978). Neue politische Flügel in der Bevölkerung wie die Puristen und Traditionalisten oder auch Unterscheidung zwischen der türkischen und der kurdischen Bevölkerung etc. waren die logischen Folgen dieser nationalistischen Politik. Meines Erachtens ist die viel erwähnte allgemeine Klassifikation – unter anderem im Zuge der Sprachpolitik – nicht der Wahrheit entsprechend. Die Kategorisierung der gesellschaftlichen Gruppierungen in der Türkei als Revolutionär, Antirevolutionär erscheint mir von Grund auf falsch. Diese Studie hat dargelegt, dass alle Gegner der Lateinschrift sich gleichzeitig auch dafür aussprachen, die alte Schrift zu reformieren. Unter den Parteien herrschte Konsens darüber, dass die vorhandene Schrift einer echten Normierung bedürfe. Der Dissens kam im Grunde genommen erst nach dem Freiheitskampf der Türkei und besonders nach dem Lausanner Friedensabkommen 1924 auf. Die erste Gruppe also die Modernisten sprachen sich für eine verwestlichte Türkei mit einer modernen Schrift und Sprache (modern heißt hier: Lateinische Schrift) aus. Dabei wollte man sich von der eigenen Geschichte und Kultur freiwillig trennen, stattdessen eine neue, „eigene" nationale Identität aufbauen. Die zweite war jene Gruppe, die sich noch der türkischen Reichskultur, und damit einer dauerhaften ununterbrochenen türkischen Kultur angehörig fühlte. Diese Gruppe wollte die Großmachtposition nicht aufgeben und hing sehr an der türkischen Reichsgeschichte, obgleich sie nicht monarchistisch eingestellt war. Ihre Anhänger waren sich durchaus bewusst, dass sich das Land noch im halbkolonialen Status der westlichen Mächte befand. Um diese These zu unterstreichen, ist ein treffender Zeitungsartikel hier als ein Beispiel einzuarbeiten.

Der Journalist Behiç Kılıç schrieb einen Artikel über dem „*Vorschlag vom 12. September an Ecevit*" am 22. Mai 2006 in „*Internethaber*" (Internetnachrichten). Er fügte dem Thema hinzu, dass er darüber Stimm- und Bildaufnahmen besäße und die Ehefrau von Ecevit Zeuge dieses Gespräch gewesen sei. Wenn Ecevit auf den Vorschlag der Amerikaner und Engländer in England eingegangen wäre, hätte er nach dem Militärputsch vom 12. September 1980 die höchste Stelle im Staat einnehmen können. In dieser Sitzung war unter anderem der Außenminister der USA, General A. Haig zugegen. Er selbst lud sogar Ecevit telefonisch nach London ein.

„*Amerikaner und Engländer haben nach dem 12. September, gleich nach dem Zwangsaufenthalt im Gefängnis, gegenüber Ecevit mit diplomatischer Feinheit den Wunsch geäußert, dass sie bereit wären jegliche Hilfe zu gewährleisten, wenn er die Führungsrolle einer mit ihnen Hundertprozent zusammenarbeitenden Regierung einnähme.*" Als die Amerikaner von ihm zurückgewiesen wurden, verließen sie die Sitzung mit folgenden Worten: „*Wir werden dann eine andere mögliche Lösung in die Wege leiten.*"*

Mit der letzten durchgesetzten Sprachrevolution sollte das Land an die westliche Welt andocken. Von Anfang an, brüsten sich fast alle revolutionären Publikationen damit, dass das Ziel der Revolutionen die Verlegung des Kulturraums der modernen Türkei von Osten nach Westen sei. Beispielsweise sagte Suat Yakup Baydur (1952:20), ein Sprachwissenschaftler, in seinem Vortrag in Athen „*[...] die 150jährigen Entwicklungen zeigen bei den Türken definitiv, dass sie vom östlichen Kulturkreis zum westlichen Kulturkreis gewechselt haben*".

Wenn wir die politischen Einstellungen der einzelnen Personen im Zuge der Schrift- und Sprachrevolution für einen Moment beiseite lassen und kurz auf die Schrift- und Sprachproblematik als solche eingehen, ist zu beobachten, dass jede Orientierung an wissenschaftlichen gar sprachwissenschaftlichen Erkenntnissen bei den Revolutionären fehlte. Wiederum waren fast alle Wis-

---

* http://www.internethaber.com/author_article_detail.php?id=3421

senschaftler einer Meinung: Nämlich dass das neue Alphabet einige Mängel aufweise und korrektorbedürftig sei. Agop Dilaçar (1958:83) formuliert das Problem wie folgt: *„Meines Erachtens ist es festzustellen, es ist auch keine Behauptung, nach dreißigjährigem Versuch und der Prüfung des türkischen Alphabets ist unsere türkische Sprache weder stabil noch praktisch und noch wissenschaftlich".* Es fehlen unter anderem – so Dilaçar– die Buchstaben (Laute) **é** wie in *él, géç*, **ñ** wie in *deniz* (Meer), dinlemek (zuhören), **hı (h)** wie in Bach, oder wie in türkischen Begriffen „çoh", „ohumak" (AKSOY 1958:85).

In dem Artikel *„Yeni Yazı"* (Neue Schrift) vom 10. August 1953 in *Ulus* (Nation) schrieb auch der prominente Schriftsteller der Revolution, Nurullah Ataç, dessen Schulleben nach der dritten Klasse der Grundschule endete und der sich erst später den Sprachpuristen anschloss (LEWIS 1999:78), dass er mit der neuen Schrift zufrieden sei, aber dass es auch Mängel des Alphabets gäbe: *„[...]Es ist schade, dass sie (die neue Schrift) unsere Laute nicht vollkommen wiedergibt. Sie wiedergibt nicht den nasalen **ñ**-Laut wieder. Der frühere arabische, dies wiedergebende **hı**-Laut ist nicht mehr vorhanden. [...] Mit ihren Mängeln und Fehlern ist aber die lateinische Schrift für uns überlegener als die arabische Schrift."* (ATAÇ 1967:606)

In den 1920er-Jahren nach Proklamtion der Republik hatten Wissenschaftler ihre Ansichten über die im Türkischen nicht gebräuchlichen arabischen Buchstaben veröffentlicht. Beispielsweise in der Zeitung Akşam (Abend) am 13. April 1926 veröffentlichten Befragung hatten viele Persönlichkeiten teilgenommen und ernsthaft diskutiert. In diesen Veröffentlichungen wurden neben der Propagierung der Lateinschrift auch Ansichten über im Alphabet vorhandene aber nicht im Türkischen verwendete Buchstaben veröffentlicht. Über die Frage, wie viele der arabischen Buchstaben und welche genau überflüssig seien, bestand keine Einigkeit. Für jeden einzelnen Berichterstatter waren jeweils andere Buchstaben unnötig.* Wie oben mit einigen Beispielen erwähnt wurde, gab es keine zufriedenstellende Lösung für das türkische Lautsystem – auch nicht nach der Schriftrevolution.

---

* Galanti, Avram: Arabi Harfler Terakkimize Mani Değildir, Faksimile vom 1927, İstanbul 1996, S. 21. Nach Falih Rıfkı Atay sind die Buchstaben ث ذخ ص ض ط ظ ع ء überflüssig. Siehe auch; Atay, Falih Rıfkı: Çankaya. Atatürk'ün Doğumundan Ölümüne Kadar. (Çankaya. Von der Geburt bis zum Tode Atatürks) İstanbul, 1984, S. 439.

6.7.2 Innovation und Restauration im Bildungswesen im Zuge der Schrift- und Sprachrevolution. Ist die Realisierung bilingualer Kompetenz in der Türkei noch möglich?

Die Sprachpolitik und die linguistische Zersplitterung in der Türkei sind sowohl auf methodische als auch politische Probleme zurückzuführen. Methodische Lösung aufzuzeigen ist nicht das Thema dieser Arbeit. Es ist aber auf fundamentale Grundsätze hinzuweisen, die den politischen Entscheidungen zur grundsätzlichen Erneuerung des Schulsystems dienlich wären. Das Festhalten an der Sprachpolitik der 1930er- und 1940er-Jahre und kleinere Restaurationen, um das westliche Schulsystem einzuholen, brachten das Schulsystem nicht auf das gewünschte Niveau. Eine grundsätzliche Änderung bzw. Erneuerung der Sprachpolitik erfordert neutrale, tief greifende, wissenschaftliche Arbeiten, die wiederum von mutigen Politikern in die Sprachpolitik aufgenommen werden, um sie so in das Schulsystem des Landes zu integrieren. Eine sprachpolitische Weitsichtigkeit wird sicherlich im Endeffekt zahlreiche Fortschritte im Bildungssystem mit sich bringen.

Bilingualismus würde den Analphabetismus insbesondere im Osten der Türkei dezimieren und zur geistigen Wiedervereinigung der türkisch-kurdischen Bevölkerung verhelfen. Zweisprachigkeit in der Türkei würde sicherlich zur Integration bzw. zur Anerkennung der kurdischen Bevölkerung dienlich sein und sie könnten sich als ein echter Teil des Staates fühlen.

Die Wiedereinführung des Osmanischen als Hilfssprache bzw. der osmanischen Schriftzeichen (Eski Yazı) würde zunächst die Möglichkeit bieten, die Erforschung der islamisch-türkischen Vergangenheit einem breiteren Publikum zu erleichtern. Ein immer stärker werdendes Diskussionsthema sind Koranschulen: Weil sie die Koranschrift- und Sprache anbieten müssen, stellen sie für den Staat ein sowohl schulpädagogisch als auch schulpolitisches Problem dar, welches einer grundsätzlichen Lösung bedarf. Durch die Koranschulen tritt im laizistischen Schulsystem seit Beginn der Vereinheitlichung des Schul- und Unterrichtswesens (Tevhid-i Tedrisat, 3. März 1924) ein weiteres großes Problem auf, da diese im natürlichen Widerspruch zu einem solchen laizistischen System stehen (ANGI 1987:132). Durch die Einführung des Osmanischen bzw. der arabischen Schrift in den Schulen könnte man bis zu einem gewissen Grad die Koranschulen ersetzen.

Die ignorierte **Identitätskrise** des Landes könnte damit überwunden werden

(HOTTINGER 1980:41). Führte man diese drei mutigen Schritte durch, beseitigte man die Spaltung zwischen Staat und Bevölkerung und reduzierte die Kluft zwischen den Gesellschaftsschichten.

6.7.2.1 Bilingualismus

Nach Lewandowski bezeichnet Bilingualismus oder Bilinguismus die Zweisprachigkeit, also den Gebrauch und die Beherrschung zweier Sprachen. Sie können im Laufe der Geschichte parallel in Anspruch genommen werden (LEWANDOWSKY 1990:189). Oder es bezeichnet die Fähigkeit eines Individuums oder einer Bevölkerungsgruppe zwei Sprachen so vollkommen zu beherrschen, dass beliebig zwischen ihnen gewechselt werden kann (BARTSCHAT/CONRAD 1985:44).

Bei einer Koexistenz zweier Sprachen oder bei interlingualer Zweisprachigkeit handelt es sich bei den Sprachen um eine Hochsprache und eine Volkssprache für den täglichen Gebrauch. Neben der offiziellen türkischen Hochsprache sollte die kurdische Volkssprache, welche bei der Alphabetisierung der Erwachsenen und als Hilfssprache in den Grundschulen bis zur 6. Klasse verwendet werden könnte, als Zweitsprache schulpflichtig eingeführt werden. Der Wille, eine Schule zu besuchen, ein Umstand, der im Osten der Türkei ein Problem darstellt, würde dadurch erweckt werden. Im formalen Bildungssystem, welches die einheitliche Nationalsprache Türkisch für manche Volksgruppen nahezu als eine Fremdsprache vorschreibt, könnte dieser Ansatz zur Tilgung des seit langem herrschenden Analphabetismus insbesondere in diesen Gebieten, führen. Es scheint so, dass durch die aktuell praktizierte nationalistische Schul- und Sprachpolitik die verpasste geistige Wiedervereinigung der gespaltenen Volksgruppen nicht erreicht werden kann. Der Zweck liegt auf der Hand. Mittels des Bildungswesens soll eine politische, kulturelle und vor allem geistige Integration erreicht werden. Es ist selbstverständlich, dass bei so einer mutigen und legitimen politischen Zielsetzung und der dabei zu erzielenden Erfolge und bei einer solchen fundamentalen Aktion kurzfristige Nachteile entstehen könnten. Die eventuell entstehenden Nachteile und Probleme können mit Hilfe der vorhandenen Beispiele aber auch durch eigene Erfahrungen aus der Geschichte korrigiert werden. In der modernen westlichen Welt sind genügend Beispiele dafür vorhanden, dass Kinder, wenn man ihnen die Möglichkeiten bietet, mit und in mehr als einer Sprache unterrichtet werden können.

Die Sprache kann als ein politisches Symbol zur Integration einzelner Gruppen beitragen und dem Gesamtstaat helfen. Anerkennung, Integration wird in allen Schichten einer Gesellschaft, alle denkbaren Spaltungsversuche und Einmischungen von Außen verhindern. Man sollte nicht vergessen, dass sprachpolitische Entscheidungen zum Schulwesen deswegen im Dienste einer rationalen und dialektischen Sprachpolitik stehen sollten. Man muss bei der türkisch-kurdischen Relation die Feststellung von Weisgerber zum geistigen Charakter der Sprache hierzu einbeziehen:

> „Der geistige Charakter der Sprache ist so dominant, dass man ihn gar nicht ausschalten kann. […] Unser Ansatz bleibt klar und folgerichtig: Sprache ist ein Phänomen des geistigen Lebens; alles Sprachliche manifestiert sich in sinnlich-geistigen Ganzheiten." (WEISGERBER 1971:18, 27)

Die kurdische Volkssprache kann sich unter sprachwissenschaftlichem Beistand zu einer normierten gesprochenen Sprache entwickeln. Das in über 80 Jahren als Kultursprache etablierte Neutürkisch, das für beide Volksgruppen Amtssprache ist, kann mit Hilfe des osmanisch-türkischen Schrifttums nach der Absolvierung der Grundschule (oder nach Pflichtschulzeit) als Kultursprache im Schulwesen (wie bis jetzt) dienen. Man könnte eventuell nach Schweizer Vorbild kleine und große Sprachgemeinschaften in der Türkei festlegen, in denen die kurdische Sprache als Hilfssprache eingeführt werden könnte. Nach pädagogischen Grundlinien festgelegte gesetzliche Regelungen und detailliert festgeschriebene schulspezifische Bestimmungen würden zu einer besseren und problemlosen Integration führen. Die Argumentation vieler Politiker, dass solche Regelungen zur Spaltung des Landes führten, sind unbegründet, denn der de facto Zustand zeigt eine gespaltene Türkei, die das Ergebnis der bisher geführten nationalistischen Politik ist. Die faktisch domänenspezifische Zweisprachigkeit im Osten muss darüber hinaus nicht nur anerkannt, sondern auch im Schulunterricht institutionalisiert werden. Kulturell, religiös und geographisch und insbesondere historisch fixierte Volksgruppen wie Türken und Kurden können nicht aus sprachlichen Verschiedenheiten voneinander abweichende Wege gehen. Die historische Zusammengehörigkeit des Ostens und Westens der Türkei bzw. Türken und Kurden im kulturellen und vor allem im wissenschaftlichen Bereich kann nur durch größere Aktionen durchbrochen werden.

Die modernen Gesellschaften westlicher Staaten, beispielsweise der Schweiz, Belgiens, vor allem Kanadas, scheinen auf den ersten Blick Vorbilder mit einer gelungenen Sprach- und Integrationspolitik – wider alle nationalistischen Erfahrungen – darzustellen. Ob die weit entwickelte Sprachpolitik der

Schweiz, Belgiens oder gar Kanadas als ein Modell für die moderne Türkei dienen könnte, ist sicherlich von den sprachpolitischen Prinzipien der Türkei abhängig.

Die von Frankreich seit dem Tanzimat übernommenen Grundideen im Zuge des Sprachnationalismus brachten die Türkei nicht weit. Die Sprachfreiheit ist inzwischen in der Türkei zu Gunsten des Kurdischen besser gestellt, als es dies für das Bretonische oder Baskische in Frankreich gilt. Diese wurden auf Grund der nur geringen Bevölkerungsanteile, die des Baskischen oder Bretonischen mächtig sind, in Folge der nationalistischen Sprachpolitik lange Zeit gar nicht erst anerkannt. Bretonisch wurde erst 1951 als Sprache anerkannt. Heute noch werden die Briefe, die auf Bretonisch adressiert sind, trotz Anerkennung der Bretagne als zweisprachiges Gebiet, von der Post nicht ausgetragen. Die Sprecherzahl des Bretonischen hat sich seit 1950 von 1.200.000, heute auf 250.000 drastisch verringert. Die Unterdrückung und die nationalistische Sprachpolitik des französischen Staates des 19. und 20. Jahrhunderts dauern unvermindert weiter.*

Russland, die ehemalige Tschechoslowakei und das ehemalige Jugoslawien sind weitere wichtige Länder im Westen, die im Zuge der Zweisprachigkeit oder Mehrsprachigkeit zu nennen wären.

Die Schweiz mit ihrem mehrsprachigen Schulsystem und ihren definierten Sprachgrenzen (Abbildung 33) ist nicht mit anderen europäischen Ländern vergleichbar. Die kantonale und eidgenössische Schulreform, also drei Sprachen für alle Schweizer und zwei Fremdsprachen an den Primarschulen bzw. Elementarschulen, zielt darauf ab, den Sprachenunterricht durch gezielte Sprachpolitik weiter zu verbessern, ohne wissenschaftliche Abstriche in Kauf nehmen zu müssen.** Sprachfreiheit ist ein Grundrecht aller Schweizer und in der Verfassung als solches verankert. Die Bundesverfassung garantiert die Sprachfreiheit dem Bund und den Kantonen als Grundrecht und gewährt dem Bund und den Kantonen den Schutz der vier Nationalsprachen. Sie nennt die Amtsprache(n) des Bundes, während es jedoch Sache der Kantone ist ihre Amtsprache nach dem Territorialprinzip (Sprachgebietsgrundsatz) selbst zu bestimmen (KLOSS 1964:120). Somit bestimmen die Kantone demnach regelmäßig die Unter-

---

* http://de.wikipedia.org/wiki/Bretonische_Sprache
** Brohy, Claudine: Mehrsprachigkeit in Fokus, unter:
http://www.unifr.ch/main/news/detailD.php?nid=388

richtsprache nach der Amtsprache des Schulortes sowohl für die privaten als auch öffentlichen Schulen, wobei alle Schulen, zum Beispiel im Tessin, während der Schulpflichtzeit Italienisch unterrichten müssen (PLOTKE 1979:166).

Zweisprachigkeit und Dauer der Schulpflicht verfügen von Kanton zu Kanton über unterschiedliche Entwicklungsgeschichten und Grade (KLOSS 1964:144. In der Stadt Biel ist Zweisprachigkeit seit 200 Jahren etabliert, während Freiburg/Fribourg eine Tradition in der Bilingualität seit dem 12. Jahrhundert verzeichnet. In Biel ist Bilingualität selbst im öffentlichen Raum, z.B. bei Straßennamen, Plakaten, Beschriftungen auf öffentlichen Plätzen in Gebrauch.*

Die Schule ist in der Schweiz das größte Unternehmen, das der Staat betreibt. Für die Rechte und Pflichten der Schüler, deren Eltern und der Lehrer spielt der Verhältnis, in dem Schule und Recht zueinander stehen, eine entscheidende Rolle. Die Erziehungsträger sind Eltern, Schule und die in ihrem Einfluss geschwächte, aber immer noch als selbstständiger Erziehungsträger anerkannte Kirche. Plotke nennt dazu noch Anstalten wie Fernsehen und Printmedien als „geheime" Erziehungsträger (PLOTKE 1979:25). Die schweizerische Verfassung setzt die Familie als die Keimzelle für die Entwicklung des Kindes voraus (PLOTKE 1979:31).

In den rätoromanischen Sprachgebieten wird in Primarschulen deutsch, in italienischen Sprachgebieten deutsch als obligatorisches Fach und in den deutschsprachigen Gebieten mit rätoromanischer Minderheit kann in allen oder einzelnen Klassen rätoromanisch als obligatorisches Fach eingeführt werden. Wer aber sein Kind aus sprachlich bedingten Gründen in einem anderen gewünschten Sprachgebiet einschulen will, weil jedem die Unterrichtsfreiheit unter Vorbehalt der Sprachgarantie zusteht, muss die dafür entstehenden Kosten selbst tragen. Auch die europäische Menschenrechtskonvention steht der Anordnung nicht entgegen. Danach können Schulen die Sprache des Ortes als die Unterrichtssprache wählen (PLOTKE 1979:168).

Aus dem ursprünglichen Einheitsstaat **Belgien** wurde ein Föderalstaat mit drei Sprachgemeinschaften (Abbildung 34). Neben der französischen und flämischen Gemeinschaft nahm auch die deutschsprachige Gemeinschaft im

---

* Brohy, Claudine: Mehrsprachigkeit in Fokus, unter:
  http://www.unifr.ch/main/news/detailD.php?nid=388

Osten des Landes immer stärkere Konturen an. In der Tat umfasst Belgien mit Wallonien im Süden mit der französischen Sprache und Flandern im Norden mit der flämischen Sprache, zwei große Sprachgebiete (TROUILLET 1964:38) Die deutsche Sprache ist dem Gesetz nach nicht als Nationalsprache anerkannt (VERDOODT 1968:55). Die belgische Verfassung garantiert, wie die Schweizer Verfassung, völlige Freiheit im Bildungswesen. Die Entscheidungsfreiheit der Eltern zur Wahl der Sprache, des Unterrichts und der Schulart wurde gesetzlich verankert. Das weit verbreitete Privatschulwesen ist in Belgien ein sehr bedeutsamer und integraler Bestandteil im kulturellen und sozialen Leben. Die wichtigsten Schulträger in Belgien sind die katholischen Privatschulen. Weil sie dadurch über eine gewisse Mehrheitsautorität verfügen, werden sie bei den bildungspolitischen Entscheidungen immer einbezogen und berücksichtigt.

Es ist auch wichtig hier aufzuführen, dass 42,5% der Schüler und Studenten dem französischen und 57,2% dem flämischen und 0,3% dem deutschen Sprachgebiet angehören (TROUILLET 1964:38). Trotz der gesetzlichen Bestimmungen, welche die Sprachfreiheit gewährleisten, ist Politisierung der gesellschaftlichen Gruppen im soziolinguistischen Gefüge in heutigem Belgien ein normaler Zustand (TROUILLET 1964:3).

Das Territorialprinzip in Belgien hat sich seit den 1930er-Jahren sprachpolitisch durchgesetzt. Die flämische Sprache konnte sich gegen das überlegene Französisch erst mit den Gesetzen von 1963 behaupten, in denen die Grundsteine für die Sprachgrenzen gelegt wurden (Verdoodt:40). *„Die Spracherleichterungen umfassen das Recht der anderssprachigen Bürger, von den Gemeindeverwaltungen den Gebrauch einer anderen Sprache als diejenige des einsprachigen Sprachgebiets, in dem die Gemeinde sich befindet, zu verlangen."* (ALEN 1995:25)

Das beispielhafte Schulsystem **Kanadas** erlangte seine heutige Konstellation mit seinen kultur- und sprachfreiheitlichen Grundbestimmungen in über einem Jahrhundert andauernden Auseinandersetzungen. Es stellt nun für alle Nationalstaaten ein einzigartiges Vorbild dar. Die offiziellen Sprachen von Kanada sind Englisch und Französisch. Englisch wird von über 17,5 Mio. und Französisch von über 6,5 Mio. Kanadiern als Muttersprache gesprochen. Die offiziellen Dokumente des Staates und die Gesetze werden in beiden Sprachen bekannt gegeben. Zweisprachigkeit bedeutet nicht, dass alle Kanadier die beiden Sprachen verwenden müssen. Die jeweiligen englischen oder französischen Sprachgruppen können innerhalb größerer Sprachinseln ihre Existenz behaupten. Die Schulsysteme mit ihren Sprachen entwickeln sich relativ unabhängig und genießen höchste Freiheit voneinander.

6.7.2.2 Die Wiedereinführung des Osmanischen als Hilfssprache

Die wichtigste Stütze im Bemühen darum, die Tradition der osmanischen Sprache und damit des traditionellen türkischen Kulturerbes lebendig zu halten, ist die Einführung des Osmanischen in den Schulen als Unterrichtsfach. Allerdings ist nicht zu übersehen, dass die schulische Vermittlung des Osmanischen angesichts der zunehmenden Verwestlichung der modernen Türkei und der langen Zeitspanne seit 1928 weiter an Bedeutung verlieren wird. Zur Festigung der Position des Osmanischen in den schulischen Lehrplänen sollte die Erkenntnis beitragen, dass Schüler mit einem Zugang zur osmanischen Sprache auch einen unmittelbaren Zugang zum türkischen Kulturerbe erlangen und damit ein umfassendes, alle Lebensbereiche betreffendes geistiges Potential sich erarbeiten können. Hinzu kommt, dass der osmanische Kulturwortschatz aufgrund der Besonderheiten des Osmanischen als Mischsprache dazu geeignet ist, die Fähigkeit im Umgang mit den Fremdsprachen Persisch und Arabisch im Allgemeinen zu verbessern. In praktischer Hinsicht ist zu bedenken, dass die Kenntnis des Osmanischen für viele Berufs- und Studienbereiche einen erheblichen Wert besitzt.

Ihre gemeinsame Tradition seit Hunderten von Jahren zwingen die Staatsführung, die Völker Anatoliens unter den Bedingungen der zeitgemäßen Gegebenheiten der modernen Welt zu einer gemeinsamen Zukunft. Denn ohne eine gemeinsame Tradition kann es keine gemeinsame Zukunft geben. Bestimmte Perspektiven lassen sich allein durch den Blick in die Vergangenheit und die Andersartigkeit der eigenen Kultur gewinnen. Die Weitsicht eines Volkes ist offensichtlich mit seinem kulturellen Hinterland eng verbunden. Deswegen könnte das Osmanische der heutigen Türkei einen größeren Weitblick ermöglichen.

> „Man lernt heute noch Latein auf der Schule, man muss es lernen, wenn man eine Wissenschaft betreibt, die sich auf die Vergangenheit zurückwendet. Denn bis zur Wende des 18. zum 19. Jahrhundert wurde Wissenschaft lateinisch tradiert. Welche Wissenschaft aber könnte ohne jene Rückwendung auskommen? Selbst die Naturwissenschaften bis hin zur Mathematik klären sich beim Bedenken ihrer Ursprünge, die freilich vielfach noch weiter zurück – bis zum Griechischen, ja Orientalischen – zu verfolgen wären." (BÜCHNER 1978:7)

Mit diesen Sätzen begann Karl Büchner, Professor für Klassische Philologie in Freiburg, die Einführung in den Sammelband „Latein und Europa". Ihm zufolge kann man kaum einem Wissenschaftler begegnen, der meinen würde, das Studium irgendeines Wissenschaftsbereichs sei ohne Latein möglich. Er wies des Weiteren daraufhin, wie wichtig Mutterlatein, der Ursprung aller Nationalsprachen der Europäer sei „[...] *Welten erobert man durch Erlernen von Sprachen [...] Aber die lateinische Sprache ist es gewesen, die Europa geschaffen hat. [...] Wenn das Latein aus dem Bewusstsein verschwände, würde nicht nur das Band, das die westliche Welt einigt, fortfallen, es würde auch das einzige Mittel preisgegeben, mit dem man die Sprachbarrieren in der eigenen Sprache überwinden kann."* (BÜCHNER 1978:7) Ein letztes Zitat möchte ich hier von Büchner einbeziehen, weil es, wenn immer Osmanisch zum Thema wird, angeführt wird „die wichtigen Werke aus der Zeit der Osmanen können übersetzt oder in neuer Schrift umgeschrieben werden, oder sie sind wertlose Wiederholungen, die man nicht ernst nehmen sollte" (Abschnitt 6.6).

„Man wird einwerfen, dass man mit Übersetzungen arbeiten könne. Für die Wissenschaft gilt das natürlich nicht: Wir sind weit entfernt davon, dass alles Lateinische übersetzt wäre. Beschränkt man sich in der Schule, wie es notwendig und zugleich wünschenswert ist, auf die zentralen Schriftwerke, so dürften sie freilich alle in Übersetzungen vorliegen. Aber die Originaltexte durch sie ablösen zu wollen, auch wenn es vorzügliche und die mit Recht heute beliebten zweisprachigen Ausgaben sind, hieße die pädagogische Aufgabe der Lektüre zu verkennen. Selbst die beste Übersetzung ist nur eine Interpretation. Der Schüler aber soll lernen, seine Interpretation zu geben." (BÜCHNER 1978:23)

Dieser Umstand ist wichtig für die Probleme von Tradition und Übersetzung, weil kein Leben auch nur einigermaßen seine Richtung ohne Tradition halten kann. Denn die bewährten Traditionen werden durch die Sprache überliefert. Die Undankbarkeit der damaligen Traditionsfeindschaft zeigt sich nirgends deutlicher als an ihrem Verhältnis zur osmanisch-türkischen Sprache. Die Verächter der traditionellen Sprache sahen sich nach 1935 doch gezwungen sich ihrer zu bedienen. Das Paradoxe dabei ist, dass die Revolutionäre, die das Osmanisch-Türkische immer als unmodern ansahen, von Tradition oder Sprache ganz zu schweigen, es als geeignetes Mittel verwendeten, um eine freilich oft chaotische und unsachgemäße Sprachplanung darauf zu stützen (BANGUOĞLU 1987:165, 319). Mustafa Kemal äußerte sich nach den puristischen Versuchen Falih Rıfkı gegenüber mit den Worten: *„Wir müssen uns die osmanischen- und westlichen Sprachen heranziehen"* (Abschnitt 6.3.2).

Genau hier ist das Problem anzuschneiden, das mit dieser Arbeit nicht unmittelbar verbunden zu sein scheint: Das Problem des Osmanischen in der Schule. Hier wird die Ansicht vertreten, dass in die künftigen türkischen Schulen Osmanisch als Unterrichtsfach eingeführt werden sollte. Und zwar sollte es in einem ausreichenden Maße sein, dass das ganze Schrifttum, offizielle Dokumente etc. keine Leseschwierigkeiten mehr darstellen. Heute läuft die osmanisch-türkische Sprache Gefahr, an Schwund zu sterben. Kein Wunder: Osmanisch mit seiner arabischen Schrift und seinem Mischwortschatz ist für den heutigen Leser nur schwer zugänglich. Die Schwierigkeit liegt auch darin, dass seiner Komprimiertheit in Schrift und Sprache mit verschiedenen Volksgruppen (zum Beispiel Türken und Kurden) oder gar Nationen (Araber, Perser) nicht zu vereinbaren ist, und zwar gerade dann, wenn die Schaffung eines konzeptionellen Nationalstaats als einziges Ziel gesetzt wurde. Wenn man glaubt, die ständig zahlreicher werdenden Kulturtechniken, die westlichen Fremdsprachen schon auf der Schule lehren zu müssen, steht für das Osmanisch-Türkische nicht mehr genügend oder gar kein Raum zur Verfügung.

Den Menschen sollten freie Handlungsräume geschaffen werden, denn die Menschen sind die Hauptträger des Kulturgutes, noch vor Schrift und Sprache. Die großen Ideen, so Büchner, werden in erste Linie von Menschen geschaffen und getragen, nicht von Institutionen und Bataillonen (BÜCHNER 1978:25).

Wenn die Osmanische Zeit in den Schulen ihren verdienten Platz gefunden hat, kann diese über tausend Jahre alte Phase der Geschichte schneller und effektiver erforscht werden. Die im Sinne des revolutionären Charakters verdrängte Osmanische Geschichte kann jetzt von allen Seiten, nach dem sich die republikanischen Grundsätze eingelebt haben, tiefgreifend aus den Originaldokumenten herausgearbeitet und analysiert werden. Eine *osmanisch-türkische Kultur* existiert jetzt für die türkische Bevölkerung noch nicht, denn die türkische Bevölkerung empfindet die osmanisch-türkische Zeit als *„tausend Jahre Kriegs- und Haremszeit"*. Staatsführung, Kulturleben, Menschen dieser Zeit sind nur nebensächlich.

Gazi Mustafa Kemal hat die schwierige Situation im Bereich Sprache richtig und rechtzeitig erkannt und nach möglichen Lösungen gesucht. Zitiert nach Korkmaz (1995:735) von Falih Rıfkı Atay ergibt sich daraus:

> „Wir haben alle großen Wissenschaftler, Schriftsteller in der Form einer Kommission damit betraut. Das Resultat ist dieses kleine Wörterbuch. Falih bey,

mit den Wörterbüchern der Exzerpte (tarama dergileri) und Taschenführer (cep kılavuzları) kann die Sprachforschung nicht weiter gehen. Wir müssen uns die osmanischen und westlichen Sprachen zu Nutze machen."

Lateinunterricht im Westen ist ein gutes Beispiel für einen möglichen Unterricht des Osmanischen. Selbstverständlich trifft das Osmanische in der türkischen Welt nicht direkt auf dieselben Verhältnisse wie das Lateinische im lateinischen Westen. Es ist auch in diesem Sinne keine Sprache. Es ist ein Mittel und ein Weg zur Vergangenheit. Was Latein für die westliche Wissenschaft darstellt, ist das Osmanische für die Erforschung der türkischen Vergangenheit.

Die Methodik und Integration des Lateinunterrichts im westlichen Schulsystem, die zum Erlernen des Lateins erarbeitet wurde, könnte zum Erlernen des Osmanischen in den türkischen Schulen angewendet werden. Die Schrift- und Sprachbarriere kann nur dadurch abgebaut werden. Durch das Erlernen der innerhalb vieler Jahrhunderte natürlich entwickelten Mischsprache kann eine feste Brücke zur vergangenen Tradition aufgebaut werden.

Viele Schriftsteller und Wissenschaftler haben diese Problematik verstanden und propagieren seit langem, dass man Osmanisch-Türkisch nach einer bestimmten durchgearbeiteten Methodik in den Schulen einführen müsse. Metin Kunt, Ali Gevgili, Nazif Tepedelenlioğlu, Peyami Safa, Ziyad Ebuzziya, Atilla İlhan sind nur einige davon. Metin Kunt beschrieb es folgender Maßen: *„Soll in Gymnasien Osmanisch gelehrt werden? Die Frage werde ich ohne Zögern mit „ja" beantworten. [...] Ja, Osmanisch ist nichts anders als die türkische Sprache, die mit der arabischen Schrift geschrieben wurde. [...] Es ist die Wahrheit, dass die alten Werke oft mit großen Fehlern übersetzt (umgeschrieben) werden."* (KUNT: 27.05.1976)

Für Ali Gevgili ist Osmanisch, wenn die Schrift- und Sprachpolitik so wie bis jetzt weitergeführt wird, für die neue heranwachsende Generation nichts anderes als die ägyptische Hieroglyphenschrift. Gemäß Gevgili wird die kulturelle Entfernung eines Türken von der türkisch-osmanischen Kunst, Kultur, Philosophie, also von der traditionellen Vergangenheit die Türken genauso von ihrer Vergangenheit und Kultur trennen wie von Chinas oder Indiens Kultur, gerade dann, wenn das Osmanische aus dem Leben der Türken völlig ausgemerzt wird (GEVGILI:04.11.1978).

Tepedelenlioğlu schrieb in *Yeni İstiklâl* (Die neue Freiheit) unter dem Titel *"Für unsere alte Schrift fordere ich Gnade"* die Worte. *"Uns verbindet mit der Vergangenheit nur noch ein dünner Faden, wenn auch dieser abreißt, werden alle zweiunddreißig Millionen Menschen verwaisen."* (TEPEDELENLİOĞLU:04.01.1966)

Peyami Safa, der bekannte Schriftsteller schrieb in *Türk Düşüncesi* (Türkisches Denken), dass die neuen Generationen der unsinnigen revolutionären Auffassung, die von keiner Wissenschaft gestützt wird, geopfert werden. Die angeblichen Revolutionäre sollten mit ihren polemischen Ansichten die Menschen nicht täuschen. Für den türkischen Leser sei der eigene Nationalbibliotheksbestand wie ein von einer fremden Nation geliehenes Kulturgut, dessen Schrift und Sprache ihm fremd ist.

„So ein Massaker ist in keinem Land und in keiner Geschichte der Weltnationen geschehen. Wir wollen auch nicht die lateinische Schrift abschaffen und die arabische wieder einführen, sondern die sowieso in unseren Universitäten unterrichteten arabischen Buchstaben und das Osmanische soll auch in Gymnasien gelehrt werden. Gegen ein solches Begehren sprechen weder die türkischen Gesetze noch die Gesetze der Logik." (SAFA:1959)

Ziyad Ebuzziya, Wissenschaftler und Zeitgenosse Mustafa Kemals, sagte in einem Gespräch, dass, wenn Atatürk noch lebte, hätte er die alte Schrift als obligatorisches Schulfach einführt (EBUZZIYA/MISIROĞLU 1993:182).

Der prominente Schriftsteller Atilla İlhan gab auf die Frage des Bildungsministeriums „Was wäre in diesen Unterrichtsfragen zu tun?" die Antwort:

„Osmanisch soll in allen Gymnasien als obligatorisches Fach, Arabisch und Persisch als fakultative Fächer unterrichtet werden. Wenn dieser Schritt nicht getan wird, wird dann in der Türkei der Zustand erreicht, dass die Türken in 20 Jahren von ihrer Vergangenheit nichts mehr lesen können. Und die Türkei wird entweder Türkei oder sie wird nicht mehr existieren." (İLHAN:2004)

Der am Anfang sinnlose physische und später auch geistige Widerstand seitens der Revolutionären gegen die osmanische Schrift hat die Kontinuität der Tradition unterbrochen. Die Brücke zu der tausendjährigen Geschichte könnte nur dann wiederaufgebaut werden, wenn breitere Volksschichten zum Erlernen des Osmanischen bewegt werden könnten.

Ich möchte hier kurz aufführen, wie der Lateinunterricht zum Beispiel in Deutschland sich gestaltet. Latein wird in den meisten Gymnasien ab der 7. bzw. 9. Klasse als Wahlfach (bzw. 6. und 8. Klasse bei G8) angeboten. Nur wenige Gymnasien beginnen in der Sexta mit dem Lateinunterricht. In allen genannten Fällen muss Latein bis zum Ende der Mittelstufe belegt werden.*

Aus meinem Blickwinkel liegt im Osmanischen des Weiteren ein vielfacher Nutzen: Die Erschließung sprachwissenschaftlicher Dimensionen, deren Ergebnisse wiederum zum politischen Nutzen führen können. Der Unterricht des Osmanischen würde zunächst den Zugang zur Analyse und bewussteren Handhabung von Sprache, insbesondere der türkischen Erstsprache, führen und würde darüber hinaus einen Grossteil des in Vergessenheit geratenen gigantischen Kulturwortschatzes erschließen und festigen. Die multikulturelle, reiche und kultivierte Anwendung der Sprache kann auch heute noch eine berufliche Qualifikation ersten Ranges sein und wird es auch in Zukunft bleiben. So können beispielsweise die Juristen, die Schriftsteller, Kulturforscher etc. aus dem vorbildlichen Wortschatz der drei Kultursprachen Türkisch, Arabisch und Persisch und aus der multikulturellen Denkweise ihrer Berufsvorgänger der osmanisch-türkischen Reichszeit nach wie vor besonders viel Nützliches lernen.

Der Unterricht des Osmanischen regt zum Sprachvergleich an, hilft beim Erlernen vieler orientalischer Sprachen und schärft das Auge für die feinen Unterschiede zwischen den Sprachen des Orients. Das ist in einer Zeit, in der Übersetzungsaufgaben in allen Lebenssphären, nicht nur im religiösen Bereich, immer wichtiger werden, besonders zukunftsorientiert.

Eine andere sprachwissenschaftliche Dimension ist der historische Rückblick, der nur durch die osmanische Schrift und Sprache tiefgründig erforscht werden kann. Diesen Beitrag könnten nur die Kundigen des Osmanischen erbringen. Immer, wenn die moderne türkische Sprache mit dem Osmanischen in Bezug gesetzt wird, so baut sich gleichsam die ganze türkische Kulturgeschichte der letzten 700 (bzw. 1000) Jahre vor unseren Augen auf. Da sieht man die Türken, die von den Arabern, Persern Kulturprodukte entlehnten: Zum Beispiel die Religion, welche der türkischen Schriftsprache und der gesprochenen Sprache das muslimische Vokabular vermittelte. Der Koran und seine Derivate in arabischer Schrift und Sprache ließen den klassisch-islami-

---

* http://de.wikipedia.org/wiki/Lateinunterricht

schen wissenschaftlichen Wortschatz aufleben und erweiterten folglich die osmanisch-türkische Sprache stark.

Die sprachliche Beeinflussung, die vom Arabischen ausgeht, bestand selbstverständlich nicht nur hinsichtlich der türkischen Sprache, sondern auch hinsichtlich aller orientalischen Sprachen, so auch der persischen Sprache. Die orientalische Sprach- und Kulturgeschichte bildet ein feines und breites Netzwerk. Sie war und ist dabei mit der politischen Geschichte aufs engste verflochten. Die historische Dimension der türkischen Sprache stellt für den Nutzer/Sprecher eine Bereicherung fürs Leben dar. Und obwohl schon die zahlreichen kulturellen Querbezüge der letzten 80 Jahre viele faszinierende Einblicke ermöglichen, ist das Netzwerk als Ganzes nicht recht verständlich ohne Kenntnisse über die osmanisch-türkische Sprache, von der alles in der Türkei ausging: Der kulturelle, historische, sprachliche Ursprung kund insbesondere der Anfang der türkischen Identitätsbildung.

Nur die Sprachgeschichte und der historische Sprachvergleich führen zu einem wirklichen Verständnis der vielfältigen Beziehungen zwischen dem Türkisch-Osmanischen und der modernen türkischen Sprache. Das Osmanische ist für die türkische Sprachlandschaft der Dreh- und Angelpunkt. Osmanisch in einem ruhigen, langjährigen Unterricht zu erlernen, in dem auch Zeit für Bezüge zur orientalisch-islamischen Sprach- und Kulturgeschichte bis hin zur Moderne ist, wäre aus Sicht der oben genannten Schriftsteller und Wissenschaftler nach wie vor das mitunter Beste, was die türkischen Schulen mit auf den Lebensweg geben könnten, um, unter anderem, das kulturelle Gedächtnis – „Blackbox" – der Türkei zu erforschen (HAZAI 1978:26, 29).

İlber Ortaylı, Büşrâ Ersanlı Behar, Zeki Arıkan machen den Frührepublikanern den Vorwurf, die Vielfalt der osmanischen Geschichtsschreibung einer politischen Instrumentalisierung vor dem Hintergrund des Laizismus und des Positivismus geopfert zu haben. In dieser Debatte, zeichnet sich insbesondere S. Özbaran durch eine, meiner Ansicht nach unbegründete, kritische Haltung gegenüber der Vermittlung der osmanischen Geschichte im Schulunterricht aus (KREISER 2001:84).

6.7.2.3 Identität

Die Erfindung der „Türkischen Geschichtsthese" gegen Ende der vollbrachten Sprachrevolution war eigentlich nichts Anderes als die Suche nach einer neuen nationalen türkischen Identität (LAUT/KLUMPP 2003:63; Abschnitt 6.4).

> „Die Türkenkinder besäßen heute in der Türkei Freiheit der Gedanken, Unabhängigkeit der Gedanken. [...] Nach dem Weltkrieg erlangte durch die Kraft der revolutionären Bewegung das türkische Vaterland, der türkische Staat in Ehren und Glanz die Freiheit, die Unabhängigkeit. Aber der Geist der Mehrheit ist wie zuvor ein Gefangener geblieben.[...] Eine große Revolution geht vor sich; aber im Gedanken, im Geist ist keine Revolution, der alte Nachahmungsgeist (Taklit), die alte Gefangenschaft sind geblieben." *

Die Nationalsprachen, auch die türkische Sprache und davor die Schrift entstanden nach politischen Entwicklungsprozessen, die immer von tendenziösen Spannungen begleitet wurden. Das Türkische wurde nicht, wie man annahm, erst nach der Gründung der Republik als nationale Sprache verwendet, sondern viel früher als so manche europäische Länder, die irgendwann von Latein zu ihren Nationalsprachen übergegangen waren (ORTAYLI 1982:42; TOGAN 1950:XXXI). Die ideologischen Auseinandersetzungen, die sich in erster Linie an der Sprache und ihrer physischen Darstellung – *der Schrift* – entzündeten, waren und sind schwerwiegend. Es handelt sich nicht nur um pure Reflexe, die durch die genannten sprachlich-praktischen Probleme wie zum Beispiel der schweren Lernbarkeit und Lesbarkeit des Osmanischen entstanden. Der neu gegründete Staat erfuhr diese Problematik am eigenen Leib und suchte die Lösung im Wechsel des Alphabets und im Sprachpurismus statt in einer notwendigen Sprachpolitik, die sich an bewusster wissenschaftlicher Sprachplanung orientieren sollte. Diese voreilige Entscheidung brachte einen Werteverlust unter der Bevölkerung mit sich, der bis heute noch nicht überwunden wurde. Die osmanisch-türkische Schrift als Symbol der traditionellen Identität wurde mit der lateinischen Schrift vermengt. Die Schrift der Chinesen in China und Japan (HAARMANN 1990:117), die Schrift der Serben, die Schrift der Kroaten und die hebräische Schrift in Israel, bilden eine Identitätsgrundlage und sind Symbole dieser Völker (HAVELOCK 1990:152). Die lateinische Sprache mit ihrer Schrift als Symbol der Europäer ist wiederum, die Sprache die Europa geschaffen hat (BÜCHNER 1978:7).

---

* Carullah, Musa: Die Alkoholfrage vom Standpunkt des islamischen Gesetzes, Übersetzung und Zitat übernommen von Jansky, Herbert; Die „Türkische Revolution" und der russische Islam, in: Der Islam, Bd. 18, Berlin 1929, S. 166.

Die aus verschiedenen Gründen verlorene Identität (KABAKLI 1993:8) kann durch das osmanische Schriftsystem als Teil des in der Türkei heimisch gewordenen Kulturerbes des seldschukisch-osmanischen Reiches wieder zurück gewonnen werden. Dies wäre dann der Fall, wenn die symbolischen Grundsteine, wie die alte osmanische Schrift als Hilfsalphabet und die osmanische Sprache in der Türkei eine ähnliche Rolle wie das Lateinische im Westen einnähmen.

Das, was die Menschen in einer Sprachgemeinschaft an ihrer Schrifttradition festhalten lässt, ist die Gewohnheit und Vertrautheit mit einem Kulturmuster, in dem die Angehörigen aller Generationen ihre Identität finden. Schrift ist nur äußerlich betrachtet ein praktisches Mittel, Sprache in geschriebener Form festzuhalten. Für den Benutzer – insbesondere wenn es um die eigene Muttersprache und die damit verbundene Schriftkultur geht – ist das Schriftsystem mit seinen Symbolen, also im wahrsten Sinn des Wortes das Schriftbild ebenso prägend wie andere Kulturmuster (z. B. das Netz der Beziehungen zwischen Familienmitgliedern und Verwandten, die Religion und deren ethischer Moralkodex). (HAARMANN 1990:116)

Ein „Großes" und „Kleines" Osmanisch in den Schulen würden zur Beseitigung der Problematik und der Kluft zwischen der Bevölkerung und dem laizistischen Staat beitragen und würden darüber hinaus das Lesen des Heiligen Korans erleichtern, wodurch in bestimmter Zeit Korankurse, die nur dem *Koranlesen* dienen, völlig abgelöst werden könnte. Namık Kemal war seiner Zeit voraus, als er sich gegen den Schriftwechsel in der Reichzeit äußerte. Er meinte, wenn jemand den Koran zu lesen wünsche, sei es eine Notwendigkeit die arabische Schrift zu erlernen. Deswegen sei es Unsinn nach anderen Schriftsystemen zu suchen (TANSEL 1953:238).

Das Vertrauen an die Staatsführung nahm durch die Schrift- und die anderen Revolutionen ab. Durch Misserfolge seither verschwand in der türkischen Bevölkerung und auch bei den Eliten jeglicher Grad an Identifikation mit der nationalen Identität. Wie sonst ist es zu erklären, dass Nurullah Ataç, Schriftsteller und Berater des damaligen Staatspräsidenten forderte, dass die Türkei das Griechische und Lateinische als Staatssprache einführen sollte, damit sich die Türkei wie diese Länder entwickelt (İLHAN:04.05.2005). Man erinnere sich in diesem Zusammenhang daran, dass viele Anhänger der Revolution sogar dafür waren, eine gänzlich neue Identität anzunehmen bereit waren. Beispielsweise beschönigte İsa Öztürk diese Haltung in der Revolution und schrieb in seinem Büchlein, dass die Türkei der alten Kultur vor 1928 jetzt fremd geworden sei und ein neues Kulturgut sich aus den eigenen und westlichen Quellen ausgebildet hätte, welches nun die Türken sich zueigen gemacht hätten (ÖZTÜRK:1998:45).

Das lateinische Alphabet könnte, so lautete seinerzeit ein Vorschlag, als Hilfsalphabet oder als zweites Alphabet dienen, (REKIN 1991:124, 266)* bevor die voreilige Entscheidung über den Alphabetswechsel getroffen würde. Die Wichtigkeit der Schriftfrage, wie immer wieder erscheinende Literatur und die in der Tagespresse veröffentlichte Artikel zeigen, hat an Aktualität nichts verloren. Hier sind einige Beispiele zu nennen: Am 12.09.05 äußerte sich Şükrü Haluk Akalın, der Präsident der neuen TDK gegenüber Nuriye Akman in der Zeitung *Zaman* (Die Zeit) darüber, dass *„Purismus ein Fehler"* gewesen sei. Er fügte hinzu, dass der Alphabetwechsel mehr Verdienste vollbracht, als er Schaden angerichtet hätte. So sei der einzige Nachteil, dass die Brücke zur türkischen Tradition dadurch abgebrochen worden sei. Ahmet Turan Alkan schrieb am 06.06.2005 in der Zeitschrift Aksiyon;

„Sogar die Sprache der Illustrierten ‚Hayat' aus den 1960er-Jahren zeichnet sich heute durch ein ‚archaisierendes' Türkisch aus. [...] Die Sprachrevolution hat den Sprachtypus des Türkischen durcheinander gebracht; sie hat an Stärke verloren, sie leidet unter Gedächtnisschwund. Ihre Leistungsfähigkeit zum Überleben erleidet darunter; deswegen ist es unvermeidlich, dass in naher Zukunft das Englische über das Türkische Dominant sein wird." (ALKAN 06.06.2005)

Er steht mit seiner Meinung nicht allein. Oktay Sinanoğlu, Professur für Chemie an der Universität Yale in den USA, kritisierte diese Handhabung der politisch Verantwortlichen** und benannte sein im Jahr 2000 erschienen Buch deswegen „Bye Bye Türkçe".

6.8 Fazit

Die westlich orientierten Eliten der Osmanen also vorwiegend die Anhänger der İttihat Terakki Partei, waren de facto Gefangene der geistigen Kolonie Frankreichs. Denn die westliche Bildung, die zur Modernisierung und Wie-

---

* Şemseddin Sami brachte diesen Vorschlag im Jahr 1883 in seinem Wörterbuch „Kamus-ı Fransevî"
** http://www.quantum-chemistry-history.com/Sina_Dat/SinaTurk/Text2.htm

derbelebung des Staates und der türkischen Gesellschaft dienen sollte, brachte
nur wenig Heil über das Land. Das nur aus Paris importierte Wissensgut und
seine Derivate – vor allem die französische Sprache – wirkten erst nach der
Gründung der Republik. Professor Hubert Grimme beschrieb die Sachlage
im Vorwort zu dem Büchlein von Hachtmann über die „Europäischen Kultureinflüsse in der Türkei" im Jahr 1918 und wies darauf hin, dass die importierte Sprache auch die Denkweise des Menschen beeinflusse. So sind fast
alle namhaften Zeitungen in Istanbul in französischer Sprache erschienen.

> „Bei Beginn des Weltkrieges war die Türkei in den gebildeten Schichten ihrer
> Bevölkerung eine geistige Kolonie Frankreichs. Europäische Bildung, von
> welcher man das Heil für Staat und Gesellschaft erwartete, wurde stets nur
> über Paris bezogen. [...]; die Sprache eines Anderen sprechen, bedeutet mit
> ihm denken und fühlen." (HACHTMANN 1918:5)

Diese Aussage und weitere Forschungen von Hachtmann, Kurt Ziemke zeigen uns deutlich, dass die Klage über die Überflutung der türkischen Sprache
vom Arabisch-Persischen kaum berechtigt ist. Unter den Gelehrten hatte Französisch seit dem Tanzimat mit steigender Tendenz den Platz des Arabischen
eingenommen. So wurde die türkische Sprache von allen Seiten, von Osten
und von Westen, beeinflusst. Gewiss haben dieselben Charaktere später beim
Aufbau der Türkei und während der Reformjahre der Republik sich am meisten beklagt, dass zum Beispiel die türkische Sprache unter dem schweren
Einfluss der arabischen und persischen Sprache läge und die osmanischen
Gelehrten noch nicht mal die türkische Sprache benützten.

Großwesir Mustafa Fazıl Pascha wurde Mitglied der Jungosmanen und unterstützte sie finanziell aus dem europäischen Exil heraus. Er schrieb sogar in
französischer Sprache einen Brief an Sultan Aziz, indem er mehr Freiheit und
weitere Reformen forderte. Die Ideen der Jungosmanen, von den Europäern
Jungtürken genannt, fanden sich später unter der Partei „İttihat Terakki" (AKGÜNDÜZ 1999:264). Obwohl Mustafa Kemal aus dieser Partei austrat, verwirklichte er zu deren Machtzeit ihre Ideen in der republikanischen Türkei
außer der Turanismus-Idee voll und ganz. Daher schreibt der Turkologe und
Historiker Kurt Ziemke „*Das kemalistische Programm ist im Grunde eine
Fortführung des Jungtürkischen.*" (GUST 1995:387)

> „Wir haben also hier den eigenartigen Fall, dass das erwachende Nationalbewusstsein zur geistigen Unterordnung unter eine fremde Nation führte. Aber

was half es? Das geistige Rüstzeug für eine nationale Erneuerung der Türkei war eben nur in Europa zu holen, und in Europa bedeutete um 1850, wo die türkische Übersetzungstätigkeit begann, nichts anderes als in Frankreich." (HACHTMANN 1918:10)

Aufgrund ihrer Unerfahrenheit waren die Jungtürken nicht im Stande, trotz ihres errungenen politischen Sieges gegen Sultan Abdulhamid (1908), mit ihren reformatorischen Absichten das geschwächte Reich zu regieren. Im Hintergrund agierend versuchten die unqualifizierten Reformer die Reformen auf Regierungsebene durchzusetzen. Sie wurden vom englischen Botschafter als „*Ein Haufen Kinder mit guten Absichten*" benannt. (GUST 1995:368) Der Vorreiter Enver Pascha veranlasste beispielsweise eine Schriftreform, die „Enver-Schrift" genannt wurde. Dieser Versuch, trotz staatlichen Drucks von Oben, überlebte nur kurze Zeit. Auch die späteren Reformer, insbesondere jene nach Mustafa Kemals Tod, verfügten über wenig Erfahrung im Regieren eines Landes, gleichsam den Jungtürken, die den Sultan zu den Reformen gedrängt hatten. Die Revolutionäre wechselten die Schrift gegen alle Warnungen der Wissenschaftler aus dem In- und Ausland. Sie versuchten den Phantasiepurismus am Leben zu halten, wenn auch die gesellschaftliche Kommunikation zerstört wurde. „*Wir verstehen uns nicht mehr*" sagte Mustafa Kemal in einer Tischrede Bezug nehmend auf die erfolglosen puristischen Bestrebungen. (EMRE 1960:333)

Die letzten Reformen waren das Ergebnis des Kampfes zwischen den Revolutionären und den vom lateinischen Westen bezauberten Politikern in den Hauptstädten der Türkei; erst in Istanbul dann in Ankara. Bei keiner Reform war das Volk unmittelbar dabei. Nur ein Bruchteil der Reformen erreichte das Volk. Der unterschwellige persönliche Kampf zwischen den Imitatoren und den totalen Verwestlichten (Batıcı) ging zu Gunsten der Modernisten.

Der europäische Glanz blendete die türkischen Reformwilligen zu allen Zeiten. Der erwünschte europäische Fortschritt hielt kein Einzug im Lande; weder infolge der imitativen Erneuerungen staatlicher Institutionen während der Reichzeit noch durch die Revolutionen im Gesellschaftsleben nach der Gründung der Republik. Kultur und demzufolge Technologie werden nur dann zur Verfügung stehen, wenn Erfahrungen, Erlebnisse, Forschungen, Bekanntschaften über Hunderte von Jahren zusammen gesammelt werden.

Die revolutionäre Idee, die europäische Kultur und Technologie mit Gewalt oder mit Hilfe einer glanzvollen Propaganda ins tägliche Leben der Bevölkerung zu implementieren, um so den Lebensstandard zu heben, ist sicherlich aus verschiedenen Gründen dem Staat gelungen. Dem türkischen Volk geht es heute definitiv besser als vor 100 Jahren. Wenn wir aber die Technologie und die dementsprechende Kultur aus den „Export-Ländern" studieren, wird sofort deutlich, dass die Kluft zwischen Orient und Okzident bzw. zwischen der Türkei und Europa bezüglich des Fortschritts des 18., 19. und 20. Jahrhunderts weiterhin existiert.

Das „Enver-Alphabet" ist das beste Beispiel dafür. Er und die Erfinder dieses Alphabets gingen davon aus, dass das neue Alphabet wie das lateinische Vorbild unbedingt getrennt geschrieben werden soll, damit ein angebliches Leichtlesen der türkischen Sprache ermöglicht werde. Die Buchstaben sollten nach diesem Muster hintereinander stehen, um die türkische Lautung schriftlich auszudrücken. Die Verlautung der Konsonanten mit den Vokale a, e, i, u, ü, o, ö, ı stellt eine Imitation des lateinischen Alphabets dar. Meinen Recherchen zufolge können die Vokale genau so mit Hilfe der diakritischen Zeichen über oder unter den Konsonanten stehen und somit dieselbe Funktion ebenso effektiv vermitteln (Abschnitte 1.2 und 6.3). Die Arbeiten bzw. Lösungsvorschläge zur Schriftproblematik von Ahmed Cevdet Pascha fanden in diesem Sinne in der Literatur oder in der politischen Arena kaum Beachtung. Er erkannte die Problematik schon 1851 und beseitigte somit die sprachliche Seite der Problematik mit seinen Anregungen bereits zu dieser Zeit. Die Vorschläge wurden sogar im Schulleben verwirklicht und seit 1863/1864 in die Schulausbildung integriert (ÜLKÜTAŞIR 1964:162).

Die Behauptung, dass die türkische Sprache an Vokalen reich sei, ist richtig, aber welch eine lateinische Sprache verfügt über weniger Vokale als das Türkische. Alle verwenden mehr oder weniger acht Vokale.

Meine Recherchen zeigten bei einer Gesamtdurchsicht der Literatur, dass die Berichte über die Sprachen des Ostens unter anderem von Reisenden wie Ch. F. Volney (1757–1820) ohne große Nachsicht kopiert und wiederholt in wissenschaftlichen Arbeiten aufgenommen wurden (Abschnitt 6.3). Viele Sprachwissenschaftler vergleichen das phönizische Alphabet bzw. die nordsemitischen Alphabete mit dem griechischen Alphabet, welches wiederum der Ursprung des lateinischen Schriftsystems ist (HAVELOCK 1990:57).

Sowohl die arabische Schrift als auch die heutigen lateinischen Schriftzeichen verfügen über genau so viele Zeichen für die Lautung ihrer entsprechenden Sprachen. Überregionale Lautverschiebungen sind eine Selbstverständlichkeit, wenn regionale Lautverschiebungen existieren. Luther klagte, dass die Menschen auf einem Radius von 30 Meilen Lautverschiebungen erleben und dies die Verständigung untereinander erschwere. Lautverschiebung in einem Reich wie dem Osmanischen, dessen Ausdehnung über drei Kontinente reichte, sollte in Folge dessen nur natürlich sein. Türkische Eliten verkannten zu allen Zeiten, dass ein multikulturelles, multisprachliches Reich wie das Osmanische nicht dieselben Eigenschaften eines Nationalstaates, der sowieso ein Produkt des 20. Jahrhunderts ist, hätte vorweisen können.

Schließlich müssen Sprachpflege, Normierung der Sprache oder gar Sprachrevolution als sprachtechnische Maßnahmen zur Entwicklung der Sprache angesehen werden, damit Sprache als ein besseres Kommunikationsmittel für die Gesellschaft mit ihrer Vergangenheit wird. Aus wissenschaftlicher Sicht betrachtet, sollte Sprache den Sprachwissenschaftlern überlassen und seitens derer einer Pflege unterzogen werden. Dabei sollte niemals irgendeine politische Entscheidung, außer sie gibt den Wissenschaftlern Rückhalt, sie aus ihrer Bahn werfen. Die Japaner und Chinesen haben ihre Sprachproblematik auf diese Weise bewältigt. Sachkundige Wissenschaftler versuchten zumindest, als der Schriftwechsel in Frage kam, die türkische Führung auf ihre Forschungen aufmerksam zu machen. Prof. Dr. Zoltan Gombocz aus Budapest empfahl in einem Artikel am 5. Mai 1928 in der Akşam-Zeitung, dass man die vorhandene Schrift normieren und weiterhin nutzen solle (ÖZERDIM 1983:586). Schriftsteller und Wissenschaftler wie Namık Kemal, Halit Ziya, Köprülüzade Fuat, Avram Galanti, İbrahim Aladdin Gövsa, A. Zeki Velidi Togan und viele andere stellten sich gegen einen Schriftwechsel. Meistens waren es Journalisten, Schriftsteller, Theaterdramaturgen und vor allem Persönlichkeiten des öffentlichen Lebens, die die lateinischen Schrift im Ausland und in Kolonialschulen gelernt hatten und zu Recht den Fortschritt des Landes um jeden Preis wünschten, um die Einführung aller Universalien des Westens durchsetzen zu können. Merkwürdiger Weise haben solche Ideen von national gesinnten Politikern, Schriftstellern sowie Falih Rıfkı, Yakup Kadri eine rege Verteidigung erfahren, obwohl sie eigentlich allgemein alles Fremde abweisen sollten (ŞIMŞIR: 1979:111, 127; ATAY:03.09.1928; ABSCHINITT 6.6.2). Diesen Fall finden wir auch unter anderem während der Besatzungsjahre durch die Amerikaner bei japanischen Nationalisten vor, die sich entweder für die englische Sprache oder die Einführung der lateinischen Schrift für die japanische Sprache einsetzten.

Bei der Verteidigung des Schriftwechsels wurde behauptet, dass es nicht nötig sei, die Fossilien der Vergangenheit zu übersetzen, weil sie (die Buchbestände) inhaltlich leer seien. Dabei vergaßen sie, dass diese alte Tradition auch zu ihrer Vergangenheit gehörte. Mit dieser nicht gerade trefflichen Argumentation lagen sie weit hinter den Gegnern des Schriftwechsels zurück, die nur aus diesem Grund einen Schriftwechsel als einen gefährlichen Bruch mit der Tradition betrachteten (DUDA 1930:414). Zu Genüge hat die Sprache in ihrem Entwicklungsprozess unnötig gelitten. Der Ideologie wegen wurde die Schriftsprache ihrer Fähigkeiten entledigt. Im Zuge des Sprachpurismus wurde die Sprache von ihrer osmanischen Vergangenheit, den Reichtümern und Fähigkeiten, wie sie das Türkische/Arabische/Persische innehatten, entbunden. Damit wurde nicht nur der traditionelle Bund zur Vergangenheit geschädigt und das fundamentale Kulturgut und die eigene Denkweise zu Nichte gemacht, sondern auch das heutige Türkisch von seinem in Jahrhunderten gesammelten, übermächtigen Begriffsreichtums beraubt.

Die türkische Sprache hat sich durch die gewagte politische Entscheidung von 1928 und durch die Forschungen der TDK und mit Hilfe einzelner Persönlichkeiten dennoch zu einer schönen Sprache entwickelt. Aber es ist Zeit zu begreifen, dass der Aufbau einer Brücke zur Vergangenheit, die von ideologischen Protagonisten abgelehnt wurde, wieder geschlagen werden muss.

Trotz aller Kritiken, Verneinungen und starken Einflüsse des Arabischen ist das Alttürkische (Osmanisch) Türkisch geblieben. Maximilian Bittner drückte das zu Recht in seiner ausführlichen Studie, die er am Anfang des 20. Jahrhunderts verfasste auf folgende Weise aus:

„Doch – und das kann nicht genug betont werden – ist bei allen Einflüssen das Persische persisch und das Türkische türkisch geblieben: Die Sprachen sind bloß in geistiger Verwandtschaft getreten, sie gleichen dem Arabischen an Gehalt, sowie sie von ihm an Gestalt verschieden sind." (BITTNER 1900:116)

Nach Bittner hat sich die (rein) türkische Rika-Schrift, die sich zur Nationalschrift etablierte, gegen die arabische Schrift durchgesetzt (BITTNER 1900:115).

Bei der Beurteilung des Schriftwechsels sahen sowohl Politiker wie İsmet İnönü, Bülent Ecevit als auch Wissenschaftler wie zum Beispiel Bernard Lewis, Herbert Jansky mehr die Notwendigkeit zur Abgrenzung von der tür-

kischen Tradition, verfolgten aber nicht unbedingt einen sprachpolitischen
Zweck (LEWIS 1961:273; ECEVIT 1952:239; JANSKY 1929:164).

Es ist anzunehmen, dass das Lateinalphabet für das Türkische besser geeignet ist als die arabische Schrift, und dass der Entwicklungsprozess des Türkischen durch die Lateinschrift beschleunigt wurde. So handele es sich hier um Verdienste an der Sprache, so der TDK-Präsident Haluk Akalın. Der Nachteil, nämlich der *„Bruch mit der Tradition"*, sei dahingegen gering (AKMAN 12.09.2005). Schriftwechsel stelle, wie er meinte, das einzige Problem dar. Gerade aus diesem Grund hatten die Chinesen, Japaner und weitere Nationen ihre Schrift nicht wechseln können.

Die türkischen Wissenschaftler und Eliten, die gegen die Einführung der lateinischen Schrift waren, konnten sich nur anfänglich (bis 1925) gegen einen Schriftwechsel äußern. Später hatten sie keine Möglichkeit mehr dazu, weil sie durch gesetzliche (Pressegesetz 1931) und verschiedene administrative Repressalien daran gehindert wurden.

Es geht nun darum, was mit dem tausend Jahre alten Kulturgut passieren wird. Sollen Wissenschaftler einfach akzeptieren, dass die Türkei wie die schriftlosen Afrikastaaten ohne Schrifttum weiter existiert, oder soll sie sich im Sinne einer Wiedererlangung all dessen mit dem vor hundert Jahren enteigneten islamisch-mittelöstlichen Kulturgut wieder vertraut machen. Eine Spuren hinterlassende Entfaltung kann lediglich durch die Besinnung zur eigenen Kultur erreicht werden. Dies kann nur bewältigt werden, wenn die osmanische Schrift und Sprache als einziges Kommunikationsmittel für die breite Volksschicht angeboten werden.

Die revolutionäre Staatsführung stellte sich mit ihrer nationalistischen Ausrichtung und ihrer revolutionären und aggressiven Spracherneuerung bzw. angeblicher Türkisierung der Sprache als hemmender Faktor gegen einen dauerhaften Frieden unter den verschiedenen Bevölkerungs- und Gesellschaftsschichten und bei der Entwicklung einer modernen Religion und der Forschung der Tradition.

Eine normierte Volkssprache, Kurdisch, als Muttersprache in den Grundschulen neben der offiziellen Amtssprache Türkisch in den überwiegend kurdischsprachigen Gebieten könnte die führende Rolle bei der Völkerverständigung übernehmen. Das osmanische Reich war zu seiner Zeit multilingual, daher ist es auch für die Türken nicht erforderlich, neue erste Erfahrungen diesbezüglich zu machen. Übrigens erlebt die Türkei praktisch eine Zweisprachigkeit im Osten. Die offizielle Einführung der Muttersprache in den Grundschulen kann nur weitere neue Tendenzen zu einer friedlichen Koexistenz nach sich ziehen.

Übrigens dürfen der gesprochenen kurdischen Sprache (SANDERS 1995:13), mit der nicht geschrieben wird und deren Sprecher Türkisch als Schriftsprache verwenden (HAARMANN 1990:19), nicht dieselben Fehler widerfahren wie dem Türkischen seit 1928, nämlich dass sich ihre Nutzer fast nur den Übersetzungen aus dem Osten und Westen bedienen. Die Sprachen sollten ihr Schrifttum auf natürliche Weise entwickeln. Eine Studien- und Schriftsprache Türkisch und ein gesprochenes Kurdisch bieten sich im Moment als die ideale Lösung für die Überwindung des entstandenen Problems und für die türkischen Bevölkerungsgruppen, die dieselbe Geschichte, Tradition und Geografie teilen, an.

Was die Alphabetisierung betrifft, wird gar nicht oder nur selten in der Türkei darüber diskutiert, welche Sprache man bei der Alphabetisierung, insbesondere im Osten, nutzen sollte. Jedoch wird eine Lösungsfindung nicht aus pädagogischen, psychologischen oder wirtschaftlichen, sondern vielmehr aus politischen Gründen bestimmt. Im Allgemeinen ist die Verwendung der Muttersprache für die Alphabetisierungsschüler und die Schulpflichtigen aus pädagogischen und psychologischen Überlegungen heraus die vorteilhafteste Lösung. Wie im formalen Bildungssystem, so wird auch bei der Alphabetisierung manchmal versucht, eine einheitliche Nationalsprache einzuführen, auch wenn diese von einem großen Teil der Bevölkerung erst gelernt werden muss. Trotz dieser legitimen politischen Zielsetzung und der eventuell dabei erzielten Erfolge dürften jedoch einige Nachteile bei einem solchen Vorgehen entstehen. Diese können aber optimistisch bewertet und gelöst werden.

Auch die europäische Menschenrechtskonvention steht der Anordnung nicht entgegen. Darin ist für Schulen die Wahl der Sprache des jeweiligen Ortes als Unterrichtssprache vorgesehen. Denn die Sprache ist der bestimmende Faktor des gesellschaftlichen und politischen Gefüges aller Gesellschaften. Das sollte aus den vorangegangenen Erörterungen und aus der Gesamtheit der vorliegenden Studie deutlich geworden sein, auch wenn nicht allzu sehr ins schul-, sozial- oder sprachpolitische Detail eingegangen werden konnte. Sicherlich haben sozio- und psycholinguistische Faktoren, die hier noch nicht mal angedeutet werden konnten, die es im Übrigen auch auf ihre realpolitischen Einflüsse zu prüfen gälte, zu dem Primat der Sprache weitgehend beigetragen, indem der identitätsstiftende Faktor der Sprache von politischen Einheiten territorial und nationalistisch vereinnahmt worden war. Eine objektive Haltung zueinander dürfte den Türken und Kurden nicht sehr schwer fallen. Dieser Umstand macht auch die in dieser Studie immer wieder angesprochenen Machtzentren zur institutionalisierten Konfliktlösung, deren politisches Scheitern sich in der Türkei anbahnt, so fragwürdig. Um von der „*national*" verengten, territorialistischen Perspektive wieder weg zu kommen und den Blick frei zumachen für eine individuellere Haltung, die die Dominanz der Sprache zurückdrängt, wurde hier zuletzt auch mit Ansätzen aus der Systemtheorie argumentiert.

Das Lesen des Heiligen Buches, der Religionsunterricht, die Erforschung des Schrifttums, welches das arabische Alphabet verwendet, zwingt Forscher endgültig eine grundsätzliche Lösung zu finden. Da die Türkei jetzt einen gegensätzlichen Zustand erlebt wie zurzeit vor 1928, könnte eine neue Sprachpolitik zu Hilfe gerufen werden, indem man diesmal die osmanische Schrift als Hilfsalphabet in den Schulen wiedereinsetzt.

Die kollektive Identität, die sich über viele Jahre in der türkischen Geschichte herausgebildet hatte und alle Facetten einer theoretischen Identitätsausbildung umschloss, war vorwiegend islamisch geprägt. Gerade dieses Kulturgut, das später der Sprachrevolution ausgesetzt worden war (ŞIMŞIR 1979:113) und natürlicher Schlüssel zur subjektiven Realität ist, könnte, unter anderem, mit in die sprachlichen Bereichen unternommenen Maßnahmen erneut integriert werden.

Die Spaltung der Gesellschaft vollzog sich seit dem Tanzimat in allen Schichten der türkischen Gesellschaft, vor allem zwischen Traditionalisten und Modernisten. Die Revolutionen der Republik und die innere Zerrissenheit schwächten fortdauernd die Entstehung einer stabilen Identität. Um sie erneut zu stärken, ist es unbedingt notwendig, die von fremden Mächten vorgegebenen politischen und kulturellen Steuerungsmechanismen, die seit dem Tanzimat keine echte Akzeptanz in den breiteren Schichten der türkischen Gesellschaft genossen, zu überwinden. Dies kann nur dann geschehen, wenn man die gesellschaftlichen Strukturen sich auf natürliche Weise entwickeln lässt. Das Vertrauen zur eigenen Staatsführung und dem eigenen Staatsgebilde und damit auch die künstlich erzeugte Sympathie zu den westlichen

Kulturmächten wird dadurch stark beeinflusst bzw. verändert. So werden sich neue, feste Fundamente auf nahezu natürliche Weise bilden. In diesem Zusammenhang kann die Eigendynamik der genannten politischen Aktionen seitens der politischen Eliten und deren Einflüsse auf das türkische Volk sichtbar werden. Wenn die Bevölkerung sich der seit Hunderten von Jahren historisch formierten Identität nicht wieder bewusst wird und sich diese zu Eigen macht, worauf einige Anhaltspunkte hindeuten, wird an ihrer Stelle eine ethnisch-nationale Identität treten. Denn, eine direkte Nachahmung der westlichen Werte brachte die Türkei bei der Identifikation (Identitätssuche) nicht weiter. Die Erneuerungen sollten und sollen mit den nationalen –, insbesondere mit den traditionellen Empfindungen, nicht im Gegensatz stehen und mit dem sozialen Aufbau der Gesellschaft vereinbar sein.

Die politischen Entscheidungen der turbulenten 1920er- und 1930er-Jahre waren rein politisch. Die Verwestlichung war und ist eine Staatspolitik der Türkei. Das einzige Ziel der Revolutionäre war es, das Land aus dem orientalischen Kulturkreis herauszureißen und in den westlichen Kulturkreis einzubetten. Die Folgen dieser Verwestlichungspolitik, die das türkische Volk von Grund auf veränderte, dauern kontinuierlich an, was wiederum den breiteren Schichten der Bevölkerung keinen sichtbaren Wohlstand brachte, nur den Verlust ihres Kulturgutes. Die meisten Türken leben noch in einer osmanischen Nostalgie, weil ihnen das neue moderne Existenzniveau und der nach den revolutionären Planungen versprochene Lebensstandard, welchen europäische Völker längst erreicht haben und erleben, weiterhin als unerreichbar scheint.

Sprachrevolution ist der wichtigste Teilbereich der Verwestlichungsströmung. Der Sprachentwicklungsprozess könnte mit verschiedenen Maßnahmen, die sowieso mit der von Genç Kalemler (Ömer Seyfeddin, Ali Canip, Ziya Gökalp) seit 1911 eingesetzten Modernisierung und Vereinfachung der Sprache schon auf den Weg gebracht wurden (LEWIS 1961:45), positiv unterstützt werden: Darunter fallen Festlegungen im technischen Bereich; im Bereich der Grammatik, des Wortschatzes und der Phonetik.

Es kann keine Reinsprache auf der Welt geben (COULMAS 198:73). Über die natürlichen Sprachgrenzen hinweg haben und werden sich Sprachen gegenseitig beeinflussen. Die natürliche Beeinflussung fängt innerhalb der Sprachgrenzen an und wächst durch Wirtschaftsbeziehungen, Völkerbewegungen oder gemeinsame Religionen, also Kulturberührungen, weiter an: Das Türkische übernahm vom Persischen, Arabischen und europäischen Sprachen; das Deutsche vom Lateinischen, Griechischen, Italienischen usw. Die Sprache, Teil und Vermittler der Kultur, mit ihrem Wortschatz ist auch ein gemeinsames Gut, von dem sich die Sprachen gegenseitig beeinflussen und voneinander profitieren. So ist die lateinische Sprache die Mutter fast aller westlichen Sprachen. Ihr Wortschatz nimmt in allen Sprachen einen großen Platz ein. Niemand will sie aus seiner nationalen Sprache ausmerzen. Auf eine Frage von Atilla İlhan, sagte der französische Turkologe Carlier: *„Wenn wir den Wortschatz aus dem Griechischen und Lateinischen, aus unseren Sprachen ausmerzen, würden hundert oder im besten Fall zweihundert Wörter übrig bleiben, womit man nicht reden könnte."* (İLHAN:04.05.2005)

Der zweite Mann der Republik, İsmet İnönü, Universitäten (Darülfünun) und Zeitungen, die sich seinerzeit gegen einen Alphabetwechsel gestellt hatten, haben sie ihre begründeten Bedenken in folgenden Thesen zusammengefasst:

- Wenn es zu einem Wechsel käme, würden entstehende Leseschwierigkeiten die staatliche Bürokratie lahm legen.
- Eine fortschrittliche Zivilisation habe mit einer schwierigen oder leichteren Schrift nichts zu tun. Obwohl die Engländer über ein kompliziertes Schriftsystem verfügen, vertreten sie eine moderne Zivilisation, während die Spanisch sprechenden Nationen, die über ein leichteres Schriftsystem verfügen, sich verhältnismäßig gesehen im Rückstand befinden.
- Im Falle eines Schriftwechsels würden sogar Wissenschaftler in die Lage eines Leseanfängers zurück versetzt.
- Was würde mit den Bibliotheken, die mit Handschriften und gedruckten Werken gefüllt sind, wenn ein Schriftwechsel zustande käme.
- Im Zuge der Wirtschaft ist auch der Schriftwechsel für die Türkei nicht tragbar.

Auch in der Nationalversammlung war keine Stimme für die Einführung des Lateinischen zu hören (EMRE 1960:317).

7. Zusammenfassung und Beurteilung

„Wer Altes bewahrt und zugleich neues Wissen zu gewinnen vermag, der kann den Menschen Leher und Vorbild sein."
Konfuzius

Statt durch rücksichtslose Revolutionen mit der türkischen Tradition zu brechen, hätte hier eine einfache, praktische und vor allem durchgreifende Lösung für die türkische Schrift- und Sprachfrage innerhalb dessen eigenen Alphabets und Sprache gefunden werden können. Wie bereits mehrfach in der vorliegenden Arbeit angeklungen ist, gingen in der Türkei sprachnationalistische Gedankengänge, Argumentationen, Reformen und Revolutionen seit dem Tanzimat mit gesellschaftlichen und politischen Entwicklungen einher. Es zeigt sich in dieser Arbeit also, dass die Schriftproblematik in der Reichzeit allmählich zu einer Belastung der Sprachpolitik bzw. Sprachideologie in der republikanischen Zeit wurde. Es ist deutlich geworden, wie sehr eine *„Nationalsprache"* ein künstliches, ideologisches und synthetisches Produkt ist. Die Türkisierung der Sprache, die aus politischen Gründen so schnell wie möglich nach der Proklamation des türkischen Nationalstaates, an die Öffentlichkeit gelangen sollte, trägt mannigfache Spuren der Übereilung, der Hast und offenbart ungenaue, zumeist unwissenschaftliche Züge. Besonders bei den puristischen Bestrebungen und der Unterscheidung von „reintürkischen" und „arabisch-persischen" Wörtern und Begriffen kam es zu recht erstaunlichen Begebenheiten.

Ich musste die Möglichkeit ergreifen, in meiner Arbeit einige auf den ersten Blick fremd erscheinende Themenabschnitte, zu integrieren. Diese zusätzlichen Ausführungen aufzunehmen war deswegen zwingend, weil Modernisten diese Argumente immer wieder als Begründung für die Sprachrevolution in den Vordergrund stellten. Die Gründe können in zwei Punkten resümiert werden: 1. Die Schrift ist das Hauptmotiv für Rückständigkeit gegenüber den westlichen Ländern, 2. Der Wille aus dem orientalischen Kulturkreis auszuscheiden und in den europäischen Kulturkreis einzutreten. Weitere Argumente, wie die Überflutung der Sprache mit Lehn- und Fremdwörter, Analphabetismus, nicht vorhandene und unnötige Schriftzeichen, die schwere Lernbarkeit des osmanisch-türkischen Alphabets spielten, wie bereits erwähnt, nur eine vorgeschobene Rolle.

Um auf diese und weitere Argumente Antworten finden zu können, habe ich versucht die Einflussfaktoren, die in verschiedenen Erdteilen für die Entwicklungsprozesse der Schrift und Sprache relevant sind, zu erforschen. Themenbereiche wie Sprache und Politik, Sprache und Denken, Sprache und Identität, Sprache und Kolonialismus und Imperialismus, Sprache und Religion und Missionierung, Alphabete und Analphabetismus im historischen Rückblick und die unterschiedlichen Ausprägungen des lateinischen Alphabets waren von größter Bedeutung in diesem Zusammenhang.

Das Osmanische Reich war durch seine ethnische Vielfalt, seine unterschiedlichen Traditionen, durch die drei monotheistischen Weltreligionen, vor allem aber durch eine Vielzahl von Sprachen (Polyglossie) als ein Vielvölkerstaat geprägt. Allerdings war die Amtssprache und die Sprache des Hofes das Türkische. Das Reich war ein Staat der Kontraste, in dem alle Volksgruppen Asiens und Europas in Harmonie lebten. Alle konnten ihre Sprache, Tradition, Religion etc. weiter an ihre nachkommenden Generationen tradieren.* Die gewachsenen horizontalen Differenzen verschärften sich jedoch erst im Zuge der Modernisierung des Reiches seit dem Tanzimat. Hervorgerufen wurden dabei vertikale, sozial-ökonomische Differenzierungsprozesse, so dass diese Diversifikationen einen fruchtbaren Boden für Vorstellungen und Meinungen bildeten, die eine Gleichberechtigung versprachen. Die nationalpolitischen Machtkämpfe hinterließen auch in der Wissenschaft ihre Spuren. Alle Völker (Millet) wurden nach ihrer Sprache benannt: Türken, Kurden, Albaner, Griechen.

Bis zu Beginn der Missionarsarbeiten um die Wende des 18. zum 19. Jahrhunderts hatten die Missionare im Osmanischen Reich keine soziale und politische Wirkung. Sie hielten jedoch angesichts der historischen Schwäche des islamischen Reiches nach dem Erlass von dem Tanzimat ihre eschatologische Stunde der letztmöglichen Christianisierung bzw. Missionierung für gekommen (Abschnitte 1.1 und 2.2.6). Zum ersten Mal wurden in den Reichsgrenzen mit dem Tanzimat neue Regelungen geschaffen, die der Missionierung eine Grundlage im Osmanischen Staat gaben.

Die vorliegende Arbeit hatte die Erörterung, warum und wie eine mehr als tausendjährige traditionell osmanisch-seldschukische Schriftsprache aus dem

---

* Hazai, G.: Osmanlı Döneminde bir Imparatorluk Dili Olarak Türkçe, unter: http://www.osmanli.org.tr/osmanlidaegitim.php?bolum=7&id=200

Leben der Türken hatte verschwinden können, zum Gegenstand. Sie konzentrierte sich hierbei auf die Hintergründe der politischen Umwälzungen. Der kürzeste Name für diese Politik war „*Verwestlichung und Verweltlichung*" alles Menschlichen. Nach allen Modernisierungen in der Gesellschaft und auf Staatsebene sollten die Türken ihre „*reintürkische*" Identität wieder erlangen Obwohl die Türkisierung von Schrift und Sprache, des Rechts, des Staates und der Gesellschaft weiter in den Vordergrund der Revolutionen gestellt und als Ziel positioniert wurde, war die Verwestlichung (Garpçılık) Wunschziel der modernen Türkei von Anfang an. (HEYD 2001:169), die Wirtschaft sollte durch die Revolutionen angekurbelt werden und schließlich die Religion als das Hindernis des Fortschritts verbannt werden, so dass der damit ersehnte Reichtum und das Glück nach dem Befreiungskrieg (Kurtuluş Savaşı) in das gerettete letzte Landsstück (Misak-ı Milli) hätte einkehren können.

Die Einführung der lateinischen Schrift und später der Sprachrevolution war der Gipfel der Verwestlichung. Der Anschluss an Europa sollte damit zementiert werden. Denn die Türkei sollte nach den *einheimischen (yerli) Politikern* mit den erfolgten Reformen seit dem Tanzimat und insbesondere seit den republikanischen Revolutionen ein Teil Europas werden.

Ist es nun wirklich so gekommen? Unter anderem formulierte der sozialdemokratische Politiker und Altbundeskanzler Helmut Schmidt „*dass die Türkei außerhalb des europäischen Kulturkreises liegt, steht außer jedem vernünftigen Zweifel.*" (SCHMIDT 18.10.2004) So äußerte sich auch Hans-Ulrich Wehler „*Sie gehört zu einem anderen Kulturkreis an und würde mit 90 Millionen Muslims, die sie in den Beitrittsjahren nach 2012/14 zählen wird, eine nicht europäische Bevölkerung mitbringen, die weder das unverzichtbare, historisch gewachsene europäische Identitätsbewusstsein teilt, noch zur künftigen Identitätskontiunität beitragen könnte.*" (WEHLER 2004:7) Ihre Religion, ihr Kulturkreis, der Ursprung ihrer Sprache stellten immer und stellen noch die natürlichen Hindernisse dar. Auch die kemalistischen Revolutionen, die für die Einheit mit Europa mit aller Gewalt und Propaganda durchgeführt worden sind, brachten der Türkei bis heute keine kulturelle Vereinigung mit Europa.

Um das Wesen dieser modernen politikwissenschaftlichen Probleme tiefgründig verstehen zu können, ist eine genaue Darstellung der vorausgegangenen Geschichte dieser Thematik unumgänglich gewesen. Sprach- und Schriftproblematik waren und sind immer mit Kulturentwicklung, mit der Geschichte eines Volkes eng verbunden. Der Bruch mit der Tradition, mit der alten Kultur geht einher mit Verlust der Identität. Diese allgemeine Annahme sollte sowohl für Sprachwissenschaftler als auch Soziologen von Wichtigkeit sein. Sowohl die Tradition als auch die morgigen Probleme für und in einer Gesellschaft werden immer mit sprachlichen Mitteln erforscht. Sprache ist immer der Vermittler zwischen Gestern, Heute und Morgen, zwischen Kulturen und Menschen. Der Werdegang der Sprache im Verlauf der Jahrtausende ist nicht nur für das Erkennen historischer Probleme von Bedeutung, sondern darüber hinaus häufig auch Quelle zur Aufdeckung von Problemen und Lösungen für den modernen Menschen.

In der Tat scheinen Unterentwicklung und Identitätskrise in der Türkei und auch in den anderen kolonisierten Völkern das Schicksal der Gesellschaft zu sein. Unterentwicklung und Kolonialismus sind wie siamesische Zwillinge. Seit ihrer Geburt sind die beiden untrennbar, wo Einer ist, ist auch der Andere. Wenn ein Landstück in seiner Geschichte von Kolonialisten bewohnt worden ist, so leiden die Bewohner entweder unter Identitätsverlust oder sie vereinen sich für immer mit der Unterentwicklung. Alle unterentwickelten Länder wurden entweder eine lange Zeit von Kolonialisten regiert oder werden vielleicht immer noch von verdecktem Kolonialismus beherrscht. Gerade in diesen Ländern ist die Unterentwicklung auf eine fehlende Tradition einer konstruktiven Gesellschafts- und Sozialpolitik zurückzuführen. Dabei kann die Schrift – wie diese Arbeit zu begründen versuchte – für die Unterentwicklung einer Gesellschaft nicht verantwortlich gemacht werden. Während die türkischen Eliten scheinbar freiwillig eine Bindung zu Europa unter anderem mit Hilfe des Schriftwechsels suchten, wurden schriftlose Völker Asiens, Afrikas und Amerikas von ihren Kolonialherren mit den Sprachen Französisch, Englisch, Spanisch, Portugiesisch etc. für immer an die Kernländer gebunden. Die Sprachabhängigkeit führte automatisch zur wirtschaftlichen – und damit zwangsläufig kulturellen Abhängigkeit dieser Länder.

Die Identitätskrise in der Türkei manifestiert sich in dem historischen Forschungsgegenstand der Versöhnung von Islam und Moderne (HOTTINGER 1980:41). Die Definition des Begriffs *„Modernisierung"* wurde in allen Zeiten auf die unterschiedlichste Weise dargelegt. Insbesondere seit dem Tanzimat wird der Begriff mit *„Verwestlichung"* gleichgestellt, oder er bedeutet die Überwindung einer traditionellen Gesellschaft oder gar die Säkularisierung der Gesellschaft. Einigkeit herrscht nur in dem Punkt, dass alle Parteien und Schichten die Verbesserung der Lebensqualität einer Gesellschaft als zentrale Dimension der Modernisierung ansehen. Die Bestrebungen zu einer modernen Gesellschaft erlebten fast zeitgleich Chinesen und Japaner. Sie suchten Gründe hierfür ebenfalls in ihrer Schrift, in ihrer Tradition etc. Wie die chinesischen haben japanische Wissenschaftler ihre nationale Identität in der Tradition entdeckt und insbesondere Japan hat auf seiner Tradition eine moderne Gesellschaft gegründet. Wichtigste Tradition war in den jeweiligen Ländern die Schrift, die mal für die Rückständigkeit, mal für den hohen Analphabetismus verantwortlich war. Kana-Schrift in Japan, chinesische Schriftzeichen in China verkörpern jeweils die Nationalität (MARTIN 1982:187), während in der Türkei von dem osmanisch-türkischen Alphabet (die Rika-Schrift), das sich zur Nationalschrift etablierte und sich gegen die arabische Schrift behauptete (BITTNER 1900:115), das Gegenteil propagiert wurde.

Wie soll man jetzt diesen Modebegriff „*modern*" bezüglich Schrift und Sprache definieren? Was heißt nun „*moderne Sprache*"? Ist das eine europäische Sprache? Eine normierte, standardisierte Sprache? Oder gar eine Sprache, die aus dem Munde des Volkes stammt? Sicherlich war und ist es für den türkischen Modernisten eine europäische oder diesen angeglichene Sprache. Die allgemeine Vorstellung seit dem Tanzimat, dass die osmanisch-türkische Schrift und Sprache die beste Grundschulsprache für alle Volksgruppen sei, wurde in der türkischen Welt anfänglich durch die Meldung von Journalisten und später auch von Wissenschaftlern erschüttert. Denn alle Bemühungen seien für diese schwierige Schrift und Sprache eitel und nutzlos, weil der Transfer der erstrebten „*Moderne*" aus dem Westen und die Tilgung des Analphabetismus im Lande mit dieser auf der arabischen Schrift basierenden osmanischen Sprache nicht möglich sei. Das mag richtig sein, wenn man punktuell pädagogische Manipulationen vergleicht und dabei zu stark verallgemeinert. In der Tat ist diese Behauptung nichts Anderes als die Tarnung des damaligen Sprachzustandes, des Analphabetismus und der Rückständigkeit des Staates, um der Verwestlichung eine logische Grundlage zu schaffen. Kein Sprachwissenschaftler, bis auf Volney, der die arabische Sprache sich autodidaktisch aneignete, meinte, dass das eine oder andere Alphabet schwieriger sei und empfahl daher dringend einen Schriftwechsel für die asiatischen Sprachen (STEIN 2006:55; HAARMANN 1990:13). Er lernte nämlich das Arabische im Mar-Hanna Kloster, ohne grammatikalische Regeln und hatte gewiss erhebliche Schwierigkeiten dabei (KÜHN 1938:29).

Es lässt sich aber nicht leugnen, dass in der Sprache nach den durchgeführten Operationen alle denkbaren geistigen und seelischen Strukturen aufgehoben sind. Ihr Verstehen und Einüben, ihre Produktion und ihre Reproduktion trainieren die geistige Tätigkeit derart, dass ein so beweglich gewordener, auf Unterscheidung hin geübter, durch Arbeit und Redlichkeit geschulter Geist jeder Aufgabe gewachsen ist und die Übertragung sich auf verschiedenste Weise vollzieht. Gewiss kommt es vor, dass die mathematische Begabung der Sprache völlig ausfällt, doch immer noch gilt die authentische Erfahrung, dass Übertragung der Tradition nur durch die traditionelle Sprache des Volkes möglich ist.

Osmanisch, das einmal die Sprache des Osmanischen Reiches war, war damit auch die Sprache der türkischen Welt. In dieser Welt erwachsen und gedeihen türkische Kultur und Sprache. Dies ist auf solche Weise und in solchem Ausmaße keinem türkischen Staat in der Geschichte vorher gelungen. Es wurde in der Not innerer Machtkämpfe erkannt, dass die Macht, sei sie noch so groß, selbst zerstörerisch ist, wenn sie von inneren Allianzen und äußeren Feinden ernsthaft bedroht ist. Macht und Recht sollten hier zusammen gehören und sich gegenseitig identifizieren, wenn das Staatsgebilde weiter bestehen soll, was seit der Gründung der modernen Türkei vergönnt war.

Die erlebte Erneuerung nach dem Tanzimat brachte der türkischen Gesellschaft Entfremdung und kommunikative Schwierigkeiten. Die Entfremdung innerhalb der Sprache vollzog sich insbesondere vor den 60er-Jahren des 20. Jahrhunderts. Eine Gruppe von Schriftstellern und Wissenschaftlern benutzten entweder den arabischen Wortschatz unter Einflussnahme der Religion oder schmückende persische Begriffe. Eine andere Gruppe war unter dem Machtbereich der westlichen Sprachen insbesondere des Französischen. Die letzte Gruppe verwendete vorwiegend das Französische und führte viele französische Begriffe ins Türkische ein. Der Einfluss hat sich unter Mitwirkung der Staatsdiener Frankreichs zusammen mit den reformwilligen Anhängern der İttihat Terakki Partei deutlich entfaltet und so wurde die türkische Sprache seit der zweiten Hälfte des 19. Jahrhunderts von französischen Lehnwörtern überflutet. Die Gelehrten und die Presse verwenden nur die moderne Sprache Französisch. Zeitungen wie Milliyet erschienen auch in dieser Sprache. Anfangs störte die türkischen Puristen der Einfluss nicht. Sie waren darauf fixiert, den Einfluss aus dem Osten zu dämmen. Der Einfluss nahm zwar nach der Sprachrevolution drastisch ab, ist aber bis heute im türkischen Wortschatz immer noch stark vertreten. Dieser Sprachzustand veranlasste den Turkologen Hartmann festzustellen, dass das Osmanische Reich eine geistige Kolonie Frankreichs wäre (HACHTMANN 1918:5). Paradoxerweise verwendeten damalige Reformisten bzw. Nationalisten der Republik überwiegend die Sprache der Besatzungsmacht der Franzosen (vor und nach dem Ersten Weltkrieg), unter deren geistiger Kolonie die osmanische Elite stand. Sie publizierten nach der Gründung der modernen Türkei weiterhin die wichtigen Zeitungen in französischer Sprache. Unter anderem schrieb der national gesinnte Yakup Kadri seine Artikel in Französisch.

Aber Entfremdung in der türkischen Sprache fing an mit den neulogistischen Bestrebungen der 1930er-Jahre. Sprache war immer ein Werkzeug in den Arbeiten reformwilliger Persönlichkeiten. Die Schriftsprache war sowohl in der osmanischen Zeit seit dem Tanzimat als auch in der Republik im Zuge des Purismus dem Volk fremd geworden.

Sowohl die Sultane, im Gegensatz zur revolutionären Propaganda, als auch Mustafa Kemal waren für eine volksnahe türkische Sprache (WEIL 1917:1). Beispielsweise kritisierte Sultan Mahmut die Wortwahl seines Reiseberichterstatters (KORKMAZ 1992:292), der in seinem Reisebericht einen volksfremden Begriff verwendete.

Wenn man die Geschehnisse seit dem Tanzimat als Gesamtbild betrachtet, kommt man leicht zu dem Ergebnis, dass das kulturelle Gedächtnis des Volkes durch verschiedene Reformen ausgelöscht wurde. Alle Geschehnisse wie die Tanzimatreformen, die Revolution von 1908, die republikanischen Revolutionen usw. hatten nur ein Ziel: Modernisierung des Landes. Wenn man diese Ereignisse nicht als einzelne Bilder, sondern als ein Gesamtbild eines zugrunde gehenden Reiches betrachtet und sie nicht nur auf der Mikroebene beurteilt, sieht man auf der Makroebene wenig Brauchbares bzw. kein traditionelles Erbgut, weil durch die Reformen, Erneuerungen bzw. Revolutionen das Gedächtnis des Volkes formatiert wurde. Obwohl eine philosophische Überlegung besagt, dass die Zukunft nicht vorherbestimmbar sei (TOPAKKAYA 2005:187), wurde damit das Schicksal der Türkei festgelegt.

Hätten die osmanischen Eliten Münif Paschas Vorschlag diesbezüglich angenommen, hätte wohl die türkische Sprache einen ähnlichen Entwicklungsverlauf nehmen können wie die westlichen Sprachen. Die Sprachakademien und Sprachwissenschaftler im Westen haben mit der Normierung der jeweiligen Sprachen in diesem Zeitabschnitt begonnen, und zwar kurz bevor die Vorschläge für die Normierung des Osmanischen von Münif Pascha entwickelt wurden. Also erkannten die Osmanen gleichzeitig zum Westen ihre Schrift- und Sprachproblematik. Bis ins 19. Jahrhundert orientierte man sich überall im Bereich Schrift mehr an mythologisierenden Spekulationen als sachspezifischen Alphabetsvergleichen. Haarmann umschreibt diese Situation wie folgt: *„Viele Zeugnisse, die die Geschichte des Alphabets erhellen, hat man erst im 19. und 20. Jahrhundert entdeckt, so dass es ziemlich spät möglich wurde, einiges Licht in das Dickicht der Entwicklung der Buchstaben zu WERFEN."* (HAARMANN 1990:15)

Auch die anfängliche große „*Entdeckung*" von osmanischen Reformern, dass die osmanisch-türkische Sprache Schwierigkeiten beim Lesen verursache, kam „zufällig" nach der von den europäischen Ländern aufgezwungenen Verkündung des Tanzimat Fermanı (Abschnitte 1.1 und 2.2.4) auf. Darüber hinaus stammte zu diesem Zeitpunkt diese Feststellung alleinig von Wissenschaftlern und Studierten aus „lateinischen" Ländern oder aus nichttürkischsprachigen Gebieten des Osmanischen Reiches. Es fragt sich allerdings auch, warum im türkischen Reich und der Republik über das Ausmaß des missionarischen und kolonialen Kultureinflusses wenig bzw. nur am Rande gesprochen wurde. Friedrich Bodmer registrierte die Beeinflussung der Missionare bejubelnd und fügte hinzu, dass es natürlich wäre, wenn die politischen Mächte und Religionen ihre Schriftsysteme in den hiesigen Ländern einführen. Kolonialismus zwinge ja die Sprache den unterdrückten Ländern auf, die Missionsarbeit hingegen brächte eine Sprache und eine Schrift ohne Zwang in diese Länder und sie verbreite sich dort natürlich. Keines von diesen Ländern in Afrika und Asien, in denen ein Schriftwechsel vollzogen wurde, hatte damals eine funktionierende Schrift- und Sprachkultur neben ihrer oralen Traditionen, außer dem Türkischen.

„Intelligent planning based on the ease with which it is possible to adapt an alien script to the speech of an illiterate people played little, if any, part in selection before Kemal Atatürk introduced the Roman alphabet in Turkey. Missionary enterprise has been the single most significant social agency which has influenced choice. This circumstance has left a permanent. Impress on the study of speech habits.

Conquests, political, religious, or both, have imposed scripts on languages ill adapted for them. This is true of Burmese and Siamese which have Sanskrit and Pali scripts. It is even truer of Arabic script, which Islam has forced upon communities with languages of a phonetic structure quite different from that of the Semitic family, e.g. Berber, Persian, Baluchi, Sindhi, Malay, Turkish, Swahili etc." (BODMER 1944:61)

Die Gegebenheiten, die für die Wahl oder die Form einer Schrift bestimmend sind, können materieller, sozialer oder politischer Art sein. Unter den materiellen Umständen sind die Schreibmaterialien zu erwähnen: Papier, Stein, Knochen, Pergament als Unterlagen und Meißel, Pinsel, Feder, Holzdruckblock, Bleitypen als Schreibinstrumente. Zu den sozialen Umständen gehört die Lautbasis der Sprachgemeinschaft der jeweiligen Zeit, in der die betreffende Sprache ihre Schrift erhält, sowie die Lautbasis der Sprache, von der die Schrift übernommen wird. Geschickte, auf den sprachlichen Tatsachen gegründete Planung spielte, wenn überhaupt eine kleine Rolle bei der Auswahl der Schrift für ein, bis dahin, überwiegend analphabetisches Volk, bis Mustafa Kemal das lateinische Alphabet in der Türkei einführte. Bei der Wahl der Schrift spielte die Politik die bestimmende Rolle. Der Eifer der Kultur-Missionare der westlichen Werte war dabei das einzige bedeutsame soziale Triebmotiv, das die Wahl beeinflusste. Diese Art von Beeinflussungen erfolgte sonst im Allgemeinen durch Eroberungen oder friedlich-kulturelle Beziehungen, die durchaus religiöser, politischer aber auch koexistenzieller Natur sein können. Auf diese Weise sind häufig Schriftsysteme und Sprachen aufgezwungen oder übernommen worden, die für ihre Schriftsysteme und Kultur ungeeignet waren.

Im Grunde genommen gilt es auch für die arabische Schrift, die die türkische Schrift- und Sprache, die eine lautliche Struktur besaß und sich in ihrer Geschichte von der semitischen Sprachfamilie ganz verschieden entwickelte, beeinflusste. Das Türkische bzw. die Turksprachen haben in über 15 verschiedenen Alphabeten in ihrer Geschichte bis 1928 die linksläufige Schriftrichtung, wie die semitischen Sprachen, beibehalten, während ihre charakteristischen Züge in Grammatik erhalten blieben. Die Türken wechselten ihre Alphabete politisch und religiös bedingt, weil sie nicht von Anfang an die erforderliche Schriftnormierung und Anpassung der türkischen Laute in ihrem Alphabet unternommen haben. Es ist nicht weiter verwunderlich, dass da die Kunst des Schreibens und Lesens als Privileg von wenigen galt, die Notwendigkeit rascher Erkenntlichkeit nicht gegeben und der Drang nach Vereinheitlichung nur schwach war.

Die antagonistische Auffassung unter den türkischen Eliten gegenüber der arabischen Schrift ist nur in einem Punkt, dass nämlich die arabischen Schriftzeichen für die Wiedergabe aller türkischen Laute nicht ausreichend sind, zutreffend. Ein organisierter Schriftwechsel nach Tausenden von Jahren bedeutet totale Isolation von eigener Vergangenheit, was freilich kulturell und kulturpolitisch nicht vertretbar ist, weil die Schrift in diesem Kontext als die Trägerin der Tradition plötzlich nicht mehr gegenwärtig ist.

Die vom Westen erwünschten Reformen wurden nur teilweise und nur oberflächlich in die Tat umgesetzt. Als die Türkei nach dem Ersten Weltkrieg auf Seiten der Verlierer stand, war der Moment für die westlichen Mächte gekommen, die erwünschten Reformen zu erzwingen. Dieser Umstand – das Forcieren der einzigartigen Reformen seitens der Siegermächte – wurde merkwürdigerweise weder in der westlichen, noch in der türkischen Literatur entsprechend thematisiert. Die Besatzungsmächte schlugen in Japan, Indonesien, Afrika (Suaheli) und China (FU 1997:177), sogar in Griechenland vor, dass die Einführung des lateinischen Alphabets die Lösung gegen die herrschende Rückständigkeit sei. Bleibt die Frage offen, warum dieselben Mächte, den Türken nicht eine solche „Empfehlung" unterbreiteten.

Zweifellos erzielte die Türkei nach der Gründung der Republik gegenüber ihrem Vorgänger, dem Osmanischen Reich einen bedeutenden Fortschritt. Die soziale Struktur des Landes ist aber gleich geblieben und die größten Teile der Bevölkerung verharren nach wie vor in Elend und Armut (GLASNECK 1971:246).

Nach den ersten Reformbewegungen seit dem Tanzimat hatten die Reformisten sich immer wieder dahingehend geäußert, dass die wirtschaftliche und wissenschaftliche Rückständigkeit der orientalischen Länder, wie Volney behauptete, auf religiöse und sprachliche Gründe zurückzuführen sei. Diese Idee inspirierte alle Reformisten, die seit dem Tanzimat immer wieder für einen Schriftwechsel plädierten (BERKES 2005:264). Volneys Bemühungen um die Anwendung des europäischen Alphabets in den asiatischen Sprachen beeinflusste (KÜHN 1938:29) nicht nur die osmanischen Reformer und dadurch ihre Nachahmer, die republikanischen Eliten, sondern auch seinen leidenschaftlichen Leser Napoleon, der sein strategisches Wissen aus den Reiseberichten von Volney über Ägypten entnahm (MENSCHING 1977:360) und Ägypten, damals osmanisches Hoheitsgebiet besetzte, obwohl Frankreich Verbündeter des Osmanischen Reiches war: *„Volneys in weltbürgerlicher Absicht konzipierte Wissenschaft bereitet so objektiv den europäischen Imperialismus vor."* (MENSCHING 1977:360) Die Wichtigkeit seiner Reise mit den späteren Wirkungen wurde von Günter Mensching mit dieser Feststellung erörtert.

Neben dem religiösen Verbund, war die Schrift das Hauptelement und eigentlich die tragende Basis für den Zusammenhalt des türkischen Reichs mit dem arabischsprachigen Raum. Die englischen Kolonialisten und das russische Interesse an der Ersetzung der arabischen Schrift durch das lateinische Alphabet zeigten durchaus Parallelen. Die Russen beabsichtigten damit die Schaffung einer Barriere zwischen Kernland Türkei und den Russlandtürken, wobei die Engländer die Spaltung der Araber im Visier hatten. Wie sinnvoll und realistisch die Politik dieser Länder ist und war, ist Thema dieser Arbeit. Bei dem arabischen Aufstand bemerkte der englische Agent T. E. Lawrence, dass die Sprache des Korans und der klassischen Literatur, das Arabische, diese Völker zusammengehalten habe (COULMAS 1985:123). Das Resultat ist bekannt.

Der englische Plan nach dem Ersten Weltkrieg, der den Anschluss des gesamten Westens der Türkei an Griechenland vorsah, musste nach dem unerwarteten und klaren Sieg der Türken mit Kurtuluş Savaşı (Freiheitskrieg), aufgegeben werden. Aber als die Lausanner Friedenskonferenzen zu Ende gingen und Lord Gurzons Offerte seitens der türkischen Delegierten abgelehnt wurde, sprach er von der folgenden seltsamen Wahrnehmung; *„Ich stecke dies (Antragsschrift) in die Tasche. Morgen werdet Ihr zu uns kommen um Geld zu borgen. Das Geld habe ich und (den französischen Delegierten zeigend) er. Jedes mal, wenn ihr Geld borgen wollt, werde ich die abgelehnten Vorschläge heraus nehmen und euch vorlegen."* (ATAY 1984:351) Was diese merkwürdige Anmerkung bzw. Drohung von Lord Gurzon bedeuten sollte, stellte sich später heraus (İNÖNÜ 1987:153). Dass die Gründe und Wurzeln der grundlegenden Revolutionen unter anderem in dieser Zeit und in den nicht veröffentlichten geheimen Teilen der Lausanner Friedenskonferenzen liegen müssen, ist anzunehmen (Abschnitt 2.2.6).

Russland entwickelte eine andere Sprachpolitik für die Turkvölker in seinem Staatsgebiet. Aus den türkischen Dialekten entstanden nach dieser Sprachpolitik selbstständige Sprachen; Kasachisch, Usbekisch etc., also insgesamt 18 Sprachen und Dialekte. Dieser Sprachzustand, das Ergebnis der russischen Sprachpolitik, wurde mit dem ersten zielstrebigen Sprachkongress in Baku verewigt. Die ersehnte einheitliche türkische Sprache vom Krimtataren Gaspıralı İsmail Bey wurde damit zur Utopie. Die anfänglich von russischen Wissenschaftlern und Politikern propagierte lateinische Schrift erlebte dann in stalinistischer Zeit eine Gegenpropaganda mit dem Inhalt, dass die lateinische Schrift für das Türkische nicht passend sei.

Die heiligen Sprachen, Arabisch für den Islam, Latein für das Christentum, Hebräisch für das Judentum, sind allgemein universale und zugleich elitäre

Sprachen. Sie sind aber auch Sprachen der meisten Herrschenden. Eine türkische Sprache für die Türken, eine Deutsche Sprache für die Deutschen ist für die Etablierung einer Nation unerlässlich. Ein mächtiger Unterschied besteht allerdings zwischen dem türkischen Beispiel und anderen Beispielen in der westlichen Welt hinsichtlich der Nationbildung und der Formierung einer Nationalsprache. Fast alle westlichen Wissenschaftler stützen ihre Meinungen auf die lateinischen und griechischen Vorbilder. Sie verwendeten die lateinische und auch die griechische Sprache für die angewandte Literatur, die anfänglich entweder lateinischen oder griechischen Ursprungs war. Die türkischen Nationalisten hingegen suchten ihren nationalen Ursprung im Zuge der Modernisierung nicht in ihrer alten Schrift verfassten Literatur, sondern liefen übereilig, ohne wissenschaftlichen Background, neuen Ideen hinterher. Während die Modernisten der überzeugten Meinung waren, *„ohne lateinische Schrift, kein Fortschritt"*, hielten die Traditionalisten den Slogan *„die arabische Schrift ist heilig"* entgegen.

Diese Polarisierung führte zu einem Chaoszustand innerhalb der Sprache und der Wissenschaft, weil man gegen die Schrift- und Sprachproblematiken statt der Sprachwissenschaft basierenden allgemeingültigen Lösungen hätte suchen müssen, schlugen beide Seiten einen einfacheren Weg ein: Die Ersteren pochten auf die Übernahme des „fremden Alphabets" während die Letzteren sich aus den Diskussionen zurück zogen. Somit konnte sich eine selbständige Wissenschaft nicht entwickeln, weil sie nur im Wege von Übersetzungen aus den westlichen und östlichen Sprachen hat überleben können. Eine auf die Europäisierung fixierte Staatspolitik und importierte Nationalstaatsidee mit dem Motto „eine Sprache ein Staat" hat unter diesen Umständen in der Türkei (İNÖNÜ 191987:154) seit der Schrift- und Sprachrevolution 1928 katastrophale Schäden, insbesondere in der Tradition, angerichtet.

Während die westlichen Wissenschaftler das Schrifttum in Lateinisch-Griechisch besser zu verfolgen im Stande waren, konnten es die türkischen Schriftsteller in Arabisch-Osmanischem nur sehr begrenzt. Dem stand zunächst stand die Gesetzlage entgegen. Die Verwendung der alten Hinterlassenschaften der Schrift und Sprache war mit dem Pressegesetz von 1931 verboten worden (GLASNECK 1971:222). In Folge dessen kannten die kommenden Generationen die alte Schrift und Sprache nicht. Damit war der Riss zur türkischen und osmanischen Vergangenheit vollzogen. Forschungen in diesem Bereich blieben und bleiben somit Sache der wenigen Experten (RILL 1985:99).

Das Argument, dass das Alttürkisch mit der arabischen Schrift immer wieder unterschiedlich geschrieben und falsch gelesen werde, ist sicherlich berechtigt. Aber die Lösung dieses Problems ist in der Normierung der Schrift und Sprache und innerhalb ihrer sprachlichen Gesetze zu suchen. Selbstverständlich kann sich ein alttürkisches Wort, das von einer fremden Sprache entliehen ist, von einem reintürkischen Wort unterscheiden und eventuell bei der Anpassung der neuen Sprache Schwierigkeiten bereiten. Der Wortschatzbestand von Lehnwörtern und Fremdwörtern kann durchaus hoch sein. In jedem Falle ist es daher unumgänglich, dass das früher übernommene Alphabet bzw. das arabische Alphabet an die schriftliche Wiedergabe der reintürkischen Laute anzupassen bzw. zu normieren ist. Ahmed Mithat Efendi hat sich darüber während der Debatten über die Sprachproblematik in einem Zeitungsartikel im Jahr 1890 folgender Maßen geäußert:

„[…]Methodik und Schulsystem sind dafür verantwortlich nicht die Buchstaben. Die letzten Umstellungen haben uns die Realitäten dargestellt." (REKIN 1991:123)

Er sprach damit eine fundamentale Wahrheit aus. Es können nur das Schulsystem, die Lehrmethodik oder gar das Nichtstun für eine Schriftproblematik verantwortlich sein. Auch die entwickelten Sprachen des Westens und andere Sprachen haben oder hatten diese Schwierigkeiten in ihrem Entwicklungsprozess. Wie in dieser Studie aufgezeigt wurde, (Abschnitt 5.2.2.1) suchten die entwickelten Sprachen die Lösung ihrer Schrift- und Sprachproblematik innerhalb der sprachwissenschaftlichen Gegebenheiten und haben diese dann in die Tat umgesetzt.

Die deutsche Sprache beispielsweise macht Forschern nicht nur mit ihren lautlichen, lexikalischen und grammatikalischen Veränderungen in ihrer Geschichte sondern auch mit den vielen Varianten der althochdeutschen Orthographie weitere Schwierigkeiten. Wenn man im neuhochdeutschen Wort „glauben" in seiner althochdeutschen Variante in einem althochdeutschen Wörterbuch sucht, findet man viele Abweichungen dieses Wortes, weil es zu jener Zeit keine einheitliche Rechtschreibung für das Althochdeutsche gab. So findet man für „glauben" die Begriffe; *Gi-louben*: chilauban, gelauppen, geloiban, glouben, kalaupan, kiluben (KÖBLER 1995:177). Möchte jemand die Namen Mayer, Meyer, Maier, Meier vom Hörensagen her schreiben, kann er dies erst korrekt ausführen, wenn er sich nach der richtigen Schreibweise „-ay, -ey, -ai, -ei" erkundigt hat. Gleiches gilt für die alttürkische (osmanische) Sprache.

Daher hegt es in der Natur der Sache, dass Sprachen bzw. schriftlose Mundarten große Unterschiede verzeichnen können. Im Falle Deutschlands war die Erfindung des Buchdruckes für die Normierung der Sprache von immenser Bedeutung, da dies schon früh zu einer Vereinheitlichung der Rechtschreibung beitrug. Die Erfindung des Buchdrucks erreichte die islamische Bevölkerungsschicht im Osmanischen Reich erst 150 Jahre später (STEIN, PETER 2006:195).* Bevor jedoch der Buchdruck die breiten Bevölkerungsmassen in der Türkei hat erreichen können und womit das Kulturgut auf diese Weise hätte Verbreitung erfahren können, setzte schon eine neue Ära ein: Das elektronische Zeitalter.

„Das Zeitalter, in dem das gedruckte Buch die menschliche Wahrnehmung formte, ist vorbei. Wir sind nachliterarisch und tatsächlich dem Vorliterarischen näher als der Kultur- und Weltanschauung des Buchdrucks." (DRUCKER 1992:6)

Die 150jährige Verspätung des Buchdrucks hat den kulturellen Entwicklungsprozess der türkischen Gesellschaft und die dadurch zu erzielende Schrift- und Sprachnormung aufgehalten. Sie kann die rechtzeitige Teilnahme der türkischen Gesellschaft und deren Anschluss an die Entwicklungen des elektronischen Zeitalters nicht verhindern, weil alle dazu benötigten Voraussetzungen, wie beispielsweise die lateinische Schrift und institutionelle Bindungen, vorhanden sind. Es scheint jedoch so, dass die Sprache trotz oder gerade wegen des explosiven Fortschritts in der Elektrotechnik ohne die ursprüngliche und Spuren hinterlassende Schrift als Träger der Kultur und als wichtigstes Kommunikationsmittel nichts an Bedeutung verlieren wird. Sie könnte zwar in Form eines Buches ihre ursprüngliche Bedeutung verlieren, kehrt aber in der Datenverarbeitung der technischen Medien wieder zurück (STEIN 2006:318). Wissenschaftler wie Umberto Eco bringen die frohe Botschaft. *„We are coming back to the Gutenberg Galaxy again, and I am sure that if McLuhan had survived until the Apple rush to the Silicon Valley, he would have acknowledged this portentous event."* (ECO 1996:297)

---

* Schriftkultur, Darmstadt 2006, S. 195. Bis zum 19. Jahrhundert war für die Muslime, islamische Religionstexte zu drucken, verboten. Aber bereits ab 1493 durften die Juden in der damaliger osmanischen Stadt Saloniki ihre jüdischen Texte drucken. Auch der Druck christlicher Texte im osmanischen Libanon war zulässig. Also nach drei Jahren des gutenbergischen Buchdrucks durften die Osmanen die Druckmaschinen für ihre Druckarbeiten benutzen, außer für islamische Texte.

Gesellschaftliche Veränderungen spiegeln sich überall im Wortschatz einer Sprache wieder. Für den neuen türkischen Lebensstil wurde und wird ein neuer, erweiterter Wortschatz gebraucht, der teils durch Neubildungen und teils durch Bedeutungswandel der türkischen Wörter, teils durch Entlehnungen aus dem Arabischen, Persischen und später aus dem Französischen entstand. Während Wortschatz der Eliten in der *Lale Devri* (Tulpen-Ära) überwiegend persisch-arabisch, nach dem Tanzimat Fermanı bis zur Gründung der Republik und später war dagegen französisch geprägt. Bei einer Bevölkerung mit mehr als 90% Analphabeten ist es jedoch ziemlich irrelevant, ob sich *„die Eliten"* untereinander in Französisch oder Persisch verständigten. Dieser Sprachzustand führte zur *„ Genç-Kalemler-Bewegung"* der genannten Eliten, welche die Sprache in ihren sprachlichen Gesetzen vereinfachen und normieren wollten. Die ausgeschmückte Sprache der Serveti-Fünun-Ära hatte durch die Bestrebungen der Genç Kalemler an Bedeutung verloren, womit die Kluft zwischen gesprochener und geschriebener Sprache zu Gunsten des Volkes langsam verschwand. Deswegen trifft es nicht zu, wenn die republikanischen Modernisten behaupten, dass das volksfremde Osmanisch durch die türkisierte Sprache und den Purismus sich zur Volkssprache entwickelt hätte. Zum einen ist diese entwickelte Sprache wegen ihres hohen neu erfundenen Wörterbestandes ebenso dem Volk fremd, zum anderem wurde die Sprache durch die Standardisierung und Vereinfachung schon durch die Genç-Kalemler-Bewegung auf ein volksnahes Niveau gebracht.

Eine totale Änderung im Schreibsystem und eine Änderung der Schreibmittel bedeutet eine Abkehr von einer etablierten Schreibtradition. Diese Veränderung und deren revolutionäre Hüter müssen freilich mit dem Widerstand seitens Schriftsteller, Geistlichen rechnen. Wenn diese Hüter keine Gewalt anwendeten, gerieten sie in Vergessenheit. Nicht jeder Zweck heiligt die Mittel. Ein revolutionärer Erfolg, egal mit welchen Mitteln er durchgesetzt wird, ist nicht immer die richtige Lösung für das vorhandene Problem. Die revolutionären Erfolgswünsche, die mit rapider Schnelligkeit zu einer gesunden Gesellschaft führen sollen, können, wie die Schrift- und Sprachrevolution in der Türkei zeigte, die Eigendynamik der Kultur zerstören. Um aber einer Revolution auf einen guten Nährboden zu bieten, ist es notwendig, sie so zu konzipieren, dass alles bzw. vieles, was vorher war, nun abgelehnt wird. Das liegt in der Natur der Sache. Nicht alle Revolutionäre allgemein zwangen die Wissenschaftler ihre Revolution zu akzeptieren. Die Akzeptanz steht in direktem und proportionalem Zusammenhang mit dem Rückhalt in der Bevölkerung.

Während die türkischen Eliten seit dem Tanzimat über das nichteinheitliche „Lesen" klagten und immer wieder die Lösung unter anderem bei einem Schriftwechsel suchten, waren sich auch die Japaner mit ihren ebenso importierten Schriftzeichen über eine einheitliche Lesung erst nach 16. Februar 1948 einig (MARTIN 1982:52), also viel später als die Türken. Die japanische Sprache stand unter dem Einfluss der chinesischen Schrift und Sprache. Ein japanisches Wörterbuch verzeichnete im Jahr 1884, 13 000 Wörter chinesischen Ursprungs und 22 000 japanischen Ursprungs (MARTIN 1982:49). Also war der Sprachzustand in Japan kaum anders als der des Türkischen in Relation zum Arabisch-Persischen. Aber japanische Politiker haben mit japanischen Wissenschaftlern zusammen alle gründlichen Änderungsversuche (sogar unter amerikanischem Protektorat) abgelehnt und sind ihre eigenen Wege gegangen (MARTIN 1982:51). Gerade in diesem Land ist es in der Welt einmalig, dass die Analphabetenzahl mit diesem komplexen Schriftsystem und mit vier verschiedenen Alphabeten gen Null tendiert; das heißt, dass alle 108 Millionen Japaner lesen und schreiben können und die vier Alphabete überhaupt keinen Grund für einen Analphabetismus darstellen, wie es die türkischen Reformer und Revolutionäre bezüglich der osmanischen Schrift behaupteten. Die japanische Schrift und Sprache und ihr Entwicklungsprozess verzeichnen eine Reihe von Ähnlichkeiten mit dem Türkischen. Neben dem hohen Fremdwörterbestand, der Übernahme eines ebenfalls fremden Schriftsystems gehört das Japanisch, wie das Türkische, zu den agglutinierenden Sprachen. Aber im Gegenteil zur türkischen Sprachrevolution fanden die puristischen Stimmen in Japan trotz des hohen Fremdwortbestandes keine große Resonanz (COULMAS 1985:255).

Uneingeschränkt verfolgten die Modernisten bis 1980 den puristischen Grundgedanken, bis die Türkische Sprachgesellschaft neu organisiert wurde. Hinter diesem politischen Gedanken muss die Angst gestanden haben, dass, wenn die Purismusbestrebungen gelockert würden, die von ihnen festgelegten Ziele der Revolution verfehlt werden würden. Die Modernisten hatten sich derart mit ihrer Idee identifiziert, dass sie gezwungen waren ständig neue Begriffe zu erfinden und in den Wortschatz einzuführen.

Die meisten Anhänger der Revolution können noch nicht Mal eine objektive und kritische Bewertung der Sprachproblematik dulden. Der Kritiker wird im mildesten Fall als „*Gerici*" (Fortschrittsfeindlicher) beschimpft, als ob er die Sprachrevolution rückgängig machen wolle. Denn Sprachproblematik und Sprachrevolution werden in der Türkei oft und gerne bewusst vertauscht. Das

Erstere ist die Erkennung eines Sprachproblems innerhalb der Orthographie, Grammatik usw.; das Letztere ist keine Standardisierung der Sprache oder die Lösung eines sprachlichen Problems, sondern es dient nur der Verwirklichung politischer Ideale. Dabei kann das eine oder andere sprachliche Problem mit den erwähnten Maßnahmen beseitigt werden. Es deutet aber immer auf die im wahrsten Sinne des Wortes gemeinte revolutionäre Natur der gesellschaftlichen Prozesse hin, die oft von System umspannenden politischen Umwälzungen begleitet werden. Demzufolge wird die fortdauernde gesellschaftliche Entwicklung – auch in allen Bereichen der Wissenschaft – gebremst. In Folge dessen wird die Gesellschaft in diesem Entwicklungsprozess lange Zeit leiden, bis ein fundiertes Schrifttum sich als „eigen" etabliert hat. Dieses als „eigen" bezeichnete Schrifttum, das gezwungener Maßen nur eine Übersetzung sein kann, kann niemals rein bzw. frei von fremden Einflüssen sein.

Die Bedingungen für eine gründliche Pflege und Normierung der türkischen Sprache waren noch nicht gegeben. Es fehlte zunächst mal der Geist, engagierte Sprachwissenschaftler wie von Humboldt für Deutsch, Adam Korais (1748–1833) für Griechisch, Stefanović Karadžić für Serbisch, Elizer Ben-Jahuda für Hebräisch und es mangelte auch an Institutionen wie der Académie Française in Frankreich, der Language Royal in England. Es gab keinen politischen oder kulturellen Kerngedanken für das ganze türkische Sprachgebiet innerhalb des Osmanischen Reiches, auf welchem man eine sprachliche Vereinheitlichung hätte gründen können. Eine einheitliche Nationalliteratur fehlte, die Gelehrten schrieben naturgemäß Alttürkisch mit Einfärbungen aus dem Persisch-Arabischen oder dem Französischen. Die Volkssprache Türkisch blieb nur eine gesprochene Sprache. Erst der Krimtürke Gaspıralı İsmail Bey (1851–1914) führte einen Kampf für eine einheitlich türkische Sprache. Seine Vorschläge bezüglich der Sprachproblematik (Standardisierung der Schriftzeichen) nach dem Tanzimat, weitere Vorschläge von Ahmed Cevdet Pascha (1822–1895) in *Kavaid-i Osmaniye* im Jahr 1851 und später von Münif Pascha (1846–1910) im Jahr 1862 (ÜLKÜTAŞIR 1964:18) waren Grundsteine für die späteren Experimente während des Ersten Weltkriegs von Enver Pascha und für die Sprachrevolution der Republikanischen Zeit. Osmanische Reformen führten zu den republikanischen Revolutionen.

Mustafa Kemal gründete zum ersten Mal in der türkischen Geschichte eine Sprachgesellschaft (TDK), die die türkische Sprache vom Grund auf verändert hat, obwohl sie sich eigentlich für die Normierung des gesprochenen Türkischen einsetzen sollte. Sie verstand sich als Instrument zur Schaffung einer reintürkischen Nationalsprache; ihre Aufgabe beinhaltete die Schaffung einer einheitlichen Aussprache, Rechtschreibung, Grammatik und die Reinigung des Wortschatzes, der von arabisch-persischen Wörtern überlagert war (Purismus). Aber die von der lateinischen Welt integrierten Lehnwörter wurden dabei verschont.

Sowohl Griechenland mit seiner nahezu toten Sprache und Schrift (HATZISTEFAIDIS 1986:76) als auch Israel mit seinem nur noch in religiösen Texten vorhandenen und seit 1700 Jahren nicht mehr als Muttersprache verwendeten Hebräisch haben ihre Sprachen wieder zum Leben erweckt. Die griechische Sprache und die revitalisierte Sprache Israels wurden so konzipiert, dass das Gestern, Heute, und Morgen, die Religion und die Moderne nicht benachteiligt wurden und werden. Während die Türken massive Schwierigkeiten beim Verstehen alter türkischer Texte haben und hatten, verkündete der erste Präsident Israels Elieser Ben Jehuda mit Stolz und Recht, dass Moses heute in Israel von jedem verstanden werden würde. Dabei hatten beide Länder, Griechenland und Israel, die Möglichkeit nach so langer Unterbrechung anstatt ihrer *unmodernen* Schrift direkt die *moderne* lateinische Schrift für ihre Sprachen zu übernehmen. Sie haben aber ihre Identität in ihrer alten Schrift wieder gefunden und gegen alle logischen Vorschläge für die Einsetzung des Lateinischen, sich an ihre Schrift festgeklammert. Ebenso wie Griechenland verfügte auch Israel, außer der religiösen Literatur, über kein Schrifttum. Laut der Denkweise der türkischen Reformer und Revolutionäre, hätte die israelische Staatsführung bzw. Machtinhaber ihrer Bevölkerung statt der hebräischen, die lateinische Schrift aufzwingen können. Denn die hebräische Sprache wurde seinerzeit sowieso nur noch von ca. 700 000 Menschen gesprochen. Die überwältigende Mehrheit der Bevölkerung waren Aussiedler. Deswegen hätte man sogar ohne großen Widerstand die Weltsprache Englisch als Amtsprache in Israel einführen können.

Die Juden, die ihr altes Alphabet, welches ihnen Identität verleih, wieder einführten und den heutigen, morgigen und gestrigen Gegebenheiten angepasst hatten, vernachlässigten keine traditionellen und modernen Erfordernisse und behielten sogar den Sprachzustand der englischen Mandatzeit, nämlich die zweite Sprache Arabisch, bei. Sie ist neben Iwrit eine Unterrichtssprache und einer Sprache von Kneset. Auch die Griechen handelten nicht anders. Sowohl die Sprache als auch das Alphabet war ein Gegenstand der Diskussionen seit der Gründung Griechenlands bis in die 80er Jahre des 20. Jahrhunderts hinein. Hier war die Sprachsituation im Zuge der eingeführten Katharewusa sogar problematischer als das angebliche Schrift- und Sprachproblem im Osmanisch-Türkischen. Denn die Differenzen zwischen der neu- und altgriechischen Schrift waren für die Bevölkerung erheblich und die Katharewusa war für sie wie eine Fremdsprache. Wenn die Bürger Griechenlands zum Beispiel in Verhandlungen ein Gerichturteil hörten, konnten sie nicht erfassen, ob sie freigesprochen oder für schuldig befunden worden waren (HATZISTEFAIDIS 1986:70). Die Türken wagten hingegegen „mutig" einen Alphabetwechsel nach Tausenden von Jahren (1928) auf Kosten ihrer Kultur, Identität und Sprache.

Anstatt der Übernahme der lateinischen Schrift wäre ein sogdisches Alphabet, jedenfalls die Schrift, mit der die zentralasiatischen Türken ihre Sprache verschriftlicht hatten (SCHARLIPP 1995:28), oder ein uigurisches Alphabet, welches die Kirgisen, Köktürken und Uiguren verwendeten (HAUSSIG/RÖHRBORN 1985:89), nach dem Aufkommen des Nationalismus im 20. Jahrhundert verständlicher und passender für einen türkischen Nationalstaat gewesen.

Nach der Schriftumstellung sahen sich die Protagonisten zunächst willkürlich, dann offiziell zur Wörterbildung in der Sprache berechtigt. Dieses Experiment gelang der TDK durch Unterdrückung der Wissenschafter und der Opposition Jahre lang. Dieses einzigartige Experiment in der Welt brachte der Türkei, dem Nachfolgestaat des Osmanischen Reiches, den totalen Bruch mit ihrer Vergangenheit. Die Überwindung des total verarmten Schrifttums durch vorgeschlagene Übersetzungen seitens der Revolutionsanhänger blieb begrenzt und endete meistens beim Französischen. Das Studium per Übersetzung wurde tradiert und diese Tradition ist bis heute erhalten geblieben. Türkische Wissenschaft lebt also kontinuierlich aus den Übersetzungen (HACHTMANN 1918:9); aus dem Westen kamen überwiegend weltliche und aus dem Osten überwiegend religiöse Übersetzungen.

In dieser neuen türkisierten Reinsprache konnte sich, laut Ali Fuat Başgil, Professor für Rechtswissenschaften an der Istanbuler Universität, kein nennenswertes Schriftgut entwickeln. Er fügte noch die Frage hinzu, ob die türkische Nation jemals bereit sein werde, diese Aktion zu verzeihen.

> „Die wohlwollend beabsichtigte Sprache konnte bis heute keine ernsthafte Literatur- und kein Kunstwerk hervorbringen. Dies noch zu erhoffen, bedeutet sinnloses ‚warten'. […] Ich weiß nicht, ob die Geschichte und die türkische Nation diese verräterische Handlung, diesen Ausmaßes an Leichtsinn, diese

Modifizierung der Sprache, die das Schicksal des Landes verändert haben, jemals zu verzeihen im Stande sein wird." (BAŞGIL, zit. n. Erhan 1972:10)

In dieser Arbeit stellten sich unter anderem folgende zwei Hauptvorschläge und einige Nebenfeststellungen, die ich zusammenfassend aufführen werde, heraus.

Erstens, die Einführung des Osmanischen als Lernstoff in der Schule wird zu einer neuen stärkeren türkischen Identität verhelfen. Es wird dem Wiederaufbau der Brücke zur türkisch-islamischen Tradition dienen. Es wird auch dazu beitragen, dass die dem laizistischen System widersprechenden Koranschulen diesbezüglich ersetzt werden. **Zweitens**, das Lehren des Kurdischen als Volkssprache in bestimmten Regionen und Schulbereichen – im Zuge einer bilingualen Sprachmethodik – wird zu einem friedlichen, vor allem, einem gerechten Zusammenleben beider Volksgruppen führen.

In Folge dessen besteht für den türkischen Staat jedoch die dringliche Aufgabe, neben der lebendigen türkischen Sprache auch die Altsprache (Osmanisch) in den Schulen einzuführen, wobei eine *Sprachpflege* nicht nötig ist, weil die Sprache nur im wissenschaftlichen Bereich als Gegenstand verwendet wird. Denn dieses große Projekt soll den breiteren Gesellschaftsschichten die Möglichkeiten verschaffen, ihre seit Tausenden von Jahren bestehende Vergangenheit zu erforschen. Nur dann kann das „Osmanische Sprachgebiet" bzw. Einzugsgebiete für alle Bereiche der Wissenschaft zur Verfügung stehen. In unserer, immer stärker globalisierten Welt, dürfen die Nationalsprachen als Träger nationaler Zeugnisse und nationaler Kultur bzw. multinationaler Kultur der Osmanen nicht verloren gehen. Den Schaden würde die ganze Welt zu tragen haben. Den Forschungswilligen müsste vermittelt werden, dass aus der osmanischen Zeit für uns viele Schätze zu bergen sind. So erfuhr beispielsweise die Welt, erst kürzlich durch Zufall, dass in Fojnica, in einer Franziskaner Kirche, 400 000 handschriftlich verfasste Bücher aus osmanischer Zeit lagerten.

Die türkische Vergangenheit kann ohne ihre islamische Periode und ohne die gesamte osmanische Geographie nicht richtig erforscht werden. Das Osmanische Territorium reichte von Jemen bis zu den Toren Wiens, vom Kaspischen Meer bis zur Atlantikküste in Nordafrika, von Ägypten bis zur Krim und wurde zum mächtigsten Imperium Europas, des Mittelmeerraums und des Vorderen Asiens. Jahrhunderte lang war das Reich ein mächtiger Faktor europäischer Großmachtpolitik gewesen. Weil die Türkei nur einer der Nachfolgestaaten des Osmanischen Reiches ist, sollte sich die Erforschung der Sprache und des Kulturlebens des Reiches in diesem geographischen und zeitlichen Rahmen bewegen.

Obwohl dieses Reich seit dem 18. Jahrhundert als zu reformierender schwacher Staat bewertet wurde, blieb es ein starker politischer Faktor bis zu den Lausanner Friedensverhandlungen. Das im Jahr 1924 noch nicht veröffentlichte vertrauliche Memorandum von Venizelos veranschaulicht, dass die Türkei nach den Friedensverhandlungen aufhörte mit ihrer Schrift, Sprache, Tradition und Geschichte als europäische Macht zu existieren.

> „Die Türkei wird gewiss aufhören, eine europäische Macht zu sein; denn bleibt sie eine solche, mit Konstantinopel als Hauptstadt, so würde keines der Völker im Nahen Osten den Zustand in diesem Teile der Welt für einen definitiven ansehen […]." (VENIZELOS zit. n. STREIT 1923:515)

Weil die leitende islamisch-türkische Kultur dominant war, haben sich im Allgemeinen die Reformisten des Tanzimat wenig mit der Sprachpolitik des Reiches befasst. Dieser Grundgedanke veränderte sich mit der Gründung der modernen Türkei, weil sich die treibenden Kräfte in der Türkei für einen neuen Kulturkreis entschieden hatten (BAYDUR 1964:127). Damit begann die Suche nach einer neuen Identität. Dies führte wiederum zu einer Abhängigkeit von der westlichen Wissenschaft. In der Türkei jedoch fehlten die sachkundigen Turkologen, und Sprachwissenschaftler, welche die Politik zu den Wurzeln der erwünschten reintürkischen Kultur hätten führen können. In ihrem Wunsch nach einer modernen und gleichzeitig reintürkischen Kultur waren die Türken wieder in die Gefangenschaft einer anderen fremden Kultur geraten, ein Umstand aber, der die neuen Eliten der Türkei nicht sonderlich störte. Das imitierte Kulturgut wurde sogar institutionell und staatlich gefördert und von den meisten Pseudo-Eliten bejubelt (BAYDUR 1952:12). Die staatliche Zeitung Milliyet wurde in französischer Sprache veröffentlicht (ŞIMŞIR 1979:110). Merkwürdiger Weise sind auch die nationalistisch orientierten Zeitungen wie Akşam, Cumhuriyet und Ahkam in französischer Sprache erschienen. Die Autoren Yunus Nadi, Yakup Kadri, Falih Rıfkı etc. haben ihre Artikel ebenfalls in Französisch veröffentlicht (ŞIMŞIR 1979:107–214).

So schreibt Prof. Eren, ein vertrauter Kemalist: *„Dieses Alphabet (Lateinisch) machte dem anatolischen Türkentum den Weg zur Verwestlichung und zum*

Fortschritt frei." (EREN 1991:10) Es sei, laut Eren offensichtlich, dass der Weg zu Fortschritt und Zivilisation über die Schrift gehe. Dieser Hypothese zufolge müsste dann Folgendes gelten: Da China seit der zweiten Hälfte des 20. Jahrhunderts zur Weltmacht aufzusteigen versucht und dadurch Zentrum des Fortschritts und der Zivilisation werden könnte, müssten demnach viele Staaten der Erde ihre Schrift auf Chinesisch umstellen, wenn sie denn eine entsprechende wirtschaftliche Entwicklung anstreben.

Sicherlich haben die Schrift- und Sprachrevolution bei der Entwicklung der türkischen Sprache hohe Leistungen erbracht. Diese bewegten sich jedoch nur im sprachlichen Rahmen. Man darf nicht unberücksichtigt lassen, dass in diesen Revolutionszeiten mit dem Tahrir-i Sukun Gesetz von 1925, mit der diktatorischen Vollmacht für die Regierung, dem Pressegesetz von 1931 die Regierung ebenso wie die noch im Hintergrund verbliebenen Kolonialisten das Englische oder jede beliebige andere Sprache als Nationalsprache hätten vorschreiben können. Nach zwei Generationen könnte diese Sprache sich genauso eingebürgert haben. Die Weltgeschichte verzeichnet davon zahlreiche Beispiele: Tunesien und Algerien mit Französisch, Indien und Pakistan mit Englisch u.v.m.

Die Alliierten führten unter anderem gegen das Osmanische Reich den Ersten Weltkrieg. Das Reich verlor dabei weite Teile seiner Gebiete. Aus diesen und dem verbleibenden Reich erwuchsen verschiedene neue Staaten. Darunter war auch der Nationalstaat Türkei. Der zur Modernisierung gezwungene Nationalstaat unterzeichnete das Lausanner Friedensabkommen als ein Nachkömmling des Reiches. Diesem Abkommen entwuchs die Türkei zwar als ein moderner Nationalstaat, aber sie erhielt ab diesem Zeitpunkt und mit diesem Friedensabkommen einen „Dritte-Welt-Land" Status. Auf diese Weise erzielten die Ittihat Terakki Partei und ihr Nachfolger ihr Ziel: Eine Reinnation.

Auf Grund verschiedener sozialer, wirtschaftlicher und politischer Umstände konnte das Osmanische Reich mit dem Entwicklungsprozess der Europäer nicht mithalten. Damit gewannen auch die westlichen Mächte die Oberhand in der Wirtschaft. In den früheren Jahren nach dem Tanzimat hatten die Änderungen im äußeren Bereich des Staates, bzw. in der Neuorganisation des Staates stattgefunden und beeinflussten später das kulturelle Leben der Bevölkerung. Mit der wirtschaftlichen Oberhand von Außen zog auch neue kulturelle Tendenzen mit ins Land ein. Die wichtigste davon war die Sprache. Französisch wurde mit steigender Tendenz genutzt und nach dem Tanzimat für die osmanischen Eliten gleichsam eine Muttersprache. Französisch musste später den Platz zu Gunsten des Englischen räumen, dessen Sprecher die Oberhand gewonnen hatten. Die wirtschaftliche Herrschaft brachte sprachliche Herrschaft mit sich oder umgekehrt, und um die wirtschaftliche Herrschaft zu festigen, wurde eine neue Sprache eingesetzt. Imperialismus mit seinem veränderlichen und oft verschleierten Gesicht strebt immer seinem Ziel entgegen. Gerade aus diesem Grund und weil die universellen Normen der westlichen Werte, die als die einzig richtigen angesehen wurden, erlaubte man sich nur eine schwache Kritik gegenüber der Schrift- und Sprachrevolution aus dem Westen. Diese einmalige Aktion wurde im Westen, wie Jens Peter Laut es anmerkte, aus unterschiedlichen Gründen nur am Rande der wissenschaftlichen Arbeiten behandelt. Anfangs waren viele Wissenschaftler skeptisch, später jedoch hat niemand mehr die Änderungen kritisch in seinen Arbeiten behandelt. Sprachwissenschaftler wie J. Laut, B. Lewis und G. Lewis, die die türkische Gesellschaft grundlegend verändernde Sprachrevolution kritisch betrachten, gab es nur wenige. Wahrscheinlich wurde die Sprachrevolution von Vielen im Zuge der Modernisierung oder der „bloßen Europäisierung" gesehen. Sie entzog sich damit jeder kritischen Äußerung. Andere verfolgten womöglich kolonialpolitische Ziele. Die Geschehnisse wurden zumeist als „Geschichte", ohne jegliche Kritik, in den Büchern aufgenommen, um anschließend in den Archiven zu verstauben. Hauptsache scheint es gewesen zu sein, dass eine fortschrittliche, moderne Gesellschaft aus der Asche des Reiches entsteht. Ganz unter dem Motto, Fortschritt um jeden Preis, selbst unter Inkaufnahme eines Identitätsverlustes.

Schriftsteller, die über die Sprachrevolution schrieben, behandelten oft nur, was danach geschah. Die Argumentationen diesbezüglich sind zumeist zutreffend. Wichtig jedoch ist auch, was davor und währenddessen geschah. Welche Umstände waren damals gegeben. Der wichtige, zumal auch einzige Fachmann Ragıp Hulusi verließ die Kommission, bevor sie die Arbeit aufnahm. Nur selten wird dieses wichtige Ereignis zur Sprache gebracht oder es wird nur am Rande erwähnt. Der politische Wille stand im Vordergrund. Wissenschaftliche und identitäre Gründe spielten nur eine Nebenrolle. Dieser wichtige Entschluss von Ragıp Hulusi legte das Ergebnis der Kommission fest. Ohne einen weiteren Fachmann konnte kein Mitglied der Kommission gegen den versierten Ahmet Cevat Emre (AYDEMIR/KORKMAZ 1992:385) fachspezifische Argumentationen vorbringen, was ihm bei Verfolgung seiner Ziele unerwartete Erleichterung brachte. An so einer Fachkommission sollten eigentlich nur Fachleute teilnehmen. Fachleute sollten die Politiker im Zuge der sprachlichen Erfordernisse belehren, um so diesbezügliche Entscheidungen objektiv zu beeinflussen. Laut Cevat Emre dachte auch Mustafa Kemal nicht anders. Er erwartete von den zeitgenössischen Wissenschaftlern, dass sie erarbeiteten, ob ein Alphabetwechsel, wissenschaftlich zu begründen sei. Er sprach darüber mit Emre:

„[...] Aber in der Wissenschaft und insbesondere im Bereich der Sozialwissenschaften kann ich keine Befehle erteilen. In diesem Sinne wünsche ich mir, dass die Wissenschaftler mir den richtigen Weg zeigen. Wenn sie ihrem Wissen und ihrer Bildung vertrauen, sagen sie es mir. Zeigen sie mir die schönen Richtungen der Sozialwissenschaften. Ich werde ihr folgen." (EMRE 1960:316)

So aber wurde die Wissenschaft nur von „*einem*" Fachmann vertreten, von Cevat Emre, der wiederum seinen vorgefassten Idealen und Zielen folgte.

Ähnlich wurde in China wurde Fachkommissionen für die chinesische Sprache zusammengestellt, um das Politikum der „Übernahme der lateinischen Schriftzeichen" wissenschaftlich in die Sprachpolitik einzubetten. Jedes Mal, wenn der Schriftwechsel Thema in diesen Kommissionen war, scheiterte dessen Durchsetzung an den Wissenschaftlern: Unter anderem geschah dies mit der Begründung, dass das chinesische Volk seine Tradition und nationale Identität dann verlöre.

Demgegenüber wurde der Schriftwechsel in der Türkei in einer einzigen Kommission mit einem einzigen Fachmann, Cevat Emre, in kürzester Zeit entschieden. Mustafa Kemal hatte den Beschluss der Kommission mit eigenen kleinen Änderungen akzeptiert. Das zeigt, dass er sich auf die Arbeiten der Kommission verließ, wonach er erst die politischen Entscheidungen traf. Kein Wissenschaftler konnte ab diesem Zeitpunkt gegen diese Entscheidung mehr argumentieren. Um eine nationale Sprache zu schaffen, hatte Mustafa Kemal – zu seiner Zeit – die besten Möglichkeiten ausgeschöpft. Er stand voll und ganz hinter der neuen Schrift, bereiste selbst das Land um dieser Erneuerung den nötigen Rückhalt zu verschaffen. Es folgten zur Stärkung des vollzogenen Schriftwechsels die Wörtersammlung, die Wörtererfindung und die Sonnensprachtheorie.

Mit dem Schriftwechsel setzte bereits Mustafa Kemal ein unmissverständliches Zeichen für den ungebrochenen Willen zur Verwestlichung des Landes.

Mit der Schrift hatte die Türkei zugleich den Kulturkreis gewechselt. Ob die Revolutionen in diesem Sinne mit einem totalen Bruch zur Vergangenheit gleichzusetzen ist und wohl überdacht worden war, ist nicht mehr nachzuvollziehen. Aber dieser Bruch war da und machte eine Wiederaufnahme der alten Traditionen unmöglich. Die komplizierte Sprachsituation im Zuge der Purismusbestrebungen – trotz großen Engagements seitens Mustafa Kemal – bereitete ihm große Sorgen. Ihm half Sonnensprachtheorie, die er als Rettung der Sprache betrachtete und bis zu seinem Tode nicht mehr fallen ließ (LEWIS 1999:56, 73). Obwohl er die von ihm selbst durchgeführte Revolution nach 1937 als „*übertrieben*" bezeichnete, gingen die Reformen ungehindert mit Hilfe der TDK-Partisanen (öztürkçeciler) weiter, bis der völlige Bruch mit der Tradition vollbracht war. Ihre Aktionen führten die TDK-Partisanen ohne Grundlage im Namen Mustafa Kemal weiter (LEWIS 1999:71). In seinem Vergleich der verschiedenen Sprachreformen bemerkte Lewis, dass die Türken bei ihren Reformbestrebungen wohl nicht mehr systematisch und logisch handelten.

> „English-speakers take that sort of anomaly, for granted, but one cannot help thinking that while the Turks were reforming their language they could have been more logical and systematic". (LEWIS 1999:110)

Zur Modernisierung einer Sprache gehört aber nicht nur die Expansion ihres Vokabulars, sondern auch die Entwicklung neuer Stile und Formen in Wort und Schrift. Wenn, wie es hin und wieder vorkommt, die nationale Frage, also der Nationalismus, in einem Land wie der Türkei neu geformt wird, so kommt dementsprechend auch eine sprachplanerische Revolution hinzu. Mit einem Beispiel möchte ich darlegen, wie und von wem im Namen Mustafa Kemals die Sprache einer Zwangsentwicklung unterzogen wurde und wie mit den Medien und in den Schulbüchern der neu erfundene Wortbestand in die gesprochene Sprache integriert und eingeführt wurde. Lewis entnahm das Wort „**okul** = Schule" aus dem etymologischen Wörterbuch von Eyüboğlu (Türk Dilinin Etimoloji Sözlüğü, 1988) und legte seine Thesen dazu wissenschaftlich dar. Er verknüpfte es mit demselben Wort okul aus Doğan Aksan's Buch „Tartışılan Sözcükler, 1976":

> „Some people's refusal to face facts is well exemplified in Eyüboğlu: OKUL, tr. Okumak'tan ok-ul/okul. Köke gelen ul ekiyle söz üretme: oğ-ul/oğul, koş-ul/koşul (Kır. koşul-taşıl/karışmış, karışık), yumul yumul (halk ağ.). OKUL, Turkish. From okumak, ok-ul/okul. Word production with the suffix ul co-

ming to the root: oğ-ul/oğul, koş-ul/koşul (Kirghiz koşul-taşıl ‚mixed, confused'), yumul yumul (popular speech).
Was there ever such a farrago? The stem of okumak is not ok- but oku-. If the suffix is -ul, the addition sum is wrong; oku- plus ul makes not okul but okuyul. If the root of okul is the verb-stem oku-, its suffix must be l. Nor is oğul ‚son' divisible into oğ and ul. Enlisting the misbegotten koşul in support of okul can only be described as impudent. What yumul yumul means in popular speech is not immediately ascertainable, as the expression seems to be unknown to the lexicographers or any of the author's Turkish friends. In short, the article can fairly be described as an attempt at blinding the reader with nascence".
Doğan Aksan [...] sees no fault in okul, which he explains as derived from oku- and the suffix -l; were it not for Banguoğlu's account of the word's origin one might almost have believed him." (LEWIS 1999:118)

Solche Aktionen der TDK und vergleichbare Worterfindungen brachten eine Sprache mit sich, die zwischen der gesprochenen Sprache des Volkes und der Schriftsprache der TDK eine große Kluft schuf: Eine Kluft, die viel größer ist als vergleichsweise jene Kluft zwischen der geschriebenen und der gesprochenen Sprache der Ära der Divanliteratur. Mustafa Kemal war ein überzeugter Nationalist. Er wollte das Land um jeden Preis modernisieren. Trotz aller Gegenpropaganda erkennt man im Lauf der Geschichte seine Zweifel an seinen Revolutionen (BOZDAĞ 16.11.1974). Drei Journalisten und Cevat Emre, ehemaliger sprachwissenschaftlicher Assistent (dreieinhalb Jahre) von Prof. Dr. Giese (EMRE 1956:14), haben ihn von Anfang an bei der Durchführung der Schrift- und Sprachrevolution in die Irre geführt. Fundierte wissenschaftliche Arbeiten fehlten gänzlich oder sie wurden zur Weiterleitung an Mustafa Kemal als unwürdig bewertet und von ihm ferngehalten. Ob er die Forschungsarbeiten und Thesen über Schriftproblematik von Şemsettin Sami, Gombocz Zoltan, Avram Galanti, Jansky, Yusuf Samih, Alimcan Şeref – um hier nur einige aufzuführen – jemals zu Gesicht bekommen hat, ist heute nicht mehr nachzuvollziehen. Die Protagonisten bauten ihre Meinungen auf der Feindseligkeit gegenüber den östlichen Kulturen auf und bewunderten den Glanz der westlichen Welt. Die Argumentation diesbezüglich von Emre ist wie folgt „*Wir müssen unsere gestrige Kultur und Technik wie rostige Geräte wegwerfen; das Rostigste und am wenigstens Nützlichste von unserer Kultur ist die Schrift. Mit dieser Schrift kann man sich die westliche Kultur nicht aneignen.*" (EMRE 1956:19)„Verwestlichung" und „Modernisierung" bedeuteten für diese Persönlichkeiten das Gleiche. Statt in einem eigenen Alphabet die

Lösung zu suchen, verbündeten sie sich zum Teil bewusst, zum Teil auch unbewusst mit der russischen Sprachpolitik, die seit den Anfängen auf die Missionierung der türkischen Bevölkerung und/oder den Kontakt-Bruch zwischen der russland-türkischen und der osmanisch-islamischen Welt ausgerichtet war (TACEMEN 1994:53).

Wenn irgendein Erdteil die entwickelte lateinische Schrift nicht verwendete, wurde von den Anwendern der lateinischen Schrift wie z.B. Kolonialisten, Missionaren zumindest ein Schriftwechsel oder eine Sprachplanung dringend empfohlen. Dabei war es für sie weniger relevant, ob jene anders schreibenden Volksgruppen ein Schrifttum besaßen oder nicht. So verhielt es sich in Afrika, Indonesien, China, Vietnam, Japan und auch in der Türkei. Es ist anzuerkennen, dass die türkischen Eliten sowohl unter Einflussnahme der russischen Sprachpolitik wie auch der kolonial-missionarischen Beeinflussung standen. Die Lateinschrift im modernen Vietnam, dessen ursprüngliches Alphabet auf das lateinische umgestellt wurde, ist – so Haarmann – ein historisches Produkt des europäischen Einflusses. Dabei ist zu beachten, dass das lateinische Alphabet dort nur für eine kleine christliche Minderheit der Vietnamesen einen Symbolwert besitzt. Wenn die Lateinschrift, wie Haarmann argumentiert, von den Europäern dorthin exportiert wurde, so ist es die herrschende Sprachproblematik ein Werk der Missionare, der Kolonialisten (HAARMANN 1990:15, 120, 125, 395), und gleich gesinnter Modernisten innerhalb des Landes.

Die bekanntesten Modernisten bezüglich Schrift- und Spracherneuerung in der Türkei sind Fethali Ahundov und Emre, die sich stark für eine zweckmäßige Schriftrevolution engagiert hatten. Ihre Arbeiten waren nur dazu konzipiert, die sogenannte türkisch-islamische Schrift aufzugeben. Die fundierten Arbeiten über eine neue Schrift des Aserbaidschaners Mirza Fethali Ahundov, eines Beauftragten Russlands (Abschnitte 5.2.2.2 und 7) sind und waren bahnbrechend. Jedoch haben diese Arbeiten erst spät unter den Reichseliten Diskussionen ausgelöst. Diese Geltung erfuhren sie vor allem erst durch die fachwissenschaftlichen Forschungen und Publikationen des aus Kreta stammenden Ahmet Cevat Emre, einem Leninisten und Mitarbeiter des Orient-Instituts in Moskau (Abschnitt 6.7.2). Die mühevoll publizierten 18 Artikel von Emre erweckten das Interesse Mustafa Kemals und beeinflussten ihn zugleich. Erst die Berufung in die erste Sprachkommission (Dil Encümeni) verhalf Cevat Emre jedoch zum Erfolg (KORKMAZ 1992:124). Seine Freude über die Ernennung erscheint eigentlich etwas übertrieben: *„Vor Freude flog ich bei-*

nahe, ich sah nicht mehr worauf ich trat" (EMRE 1956:21) Dieser Art von Gefühlsausbrüchen wurde selbst vom hiesigen Kommissionspräsidenten, Erişirgil, als *merkwürdig* bewertet, weil über seine Rückkehr aus Moskau Spekulationen kursierten und vor allem Mustafa Kemal ihn vorher überhaupt nicht kannte. Erişirgil konnte sich nicht erklären, wann und wie er an Mustafa Kemal herangetreten war, wonach er als Fachmann in die Kommission einberufen wurde. Die Entscheidungen dieser Kommission und die Ziele der russischen Sprachpolitik stimmten im Endeffekt überein: Eine Folge der kontinuierlichen Sprachpolitik Russlands seit Ivan dem Schrecklichen, über Lenin und Stalin hinaus, wobei letzterer sich für eine volksnahe Sprachpolitik aussprach, war die Fortführung dieser Politik in der Türkei allerdings durch die einheimischen Modernisten möglich. Herbert W. Duda bringt es in folgendermaßen zum Ausdruck:

„Es mag daher kein bloßer Zufall sein, daß die erste Kunde von einer Möglichkeit, die Lateinschrift in der Türkei einzuführen, auf Sowjetrußland hinweist: Ein Telegramm aus Angora vom 2. August 1922 (Le Journal d'Orient) berichtete, daß das Unterrichtsministerium in Angora von der Regierung der A.S.S.R. in Baku eine Denkschrift erhalten habe, in der die Einführung des lateinischen Alphabets empfohlen wurde. Der Gedanke einer solchen Reform war nunmehr latent geworden." (DUDA 1929:442)

Die historischen Gegebenheiten zeigen gewiss, dass Russland rechtzeitig erkannt hat, welch wichtige Rolle die Schrift und Sprache unter den Turkvölkern, die in seinem Einzuggebiet lebten, darstellt; und welch verbindende Kraft sie mit dem Kernland Osmanisches Reich, seinen islamischen Völkern (millet) bzw. Türkei ausübt. Die künstlich geschaffenen Nationen und deren Dialekte als selbständige Sprachen und die abermals wechselnden Alphabete dienten immer nur einem Ziel: Den Bruch mit den Völkern untereinander, mit dem Kernland Türkei sowie den restlichen islamischen Ländern. So behielt Russland mit dieser Politik – damals wie heute – immer die Oberhand über diese Turkvölker, die seither keine nennenswerte Beziehung untereinander sowie zu Kernland Türkei unterhielten bzw. unterhalten. Die russische Sprachpolitik lieferte den Türken die geistige Kraft und den Mut für den Vollzug eines Schriftwechsels während der Westen die „physische Gestalt" der Schrift hierfür darbot.

Wenn man sich unter anderem das Engagement von Fethali und Ahmet Cevat Emre bezüglich der Einführung der lateinischen Schrift vor Augen führt und den leninistisch-stalinistischen Rückhalt auf dem Bakuer Sprachkongress berücksichtigt (MENZEL 1927:1), so wird klar, wieso die russische Sprachpolitik auf türkischem Boden so erfolgreich sein konnte. Betrachtet man sich Lenins Verkündung in den Zeitungen und seinen Dialog mit Maxim Gorki, kann man erkennen, dass die russische Sprachpolitik über die russischen Grenzen hinaus auch in der Türkei ihre Anerkennung fand. Maxim Gorki hatte auf den Feierlichkeiten zum sechsten Jahrestag der Einführung der lateinischen Buchstaben in Aserbaidschan teilgenommen und erinnerte sich in einem Gespräch daran, was Lenin ihm diesbezüglich gesagt hatte: *„Das Alphabet (gemeint: Der Wechsel) ist die erste Kulturrevolution, die wir unter den Türken in die Wege geleitet haben. (Алфавит – это первая культурная революция, которую мы провели среди турков)."* (TACEMEN 1994:53)

Heute sind – wie es die russische Sprachpolitik vorgesehen hatte – aus den kaum unterschiedlichen türkischen Dialekten selbständige Sprachen entstanden (HACIEMINOĞLU 1996:129); Kirgisisch, Kasachisch, Usbekisch…etc. *„Das ist der gefährlichste Anschlag, der je gegen das Türkentum Russlands unternommen worden ist."* So bedauert der deutsche Turkologe Jansky den Zustand der türkischen Sprache in seinem Artikel (JANSKY 1929:164). Während der Schriftwechsel in Russland den abhängigen russischen Turkvölkern einige Male aufgezwungen wurde, hatte sich die unabhängige, moderne Türkei für den Schriftwechsel „angeblich" frei entschieden. Diese „freie" Entscheidung verbannte das Kulturgut in die verstaubten Regale der Geschichte und hatte den Verlust der kulturellen Identität zur Folge. Es entwickelt sich zwar danach eine politische Identität, die den im 20. Jahrhundert gegründeten Nationalstaaten gleicht, aber die aus den politischen Ideen herauswachsende neue türkische Identität und die vergrabene kulturelle Identität sind weit von einander entfernt.

Auch die aus der Sowjetunion verbannten Aserbaidschaner bzw. Russlandtürken engagierten sich, ebenso wie die Modernisten, eifrig, noch vor 1928, für einen Schriftwechsel in der Türkei bzw. für eine Lösung der Schriftproblematik. Beide Gruppierungen verfolgten zwar dasselbe Ziel, hatten aber unterschiedliche Motive. Die Ersten wollten eine gemeinsame Schrift; die Zweiten wollten die Kluft zwischen der Vergangenheit und der Moderne erweitern. So beschrieb Bernhard Lewis die damalige Situation, die auch heute noch zutrifft:

> „The idea of Romanization fitted well with die policies of Kemal, though for
> different reasons. The Latin alphabet appealed to him less as a link with the
> Azerbaijan Republic than as a barrier against the Ottoman Empire. By learning

a new script and forgetting the old, so it seemed, the past could be buried and forgotten, and a new generation could be brought up, open only to such ideas as were expressed in the new, romanized Turkish." (LEWIS 1961:426)

Musa Carullah, ein russischer Türke und bekannter Wissenschaftler beklagt sich: „*Nach dem Weltkrieg erlangte durch die Kraft der revolutionären Bewegung das türkische Vaterland, der türkische Staat in Ehren und Glanz, in die Freiheit und die Unabhängigkeit. Aber der Geist der Mehrheit ist wie zuvor ein Gefangener geblieben*".(JANSKY 1926:166) Es fragte sich zu Recht, warum der langjährige Kampf des national gesinnten und russlandtürkischen Gaspıralı İsmail Bey gegen die russische Sprachpolitik aber auch gegen die unnötigen Überlastungen der persisch-arabischen sowie russischen Fremdwörter weder bei den revolutionären Eliten noch davor beim ersten Sprachkongress in Baku auf Resonanz traf.

Man kann sich das Eindrucks nicht verwehren, dass die türkischen Modernisten glauben, ihre Verbundenheit zur westlichen Zivilisation sei so weit gediehen, dass auch nur eine geringe Abweichung von ihren Werten, von denen sie glauben, westlichen Ursprungs zu sein, zu einem Kollaps des türkischen Staates führte. Ihre Angst, diese vermeintlich westlichen Werte und damit Ihre westliche Orientierung zu verlieren, gleicht der Todesangst, die der Romanheld Mankurt* in dem Roman, „*Ein Tag länger als das Leben*", von Dschingis Aitmatov erlebte.

Die westlichen Werte sind für die Modernisten revolutionäre Werte. Sie haben im Staatsgebilde nach dem Tode Mustafa Kemals einen unkritisierbaren revolutionären Despotismus bzw. Kemalismus sowohl im linken als auch im rechten Flügel der Politik jubelnd verbreitet und im Staatsapparat fest verankert. Dieser, durch das Gesetz geschützte Despotismus, erlaubt es dem demokratischen System der Türkei nicht, sich als eine offene Gesellschaft zu entfalten. Die vorliegende Arbeit hat Belege geliefert, dass Mustafa Kemal selbst mit einigen seiner politischen Entscheidungen zumindest nicht vollkommen zufrieden war und Selbstkritik übte; Schrift- und Sprachrevolution (BOZDAĞ 16.11.1974), Kurdenpolitik, Laizismus, Abschaffung des Sultanats (ATATÜRK 1993:105), gehörten zu seinen eigenen Kritikpunkten.

---

* Mankurt bekam von seinem Herrn (Herrscher) auf seinen kahlrasierten Kopf eine Perücke aus Kamelhaut. Er glaubt, dass diese Kamelhaut seine eigene Haut wäre und er beim Abnehmen dieser Haut sterben müsse. (Originaltitel des Romans: И дольше века длится день).

Es bleibt nur zu betonen, dass als Mustafa Kemal die TDK gründete, aus Mangel an Sprachwissenschaftlern zunächst zwei ausländische Wissenschaftler beauftragt wurden, weil sonst niemand der schwierigen Aufgabe in der Türkei gewachsen zu sein schien. Fast alle Turkologen jener Zeit waren keine Türken. Keiner der Modernisten war Sprachwissenschaftler, sie übten ausschließlich journalistisch-publizistische Berufe aus.

Der Turkologe Herbert Jansky, der sowohl von der türkischen Regierung als auch von der österreichischen Regierung ausgezeichnet worden war, war der Meinung, dass die derzeitige türkische Bildungselite und viele ausländische Wissenschaftler, mit Ausnahme der oben genannten einheimischen Journalisten, gegen eine Einführung der lateinischen Schrift waren. Ziya Gökalp, der Ideologe der republikanischen Revolutionen, sprach sich ebenfalls gegen einen Schriftwechsel aus, weil er die Schrift als einzige Verbindung mit den Nationen, die auch die arabische Schrift verwenden, betrachtete (HEYD 2001:135).

Die Einführung eines neu geschaffenen Schriftsystems hat selbstverständlich auch ihre praktischen Vorteile. Die Machbarkeit des Schreibens mit anderen Schriften führt nicht unbedingt zum Fortschritt in einer Gesellschaft wie Hüseyin Cahid in seinem Artikel propagierte. Dabei hat er in seinem Artikel nicht berücksichtigt, dass eine schriftliche und sprachliche Änderung die Abkehr von der etablierten Schreibtradition bedeuten würde. Denn je länger und ausgedehnter die schriftkundige und literarische Überlieferung in einer sprachlichen Einheit ist, desto geringer ist die Wahrscheinlichkeit, dass eine minimale Schrift- und Sprachänderung ohne Zwang akzeptiert werden würde. In früheren Jahrhunderten scheinen die Sprachreformen in ruhigeren Bahnen und erfolgreicher durchgeführt worden zu sein.

Die Schrift sei, wie viele Kritiker nach der Sprachrevolution zu belegen versuchten, die Hauptursache vielerlei sprachlicher Probleme. Neben den von Antagonisten der Sprachrevolution vorgeführten Nachteile, brachte das lateinische Alphabet dem Türkischen gewisse Vorteile: Unabhängigkeit, Reinsprache. Später schrieb Nurullah Ataç (1967:606), *„Wenn wir den Schriftwechsel nicht vorgenommen hatten, hätte unsere Sprache ihre Unabhängigkeit nicht erlangen können."* Diese Vorteile jedoch können niemals eine Kompensation für den Verlust der Tradition darstellen. Übrigens die immer wieder von Nationalisten betonte Unabhängigkeit der Sprache bedarf hier einer Erklärung: Ist es eine Reinsprache ohne Fremdwortbestand? Oder eine Sprache ohne arabisch-persische Lehnwörter? Jedoch gibt es – bis auf in wenigen unberührten Nischen auf der Welt – keine Reinsprache bzw. unabhängige Sprache. Alle Sprachen beeinflussen sich gegenseitig und verfügen somit immer über einen gewissen Fremdwortbestand. Wie dieser Studie zu entnehmen ist, waren seit Münif Pascha bis 1928 alle Wissenschaftler und die elitären Schriftsteller sich darin einig, dass die arabischen Schriftzeichen gewisse Schwierigkeiten bei der Wiedergabe einiger türkischer Laute verursachen. Sie waren sich auch darin einig, dass ein Alphabetwechsel den kulturellen Niedergang und einen Identitätsverlust bedeutete (Abschnitt 6.3.2).

Durch den Phantasiepurismus wurde eine dem Esperanto ähnliche neue Sprache geschaffen. Diese, auf Zwang beruhende Sprache, ist zugegebener Maßen eine Leistung; sie stützt sich aber nicht auf sprachwissenschaftliche Gegebenheiten. Der seit dem Tanzimat immer wieder propagierte Verbund mit Europa bzw. die Europäisierung alles Orientalischen in der Türkei fand bis heute kein Ende. Statt dem Volk eine fremde neologistische Sprache aufzuzwingen, hätte man die Weltsprache Englisch als zweite Amtsprache einführen sollen, um eine bessere Verbindung mit Europa herzustellen. Die Verbindung zur Vergangenheit wäre in diesem Fall nicht abgebrochen. Es ist kein Wunder, dass die Sprache unter der Willkür der Puristen gelitten hat, weil sie über keinerlei sprachwissenschaftliche Hintergründe verfügten (Abschnitte 5.3. und 6.4.1). Die Ideen und Anregungen des Soziologen und geistigen Vaters des Türkismus, Ziya Gökalp, fanden auch keine rechte Beachtung bei den Partisanen der TDK. Bezüglich der Schrift- und Sprachproblematik legte er, unter anderem fest, dass die Sprachreformen nicht durch Gesetzgebung geregelt, sondern nur seitens Forschung souveräner Wissenschaftler durchzuführen sei (HEYD 2001:156).

Eine Nation begründet ihre Eigenschaften durch Schrift, Sprache, Tradition, Politik und sogar durch ihre Kleidung, also neben ihr geistiges Haben auch durch ihr äußeres Erscheinungsbild. Wenn diese wichtigen Erkennungszeichen einer Nation fehlen bzw. geändert werden, wird der Geist des Volkes andere Farben annehmen. Wenn dann zwar die Nation noch ihren Namen weiter trägt, kann sie aber über einen längeren Zeitraum hinweg eine andere geistige Gestalt annehmen. Wie im Falle der Türkei, ist der Kulturkreis mit Hilfe verschiedener Pläne und schließlich mit den Revolutionen nach Westen verlagert worden. Dennoch haben und hatten weder die Reformen seit dem Tanzimat, noch die viel propagierten republikanischen Revolutionen den Staat, dem Volk die Möglichkeiten geboten, das wirtschaftliche und kulturelle Niveau des Westens zu erlangen. Es blieb nur bei einer puristischen Sprache mit einem armen Wortschatz, befreit von fremden aber auch alten traditionellen Idiomen, arm an kultureller Identität. Die Wortführung der TDK in den sprachlichen Angelegenheiten manifestierte sich insbesondere nach dem Tode Mustafa Kemals als staatliche Unterdrückung.

In dieser Studie entging uns eine wichtige Sachlage nicht, nämlich dass Sprachplanungen bzw. der Alphabetwechsel nur in den Ländern stattfand, deren Regierungen weit von der Demokratie entfernt waren und/oder als Kolonie bzw. in einem kolonieähnlichen Zustand lebten, wie beispielsweise Afrika, Indonesien, Vietnam. Griechenland, Israel und andere unabhängige Länder wie China führten ihre sprachplanerische Tätigkeiten nur mit Sprachwissenschaftlern durch, während die undemokratischen Länder wie die SSCB, die Türkei, ihre Sprachplanung mit Hilfe von Politikern verwirklichten. Keines dieser politisch sprachplanerisch beeinflussten Länder war bereit sein Alphabet zu wechseln, obwohl sachspezifische Vorschläge diesbezüglich vorhanden waren.

Selbstverständlich ist das Argument, dass die eine oder andere Schrift schwieriger zu lernen sei, auch richtig, aber, dass man die vokalreiche türkische Sprache nur mit der lateinischen Schrift schreiben könne, glaubten und glauben heute nur noch türkische reformwillige Journalisten und TDK-Anhänger.

„Dass wir heute mit Alphabeten schreiben, die ursprünglich von der phönizischen Schrift abgezweigt worden sind (das lateinische, kyrillische, arabische u.a.) beruht genau genommen auf einem Wechselfall der Geschichte. Genau so gut könnte man einen modernen deutschen Text in Hieroglyphen oder Keilschrift schreiben, und die betreffenden Schriftzeichen – wie in Nubien oder in Ugarit als Buchstaben verwendet – würden sich nicht besser oder schlechter zur Wiedergabe eignen als die Zeichen der Lateinschrift." (HAARMANN 1990:13)*

Neben den Behauptungen, dass das osmanische Türkisch nicht alle erforderlichen Vokale für die Lautung des Türkischen besäße und daher die schriftliche Wiedergabe der vorhandenen Laute für das vokalreiche Türkisch schwierig wäre, wurden noch eine Reihe von Gründen von Seiten der

---

* Siehe auch; Stein, Peter: Schriftkultur. Eine Geschichte des Schreibens und Lesens, Darmstadt 2006, S. 55.

Sprachmodernisten angeführt. Es ist sicherlich nicht übertrieben zu behaupten, dass die osmanisch-türkischen Eliten auf einen Fremden warteten, der kommen sollte und ihre Schrift und Sprache normieren sollte. Wenn man die Kritiken der türkischen Modernisten seit Anfang des 20. Jahrhunderts verfolgt, ist gleich auf den ersten Blick zu erkennen, dass die Kritiker ihre eigene Schrift- und Sprachproblematik entweder wegen fehlenden Interesses beschimpften oder mit unbegründeten und unwissenschaftlichen Vorschlägen lösen wollten. Dabei muss man jedoch einige Wissenschaftler wie Cevdet Pascha und Şemsettin Sami ausnehmen, weil sie zur Lösung der Schriftproblematik fundierte Arbeiten vorgelegt haben. Viele haben die osmanische Schrift und Sprache sarkastisch, oberflächlich und unwissenschaftlich abgetan, als ob ihre eigene Schrift eine Schrift eines kleinen „feindlichen" Clans gewesen wäre. Sie befanden sich immer in einem Kampfzustand gegenüber ihrer Tradition und Schrift, wobei die entdeckten Schriftproblematiken mit Hilfe gründlicher Forschungsarbeit mühelos hätten beseitigt werden können. Weil sich jedoch ihre Gedanken auf einen *Schriftwechsel* fokussierten, hatte eine jedwede Alternative jenseits des denkbaren bleiben müssen.

Die zahlenmäßig wenigen wissenschaftlichen Anregungen einiger sehr unterschiedlicher Persönlichkeiten erfuhren weder in der Reichszeit noch während der republikanischen Revolutionen Anerkennung. Fehlende Rechtschreibedisziplin im Osmanisch-Türkischen wurde seitens der Modernisten in der Reichszeit bewusst zur Schriftproblematik deklariert. Diese Deklaration wurde einfach von den Modernisten der Republik als Grundlage für ihre Gegenpropaganda gegen die osmanisch-türkische Schrift verwandt. Sicher waren enorme orthographische Fehler in der Schriftsprache vorhanden, jedoch gab es genügend begründete Lösungsvorschläge von einigen Wissenschaftlern. Hier sind einige Wissenschaftler, deren Stellungnahmen über die Schrift bei den Politikern der Republik kein Gehör fand, nochmals zu nennen: Ahmed Cevdet Pascha, Avram Galanti, Şemseddin Sami, Yusuf Samih. Weitere namhafte Persönlichkeiten, geistige Eliten, wie Ibrahim Aladdin Gövsa, Ahmet Hikmet Müftüoğlu, Halit Ziya Uşakligil, Prof. Necip Asım Yazıksız, Veled Çelebi İzbudak, Ali Canip Yöntem, Prof. M. Fuat Köprülü, Prof. Zeki Velidi Togan, Ali Seydi, Avni Başman, Cenap Şahabettin, die sich zu dieser Thematik äußerten, waren anfänglich gegen einen Schriftwechsel.

Zu jener Zeit waren jedoch nur wenige für einen Wechsel: Hüseyin Cahid Yalçın, Dr. Abdullah Cevdet (er bereute seine Tat später), Dr. İbrahim Temo, Kiliçzade Hakkı, Celal Nuri İleri (Abschnitt 6.3.3). Ich kann hier nur betonen, dass die Argrumente dieser Persönlichkeiten orthographischer Natur waren und nur wenig mit dem Alphabet zu tun hatten. Daraus kann man ohne zu zögern schlussfolgern, dass sie nicht im Stande waren Orthographie und Schriftproblematik zu unterscheiden. Ein bekanntes Beispiel ist die Schreibung von „Göz" = گوز = Auge und „Kör" = کور = blind. Ein weiteres gutes Beispiel wäre „Ayıp" = عيب = Schande und „ġayb" = غيب = unbekannt in osmanischer Schreibweise. In diesen Beispielen unterscheiden sich die Wortschreibungen nur durch einen Punkt* voneinander, was gerade für den türkischen Modernisten ein Problem darstellte. Sie führten einzelne Wörter für die Leseschwierigkeiten des Osmanischen als abschreckende Beispiele vor. Sie behaupteten gar, dass manche Wörter in der Tat gleich zu lesen seien, so گل = Gül = Rose, گل = gel = komm, کل = Kel = Glatze. Dabei verkennen sie völlig und wohl zum Teil auch bewusst, dass so manche Wörter in vielen anderen Sprachen sich auch erst aus dem Kontext eines Satzes ihre genaue Bedeutung erschließen lässt (Abschnitt 5.2.2.1).

Tatsache ist es, dass die mit der Religion zusammen übernommene arabische Schrift niemals wirklich standardisiert wurde. Laut der Reformer und Wissenschaftler Şemseddin Sami und später Agop Dilaçar verursachten in erster Linie die Buchstaben و (waw) und ك (Kef) große Schwierigkeiten. Ein nicht normiertes Schreibsystem kann logischer Weise in vielen Details bei der Schreibung der Laute Unstimmigkeiten mit der gesprochenen Sprache aufweisen. Reintürkische Laute werden im Osmanisch-Türkischen in der Schrift oft unterschiedlich dargestellt und in Folge dessen unterschiedlich gelesen. Dies geschieht bzw. geschah gerade deswegen, weil die Standardisierung der Schrift für eine einheitliche Verwendung fehlte und heute noch fehlt. Beispielsweise können die **ö, ü-Laute** in der Computersprache immer noch nicht geschrieben werden. Eine Lösung, die jedem verständlich ist, wurde jedoch gleich als Standard miteingeführt: So weiß ein jeder Benutzer des Internets selbstverständlich, dass das **ue-Diphthong** als ein **ü-Laut** oder das **oe-Diphthong** als ein **ö-Laut** geschrieben wird. Der Buchstabe **e** nach den Buchstaben **u** und **o** dient dabei als Umlaut bzw. der Punktierung.

Eine weitere Feststellung dieser Studie ist, dass alle ehemaligen Alphabete der Türken ausnahmslos – bis 1928 – linksläufig bzw. von rechts angefangen von oben nach unten geschrieben wurden (HAARMANN 1990:502). Mit der

---

* Beim ersten Beispiel auf dem ersten Buchstaben ع ist kein Punkt und beim zweiten Wort غ ein Punkt – rechtsläufig gelesen.

Schriftrevolution mussten die Türken nicht nur den Bruch mit der Vergangenheit verkraften, sondern sich auch eine neue Schreibrichtung angewöhnen. Schon die ersten Inschriften in türkischer Sprache und manichäischer Schrift zeigen eine linksläufige Schriftrichtung (HAARMANN 1990:503). Die linksläufige uigurische Schrift wurde von Kaşgarlı Mahmud in seinem 1073 erschienenen Werk Kutadgu Bilig als die türkische Schrift schlechthin bezeichnet, wobei er selbst aber die türkische Sprache in arabischer Schrift schrieb (SCHARLIPP 1995:32).

Das heutige Türkisch wird wie das Deutsche relativ „buchstabengetreu" geschrieben. Das kam wahrscheinlich deshalb zustande, weil Mustafa Kemal auf der Suche nach einem neuen Alphabet sich oftmals an die deutsche Lehrerin Leyla Erkönen (geb. Zernott), die in Ankara mit ihrem türkischen Mann wohnte, wandte, wenn für diese oder jene Laute ergänzende Zeichen gefunden werden sollten (GRONAU 1994:246).

Neben den praktischen Argumenten wurden von Seiten der TDK auch sachfremde Einwände wie z.B. die Bewahrung einer nationalen Eigenständigkeit ins Diskussionsfeld geführt. Zwar argumentierten viele Revolutionäre, dass *echte Patrioten* sich für die lateinische Schrift zu entscheiden hätten, weil die Rückständigkeit der Türkei, also des Vaterlandes, nur mit ihrem Beitrag zu überwinden sei. Aber die umgekehrte Argumentation, die Bewahrung der bestehenden kulturellen Identität, die eine „Größe" bedeutete, sollte auch in ihrer Wirkung nicht unterschätzt werden. Ein weiterer reformgegnerischer Grund der Ablehnung ist die mangelnde Ästhetik der Lateinschrift gegenüber der osmanischen Schrift.

Trotz der langen Diskussion um die Abschaffung der arabischen Schrift genoss das Beherrschen der Zeichen nach wie vor seinen hohen Stellenwert in der Bevölkerung. Bei den Kampagnen zur Eliminierung des Analphabetismus wurde das lateinische Alphabet als die einzige Lösung dargestellt und zur eigenen nationalen Schrift etabliert. Die Devise lautete also, „Eliminierung des Analphabetismus ist nur mit Hilfe der neuen Schrift möglich". Trotz hoher Resonanz der neuen Sprache mit den neuen Schriftzeichen, war jedoch die Analphabetenzahl nicht auf den erwünschten Stand gesunken und so bleibt das Ziel der Beseitigung der Schriftblindheit bis heute aktuell. Der starke Analphabetismus (Abschnitt 4) wurde als Politikum und als Mittel zur Kritik der damals verwendeten osmanischen Schrift und als künstlich erzeugter, scheinbar logischer Vorwand missbraucht.

Die Modernisten führten noch weitere, als folgerichtig erscheinende „Scheingründe" ins Diskussionsfeld. Das arabisch zusammengesetzte Schreibsystem (bitişik düzen yazı) stellte auch für die türkischen Reformer ein weiteres Hindernis für das Lesen und Schreiben des Türkischen dar. Der Vorschlag für eine getrennte Schreibweise kam von Milaslı İsmail Hakkı (ÖZTÜRK 1998:5; ÖZDEMIR 1978:540) und erlangte vor dem Ersten Weltkrieg durch das Eingreifen von Enver Pascha seine Geltung. Diese Art der Schreibweise, die als Handschrift oder Schreibschrift definiert und in den Grundschulen im Westen in Lateinschrift als dessen Pendant beigebracht und im Alltag angewandt wird, wird sogar aufgrund der starken Abneigung des Osmanisch-Türkischen seitens der Modernisten als ein Problem deklariert.

Die Behauptung der Revolutionäre, dass die Religion und das mit ihr eingeführte arabische Alphabet die ausschließlichen Gründe für die Rückständigkeit des Landes seien, entbehrte von Anfang an jeder Grundlage. Andere politische, soziale, gesellschaftliche Diskurse, vor allem die kriegerischen Auseinandersetzungen auf dem Balkan und in anderen Teilen des Reiches sowie das unstabile Friedensabkommen mit den neuen Nationalstaaten in der Nachbarschaft ließen dem Reich keine Zeit, im Bildungsbereich etwas zu unternehmen (MATUZ 1985:209; ALKAN 2003:21, 126).

Zur Konzeption dieser Arbeit gehörte auch die Betrachtung der kurdischen Volkssprache. Wenn die Muttersprache, so Ziya Gökalp, unsere Lieblingssprache ist (GÖKALP 2004:21), so kann bzw. muss das Kurdische in den entsprechenden Gebieten als zweite Schulsprache bzw. Hilfssprache eingeführt werden, um sowohl die dortige Analphabetismussituation zu verbessern als auch diesen Menschen bzw. dieser Volksgruppe ein besseres Mitbürgergefühl zu verleihen. Nach Leo Weisgerber gilt nämlich: *„Sprache ist ein Phänomen des geistigen Lebens; alles Sprachliche manifestiert sich in sinnlich- geistigen Ganzheiten."* (WEISGERBER 1971:18, 27) Die Gefahr besteht allerdings darin, dass das kurdische Volk als geistige Kolonie des Türkischen und der westlichen Wissenschaft enden könnte, wenn die Kurden versuchten, ein selbstständiges Kurdisch bis hin zu den Hochschulen einzusetzen, wohin viele kurdische Nationalisten tendieren. Denn zurzeit fehlt es an eigenständigem Schrifttum in Kurdisch, weshalb sich die Wissenschaft nur mit Übersetzungen begnügen muss, was wiederum eine gewisse Abhängigkeit herbeiführen wird.

Der heute gleichermaßen von Kurden und Türken hoch verehrte „Meister des Wissens" und kurdische Reformer des 20. Jahrhunderts, Said Nursî, schlug damals die Gründung einer Universität als elementare Bedingung für ein gedeihliches Zusammenleben der türkischen und kurdischen Volksgruppen vor. Er konzipierte diese Universität (Medresetü'z Zehrâ) in Bitlis, Diyarbakır und Van, in denen er die regionale Volkssprache Kurdisch neben dem Türkischen und Arabischen verwenden wollte. Die Sprachen klassifizierte er zu Recht wie folgt: *"Neben den Geisteswissenschaften werden Wissenschaftszweige der Religion studiert; und hier sind die Sprachen Arabisch obligatorisch, Kurdisch zulässig, Türkisch erforderlich".** Die Gründung einer solchen Universität wurde in der Reichszeit als konstruktiv bewertet. Auch Mustafa Kemal nahm die Idee positiv auf und bewilligte sogar nach der Gründung der Republik ein entsprechendes Budget im Parlament.

Nursî hatte die aufziehende Problematik in der Türkei vorausgesehen und trug diese Sorge schon vor 80 Jahren. Bezüglich dieser Problematik weist er auf verschiedene Auswege hin. Einer davon war die oben genannte Lehranstalt, die zu einer besseren Integration bzw. gegenseitigen Anerkennung beitragen sollte und das Zusammenleben unterschiedlicher Gesellschaftsschichten und vor allem Volksgruppen in Zukunft fördern sollte. Daher sollte, nicht die Toleranz gegenüber einem Volk oder einer Gesellschaftsgruppe, sondern die Anerkennung sollte das oberste Ziel einer humanen Politik sein.

Der von Anfang an bestehende Sprachzustand unter den türkischen Kurden könnte durch eine aktive Sprachpolitik von Seiten der institutionellen Forschung positiv gefördert werden. Diesem könnte eine systematische bilinguale Erziehung dienen. Eine solche Handlungsweise würde der inneren Stabilität des Landes dienen und könnte für ein friedliches Zusammenleben, welches eine Selbstverständlichkeit in der Reichszeit der Türken war, sorgen. Selbst Mustafa Kemal, der Gründer der Republik, weist auf diese Problematik hin und fasst selbst die Lösung zusammen. In seinen am 16./17. Januar 1923 in Eskişehir und İzmit gehaltenen aber bis 1993 nicht veröffentlichten bzw. zensierten Reden, erklärt er:

> „[...] nach unserer Verfassung bekommt die kurdische Bevölkerung sowieso eine Art Selbstständigkeit. Demzufolge erhalten die Kurden eine Autonomie, in selbst bewohnten Gebieten. Dazu noch: Wenn die Rede von der Bevölke-

---

* Nursî, Said: Münâzarât (Diskussionen), İstanbul 1998, S. 127. Originaltext: „Fünûn-u cedîdeyi, ulûm-u medâris ile mezc ve derc ve lisân-ı Arabî vâcip, Kürdî câiz, Türkî lâzım kılmak."

rung der Türkei ist, sollen sie auch zusammen erwähnt werden. Es kann sie kränken und Probleme verursachen, falls sie nicht erwähnt werden." (ATATÜRK 1993:105)

Daraus resultiert selbstverständlich, dass ein autonomes Gebiet freilich auch über seine eigene Volkssprache entscheiden dürfte. Dass er diese Erklärung vor der Proklamation der Republik abgegeben hat, ändert nichts an der Tatsache, dass seine Gedanken in diese Richtung tendierten.

Die Existenz eines Volkes, einer Nation oder gar eines Staates hängt nicht unbedingt von *„einer"* Sprache ab. Die Beispiele in der modernen Welt wie Kanada, Schweiz und Belgien zeigen durchaus, dass der bilinguale Sprachzustand diese Staaten nicht daran hinderte, eigenständige Nationen zu bilden. Wie diese Studie begründete, wächst eine „Nation" aus verschiedenen Einheiten zusammen: Aus der gemeinsamen Geschichte, Religion, Kultur und Abstammung. Diese Kriterien und andere Faktoren, auf die eine Nation ihre Einheit stützt, besitzen je nach kultureller Zugehörigkeit unterschiedliche Gewichtung bei der Bildung eines nationalen Zusammengehörigkeitsgefühls. Vor allem das Gefühl der Verbundenheit verleiht den unterschiedlichen Gemeinschaften oder Volksgruppen ihren Bestand. Das bekannteste Beispiel dafür ist die Schweiz. Die Schweizer hatten sich im Zuge des Eides vom 8. November 1307 oder schon seit dem Rütlischwur von 1291, trotz ihrer vier Sprachen zu einer Nation entwickelt. Wenn diese und andere Beispiele in der Welt ihre Existenz bewahren, könnte das auch in der Türkei verwirklicht werden. Die Schrift- und Sprachrevolution bedeutete zwar den Bruch mit der Tradition, vergessen darf dabei jedoch nicht, dass dies zugleich weiterreichende Auswirkungen hatte: Da nämlich die Amts- und Staatssprache in der gesamten Türkei das Türkische ist, folgt daraus eine natürliche Ausgrenzungen der kurdisch-sprachigen Gebiete seit den 1920er-Jahren.

Es ist ebenso zu bemerken, dass die Sprachrevolution, also eigentlich die totale Abgrenzung von der Vergangenheit, immer im Schatten der Alphabetumstellung bzw. der Schriftrevolution blieb. Obwohl man mit nur wenig Mühe das türkische Altalphabet wieder lernen und somit die Brücke zur osmanisch-türkischen Welt schlagen könnte, wenn nicht die hastig geschaffenen Neologismen, durch welche eine neue Sprache (erfundene Sprache = uydurukca Türkçe) entstanden ist, im Wege stünden. Weil das türkische Altalphabet von Seiten der Traditionalisten mit dem Osmanisch-Türkischen bzw. Islamisch-Orientalischen identifiziert wurde (und heute noch wird), wurden (bzw. werden) die Diskussionen über die republikanischen Revolutionen, die in ihren Augen einen Bruch mit der Tradition darstellen, sehr aggressiv geführt und werden von Teilen vollständig abgelehnt. Zu dieser ablehnenden Haltung der Traditionalisten dürfte ein Zitat ausreichen:

„Einer der Professoren der Istanbuler Universität beantwortete die Frage: ‚Was wird mit dem alten Kulturgut? Wird es in neuer Schrift übertragen?' wie folgt: ‚Ihm zufolge sind alle alten Werke wertlose Fossilien, die man nicht in die neue Schrift übertragen sollte'." (ŞIMŞIR 1979:127)

Als nach der Sprachrevolution 1932 durch die Purismusströmung ein Begriffschaos entstanden und zur Rettung dieses Sprachzustandes die Sonnensprachtheorie herangezogen worden war, stellte sich plötzlich heraus, dass angeblich alle Lehnwörter arabischen Ursprungs seien und Begriffe im Sprachgebrauch nach dieser Theorie türkischer Abstammung seien. Ab dieser Zeit wurde die Aussprache der alten türkischen Begriffe problematisch (KIRZIOĞLU 1977:110). Und der Chaoszustand in der Aussprache lebt heute verstärkt weiter. Nur wenige der späteren Generationen hatten und haben kein Problem mit der Aussprache vieler türkischer Wörter. Hier sind nur einige dieser Wörter, die bei der Aussprache z.B. wegen fehlenden Zirkumflexe Probleme bereiten: **Azerbeycan** = Aserbaidschan, **katil** = Mörder, **lâzım** = nötig, **kâğıt** = Papier, **hakim** = Richter, **dükkân** = Laden, **rüzgâr** = Wind, **adet** = Gewohnheit, und **adet** = Stückzahl, **kâr** = Gewinn und **kar** = Schnee, **hala** = Tante und **halâ** = noch ... usw. (Abschnitt 5.2.2.1).

Neben den in dieser Arbeit thematisierten Widersprüchlichkeiten, die für die Rechtfertigung der Schriftrevolution als Motiv und Beweggründe dienen sollten, wurden die eigentlichen Hauptgründe von İnönü in seinen Erinnerungen an diese Zeit offenbart. In späteren Jahren erfuhren die Türken durch die Erinnerungen des ersten Sekretärs und Mitgründers der TDK und nahen Mitarbeiters Mustafa Kemals, dass Mustafa Kemal seine eigenen Taten bedauerte. Die Verzweiflung Mustafa Kemals weist gerade auf den wichtigsten Punkt des Schriftwechsels hin. Wie seine Worte anklingen lassen, hatten alle zeitgenössischen Wissenschaftler, Eliten und Turkologen sich nur wegen des Verlustes des Kulturgutes gegen einen Schriftwechsel ausgesprochen. Mustafa Kemal führte die Unterhaltung (siehe unten) mit Ruşen Eşref Ünaydın in seiner Sommerresidenz in Yalova. Ruşen Eşref bemerkte gegenüber dem Schriftsteller und Biographen İsmet Bozdağ, dass Mustafa Kemal ehrlich und offen zu ihm sprach.

„1910 hatte ich in İctihat von Abdullah Cevdet, dem Clown, einen Artikel gelesen. Die Rede war von materiellen und geistigen Existenzen der Nationen. Der deutsche Denker Ludwig Büchner behauptet und begründet, dass die Nationen, deren geistige Bedürfnisse nicht zufrieden gestellt werden, nicht versorgt sind, würden ungeachtet ihres materiellen Niveaus eines Tages zusammenstürzen. Die Nationen, denen Geschichte, Siege, große Männer fehlen, würden einem ernsten Sturm nicht standhalten und untergehen, auch wenn sie über immense materielle Möglichkeiten verfügen. Auf einmal dachte ich: Wir sagten, wir sind laizistisch, haben wir dann als Staat die Bindung zur Religion abgebrochen. Wir sagten, wir sind Republik, machten die Ära des Sultanats schlecht; um unsere Staatsmacht nicht zu gefährden, versuchten wir sogar die großen Siege in ein paar Zeilen abzuhandeln. Wir übernahmen die lateinischen Buchstaben, enthielten den Folgegenerationen den Kulturbestand von Tausenden von Jahren vor.
Du weißt, das alles mussten wir machen! Es ist notwendig, Teil des Westens zu werden.
Aber diese entstandene geistige Leere? Gerade diese wird allmählich das gefährden, was wir machten! Das ist sicher kein Problem nur für den heutigen Tag. Aber wir, wir müssen heute im Stande sein, voraus zu sehen, was in hundert Jahren geschehen wird." (MUSTAFA KEMAL, zit. n. BOZDAĞ 16.11.1974)

Diese Erklärungen bestätigen die Argumente dieser Arbeit: Die Memoiren von İnönü zeigen offensichtlich, dass das Ziel der Schrift- und Sprachrevolution nicht die Eliminierung des Analphabetismus war. Sie wurden vielmehr mit aller Härte durchgeführt, um den Kulturraum der Türken von Osten nach Westen zu verlagern. Sogar Bülent Ecevit (1952:239, der später die Stelle von İnönü in der Partei CHP besetzte, äußerte seine Meinung darüber mit folgenden Worten;

*„Revolutionen sind gemacht, um eine Barriere zwischen Gestern und Heute aufzubauen."** Analphabetismus und die vorhandenen Schwierigkeiten bei der Wiedergabe der türkischen Laute, die Leseschwierigkeiten mit der arabischen Schrift waren lediglich Vorwände für die Propagandisten des lateinischen Alphabets. Denn wie unter Abschnitt 4 dargelegt wurde, ist der An-

---

* Ecevit, Bülent: Nesiller Arasında Açılan Uçurum, in: Türk Dili, Nr 15, Bd. II, Ankara 1. Januar 1952, S. 239; Siehe auch; Jansky, Herbert: Die „Türkische Revolution" und der russische Islam, in: Der Islam, Zeitschrift für Geschichte und Kultur des islamischen Orients, Leipzig 1929, S. 164. Lewis, Bernard: The Emergence of Modern Turkey, London 1961, S. 273.

alphabetismus ein weltumspannendes Problem der Menschheit, insbesondere vor dem 20. Jahrhundert und hatte mit der Schrift selbst nicht das Geringste zu tun. Die Schwierigkeiten bei der Lautwiedergabe in den Tochtersprachen des Mutterlateins zeigen deutlich, dass in diesen Sprachen nicht weniger Probleme vorkommen als bei der Wiedergabe der türkischen Laute mit der arabischen Schrift.

Die Menschheit gelangt nun in ein Zeitalter, in der die Wissensgesellschaften Diskussionen darüber führen, ob ihre Schriftkultur veraltet ist (STEIN 2006:317). Dabei wird immer noch an den negativen Argumenten gegenüber der arabischen Schrift in der Türkei festgehalten, obwohl wortführende Sprachwissenschaftler wiederholt auf das Gegenteil hingewiesen haben und hinweisen.

„Alle diese Schriften stimmen in dem angestrebten Prinzip überein, mit Hilfe weniger Zeichen die verschiedenen Laute der gesprochenen Sprache abzubilden (Phonographisches Prinzip). Sie unterscheiden sich darin, ob sie als Grundeinheit eines ‚Lauts' die Silbe, den Konsonanten oder Konsonanten plus Vokale wählen." (STEIN 2006:13)

Ein moderner Student könnte jedoch leicht beim Versuch, einen türkischen Text in arabischer Schrift zu lesen, zu dem Schluss kommen, dass die Väter der Sprachrevolution Recht hätten, nämlich dass die Schrift, die er zu lesen versucht, doch (zu) schwer sei. Das war das Ziel, welches die Revolution erreichen wollte. Hier ist nochmals zu betonen, dass Mustafa Kemal den wissenschaftlichen Gegebenheiten in jeder Hinsicht Folge leisten wollte. Doch gab es keinen Wissenschaftler, der gegen den Schriftwechsel etwas unternehmen konnte, weil keiner die Überzeugungskraft, den Mut und die sprachwissenschaftliche Ausrüstung dazu besaß.*

Der vollständige Alphabetwechsel und Sprachpurismus stützten sich offensichtlich auf die Überzeugung, dass Sprache in einer wechselseitigen Beziehung zur kulturellen Identität einer Nation stehe, wobei es sich aber im Falle der Türkei um eine fremde Identität handelte. Dadurch wurde jedoch versucht, die neue türkische Identität ausschließlich und unmittelbar aus dem *Reintürkischen zu* rekonstruieren und darin westliche Werte zu integrieren.

---

* Eine Ausnahme war Cevat Emre, welcher jedoch die russische Sprachplanungspolitik verfolgte.

Die türkische Sprache brauchte und braucht keinen neuen Alphabetwechsel mehr und benötigt auch jetzt keine grundlegenden Reformen. Die Entwicklung der Sprache sollte endlich ihrem natürlichen Entwicklungsprozess überlassen werden. Man kann konstatieren, dass der Sprachnationalismus die Sprachen von ihrem Reichtum „befreit" hat, dass die Geschichte keine Reinsprache, wie es sich Nationalismus dies wünschen täte, verzeichnet. Alle lebenden Sprachen wurden je nach den bestehenden politischen, religiösen, kulturellen und geographischen Gegebenheiten von anderen Sprachen beeinflusst (KARAOSMANOĞLU 1981:55).

Wenn man die Diskussionen verfolgt, scheint es, dass die türkische Gesellschaft einen Identitätswechsel bzw. Identitätsverlust, der von niemandem erkannt bzw. wahrgenommen wurde, erlitten hat. Besonders erstaunlich ist dabei, dass die Türken nach den revolutionären Erneuerungsprozessen eine nationale Mischidentität aus der orientalisch-islamisch-türkischen und der westlich-christlichen Kultur, innerhalb kürzester Zeit die Implementierung dieser neuen Identität als „Reintürkisch" und ihnen „Eigen" akzeptiert haben.

Die vorliegende Forschung erhebt keinen Anspruch auf Vollständigkeit. Sie kann nur einen Ansatz zu einer neuen sprachpolitischen Überlegung für Politik und Wissenschaft liefern. Sie kann womöglich kritische Diskussionen auslösen, welche dann die Basis zu einer anderen, alternativen Betrachtungsweise von Traditionen und Sprachpolitik in der Türkei führen könnte. Mein einziges Anliegen dabei ist es, die Aufmerksamkeit der politischen Mächte und Fachwissenschaftler auf diesen Bereich zu lenken, damit objektive, sprachbezogene Debatten begonnen werden. In diesem Fall hätte die vorliegende Arbeit ihr Ziel erreicht. Der Forschungsgegenstand der Arbeit ist Teil der Sprachpolitik der Türkei, geschaffen von Menschen, geändert von Menschen und korrigierbar von Menschen. Eine humanistisch-realpolitische Neugestaltung einer Sprachpolitik sollte nicht die geringste Furcht erwecken, dass das Land durch die Einführung des Osmanischen seine fortschrittliche Richtung verlöre. Auch sollte nicht der bereits existierenden Vorstellung Vorschub geleistet werden, dass ein Kurdischunterricht in den Grundschulen das Land spalten würde. Im Gegenteil, damit würde das vorhandene, obgleich ignorierte Misstrauen der Staatsbürger gegenüber dem Staat abgebaut werden.

8. Literaturnachweis

Adıvar, Halide Edip: Türkün Ateşle İmtihanı (Die Feuerprobe der Türken), İstanbul 1962.

Âfetinan, Ayşe: Türkiye Cumhuriyeti ve Türk Devrimi (Türkische Republik und türkische Revolution), Ankara 1973.

Akgündüz, Ahmed: Bilinmeyen Osmanlı (Die unbekannten Osmanen), İstanbul 1999.

Aktaş, Yaşar: Das Bildungswesen in der Türkei, Berlin 1986.

Alen, André: Der Föderalstaat Belgien: Nationalismus-Föderalismus-Demokratie, Baden-Baden 1995.

Alkan, Necmettin: Die deutsche Weltpolitik und die Konkurrenz der Mächte um das osmanische Erbe, Münster 2003.

Alter, Peter: Nationalismus, Frankfurt 1985.

Anderson, Benedict: Die Erfindung der Nation. Zur Karriere eines folgenreichen Konzepts. Frankfurt 1988.

Angı, Hacı: Atatürk İlkeleri ve Türk Devrimi (Die kemalistischen Prinzipien und die türkische Revolution), Ankara 1987.

Aristoteles: Politik I, 1252b.

Atatürk Söylev ve Demeçleri (Atatürks Reden und Verkündungen), Bd.1–3, Ankara 1989.

Atatürk, Mustafa Kemal: Eskişehir-İzmit Konuşmaları 1923 (Die Reden in Eskişehir-İzmit, 1923), İstanbul 1993.

Atay, Falih Rıfkı: Çankaya. Atatürk'ün Doğumundan Ölümüne Kadar (Çankaya. Von der Geburt bis zum Tode Atatürks), İstanbul, 1984.

Aydemir, Süreyya Şevket: Harflerimizi Değiştirmek Lazım (Unsere Buchstaben sollen gewechselt werden), in: Korkmaz, Zeynep (Hrsg.): Atatürk ve Türk Dili. Belgeler (Atatürk und die türkische Sprache. Urkunden), Ankara 1992, S. 381–387.

Bade, J. Klaus: Einführung, in: Bade, J. Klaus (Hrsg.) Imperialismus und Kolonialmission. Kaiserliches Deutschland und koloniales Imperium, Wiesbaden 1982, S.1–28.

Baldauf, Ingeborg: Schriftreform und Schriftwechsel bei den muslimischen Russland- und Sowjettürken (1850–1937): Ein Symtom ideengeschictlicher und kulturpolitischer Entwicklungen, Budapest 1993.

Banarlı, Nihat Sâmi: Türkçenin Sırları (Geheimnisse des Türkischen), İstanbul 1977.

Banguoğlu, Tahsin: Dil Bahisleri (Sprachthemen), İstanbul 1987.
Barthel, Gustav: Konnte Adam schreiben? Weltgeschichte der Schrift, Köln 1972.
Bartschat, Brigitte, Conrad, Rudi (Hrsg.): Lexikon sprachwissenschaftlicher Termini, Leipzig 1985.
Baydur, Suat Yakup: Dil ve Kültür (Sprache und Kultur), Ankara 1964.
Beckmann, Johannes: Die katholische Kirche im neuen Afrika, Einsiedeln, Köln 1947.
Behrendt, F. Richard: Soziale Strategie für Entwicklungsländer. Entwurf einer Entwicklungssoziologie, Frankfurt 1965.
Benoist-Mechin, Jacques: Kemal Atatürk. Begründer der neuen Türkei, Düsseldorf 1955.
Berger, Peter L., Luckmann Thomas.: Die gesellschaftliche Konstruktion der Wirklichkeit, Stuttgart 1969.
Berg-Schlosser, Dirk; Stammen, Theo: Einführung in die Politikwissenschaft, München 2003.
Berkes, Niyazi: Türkiye'de Çağdaşlaşma (Modernisierung in der Türkei), İstanbul 2005.
Berkes, Niyazi: Unutulan Yıllar (Vergessene Jahre), İstanbul 1997.
Bernstein, Basil: Studien zur sprachlichen Sozialisation, Düsseldorf 1972.
Beşikçi, İsmail: Türk Tarih Tezi ve Güneş-Dil Teorisi ve Kürt Sorunu (Die Türkische Geschichtsthese. Die Sonnensprachtheorie und die Kurdenfrage), Ankara 1991.
Bischof, Bernhard, Duft, Johannes: Das älteste deutsche Buch die „Abrogans"-Handschrift der Stiftsbibliothek St. Gallen, (790) im Facsimile herausgegeben und beschrieben, St. Gallen-Sigmaringen 1970.
Blum, Daniel: Sprache und Politik, Heidelberg 2002.
Bodmer, Frederick: Die Sprachen der Welt, Köln 1997.
Bodmer, Frederick: The Loom of Language, New York 1944.
Boesch, Ernst. E.: Das Problem der Alphabetisierung in Entwicklungsländern unter besonderer Berücksichtigung des Weltprogramms der UNESCO, Stuttgart 1965.
Brie, Friedrich: Imperialistische Strömungen in der englischen Literatur, Halle 1928.
Brohy, Claudine: Mehrsprachigkeit in Fokus, unter: http://www.unifr.ch/main/news/detailD. php?nid=388
Brunner, Georg: Nationalitätenprobleme und Minderheitenkonflikte in Osteuropa, Gütersloh 1996.
Büchner, Karl: Einleitung, in: Büchner, Karl (Hrsg.): Latein und Europa, Stuttgart 1978, S. 7–25.

Budak, Ali: Münif Paşa, İstanbul 2004.
Bühlmann, P. Walbert: Die christliche Terminologie als missionsmethodisches Problem. Dargestellt am Swahili und anderen Bantu Sprachen, Freiburg (Schweiz) 1950.
Bundesdruckerei, Alphabete und Schriftzeichen des Morgen- und Abendlandes, Berlin 1969.
Christmann, H. Helmut (Hrsg.): Sprachwissenschaft des 19. Jahrhunderts, Darmstadt 1977.
Churchill, S. Winston: The World Crisis. The Aftermath, London 1929.
Conrad, Rudi (Hrsg.): Kleines Wörterbuch sprachwissenschaftlicher Termini, Leipzig 1975.
Coulmas, Florian: Sprache und Staat. Studien zur Sprachplanung, Berlin, New York 1985.
Dammann, Erst: Ausblick, in: Bade, J. Klaus: Imperialismus und Kolonialmission. Kaiserliches Deutschland und koloniales Imperium, Wiesbaden 1982, S. 289–305.
De Francis, John: Nationalism and Language Reform in China, Princeton 1950.
Dilaçar, Agop: Türk Diline Genel Bir Bakış (Eine allgemeine Einführung in die türkische Sprache), Ankara 1964.
Döbert, Marion: Ihr Kreuz ist die Schrift. Analphabetismus und Alphabetisierung in Deutschland, Münster 2000.
Doğan, Mehmet: Dil Kültür Yabancılaşması (Entfremdung in der Sprache und Kultur), İstanbul 1990.
Drucker, Peter F.: Vorwort, in: McLuchan Marshall (Hrsg.) Die magischen Kanäle. Understanding media, Düsseldorf 1992.
Dudenredaktion und der Dudensetzerei (Hrsg.): Duden Satzanweisungen und Korrekturvorschriften, Mannheim 1973.
Ebuzziya, Ziyad: Harf Devrimi Hata İdi (Die Schriftrevolution war ein Fehler), in: Mısıroğlu, Kadir (Hrsg.): İslam Yazısına Dair (Über die muslimische Schrift), İstanbul 1993.
Eco, Umberto: Afterword, in: Nunberg, Geoffrey (Hrsg.): The Future of the Book, Brepols 1996, S. 295–306.
Eco, Umberto: Die Suche nach der vollkommenen Sprache, München 1997.
Eggers, Hans: Deutsche Sprachgeschichte, Reinbek 1986.
Eissfeldt, Otto von: Die Frage nach dem Ursprung unseres Alphabets, in: Pfohl, Gerhard (Hrsg.) Das Alphabet, Darmstadt 1968, S. 214–232.
Emre, Ahmet Cevat: Atatürk'ün İnkılap Hedefi ve Tarih Tezi (Das Ziel der Atatürk'schen Revolution und seine Geschichtsthese), Istanbul 1956.
Emre, Ahmet Cevat: İki Neslin Tarihi (Die Geschichte zweier Generationen), İstanbul 1960.

Engelsing, Rolf: Analphabetentum und Lektüre, Stuttgart 1973.
Ercilasun, Ahmet Bican: Nazım Hikmet ve Kurtuluş Savaşı, unter: httb://nazimhikmet.net/ahmet_bican_3.html
Eren, Hasan: Dilde Birlik, Yazıda Birlik (Einheit in Sprache, Einheit in Schrift), in: Atatürk Kültür, Dil ve Tarih Yüksek Kurumu Yayınları (Publikationen von Oberamt für Atatürk, Kultur, Sprache und Geschichte): Dil ve Alfabe üzerine Görüşler (Ansichten über Alphabet und Sprache), Ankara 1991, S. 1–10.
Erer, Tekin: Türkiye'de Dil ve Yazı Hareketleri (Sprach- und Schriftströmungen in der Türkei), İstanbul 1973.
Ergin, Osman: Türk Maarif Tarihi (Die türkische Bildungsgeschichte) Bd. 5, İstanbul 1971.
Erhan, Rasim: Türkiye'de Dil ve Kültür İhtilali mi? İstanbul 1972.
Ersen-Rasch, Margarete I.: Türkische Grammatik, Ismaning 2001.
Fanon, Frantz: Die Verdammten dieser Erde. Mit einem Vorwort von Jean-Paul Sartre, Reinbek 1969.
Faulmann, Carl: Illustrierte Geschichte der Schrift. Populär-wissenschaftliche Darstellung der Entstehung der Schrift, der Sprache und der Zahlen sowie der Schriftsysteme aller Völker der Erde, Wien 1880.
Faulmann, Karl: Das Buch der Schrift, Olms 1986 (Nachdruck 2. Auflage, Wien 1880).
Ferguson, Charles A.: Language Development, in: Fishman A. Joshua (Hrsg.): Language Problems of Developing Nations. New York 1968, S. 27–35.
Fischel, Alfred: Der Panslavismus bis zum Weltkrieg, Stuttgart 1919.
Fishman, Joshua A.: Soziologie der Sprache. Eine interdisziplinäre sozialwissenschaftliche Betrachtung der Sprache in der Gesellschaft, München 1975.
Frank, Karl Suso: Römertum und Christentum, in: Büchner, Karl (Hrsg.): Latein und Europa, Stuttgart 1978, S. 100–124
Freire, Paulo: Pädagogik der Unterdrückten, Stuttgart 1970.
Fu, Jialing: Sprache und Schrift für alle. Zur Linguistik und Soziologie der Reformprozesse im China des 20. Jahrhunderts, Frankfurt 1997.
Galanti, Avram: Arabî Harfler Terakkimize Mani Değildir (Die arabischen Schriften sind kein Hindernis für unseren Fortschritt), Faksimile vom 1927, İstanbul 1996.
Gellner, Ernest: Nationalismus. Kultur und Macht, Berlin 1999.
Giese, W. Heinz: Bemerkungen zum gegenwärtigen Stand der Alphabetisierungsarbeit und eine wissenschaftliche Untersuchung des Analphabetismus in der Bundesrepublik, in: Giese, Heinz (Hrsg.): Osnabrücker Beiträge zur Sprachtheorie. Analphabetismus in der Bundesrepublik Deutschland, Osnabrück 1983, S. 33–52.

Glasneck, Johannes: Kemal Atatürk und die moderne Türkei, Berlin 1971.
Gökalp, Ziya: Türkçülüğün Esasları, (Die Grundsätze des Türkismus, bearbeitet von Mehmet Kaplan) Milli Eğitim Bakanlığı Yayınları, Nr. 2116, İstanbul 2004.
Gordon, David C.: The French Language and National Identity. (1930–1975), The Hague, Paris 1978.
Grimme, Hubert: Vorwort, in: Hachtmann, Otto: Europäische Kultureinflüsse in der Türkei. Ein literärgeschichtlicher Versuch, Berlin 1918.
Gronau, Dietrich: Mustafa Kemal Atatürk oder die Geburt der Republik, Frankfurt 1994.
Gust, Wolfgang: Das Imperium der Sultane. Eine Geschichte des Osmanischen Reiches, München 1995.
Haarmann, Harald: Universalgeschichte der Schrift, Frankfurt 1990.
Haarmann, Harald: Wie kann man das Sprachprestige in eine Theorie der Sprachplanung einbetten? in: Spillner, Bernd (Hrsg.): Sprache und Politik, Frankfurt 1990, S. 41–48.
Hachtmann, Otto: Europäische Kultureinflüsse in der Türkei. Ein literärgeschichtlicher Versuch, Berlin 1918.
Hacıeminoğlu, Necmettin: Türkçenin Karanlık Günleri (Die finsteren Tage des Türkischen), İstanbul 1996.
Hammer, Karl: Weltmission und Kolonialismus. Sendungsideen des 19. Jahrhunderts im Konflikt, München 1978.
Hartmann, Richard: Im Neuen Anatolien. Reiseeindrücke, Leipzig 1928.
Hartmann, Martin: Dichter der neuen Türkei, Berlin 1919.
Hartmann, Martin: Unpolitische Briefe aus der Türkei, in: Der Islamische Orient, Berichte und Forschungen Bd. III, Leipzig 1910.
Hatipoğlu, Vecihe: Atatürk'ün Dilciliği (Atatürk als Linguist), Ankara 1963.
Hatzistefanidis, Theofanis: Die divergenten pädagogischen Richtungen und ihre Vertreter in den letzten hundert Jahren in Griechenland, Frankfurt 1986.
Haussig, Hans Wilhelm. : Der historische Hintergrund der Runenfunde in Osteuropa und Zentralasien, in: Röhrborn, Klaus (Hrsg.): Runen, Tamgas und Graffiti aus Asien und Osteuropa, Wiesbaden 1985.
Havelock, A. Eric: Schriftlichkeit. Das griechische Alphabet als kulturelle Revolution, Weinheim 1990.
Havelock, Eric A.: The Muse Learns to Write, New Haven 1986.
Hazai, György: Kurze Einführung in das Studium der türkischen Sprache, Wiesbaden 1978.
Hazai, György: Osmanlı Döneminde bir Imparatorluk Dili Olarak Türkçe, unter: http://www.osmanli.org.tr/osmanlidaegitim.php?bolum=7&id=200.
Herzfeld, Hans (Hrsg.): Einleitung und Betrachtung zu Friedrich, Meinecke,

in: Meinecke, Friedrich: Weltbürgertum und Nationalstaat, Bd. 5, München 1969.

Hettlage, Robert: Nationalstaat und Nation in Spanien, in: Bernd Estel (Hrsg.): Das Prinzip der Nation in modernen Gesellschaften, Opladen 1994.

Hexelschneider, Erhard; John, Erhard: Kultur als einigendes Band? Eine Auseinendersetzung mit der These von der „einheitlichen deutschen Kulturnation", Berlin 1984.

Heyd, Uriel: Language Reform in Modern Turkey, Jerusalem 1954.

Heyd, Uriel: Türk Milliyetciliğinin Kökleri (Die Grundlagen des türkischen Nationalismus), İstanbul 2001.

Hobsbawm, Eric: Europäischen Revolutionen, München 1978.

Holtmann, Everhard (Hrsg.): Politik-Lexikon, München 2000.

Hopf, Claudia: Sprachnationalismus in Serbien und Griechenland. Theoretische Grundlagen sowie ein Vergleich Wiesbaden 1997.

Illich, Ivan: Entschuldung der Gesellschaft, München 1972.

İmer, Kâmile: Türkiye'de Dil Planlaması (Sprachplanung in der Türkei), in: TDK (Hrsg.) Türk Dil Devrimi, Ankara 1998.

Imer Kâmile: Türkiye'de Dil Planlamasi: Türk Dil Devrimi (Sprachplanung in der Türkei: Türkische Sprachrevolution), Ankara 2001.

İnan, Abdulkadir: Dil ve Atatürk (Sprache und Atatürk), in: Atatürk ve Türk Dili. Belgeler (Urkunden), Ankara 1992.

İnönü, İsmet: Hatıralar (Erinnerungen) 2. Bd., Ankara 1987.

Jansky, Herbert: Lehrbuch der türkischen Sprache, Wiesbaden 1986.

Jensen, Hans: Die Schrift in Vergangenheit und Gegenwart, Berlin 1969.

Kabaklı, Ahmet: Temellerin Duruşması, İstanbul 1989.

Kainz, Jana: Funktionaler Analphabetismus im Medienzeitalter. Ursachen und Folgen: Die Bedeutung der Medien, Stuttgart 1998.

Kansu, Mazhar Müfit: Erzurum'dan Ölümüne Kadar Atatürk ile Beraber (Von Erzurum bis zu seinem Tode mit Atatürk), Ankara 1966.

Kaplan, Mehmet: Ziya Gökalp'ın Hayatı ve Eserleri Hakkında Birkaç Söz (Einige Worte über das Leben und Weke von Ziya Gökalp), in: Gökalp, Ziya: Türkçülğün Esasları, İstanbul 2004.

Karaosmanoğlu, Yakup Kadri: Öz Dil Yoktur (Reinsprache gibt es nicht), in: Yaşayan Türkçemiz (Unser lebendiges Türkisch), Bd. III, Tecüman Gazetesi Yayınları, İstanbul 1981, S. 55.

Ketschmann, Rudolf: Analphabetismus bei Jugendlichen. Ursachen, Erscheinungsformen, Hilfen, Stuttgart 1990.

Kieser, Hans-Lukas: Der verpasste Friede. Mission, Ethnie und Staat in der Ostprovinzen der Türkei 1839–1938, Zürich 2000.

Kırzıoğlu, M. Fahrettin: Türk İnkılap Tarihi (Die Geschichte der türkischen Revolution), Erzurum 1977.
Kloss, Heinz: Formen der Schulverwaltung in der Schweiz, Stuttgart 1964.
Knoll, Arthur J.: Die Norddeutsche Missionsgesellschaft in Togo. 1890–1914, in: Bade, J. Klaus (Hrsg.): Imperialismus und Kolonialmission. Kaiserliches Deutschland und koloniales Imperium, Wiesbaden 1982, S. 165–188.
Köbler, Gerhard: Neuhochdeutsch-althochdeutsches Wörterbuch, Gießen 1995.
Köbler, Gerhard: Neuhochdeutsch-althochdeutsches Wörterbuch, Gießen 1995.
Kodamanoğlu, Nuri: Türkiyede Eğitim. 1923–1960 (Bildung in der Türkei. 1923–1960), Ankara 1964.
Kolumbus, Christoph: Bordbuch. Aufzeichnungen seiner ersten Entdeckungsfahrt nach Amerika 1492–1493. Mit einer Einführung von Rinaldo Caddeo und zeitgenössischen Illustrationen und einer Karte, Zürich 1981.
Koppelmann, Heinrich L.: Nation, Sprache und Nationalismus, Leiden 1956.
Köprülü, Mehmet Fuad: Türk Edebiyati Tarihi (Türkische Literaturgeschichte), İstanbul 1981.
Korkmaz, Zeynep: Atatürk ve Türk Dili. Belgeler (Atatürk und die türkische Sprache. Belege), Ankara 1992.
Korkmaz, Zeynep: Türk Dili ve Arap Alfabesi (Türkische Sprache und das arabische Alphabet), in: Atatürk Kültür, Dil ve Tarih Yüksek Kurumu Yayınları (Publikationen von Oberamt für Atatürk, Kultur, Sprache und Geschichte): Dil ve Alfabe üzerine Görüşler (Ansichten über Alphabet und Sprache), Ankara 1991, S. 11–19.
Korkmaz, Zeynep: Türk Dili Üzerine Araştırmalar (Erforschungen über die türkische Sprache), Bd. 1, Ankara 1995.
Kozol, Jonathan: Illiterate America, New York 1985.
Kracht, Klaus: Geistesgeschichte der Frühmoderne, in: Kracht, Klaus, Rüttermann, Markus (Hrsg.) Grundriss der Japanologie, Wiesbaden 2001.
Krahl, Günther und Reuschel, Wolfgang (Hrsg.): Lehrbuch des modernen Arabisch, Teil I, Leipzig 1980.
Kreiser, Klaus: Der Osmanische Staat 1300–1922, München 2001.
Kühn, Herbert: Volney und Savary als Wegbereiter des romantischen Orienterlebnisses in Frankreich, Leipzig 1938.
Kungfutse (Konfuzius): Gespräche, XIII, 3, Jena 1921, neu herausgegeben beim Insel-Verlag, Frankfurt a. M. 1976.
Landau, Jakob M.: Sprachpolitik in der Türkei und in Israel – Versuch einer vergleichenden Problembetrachtung, in: Baldauf, Ingeborg; Kreiser, Klaus: Türkische Sprachen und Literaturen, Wiesbaden 1991.
Laut, Jens Peter: Das Türkische als Ursprache?, Wiesbaden 2000.

Laut, Jens Peter: Imagologie auf Türkeitürkisch, in: Klumpp, Gerson (Hrsg.): Die ural-altaischen Völker. Identität im Wandel zwischen Tradition und Moderne, Wiesbaden 2003.

Laut, Jens Peter: Chronologie wichtiger Ereignisse im Verlauf der türkischen Sprachreform: von den Anfängen bis 1983, Göttingen 2003.

Le Goff, Jacques (Hrsg.): Europa bauen, in: Eco, Umberto: Die Suche nach der vollkommenen Sprache, München 1997, S. 5–6.

Leuenberger, Theodor: Geschichte als Sprachkampf, in: Sprache und Herrschaft, Freiburg, 1975.

Levend, Agah Sırrı: Türk Dilinde Gelişme ve Sadeleşme Evreleri (Die Phasen zur Entwicklung und Vereinfachung der türkischen Sprache), Ankara 1960.

Lewandowski, Theodor: Linguistisches Wörterbuch 1, Heidelberg 1990.

Lewis, Bernard: Die politische Sprache des Islams, Berlin 1991.

Lewis, Bernard: The Emergence of Modern Turkey, London 1961.

Lewis, Geoffrey: The Turkish Language Reform. A Catastrophic Success, New York 1999.

Lockwood, William B.: Überblick über die indogermanischen Sprachen, Tübingen 1979.

Martin, Helmut: Chinesische Sprachplanung, Bochum 1982.

Matuz, Josef: Das Osmanische Reich. Grundlinien seiner Geschichte, Darmstadt 1985.

Matzke, Peter: Funktionaler Analphabetismus in den USA. Zur Bildungsbenachteiligung in Industriegesellschaften, München 1982.

McLuhan, Marshall: Die magischen Kanäle. Understanding Media, Düsseldorf, 1992.

McLuhan, Marshall: Understanding Media, London 1964.

Meic, Stephens: Minderheiten in Westeuropa, Husum 1979.

Meinecke, Friedrich: Weltbürgertum und Nationalstaat. Studien zur Genesis des deutschen Nationalstaates, München 1928.

Meinecke, Friedrich; Herzfeld, Hans (Hrsg.): Weltbürgertum und Nationalstaat, Bd. 5, München 1969.

Melzig, Herbert: Kamâl Atatürk. Untergang und Aufstieg der Türkei, Frankfurt 1937.

Mensching, Günther (Hrg.): Essay, in: de Volney, François Constantin: Die Ruinen oder Betrachtungen über die Revolutionen der Reiche, Frankfurt 1977.

Mirbt, Carl: Mission und Kolonialpolitik in den Deutschen Schutzgebieten, Tübingen 1910.

Mısıroğlu, Kadir: İslam Yazısına Dair (Über die muslimische Schrift), İstanbul 1993

Mommsen, Wolfgang J., (Hrsg.)**:** Der moderne Imperialismus, Stuttgart 1971.
Moser-Weitmann, Brigitte: Türkische Grammatik, Hamburg 2001.
Moser, Hugo: Deutsche Sprachgeschichte, Tübingen 1969.
Nachfolger, Hermann Böhlaus: Martin Luthers Werke. Tischreden, Bd. 5, Nachdruck der Weimarer Ausgabe, Graz 1967.
Nur, Rıza: Hayat ve Hatıratım IV (Mein Leben und Erinnerungen IV), İstanbul 1967, Nachdruck in Frankfurt 1967.
Nureddin, Vâlâ: Bu Dünyadan Nâzim Geçti, İstanbul 1969.
Nursi, Said: Münâzarât (Diskussionen), İstanbul 1998.
Oberdörfer, Dieter: Nation, Multikulturalismus und Migration – auf dem Weg in die postnationale Republik? In: IMIS-Beträge. Instituts für Migrationsforschung und Interkulturelle Studien (IMIS) der Universität Osnabrück, Nr. 30, Dezember 2006.
Oberndörfer, Dieter: Der Wahn des Nationalen. Die Alternative der offenen Republik, Freiburg 1993.
Öksüz, Yusuf Ziya: Türkçenin Sadeleşme Tarihi. Genç Kalemler ve Yeni Lisan Hareketi (Die Geschichte der Vereinfachung des Türkischen. Die jungen Schiftsteller und die Strömung der neuen Sprache), Ankara 1995.
Ortaylı, İlber: Gelenekten Geleceğe (Von der Tradition zur Zukunft), İstanbul 1982.
Özgü, Melâhat: Atatürk'ün Dilimiz Üzerine Eğilişi (Atatürks Beschäftigung mit unserer Sprache), in: TDK (Hrsg.), Atatürk ve Türk Dili (Atatürk und die türkische Sprache), Ankara 1963, S. 23–40.
Öztürk, İsa: Harf Devrimi ve Sonuçları (Schriftrevolution und ihre Auswirkungen), Ankara 1998.
Panagiotopoulou, Argyro: Analphabetismus in literalen Gesellschaften am Beispiel Deutschlands und Griechenlands, Köln 2000.
Peters, Ludwig: Grammatik der türkischen Sprache, Berlin 1947.
Plotke, Herbert: Schweizerisches Schulrecht, Stuttgart 1979.
Problembetrachtung, in: Baldauf, Ingeborg; Kreiser, Klaus: Türkische Sprachen und Literaturen, Wiesbaden 1991.
Rekin, Ertem: Elifbe'den Alfabe'ye. Türkiye'de Harf ve Yazı Meselesi (Von Elifba zum Alphabet. Die Problematik der Buchstaben und des Schrift in der Türkei), İstanbul 1991.
Rill, Bernd: Kemal Atatürk, Reinbek 1985.
Sâbis, Ali İhsan: Birinci Dünya Harbi. Hatıralarım, Nr. 1, (Erster Weltkrieg, Memoiren Nr. 1), İstanbul 1990.
Sanders, Barry: Der Verlust der Sprachkultur, Frankfurt 1995.
Saray, Mehmet: Türk Dünyasında Dil ve Kültür Birliği (Die Sprach- und Kulturverbund in der türkischen Welt), Istanbul 1993.

Scharlipp, Wolfgang-Ekkehard: Die Frühen Türken in Zentralasien. Eine Einführung in ihre Geschichte und Kultur, Darmstadt 1992.
Scharlipp, Wolfgang-Ekkehard: Türkische Sprache. Arabische Schrift, Budapest, 1993.
Schaeder, Hans Heinrich: Der Neuere Orient, in: Der Orient und Wir. Sechs Vorträge des deutschen Orient-Vereins Berlin, Okt. 1934–Febr. 1935, Berlin 1935, S. 31–35.
Schilling, Heinz: Reformation und Altes Reich 1500 bis 1740, in: Mitten in Europa. Deutsche Geschichte, Berlin 1987, S.113–200.
Schindele, Hanno: Alphabetisierungsbestrebungen in der dritten Welt: Erfolgsvoraussetzungen und Wirkungen in entwicklungssoziologischer Sicht, Nürnberg 1973.
Schmidt, Manfred G.: Wörterbuch zur Politik, Stuttgart 2004.
Schöllngen, Gregor: Das Zeitalter des Imperialismus, München 1994.
Schön, Erich: Der Verlust der Sinnlichkeit oder die Verwandlungen des Lesers. Mentalitätswandel um 1880, Stuttgart 1993.
Şeref, Alimcan: Harflerimizin Müdafası (Verteidigung unserer Buchstaben), Faksimile vom 1926, İstanbul 1993.
Seydahmet, Kırımlı Cafer: Gaspıralı İsmail Bey. Dilde, Fikirde,İşte Birlik (Gaspıralı İsmail Bey. Verbund in Sprache, in Denken, in der Arbeit), İstanbul 1934.
Shaw, J. Stanford: History of the Ottoman Empire and Modern Turkey. Bd. 2, Reform, Revolution, Republic: The Rise of Modern Turkey, 1808–1975. Cambridge 1977.
Smith, W. Cantwell: Islam in Modern History, New Jersey 1957.
Sommerfeldt, Karl-Ernst, Spiewok Wolfgang: Sachwörterbuch für die deutsche Sprache, Leipzig 1988.
Spierling, Volker: Kleine Geschichte der Philosophie, München 1992.
Stein, Peter: Schriftkultur. Eine Geschichte des Schreibens und Lebens, Darmstadt 2006.
Steinbach, Udo: Die Türkei im 20. Jahrhundert. Schwieriger Partner Europas, Bergisch Gladbach 1996.
Steinhaus, Kurt: Soziologie der türkischen Revolution, Frankfurt 1969.
Steuerwald, Karl: Untersuchungen zur türkischen Sprache der Gegenwart, Teil 1, Berlin 1963.
Störig, Hans Joachim: Abenteuer Sprache. Ein Streifzug durch die Sprache der Erde, München1987.
Streit, Georges: Der Vertrag vonLausanne, in: Wissen und Leben. Neue Schweizer Rundschau, Bd. 17, Zürich 1923–1924, S. 513–535.
Strohmaier, Gotthard: Denker im Reich der Kalifen, Köln, 1979.

Strohmeier, Martin: Seldschukische Geschichte und türkische Geschichtswissenschaft, Berlin 1984.
Sultan II. Abdulhamid: Siyasi Hatıratım (Meine politischen Erinnerungen), İstanbul 1975.
Tacemen, Ahmet: Rus Egemenliğindeki Türklerin Alfabelerinin Değiştirilmeleri. 1769–1940 (Alphabetwechsel bei den Türken unter der Hegemonie der Russen), Kayseri 1994.
Talay, İstemihan M.: Dankwort, in: Imer Kâmile: Türkiye'de Dil Planlamasi: Türk Dil Devrimi (Sprachplanung in der Türkei: Türkische Sprach12revolution), Ankara 2001, S. IX.
Türk Dil Kurumu (Türkische Sprachgesellschaft, Hrsg.): Atatürk ve Türkiye'nin Modernleşmesi (Atatürk und die Modernisierung der Türkei): in: Belleten, Nr. 108, Bd. 26, Ankara 1963.
Türk Dil Kurumu (Hrsg.): Üçüncü Türk Dil Kurultayı 1936, Tezler Muzakere Zabıtları (3. Türkischer Sprachkongress von 1936, Thesen, Verhandlungsprotokolle), İstanbul 1937.
Türk Dil Kurumu (Hrsg.): Atatürk ve Türk Dili (Atatürk und die türkische Sprache), Ankara 1963.
Tekin, Talat: Türkoloji Eleştirileri (Turkologische Kritiken), Ankara 1994.
Ternes, Elmar: Das schwere Erbe der Lateinschrift, in: Baum, Richard, Monreal-Wickert, Irene (Hrsg.): Sprache in Unterricht und Forschung, Tübingen 1979, S. 137–173.
Thoidis, Dimitrios: Grunderziehung und Erwachsenenbildung in Griechenland, München 1965.
Togan, Zeki Velidi: Tarihte Usul (Methodologie der Geschichte), İstanbul 1950.
Topakkaya, Arslan: Die wirkliche Zeit. Eine vergleichende Untersuchung der Zeitlehre von W. Dilthey und H. Bergson unter besonderer Berücksichtigung von I. Kants Zeitanalyse, Freiburg 2005.
Trouillet, Bernard: Entwicklung im Schul- und Hochschulwesen Belgiens, Frankfurt 1964.
Turan, Şerafettin: Türk Kültür Tarihi (Türkische Kulturgeschichte) Ankara 1994.
Türkiye İstatistik Yıllığı 1977 (Türkische statistische Jahresschrift von 1977), Ankara 1977.
Twain, Mark: Autobiographie, Gesammelte Werke in fünf Bänden, Bd. 5, München 1967.
Ülken, Hilmi Ziya: Türkiye'de Çağdaş Düşünce Tarihi (Die Geschichte des zeitgenössischen Denkens in der Türkei), İstanbul 1994.
Ülkütaşır, M. Şakir: Atatürk ve Harf Devrimi (Atatürk und Schriftrevolution), Ankara 1973.

Ülkütaşır, M. Şakir: Atatürk ve Harf Devrimi, in: Türk Kültürü (Die Türkische Kultur), İstanbul 1964.

Ülkütaşır, M. Şakir: Encümeni Daniş. İlk Türk Akademisi (Kommission der Wissenschaftler. Die erste türkische Akademie), in: Türk Kültürü 1963–1964 (Die Türkische Kultur), Bd. II, Nr. 18, April 1964.

Uluğ, Hakkı Naşit: Üç Büyük Devrim (Drei große Revolutionen), İstanbul 1973.

UNESCO (Hrsg.): Literacy 1967–1992: Progress Achieved in Literacy throughout the World 1970a, Paris 1970.

Verdoodt, Albert: Zweisprachige Nachbarn, Wien 1968.

Vetter, Eva: Nicht mehr Bretonisch? Sprachkonflikt in der ländlichen Bretagne, Frankfurt 1997.

Volney, Constantin François: L'alphabet Européen appliqué aux langues Asiatique, Paris 1826.

Weil, Gotthold: Grammatik der Osmanisch-türkischen Sprache, Berlin 1917.

Weisgerber, Leo: Die Verantwortung für die Schrift, Mannheim 1964.

Werner, Abraham: Teminologie zur neueren Linguistik, Tübingen 1988.

Wied, Karl: Leichtfassliche Anleitung zur Erlernung der Türkischen Sprache für den Schul- und Selbstunterricht, Wien 1805.

Wörterbuch für Schule und Studium: Französisch, Deutsch, Stuttgart 2005.

Yalçın, Hüseyin Cahid: 1. Dil Kurultayı, Tezler Müzakere Zabıtları (1. Türkische Sprachkongress von 1936, Thesen, Verhandlungsprotokolle), İstanbul 1933.

Yorulmaz, Hüseyin: Tanzimattan Cumhuriyete Alfabe Tartışmaları (Die Alphabetdiskurse seit dem Tanzimat bis zur Republik), İstanbul 1995.

8.1 Zeitschriften: Artikel, Berichte, Seminare

Aksoy, Ömer Asım: Söyleyiş Bozukluğu ve Alfabemiz (Unkorrekte Aussprache und unser Alphabet), in: Türk Dili, Bd. 7, Nr. 84, September 1958, S. 598–600; Bd. 8, Nr. 85, Ekim 1958, S. 4–6.

Aktepe, Münir: Türkiye'de akademi meselesi ve II. Abdulhamid'e Dil Akademisi Hakkında Sunulan Layiha (Angelegenheit einer Akademie in der Türkei und das von Sultan Abdulhamid II. überreichte Schriftdokument über eine Sprachakademie), in: Belgelerle Türk Tarih Dergisi (Zeitschrift für türkische Geschichte mit Urkunden), Istanbul, Juni 1968, S. 9.

Alkan, Ahmet Turan: Türkçe Meselesinin Bilinmeyen Boyutları (Die unbekannten Seiten des türkischen Sprachproblems), in: Aksiyon (Aksiyon) Nr. 548, 06.06.2005, S. 13–15.

Arıkan, Zeki: Arap Yazısının Düzeltilmesi Kunusunda Bir Öneri (Ein Vorschlag für die Reformierung der arabischen Schrift), in: Türk Dili (Türkische Sprache), Nr. 188, Mai 1967, S. 129–133.

Ataç, Nurullah: Yeni Yazı (Die neue Schrift), in: Türk Dili (Türkische Sprache). Atac'ı Anma Sayısı, Nr. 188, Ankara, Mai 1967, S. 605–606.

Bauer, Hans: Der Ursprung des Alphabets, in: Der Alte Orient 36, Heft 1–2, Leipzig 1937. S. 5–44.

Baydur, Suat Yakup: Avrupa Kültürü ve Biz (Europäische Kultur und wir), in: Dil ve Kültür (Sprache und Kultur), Bd.1, Nr. 1,11. Aug. 1952, S. 621–628.

Beckmann, Johannes: Die Missionen zwischen Krieg und Frieden, in: Neue Zeitschrift für Missionswissenschaft, Jahrgang II, Schöneck/Beckenried (Schweiz) 1946. S. 1–17.

Bittner, Maximilian: Der Einfluss des Arabischen und Persischen auf das Türkische. Eine philologische Studie, in: Sitzungsberichte der Philologisch-Historischen Classe der Kaiserlichen Akademie der Wissenschaften, Bd.142, III. Abhandlung, Wien 1900, S. 1–119.

Boland, W.: Schriftreform in der Türkei, in: Mitteilungen des Seminars für Orientalische Sprachen zu Berlin, Nr. 11, 16. Jhg., Berlin 1928, S. 70–91.

Carullah, Musa: Die Alkoholfrage vom Standpunkt des islamischen Gesetzes, zitiert nach; Jansky, Herbert, Die „Türkische Revolution" und der russische Islam, in: Der Islam, Bd.18, Berlin 1929, S. 158–167.

Demokrasi Üzerine Siyasilerle Harf Devrimi Tartışılıyor (Gespräche mit den Politikern über Demokratie und Schriftrevolution), in: Teklif (Vorschlag), Istanbul, April–Mai 1988, S. 8–12.

Dilaçar, Agop: Alfabe Devriminin 39. Yılı Dolayısıyle (Zum Anlass des 39. Jahrestags der türkischen Schriftrevolution), in: Türk Dili (Türkische Sprache), Nr. 194, November 1967, S. 141–143.

Dilaçar, Agop: Alfabemizin 30. yıldönümü (30. Jahrestag unseres Alphabets), in: Türk Dili, Bd. 8, August 1958, S. 534–541.

Duda, Herbert Wilhelm: Die neue Lateinschrift in der Türkei, in: Orientalsche Literaturzeitung, Jg. 32, Leipzig 1929, S. 441–453.

Duda, Herbert Wilhelm: Die neue Lateinschrift in der Türkei, in: Orientalsche Literaturzeitung, Jg. 33, Leipzig 1930, S. 401–413.

Duda, Herbert Wilhelm: Die Gesundung der türkischen Sprachreform, in: Der Islam. Zeitschrift für Geschichte und Kultur des islamischen Orients. Bd. 26, Berlin 1942, S. 77–100.

Ecevit, Bülent: Nesiller Arasında Acılan Uçurum (Die Kluft zwischen den Generationen), in: Türk Dili, Nr. 15, Bd. II, 1. Dezember 1952, S. 238–240.

Ercilasun, Ahmet Bican: „Bu Dünyadan Nazım Geçti" üzerine, in: Orkun, Nr. 98, April 2006.

Erişirgil, Mehmet Emin: Bir Tarih, Bir Teklif (Eine Geschichte, ein Vorschlag), in: Türk Dili, Bd. 1, Ankara 1952, S. 214–221.
Erişirgil, Mehmet Emin: Emsalsiz Bir İnkılabın Yıl Dönümü, in: Ulus, 08. August 1953, S. 3.
Fishman, Joshua A.: The Sociology of Language in Israel, in: International Journal of the Sociology of Language, The Hague, Paris 1974, S. 9–13.
Hottinger, Arnold: Identitätskrise in der Türkei. Was bleibt vom Geist der Reformen Atatürks? In: Europa-Archiv. Zeitschrift für internationale Politik, Bonn 35. Jhg, 1980, S. 41–48.
İlhan, Atilla: Eğitim, Ekonomi ve Savunma Millileştirilmelidir (Bildung, Wirtschaft und Verteidigung sollen nationalisiert werden), in: Yarın (Morgen) November 2004.
Inalcik, Halil: Atatürk ve Türkiye'nin Modernleşmesi (Atatürk und die Modernisierung der Türkei), in: Belleten 1963, Bd. XXVII, S. 625.
İnalcık, Halil: Some Remarks on the Study of History in Islamic Countries, in: The Middle East Journal Washington, Juli 1953, S. 451–455.
Jansky, Herbert: „Die türkische Revolution" und der russische Islam, in: Islam. Zeitschrift für Geschichte und Kultur des islamischen Orients, Bd. 18, Berlin und Leipzig 1929, S. 158–167.
Jansky, Herbert: War das Hochosmanische eine archaisierende Sprache? In: Wiener Zeitschrift für die Kunde des Morgenlandes, Bd. 58, Wien 1962, 134–164.
Jäschke, Gotthard: Der Turanismus und die kemalistische Türkei, in: Der Orient in deutscher Forschung, Leipzig 1944, S. 248–254.
Kabaklı, Ahmet: Açık Oturum (Diskussion), in: Meydan (Der Platz), Dezember 1990.
Köprülü, Mehmet Fuad: Alfabe İnkılabı (Schriftrevolution), in: Ülkü (Ideal), Nr. 67, Dezember 1938, S. 1–2.
Korkmaz, Zeynep: Cumhuriyet Döneminde Türk Dilinde ve ... yaşanan gelişmeler (Die erzielten Entwicklungen in der türkischen Sprache und…in der republikanischen Gründungsperiode), in: Türk Dili (Türkische Sprache), Nr. 622, Oktober 2003, S. 299–357.
Levend, Agah Sırrı: Milli Kültür Hazinelerimiz (Unsere nationalen Kulturschätze), in: Türk Dili (Türkische Sprache), Bd. V., Nr. 49, 1 Oktober 1955, S. 1–3.
Lewis, Bernard: „History-writing and National Revival in Turkey", in: Middle Eastern Affairs, New York, Bd. 4, 1953, S. 218–227.
Menzel, Theodor: Der 1. Turkologische Kongress in Baku, in: Islam. Zeitschrift für Geschichte und Kultur des islamischen Orients, Bd. 16, Berlin und Leipzig, September 1927, S. 1–76 und 167–228.

Önsoy, Rıfat: Osmanlı Batılılaşma Hareketleri ve Atatürk İnkılapları (Osmanische Verwestlichungsströmungen und Atatürk'schen Revolutionen), in: Erdem, Bd. 5, Nr. 14, Ankara Mai 1989, S. 365–377.

Özdemir, Emin: Yazı Devriminin Getirdikleri (Was die Schriftrevolution brachte), in: Türk Dili (Türkische Sprache), Ankara 1978, S. 540–547.

Özerdim, Sami N.: Yazı Devrimini Kavrayamayanlar (Jene, die die Schriftrevolution nicht begreifen), in: Türk Dili (Türkische Sprache), Nr. 383, Ankara, November 1983, S. 582–589.

Ronneberger, Franz: Von Atatürk bis zum 12. September, in: Südosteuropa Mitteilungen, 1980, Jhg. 22, Nr.2/1982, S. 28–38.

Safa, Peyami: Arab Harfleri (Die arabische Schriftzeichen), in: Türk Düşüncesi (Türkisches Denken), Nr. 59, August 1959.

Schaeder, Hans Heinrich: Die Orientforschung und das abendländische Geschichtsbild, in: Stier, Hans Erich (Hrsg.) Die Welt als Geschichte. Zeitschrift für universalgeschichtliche Forschung, 2. Jahrgang Stuttgart 1936, S. 377–396.

Seufert, Günter: Laizismus in der Türkei-Trennung von Staat und Religion? in: Südosteuropa Mitteilungen 44. Jhg, 2004, S. 17–30.

Şimsir, Bilal N.: Amerikan Belgelerinde Türk Yazı Devrimi (Türkische Schriftrevolution in amerikanischen Belegen), in: Belleten, Nr.169, Bd. 18, Ankara Januar 1979, S. 107–213.

Sonyel, Salahi: İngiliz Gizli Belgelerinde Türk Yazı Devrimi (Die türkische Sprachrevolution in geheimen Dokumente Englands), in: Belleten, Nr. 339, Ankara 1979, S. 285–293.

Sonnenhol, Gustav Adolf: Kemal Atatürk heute, in: Südosteuropa Mitteilungen, Nr. 3, München 1980, S. 3–20.

Strauß, Johann: Das Ende der Reformen? Zum gegenwärtigen Stand der Sprachfrage in der Türkei, in: ZDMG, Supplement 8, Stuttgart 1990, S. 319–329.

Sucher, Günter: Tagesseminar 18. Juni 2005, in: Institut für Asienkunde (Hrsg.): „Laendliche Entwicklung in China", Bonn 2005.

Tansel, Fevziye Abdullah: Arap Harflerinin Islahı ve değiştirilmesi Hakkında ilk teşebbüsler ve Neticeleri (Die ersten Unternehmungen zur Reformierung und zum Wechsel der arabischen Schriftzeichen und Ergebnisse), in: Belleten, C. 17, Nr. 66, Ankara April 1953, S. 223–249.

Tekin, Talat: Avrupalılar ve Türkçenin Latin Harfleriyle Yazımı (Europäer und das Schreiben des Türkischen mit den lateinischen Buchstaben), in: Türk Dili (Türkische Sprache), Bd. 38, Nr. 383, Nov. 1983, S. 590–593.

Tekin, Talat: Tarih Boyunca Türkçenin Yazısı (Die Schrift des Türkischen durch die Geschichte), in: Ulusal Kültür (Nationale Kultur), Ankara 1978, S. 17–40.

Tepedelenlioğlu, N. Nazif: Eski Harflerimiz için Umumi Af İstiyorum (Ich fordere allgemeine Amnestie für unsere alten Buchstaben), in: Yeni İstiklal (Neue Freiheit), Nr. 231, 12. Januar 1966.

Wehler, Hans-Ulrich: Verblendetes Harakiri. Der Türkei-Beitritt zerstört die EU, in: Aus Politik und Zeitgeschichte, 33–34/2004, S. 6–8.

Weißbach, Franz H.: Die türkische Lateinschrift, in: Archiv für Schreib- und Buchwesen, Heft 3–4, Berlin 1930, S. 125–138.

8.2 Zeitungen

Adıvar, Adnan: Hakikat Peşinde Emeklemeler (Kriechen nach der Wahrheit), in: Cumhuriyet (Die Republik), İstanbul 07.08.1954.

Akman, Nuriye: In einem Gespräch mit Haluk Akalın, in: Zaman vom 12.09.2005.

Atay, Falih Rıfkı: Milliyet vom 03.09.1928.

Bozdağ, İsmet: Milliyet vom 16.11.1974.

Gevgili, Ali: Harf Devrim'inin Öteki Yüzü (Das andere Gesicht der Schriftrevolution), in: Milliyet 4. Dezember 1978.

Soysal, Mümtaz: Milliyet, İstanbul 08.10.1988.

Erişirgil, Mehmet Emin: Emsalsiz bir İnkılabın Yıldönümü, in: (Die Nation), 08. August 1953.

Gürüz, Kemal: Hürriyet vom 21.12.1999.

İlhan, Atilla: Dili Bir Çıkmaza Saplanmışızdır (Wir haben die Sprache in eine Sackgasse gesteckt), Cumhuriyet 04.05.2005.

Kunt, Metin: Liselerde Osmanlıca (Osmanisch in Gymnasien), in: Politika, 27 Mai 1976.

Orhon, Seyfi Orhan: Son Havadis (Letzte Nachrichten), İstanbul 19.04.1969.

Öztürk, Halil Nimetullah: Harf Devrimi, in: Hürses (Freie Stimme), 14.08.1953.

Schmidt, Helmut: Wer nicht zu Europa gehört? in: Die Zeit, 18.10.2004.

New York Times: Changing alphabet obsess Kemal, 02.09.1928.

New York Times: Turkey as a republic breaks with her past, 28.10.1928,

New York Times: Turks drop arabic for our alphabet, 30.04.1928.

8.3 Internetadressen

http://www.idt-2005.at/downloads/Presse/Korso_September_05_Analphabetismus.pdf

http://de.wikipedia.org/wiki/Analphabetismus

http://de.wikipedia.org/wiki/Bretonische_Sprache

http://de.wikipedia.org/wiki/Hebr%C3%A4ische_Sprache

http://de.wikipedia.org/wiki/Lateinunterricht
http://www.internethaber.com/author_article_detail.php?id=3421
http://www.quantum-chemistry-history.com/Sina_Dat/SinaTurk/Text2.htm
http://www.kultur.gov.tr/TR/BelgeGoster.aspx?F6E10F8892433CF-FAAF6AA849816B2EF019F601AD2C14EFC
http://209.85.135.104/search?q=cache:CCMkdS17W9oJ:www.alpha-betisierung.de/+analphabetismus&hl=de&ct=clnk&cd=2
httb://nazimhikmet.net/ahmet_bican_3.html

9. Abbildungen
(Abbildungen ohne Quellenangabe basieren auf Vorlagen des Autors.)

Abb. 1: Buchtitel aus verschiedenen Zeiträumen

| Vom phönizischen zum griechischen Alphabet ||||||
| ZEICHEN PHÖNIZ. | ZEICHEN ARCHAISCH-GRIECHISCH | ZEICHEN KLASS- GRIECHISCH || BENENNUNG | LAUTWERT (Aussprache klass-griech.) | BEMERKUNG |
		Groß-buchstabe	Klein-buchstabe			
⚹	ΔΛ	A	α	Alpha	[a]	Im Phöniz. konsonantisch
9	ʎ Ɍ ጎ	B	β	Beta	[b]	
ๆ	ϡ Γ Λ	Γ	γ	Gamma	[g]	
Δ	Δ	Δ	δ	Delta	[d]	
⧖	ⱻ E	E	ε	Epsilon	[e]	Im Phöniz. [h]
I	≢	Z	ζ	Zeta	[ts]	
H Ө	Ө H	H	η	Eta	[ɛ]	Im Phöniz. ch-Laut
⊕	⊕⊗○	Θ	ϑ	Theta	[th]	
ƶ	ʂƵ⸮I	I	ι	Iota	[i]	Im Phöniz. jotiert
ⴽ	K K K	K	κ	Kappa	[k]	
⌐ L	Γ Λ Λ	Λ	λ	Lambda	[l]	
⁊	⌐ M	M	μ	My	[m]	
ʎ	⁄ ʎ N	N	ν	Ny	[n]	
≢		Ξ	ξ	Xi	[ks]	Im Phöniz. [s]
O	O C	O	o	Omikron	[o]	Im Phöniz. konsonantisch
Ɔ	Γ Γ	Π	π	Pi	[p]	
⌐	M					Ein s-Laut
φ	Φ Ϙ					Lautwert [kv], hieraus lat. q
⌐	Ƥ P R	P	ρ	Rho	[r]	
w		Σ	σ ς	Sigma	[s]	Im Phöniz. [ʃ]
×+	T Y	T	τ	Tau	[t]	
ʎ Y	V Y Y	Y	υ	Ypsilon	[y]	Im Phöniz. [v]
	↓	Φ	φ	Phi	[f]	
		X	χ	Chi	[ç]	
		Ψ	ψ	Psi	[ps]	
	⊙ O	Ω	ω	Omega	[o:]	

Abb. 2: Griechisches Alphabet (Störig, 1987, S. 95)

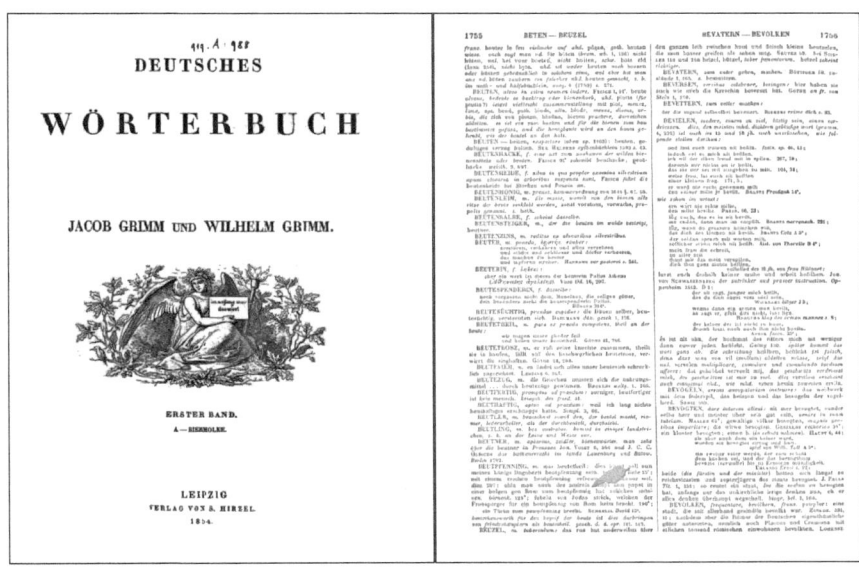

Abb. 3: Buchtitel des Grimm'schen Wörterbuches aus dem Jahr 1854 und eine Beispielseite

Abb. 4 Wörterbuch der deutschen Mundarten aus dem Jahr 1793

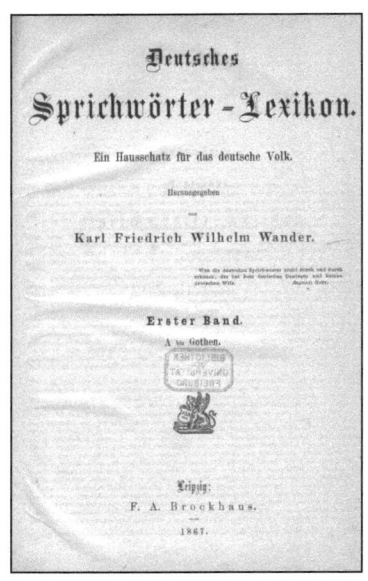 

Abb. 5: Sprichwörterlexikon aus dem Jahr 1867 von Brockhaus und das Grand Dictionaire Universel vom 20. Dezember 1805

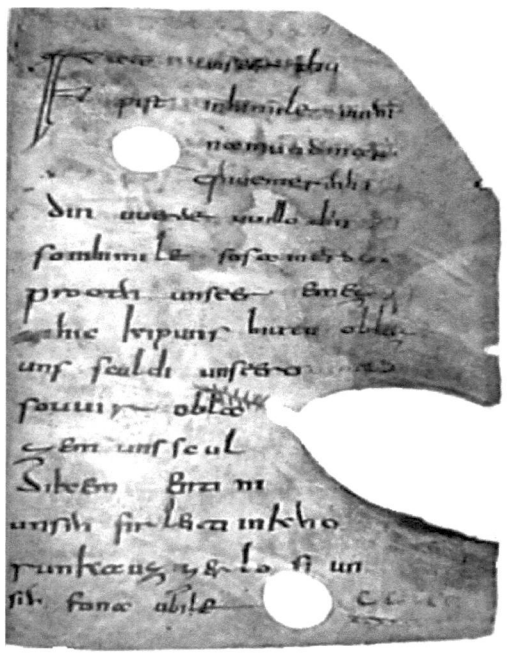

Abb. 6: Abrogans ist das erste lateinisch-(althoch-)deutsches Wörterbuch und gleichzeitig das älteste erhaltene Sprachdenkmal der deutschen Sprache überhaupt. Das auf Pergament in Buchform handgeschriebene Glossar aus der Zeit um 790 enthält ca. 3670 althochdeutsche Begriffe und 14000 Belege. Die Beispielseite zeigt das Vaterunser in der St. Galler Abrogans-Handschift. (Stiftsbibliothek St. Gallen Schweiz, S. 319, Facsimile-Ausgabe, S. 329, 1970)

351

Abb. 7: Die Felsinschrift aus Thera aus dem 7. Jahrhundert v. Chr. zählt zu den ältesten griechischen Schriftzeugnissen in furchenwendiger Schreibweise (Haarmann, Universalgeschichte der Schrift, 1990, S. 286).

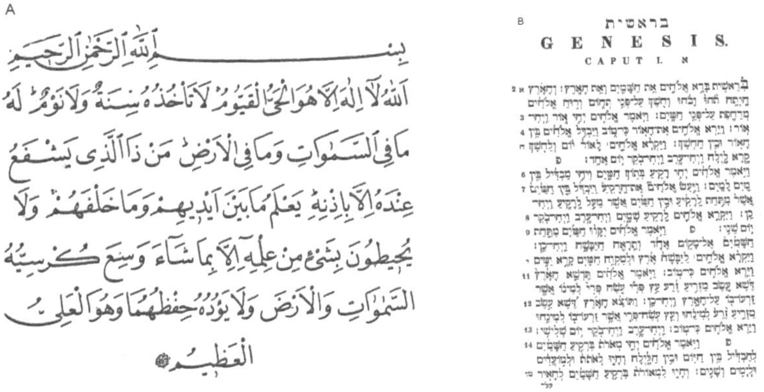

Abb. 8: A. Ein Ausschnitt aus dem Koran, B. Der Anfang der hebräischen Bibel als Beispiel für linksläufige Schriften (Koran 2/255, S. 41 und Haarmann 1990, S. 314).

ZEICHEN	WERT	ZEICHEN	WERT	ZEICHEN	WERT	ZEICHEN	WERT	ZEICHEN	WERT
𒀀	ā		g (u)		d (a)		n (u)		va (u
	i		tš		d (i)		m (a)		v (i)
	u		dž(a,u)		d (u)		m (i)		s
	k (a, i)		dž (i)		p		m (u)		š
	k (u)		t(a,i)		f		y		z
	χ		t (u)		b		r (a,i)		h
	g (a, i)		ϑ		n(a,i)		r (u)		q

			WORTZEICHEN UND ZIFFERN						
	Volk		König		1		4		60
	Land		Worttheiler		2		10		100
	Erde				3		20		1000

Abb. 9: Altpersische Keilschrift. Sie ist eine Weiterentwicklung einer älteren Schrift (Faulmann, 1880, S. 75).

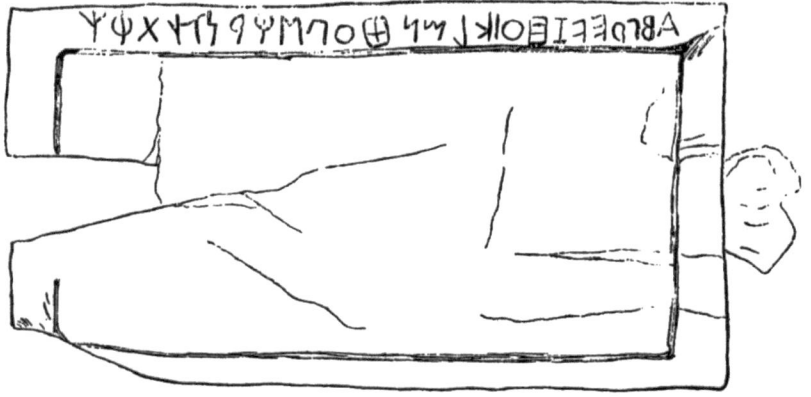

Abb. 10: Schreibtafel von Marsiliana mit etruskischem Alphabet aus dem 8. Jahrhundert v. Chr. Er ist vermutlich der älteste der genanten Alphabete. Es ist linksläufig und enthält sämtliche semitische und dazu speziell griechische Schriftzeichen (Jensen, 1969, S. 499).

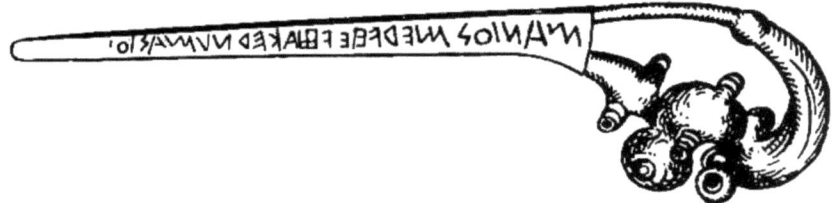

MANIOS · MED : FHE : FHAKED : NVMASIOI *(Manios me fecit Numerio)*

Abb. 11: Inschrift „Minios Spange" aus dem 6. Jahrhundert v. Chr. mit archaischem Latein und linksläufige Schriftrichtung (Jensen, 1969, S. 513).

Abb. 12: Der Forumstein (Lapis Niger) um 600 v. Chr. Der Stein ist furchenwendig beschrieben (Jensen, 1969, S. 516).

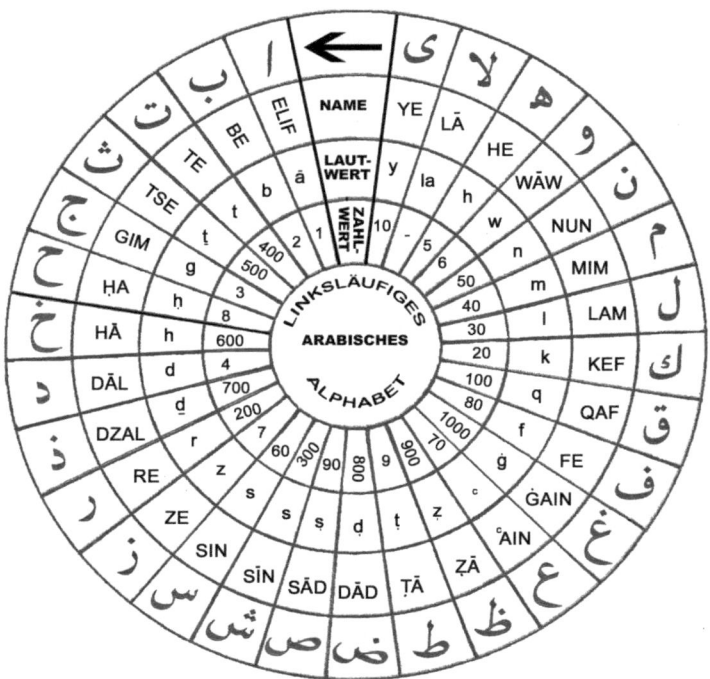

Abb. 13: Arabisches Alphabet

Zeichen	Umschrift	Zeichen	Umschrift	Zeichen	Umschrift	Zeichen	Umschrift	Zeichen	Umschrift
VOKALE		**DIPHTONGE**		**GAUMENLAUTE**		**ZAHNLAUTE**		**HALBVOKALE**	
अ	a	ए	e	च	ca	त	ta	य	ya
आ	ā	ऐ	ai	छ	cha	थ	tha	र	ra
इ	i	ओ	o	ज	ja	द	da	ल	la
ई	ī	औ	au	झ	jha	ध	dha	व	va
उ	u	**Kehllaute**		ञ	ña	न	na	**Zischlaute und Hauch**	
ऊ	ū	क	ka	**Kopflaute**		**Lippenlaute**		श	śa
ऋ	r̥	ख	kha	ट	ṭa	प	pa	ष	ṣa
ॠ	r̥̄	ग	ga	ठ	ṭha	फ	pha	स	sa
ऌ	l̥	घ	gha	ड	ḍa	ब	ba	ह	ha
ॡ	l̥̄	ङ	ṅa	ढ	ḍha	भ	bha	**Alter Kopflaut**	
				ण	ṇa	म	ma	ळ	la

Abb. 14: Devanagari, rechtsläufige Schrift der meisten indischen Sprachen (Alphabete und Schriftzeichen des Morgen- und Abendlandes,1969, S. 56)

355

A			
Zeichen	Lautwert	Zeichen	Lautwert
a	a	l	l
b	b	lj	lj²)
c	tß	m	m
č	tsch	n	n
ć	tj¹)	nj	nj³)
d	d	o	o
dž	dsch [stimm-haft]	p	p
đ	dj¹)	r	r
e	e	s	s
f	f	š	sch
g	g	t	t
h	ch [Ach-laut]	u	u
i	i	v	w
j	j	z	ʃ
k	k	ž	sch [stimm-haft]

B					
Name	Antiqua	Kursiv	Schreibschrift	Umschrift	Lautschrift
A	A a	A a	A a	a	
Be	Б б	Б б	Б б	b	
We	В в	В в	В в	v [w]	
Ge	Г г	Г г	Г г	g	
De	Д д	Д д	Д д	d	
Dže	Ђ ђ	Ђ ђ	Ђ ђ	d [d', dj¹)]	
E	E e	E e	E e	e	
Že	Ж ж	Ж ж	Ж ж	ž [stimmhaft]	
Se	З з	З з	З з	z [ʃ]	
I	И и	И и	И и	i	
Je	J j	J j	J j	j	
Ka	К к	К к	К к	k	
El	Л л	Л л	Л л	l	
Elj	Љ љ	Љ љ	Љ љ	lj [l']	
Em	М м	М м	М м	m	
En	Н н	Н н	Н н	n	
Enj	Њ њ	Њ њ	Њ њ	nj [ń]	
O	O o	O o	O o	o	
Pe	П п	П п	П п	p	
Er	P p	P p	P p	r	
Eß	С с	С с	С с	s [ß]	
Te	Т т	Т т	Т т	t	
Tsche	Ћ ћ	Ћ ћ	Ћ ћ	d [tj¹)]	
U	У у	У у	У у	u	
Ef	Ф ф	Ф ф	Ф ф	f	
Cha	Х х	Х х	Х х	h [ch, Ach-laut]	
Tße	Ц ц	Ц ц	Ц ц	c [tß]	
Tsche	Ч ч	Ч ч	Ч ч	č [tsch]	
Dže	Џ џ	Џ џ	Џ џ	dž, g [duh]	
Esch	Ш ш	Ш ш	Ш ш	š [sch]	

Abb. 15: A. Kroatisch in Lateinischem Alphabet B. Serbisch in Kyrillalphabet (Alphabete und Schriftzeichen des Morgen- und Abendlandes,1969, S. 88/92)

Abb. 16: Ferman von Fatih Sultan Mehmet in Originaltext (Kultus Ministerium der Türkei. http://www.kultur.gov.tr/TR/BelgeGoster.aspx?F6E10F8892433CFFAAF6AA849816B2EF019F601AD2C14EF)

A.

جُرْمِنْتْ كِيزْ ا تُرْكُ كَنْدُ كُمِّتِ اَلْغُ غْرَنْدِ كُوجْ

جُرُ بُرْ دِيُوشْ بُرْ دِيُوشْ بِرْ دِيُوشْ كِرِيَدُرْ دَ سَاوُ ا ذ تَارَ ا
بِرْ شُوَاشْ شِرْكُشْتَانْشِيَاشْ فِجِيفِيشْ اِ نْفِجِيفِيشْ ا بُلُمُ بُرْفِتْ مُفْمِدْ
اَلْمُصْطَفَى كِبْرِغُو ا فِرْمُوا ا مُشْتُرُوا ا فَا كِنُوشْ اُتْرُشْ مُرُشْ ا
شَلَمُوِشْ كْرِيمُشْ ا بُلُلْكُرُو يَكْوَالْ اِشْتَا اِشْكِرِتْ اِنْ اَرَبِغْ ا فَا
كِنُوشْ اُتْرُشْ تِيمُشْ ا بُلُشْ شَلْتِيرُ دِ دُبِى ا بُلُشْ اَبْجَلِيُشْ دِ جَزُ
كِرِشْتْ ا بُلُشْ شِنْطَ ا فِنْتَ ا كُوَاتْرُ بُرْفِتَشْ دِ دِيُوشْ دِ كِى اَدَوْ
فُى ا بْرِمَيْرُ ا بُلَ اَلْمَ دِ بِنِنْ مَوْ بَذْرَ ا بُلَ بِدْ دِ مَوْشْ فِيلُشْ
ا بُلَ مِنَ كَبَسَ ا بُلَ اِشْبَادَ كِ جِنْشْ اَوْ بْرُمِتْ دِ فَزِرْ طَلْ
كُوجْ

Abb. 17: A. Portugiesischer Originaltext in arabischer Schrift. Das Portugiesische wurde während der Maurenzeit in arabische Schrift geschrieben. Die älteste Schriftzeugnisse des Spanischen wurden in arabischer Schrift aufgezeichnet.

B.
Juramento qe-faz o Turco cando comete
alguˇa gʳrande coja

Juro bor Deeux, bor Deeux, ber Deeux qʳriˇador do cēu e da
tēra e bor xuˇāx xirconxtānxiˀāx fijīfeˀix e ˀinfijīfeˀix e bolo-meu
borfeta Mofomede Almoçtafa qe-bᵉregō e firmou e moxᵗᵒrō a
fē qe-nōx otrox Mōrox e Xalamōˇix qᵗrēmox e bolo-ˇAlcorō
5 e ˀo-quˇāl estā exqʳrito en arabigo a fē qe-nōx otrox tēmox e
bolo-Xalteiro de Dafī e bulox Efaɲjelōx de Jesu Qʳrixto e
bolox cento e vinte e quˇātro borfetas de Deeux de qē Adao foi
o birmeiro e bola alma do benino mēu badre e bola fida de
mēux fīlox e bola mina cabeça e bola exbāda qe-eu jinxo eu
10 bormeto de fazer tal cō̆

B. Transliterierter Text

C.
Juramento que faz o Turco quando comete
algũa grande cousa.

Juro por Deus, por Deus, por Deus criador do céu e da
terra e por suas circunstâncias visíveis e invisíveis e polo meu
Profeta Mofomede Almostafa, que pregou e firmou e mostrou
a fé que nós outros Mouros e Salamōis cremos, e polo Alcorom, e o qual está escrito em arabigo, a fé que nós outros
temos, e polo Salteiro de Davi e polos Evangelhos de Jesu
Cristo e polos cento e vinte quatro profetas de Deus, de que
Adão foi o primeiro, e pola alma do benino meu padre e
pola vida de meus filhos e pola minha cabeça e pola espada
que eu cinjo, eu prometo de fazer tal cousa.

C. Text in moderner portugiesischer Orthographie (Haarmann, 1990, S. 498)

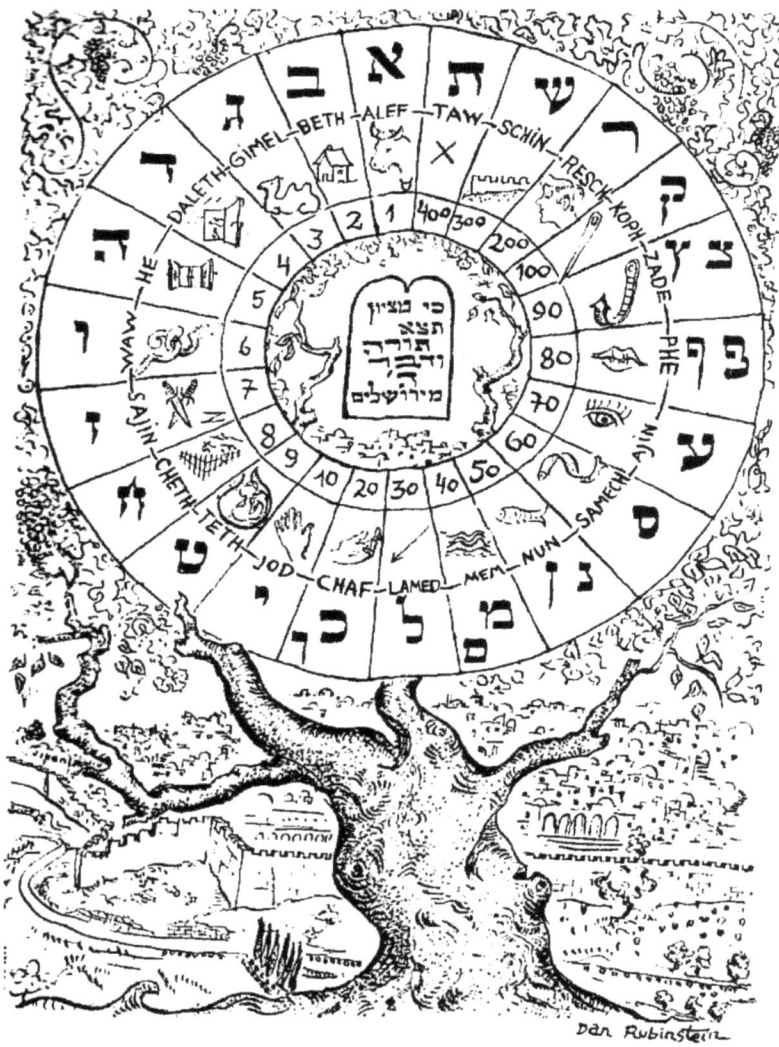

Abb. 18: Hebräisches Alphabet (Weinreb, 1990, S. 7)

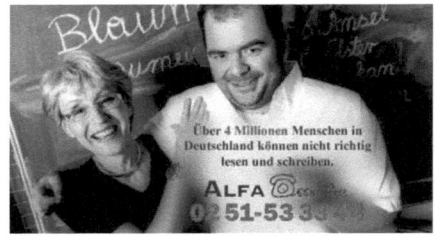

Abb. 19: Werbespot über die Analphabeten vom „Bundesverband Alphabetisierung und Grundausbildung e.V.“ (http://209.85.135.104/search?q=cache:CCMkdS17W9oJ:www.alphabetisierung.de/+analphabetismus&hl=de&ct=clnk&cd=2)

DIE TÜRKSPRACHEN

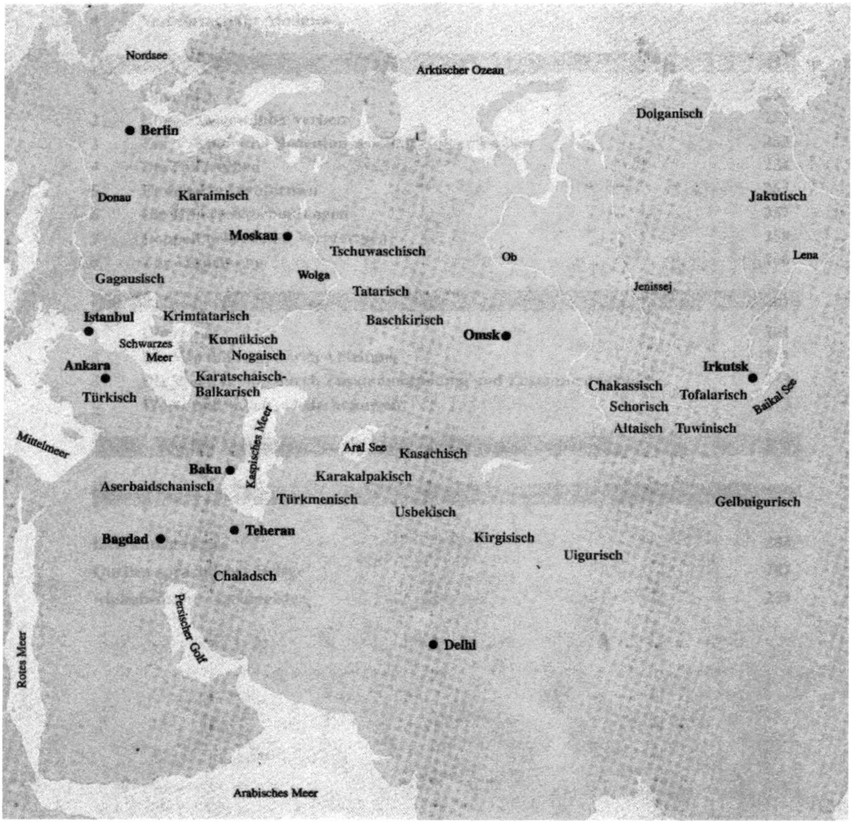

Abb. 20: Karte der türkischen Sprachen, (Ersen-Rasch, Margarete I, 2001, S. X) Siehe auch die farbige Karte auf der Rückseite des Bucheinbandes.

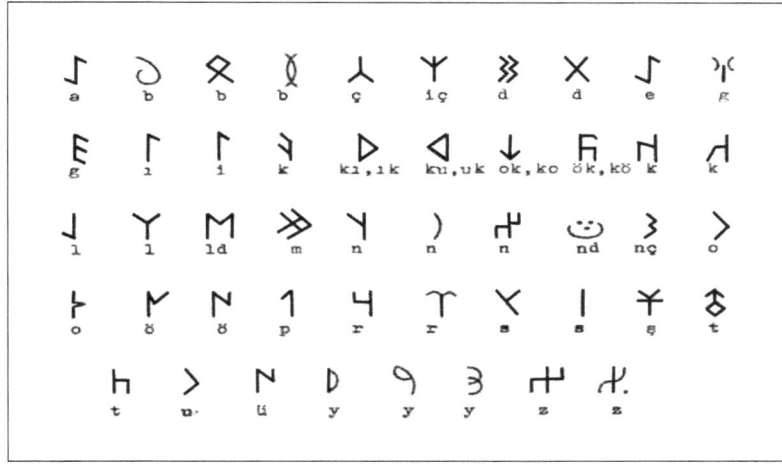

Abb. 21: Linksläufiges Orchon-Köktürk-Alphabet (Rekin, 1991, S. 441)

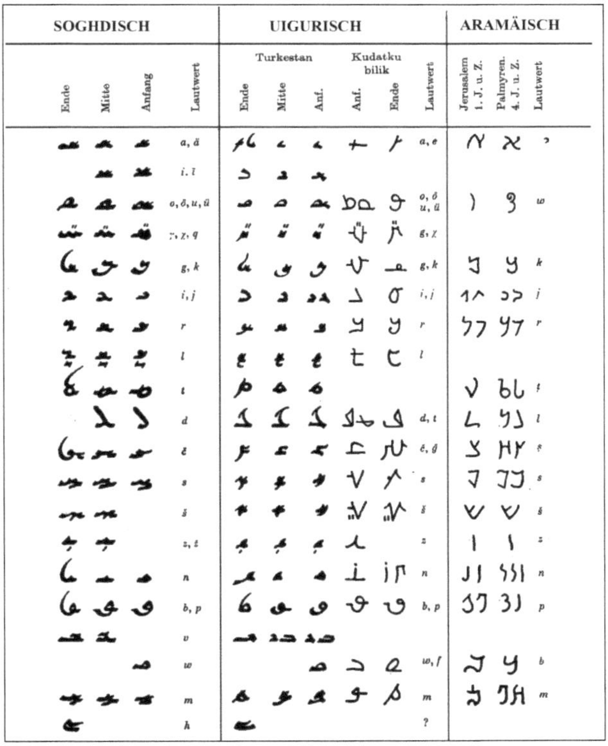

Abb. 22: Soghdisch-Uigurisch-Aramäisches Alphabet (Haarmann, 1990, S. 509)

360

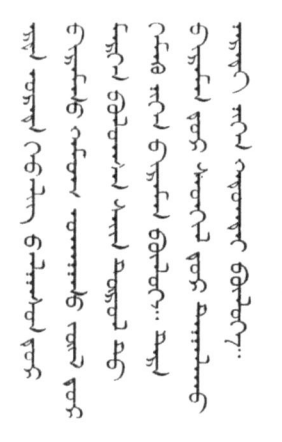

Abb. 23: Ein moderner Text in mongolischer Schrift (Jensen, 1969, S. 407)

ZEICHEN		BEZEICHNUNG	STELLUNG	BEISPIELE
1	·	Punkt	übergesetzt	İ (türk.), i (dt.)
2	´	Akut	übergesetzt	É (frz.), ú (ungar.)
3	`	Gravis	übergesetzt	Ò (portug.), à (frz.)
4	/	Schrägstrich	durchgezogen	Ł (poln.), ø (dän.)
5	–	Querstrich	halb oder ganz durchgezogen	Đ (isländ.), đ (serbokroat.)
6	⁻	Querstrich (Balken)	übergesetzt	Ā (lett.), ū (litau.)
7	‚	Cedille	untergesetzt	Ç (frz.), ş (rumän.)
8	‹	Cedille	übergesetzt	ġ (lett.)
9	'	Apostroph	nachgesetzt	Ľ (slowak.), ď (tschech.)
10	˘	Halbkreis	übergesetzt	Ă (rumän.), ğ (türk.)
11	^	Zirkumflex	übergesetzt	Ô (portug.), ê (frz.)
12	ˇ	Haken (Häkchen)	übergesetzt	Ť (slowak.), č (serbokroat.)
13	~	Tilde	übergesetzt	Õ (estn.), ñ (span.)
14	˛	Krummhaken	untergesetzt	Ų (litau.), ę (poln.)
15	°	Ringelchen (Kringel)	übergesetzt	Å (dän.), ů (tschech.)
16	¨	Trema	übergesetzt	Ö (dt.), ü (span.)
17	˝	Doppelakut	übergesetzt	Ő (ungar.), ű (ungar.)

Abb. 24: Diakritische Zeichen (Duden Redaktion und der Dudensetzerei, 1973, S. 60)

1	Á á	Färöisch, Irisch, Isländisch, Portugiesisch, Slowakisch, Spanisch, Tschechisch, Ungarisch, Walisisch	2	34	Í í	Färöisch, Irisch, Isländisch, Katalanisch, Portugiesisch, Slowakisch, Spanisch, Tschechisch, Ungarisch	2
2	À à	Französisch, Gälisch, Italienisch, Katalanisch, Maltesisch, Portugiesisch, Rätoromanisch	3	35	Ì ì	Italienisch, Portugiesisch	3
				36	Ī ī	Lettisch	6
3	Ā ā	Lettisch	6	37	Î î	Französisch, Italienisch, Rätoromanisch, Rumänisch, Türkisch	11
4	Ă ă	Rumänisch, Vietnamesisch	10	38	Į į	Litauisch	14
5	Â â	Französisch, Portugiesisch, Rätoromanisch, Rumänisch, Türkisch, Vietnamesisch, Walisisch	11	39	Ï ï	Französisch, Katalanisch, Rätoromanisch	16
				40	J j	Esperanto	11
6	Ã ã	Portugiesisch	13	41	Ķ ķ	Lettisch	7
7	Ą ą	Litauisch, Polnisch	14	42	Ĺ ĺ	Slowakisch	2
8	Å å	Dänisch, Norwegisch, Schwedisch	15	43	Ł ł	Niedersorbisch, Obersorbisch, Polnisch	4
9	Ä ä	Deutsch, Estnisch, Finnisch, Schwedisch, Slowakisch, Walisisch	16	44	Ľ ľ	Baskisch	6
				45	Ļ ļ	Lettisch	7
10	Ć ć	Maltesisch	1	46	Ľ ľ	Slowakisch	9
11	Ć ć	Niedersorbisch, Obersorbisch, Polnisch, Serbokroatisch	2	47	Ń ń	Niedersorbisch, Obersorbisch, Polnisch	2
				48	Ñ ñ	Baskisch	6
12	Ç ç	Albanisch, Baskisch, Französisch, Katalanisch, Portugiesisch, Türkisch	7	49	Ņ ņ	Lettisch	7
13	Ĉ ĉ	Esperanto	11	50	Ň ň	Slowakisch, Tschechisch	12
14	Č č	Lettisch, Litauisch, Niedersorbisch, Obersorbisch, Serbokroatisch, Slowakisch, Slowenisch, Tschechisch	12	51	Ñ ñ	Baskisch, Bretonisch, Spanisch	13
				52	Ó ó	Färöisch, Gälisch, Irisch, Isländisch, Italienisch, Katalanisch, Obersorbisch, Polnisch, Portugiesisch, Slowakisch, Spanisch, Tschechisch, Ungarisch	2
15	Ḋ ḋ	Baskisch	6	53	Ò ò	Italienisch, Katalanisch, Portugiesisch, Rätoromanisch	3
16	Ð ð	Färöisch, Isländisch	5	54	Ø ø	Dänisch, Färöisch, Norwegisch	4
17	Đ đ	Serbokroatisch, Vietnamesisch	5	55	O' o'	Vietnamesisch	9
18	Ď ď	Slowakisch, Tschechisch	12, 9	56	Ô ô	Französisch, Portugiesisch, Rätoromanisch, Slowakisch	11
19	Ė ė	Litauisch	1				
20	É é	Bretonisch, Französisch, Gälisch, Irisch, Isländisch, Italienisch, Katalanisch, Portugiesisch, Rätoromanisch, Slowakisch, Spanisch, Tschechisch, Ungarisch, Walisisch	2	57	Õ õ	Estnisch, Portugiesisch	13
				58	Ö ö	Deutsch, Estnisch, Finnisch, Isländisch, Rätoromanisch, Schwedisch, Türkisch, Ungarisch	16
				59	Ő ő	Ungarisch	17
21	È è	Bretonisch, Französisch, Italienisch, Katalanisch, Portugiesisch, Rätoromanisch	3	60	Ŕ ŕ	Slowakisch	2
				61	Ŗ ŗ	Baskisch	6
				62	Ř ř	Obersorbisch, Tschechisch	12
22	Ē ē	Lettisch	6	63	Ś ś	Niedersorbisch, Polnisch	2
23	Ê ê	Bretonisch, Französisch, Portugiesisch, Rätoromanisch, Vietnamesisch, Walisisch	11	64	Ş ş	Rumänisch, Türkisch	7
				65	Ŝ ŝ	Esperanto	11
				66	Š š	Lettisch, Litauisch, Niedersorbisch, Obersorbisch, Serbokroatisch, Slowakisch, Slowenisch, Tschechisch	12
24	Ě ě	Niedersorbisch, Obersorbisch, Tschechisch	12				
25	Ę ę	Litauisch, Polnisch	14				
26	Ë ë	Albanisch, Französisch, Walisisch	16				
27	Ġ ġ	Maltesisch	1	67	Ŧ ŧ	Baskisch	6
28	Ģ ģ	Lettisch	7, 8	68	Ţ ţ	Rumänisch	7
29	Ğ ğ	Türkisch	10	69	Ť ť	Slowakisch, Tschechisch	12, 9
30	Ĝ ĝ	Esperanto	11	70	Þ þ	Isländisch	
31	Ħ ħ	Maltesisch	5	71	Ú ú	Färöisch, Irisch, Isländisch, Katalanisch, Portugiesisch, Slowakisch, Spanisch, Tschechisch, Ungarisch	2
32	Ĥ ĥ	Esperanto	11				
33	I	Türkisch	1	72	Ù ù	Gälisch, Italienisch, Portugiesisch, Rätoromanisch, Walisisch	3
	i	in allen in dieser Übersicht genannten Sprachen	1				
				73	Ū ū	Lettisch, Litauisch	6

Abb. 25 Lateinische Buchstaben nach Duden (Dudenredaktion und Dudensetzerei, 973, S. 161) (Fortsetzung nächste Seite)

	Buchstaben mit diakritischen Zeichen		Sprachen	Nr. des diakritischen Zeichens
73	Ū	ū	Lettisch, Litauisch	6
74	U'	u'	Vietnamesisch	9
75	Ŭ	ŭ	Esperanto	10
76	Û	û	Französisch, Türkisch	11
77	Ų	ų	Litauisch	14
78	Ů	ů	Tschechisch	15
79	Ü	ü	Baskisch, Deutsch, Estnisch, Französisch, Katalanisch, Rätoromanisch, Spanisch, Türkisch, Ungarisch, Walisisch	16
80	Ű	ű	Ungarisch	17
81	Ŵ	ŵ	Walisisch	11
82	Ẅ	ẅ	Walisisch	16
83	Ý	ý	Färöisch, Isländisch, Slowakisch, Tschechisch	2
84	Ŷ	ŷ	Walisisch	11
85	Ÿ	ÿ	Walisisch	16
86	Ż	ż	Maltesisch, Polnisch	1
87	Ź	ź	Niedersorbisch, Obersorbisch, Polnisch	2
88	Ž	ž	Lettisch, Litauisch, Niedersorbisch, Obersorbisch, Serbokroatisch, Slowakisch, Slowenisch, Tschechisch	12

Abb. 25 Fortsetzung: Lateinische Buchstaben nach Duden (Dudenredaktion und Dudensetzerei, 973, S. 161)

Zeichen	Aussprache	Beispielwort	Lautschrift
[a]	kurzes, helles a, unbetont	Barock	[barɔk]
[a̭]	kurzes, helles a, betont	Baracke	[barḁkə]
[a:]	langes, helles a, unbetont	Kahnfahrt	[ka̭nfa:rt]
[a̭]	langes, helles a, betont	Vase	[va̭zə]
[ʌ]	kurzes, dunkles a, betont	engl. *Sussex*	[sʌsıks]
[ã]	nasales a, unbetont	changieren	[ʃãʒirən]
[ã̭]	nasales a, betont	Chance	[ʃã̭sə]
[e]	kurzes, geschlossenes e, unbetont	prekär	[prekɛr]
[e:]	langes, geschlossenes e, unbetont	Rückweg	[rykve:k]
[ḛ]	langes, geschlossenes e, betont	Segen	[zḛgən]
[ɛ]	kurzes, offenes e, unbetont	Wildwechsel	[vi̭ltvɛksəl]
[ɛ̭]	kurzes, offenes e, betont	lernen Bände	[lɛ̭rnən] [bɛ̭ndə]
[ɛ:]	langes, offenes e, unbetont	Eisbär	[a̭isbɛ:r]
[ɛ̭]	langes, offenes e, betont	Migräne	[migrɛ̭nə]
[æ]	mittellanges, sehr offenes e, unbetont	engl. *dressman*	[drɛsmæn]
[æ̭]	mittellanges, sehr offenes e, betont	engl. *catcher*	[kæ̭tʃə]
[æ̱]	langes, sehr offenes e, betont	engl. *sandwich*	[sæ̱nwidʒ]
[ẽ]	nasales e, unbetont	pointiert	[poẽti̭rt]

Abb. 26 a

Zeichen	Aussprache	Beispielwort	Lautschrift
[ɛ̃]	nasales e, betont	Pointe	[poɛ̃tə]
[ə]	kurzes, dunkles e, unbetont	Wagen	[vagən]
[ə:]	langes, dunkles e, unbetont	engl. *callgirl*	[kɔlgə:l]
[ə̣]	langes, dunkles e, betont	engl. *Jersey*	[dʒə̣zı]
[i]	kurzes i, unbetont	Pirat	[pira̧t]
[ı]	äußerst kurzes i, unbetont	engl. *Thackeray*	[θækərı]
[i̧]	kurzes i, betont	Himmel	[hi̧məl]
[i:]	langes i, unbetont	Mitglied	[mi̧tgli:t]
[i̧]	langes i, betont	Wiese	[vi̧zə]
[ĩ]	nasales i, unbetont	portugies. *infante* (etwa wie in schwäbisch: der isch hin)	[ĩfã̧tə]
[ĩ̧]	nasales i, betont	portugies. *cinco*	[sĩ̧ku]
[o]	mittellanges, geschlossenes o, unbetont	Otto	[ɔto]
[o:]	langes, geschlossenes o, unbetont	Schwiegersohn	[ʃvigərzo:n]
[o̧]	langes, geschlossenes o, betont	Sohle	[zo̧lə]
[õ̧]	geschlossenes, nasales o, betont	portugies. *bom*	[bõ̧]
[õ]	geschlossenes, nasales o, unbetont	portugies. *bombom*	[bõbõ̧]

Abb. 26 b

Zeichen	Aussprache	Beispielwort	Lautschrift
[ɔ]	kurzes, offenes o, unbetont	abrollen	[aprɔlən]
[ɔ̣]	kurzes, offenes o, betont	Rolle	[rɔ̣lə]
[ɔ:]	langes, offenes o, unbetont	engl. overall	[ouvərɔ:l]
[ɔ̣]	langes, offenes o, betont	engl. story	[stɔ̣rı]
[õ]	offenes, nasales o, unbetont	frz. fondue	[fõdy]
[ọ̃]	offenes, nasales o, betont	frz. Gironde	[ʒirọ̃d]
[ø]	kurzes, geschlossenes ö, unbetont	frz. dejeuner	[deʒøne̞]
[ø:]	langes, geschlossenes ö, unbetont	unschön	[ʊnʃø:n]
[ø̣]	langes, geschlossenes ö, betont	Röhre	[rø̣rə]
[œ]	kurzes, offenes ö, unbetont	frz. jeunesse	[ʒœnɛ̞s]
[œ̣]	kurzes, offenes ö, betont	Geröll	[ɡərœ̣l]
[œ̣]	langes, offenes ö, betont	frz. œuvre	[œ̣vr]
[œ̃]	nasales ö, unbetont	frz. lundi	[lœ̃di]
[œ̣̃]	nasales ö, betont	frz. Verdun	[vɛrdœ̣̃]
[u]	kurzes u, unbetont	Fidibus	[fi̞dibus]
[ṷ]	kurzes u, betont	Suppe	[zṷpə]
[u:]	langes u, unbetont	Weckruf	[vɛ̞kru:f]

Abb. 26 c

Zeichen	Aussprache	Beispielwort	Lautschrift
[u]	langes u, betont	suchen	[zu:xən]
[ũ]	nasales u, unbetont	portugies. *Funchal*	[fũʃal]
[ũ]	nasales u, betont	portugies. *nunca*	[nũka]
[y]	kurzes ü, unbetont	Büro	[byro]
[y]	kurzes ü, betont	Lücke	[lykə]
[y:]	langes ü, unbetont	Stalltür	[ʃtalty:r]
[y]	langes ü, betont	verfügen	[fɛrfygən]

DIPHTONGE

Zeichen	Aussprache	Beispielwort	Lautschrift
[aɪ]	ei, ai unbetont	Sportverein	[ʃpɔrtfɛraɪn]
[aɪ]	ei, ai betont	Meise	[maɪzə]
[au]	au, unbetont	Altbau	[altbau]
[au]	au, betont	Haube	[haubə]
[ɛɪ]	offenes e plus i, unbetont	engl. *gangway*	[gæŋwɛɪ]
[ɛɪ]	offenes e plus i, betont	engl. *ranger*	[rɛɪndʒə]
[ɔɪ]	offenes o plus i, unbetont	Efeu Zabergäu	[efɔɪ] [tsabərgɔɪ]
[ɔɪ]	offenes o plus i, betont	heute, Häute	[hɔɪtə]
[ou]	offenes o plus u, unbetont	engl. *Norfolk*	[nɔfouk]
[ou]	offenes o plus u, betont	engl. *floating*	[floutiŋ]

Abb. 26 d

KONSONANTEN

Die Buchstaben b, d, f, g, h, j, k, l, m, n, p, r, t haben in der Lautschrift denselb Lautwert wie in normaler deutscher Aussprache. Einige Konsonanten bedürf aber besonderer Zeichen:

[ç]	Ich-Laut	Milch	[milç]
[x]	Ach-Laut	Rache	[raxə]
[ɣ]	geriebenes g	span. *Tarragona* (berlinerisch: sagen)	[taraɣona]
[ŋ]	n und g verschmolzen	hängen	[hɛŋən]
[z]	weiches (stimmhaftes) s	Rose	[rozə]
[s]	scharfes (stimmloses) s	Wasser	[vasər]
[ð]	engl. th (gelispeltes, weiches s)	engl. *brother*	[brʌðə]
[θ]	engl. th (gelispeltes, scharfes s)	engl. *Bath*	[baθ]
[ʒ]	stimmhafter sch-Laut	Journal	[ʒurnal]
[ʃ]	stimmloser sch-Laut	Schiene	[ʃinə]
[v]	entspricht deutschem w	Weiche	[vaɪçə]
[w]	konsonantisches u, dem w sich nähernd	engl. *Wales*	[wɛɪlz]
[ǀ]	Kehlverschluß vor Vokal	Rührei	[ryrǀai]
[']	Weichheitszeichen (in slawischen Sprachen), bezeichnet Erweichung des vorhergehenden Konsonanten (Verschmelzung mit einem [j])	russ. область *(oblast')*	[ɔblast']

Abb.26 e: Von der Association Phonétique Internationale vorgeschlagene Lautschrift-Systeme (Störig, 1987, S. 381)

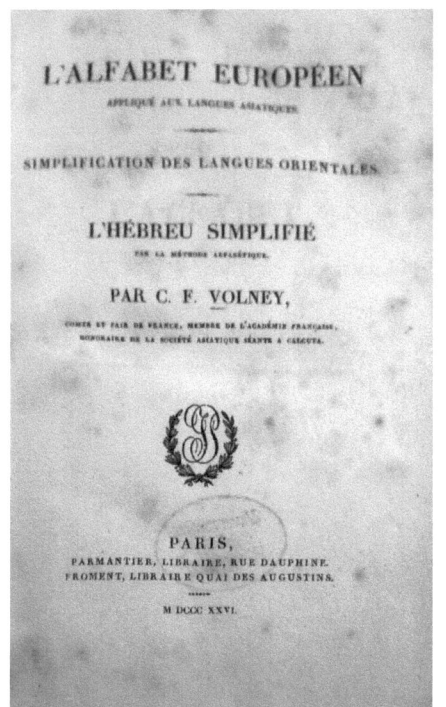

Abb. 27: Zum ersten Mal in der Sprachgeschichte wurde von Constantin François Volney ein Schriftwechsel für die orientalischen Sprachen vorgeschlagen (1826).

Die Türkische Buchstaben und ihre Aussprache

A	a	-	weites dunkles a	at	das Pferd
B	b	-	b	bir	eins
C	c	-	dsch	cami	die Mosche
Ç	ç	-	tsch	çay	der Tee
D	d	-	d	dam	das Dach
E	e	-	weites, helles e, fast ä	ev	das Haus
F	f	-	f	fincan	die Terasse
G	g	-	g	gün	der Tag
	ğ	-	zwischen hellen Vokalen: deutsches j	değil	nicht
			zwischen dunklen Vokalen : nur andeutungsweise gesprochenes Zäpfchen-r	oğul	der Sohn
			zwischen Vokal u. Konsonant: Dehnungs-h (es erscheint nicht am Wortanfang und nach Konsonanten)	öğretmen	der Lehrer
H	h	-	immer hörbar auszusprechendes h	bahçe	der Garten
İ	i	-	i	iki	zwei
I	ı	-	dumpfes, getrübt gesprochenes i	kapı	die Tür
J	j	-	französisches j	jandarma	die Gendarmerie
K	k	-	k	kim	wer
L	l	-	l	lokanta	die Gaststätte
M	m	-	m	mal	die Ware
N	n	-	n	ne	was
O	o	-	weites o	ot	das Gras
Ö	ö	-	weites ö	ön	die Vorderseite
P	p	-	p	pencere	das Fenster
R	r	-	Zungen-r	renk	die Farbe
S	s	-	scharfes ß	su	das wasser
Ş	ş	-	sch	şeker	der Zucker
T	t	-	t	tütün	der Tabak
U	u	-	u	uçak	das Flugzeug
Ü	ü	-	ü	üç	drei
V	v	-	w	var	es gibt
Y	y	-	deutsches j	yok	es gibt nicht
Z	z	-	weiches, stimmhaftes s	zaman	die Zeit

Abb. 28: Türkisches Alphabet seit 1929 (Jansky, 1968, S. 1)

26.09.1934
Dil Bayramı'ndan ötürü, Türk Dili Araştırma Kurumu Genel Özeği'nden, ulusal kurumlardan, türlü orunlardan bir çok kutunbilikler aldım. Gösterilen güzel duygulardan kıvanç duydum. Ben de kamuyu kutlarım.

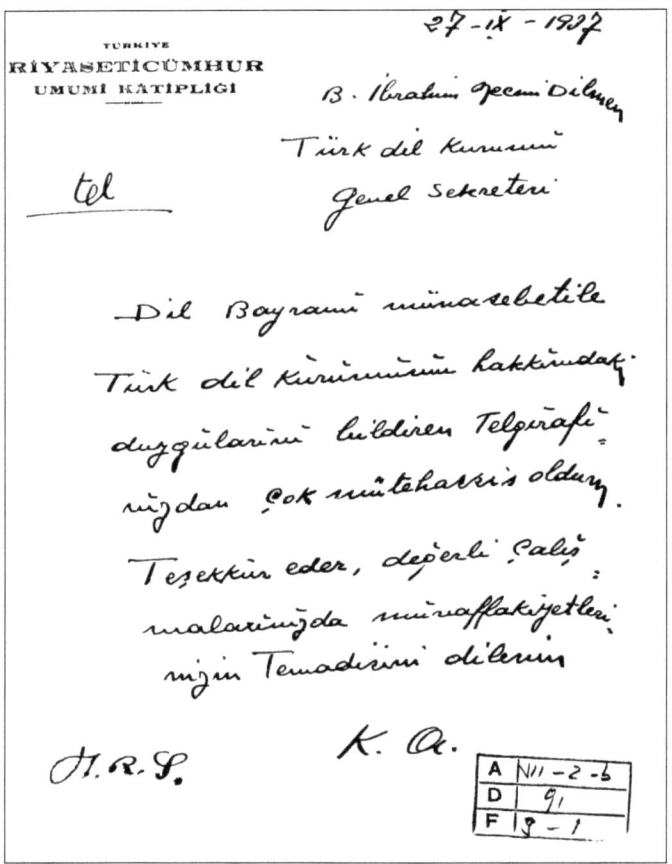

Abb. 29: Zwei Telegramme von Mustafa Kemal; das erste (29.09.1934) ist Reintürkisch, das zweite (27.09.1937) weist auf seine Abwendung von der puristischen Richtung hin. (Korkmaz, 1992, S. 406, 412)

Leichtfaßliche Anleitung

zur Erlernung der

Türkischen Sprache

für den

Schul- und Selbstunterricht.

Von

Karl Wied.

Vierte, verbesserte Auflage.

Wien und Leipzig
A. Hartleben's Verlag.

(Alle Rechte vorbehalten.)

Tanin

GÜNLÜK SIYASI GAZETE

İstanbul, 13.3.1947.
Nuruosmaniye, Türbedar Sokağı No. 16/18
TELEFON: 22477
TELGRAF: TANİN - İSTANBUL
POSTA KUTUSU:

Cahid

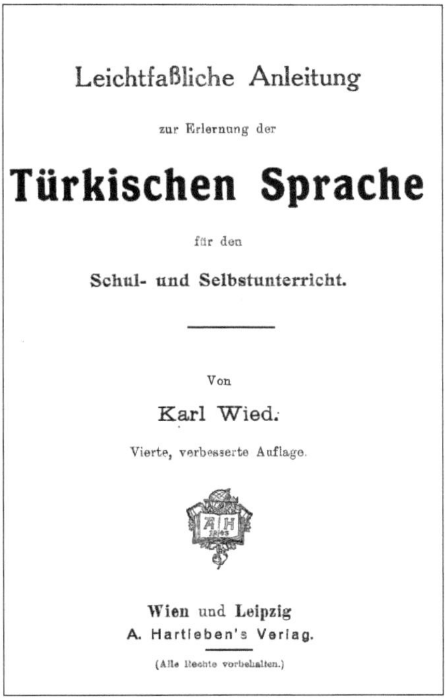

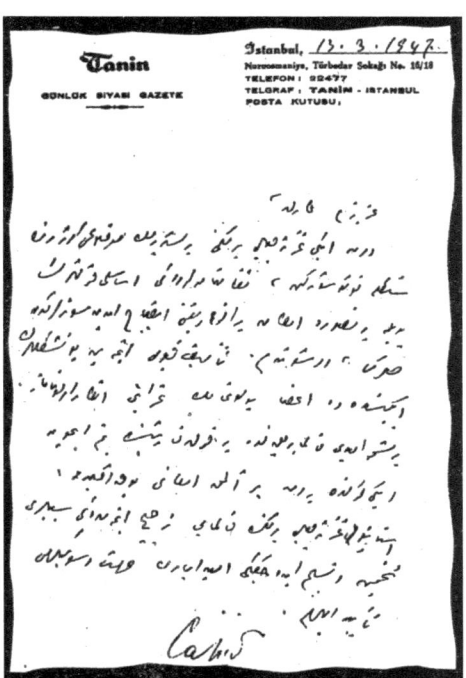

Abb. 30: Buchtitel aus 1803 von Karl Wied. Für die meisten Sprachwissenschaftler ist Osmanisch „das Türkische".

Abb. 31: Ein handschriftlicher Brief von Hüseyin Cahid von 1947. Er ist der Pionier der Lateinschrift im osmanischen Reich und in der modernen Türkei. (Mısıroğlu, 1993, S. 27)

Abb. 32: Die Berichte der New York Times vom 2.08.1928 und 28.10.1928 über die Lateinschrift in der modernen Türkei.

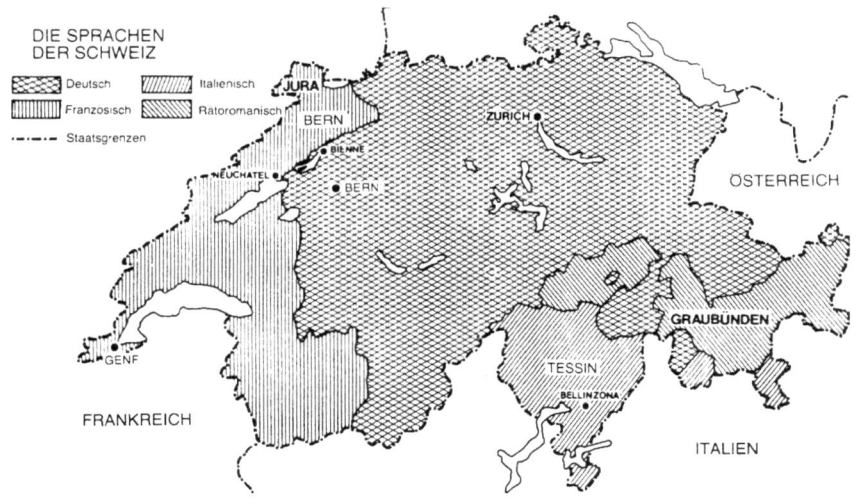

Abb. 33: Sprachkarte von der Schweiz (Meic, 1979, S. 527)

Abb. 34: Sprachkarte von Belgien (Meic, 1979, S. 29)

編訳者あとがき

　本書は、ドイツ人社会言語学者ハラルト・ハールマンが書きおろした英文論文を、編集翻訳したものである。著者のハールマンは日本学術振興会とフンボルト財団の援助により一九八二年夏に来日し、以後一橋大学の田中克彦教授のもとで三年間にわたる研究を行ない、この七月に夫人の故郷であるフィンランドに帰国したばかりである。当初の一年半の滞日予定が倍になったのは、彼の日本研究に対する情熱のゆえにほかならない。とくに、日本のコマーシャルに多大な関心を抱き、これをテーマにして訳者とともに一年間にわたる研究プロジェクト（財団法人放送文化基金の助成にもとづく）を組んだ。その成果の一部は、本書の第6章に収められている。
　さて、本書が日本の読者を対象として企図された背景には、日本における社会言語学領域での研究状況が念頭にある。ハールマンは来日して間もなく、日本の言語学の研究状況を敏感に察知した。日本では生成文法を筆頭とした言語学プロパーの領域での研究が盛んであり、社会言語学はまだまだマイナーな研究領域にすぎないこと、さらに社会言語学の領域でも、方言やことばの男女差あるいは帰国子女の二言語使用というようなミクロな領域での研究が大半を占め、言語接触や言語計画のような

Abb. 35: Moderner Japanischer Text in drei Schriftsystemen, Kanji, Hiragana und Katakana (Haarmann, 1998, S. 403)

Abb. 36: Alttürkische Steininschrift aus den Flusstälern des Orchon (Jensen, 1969, S. 412)

İhsan Yılmaz Bayraktarlı, geb. 1958. Studium der Pädagogik und der deutschen Philologie an der Atatürk-Universität zu Erzurum/Türkei. Zweites Studium der wissenschaftlichen Politik, Sprachwissenschaft und neueren deutschen Literatur an der Albert-Ludwigs-Universität zu Freiburg im Breisgau. Hier Dr. phil im Jahr 2008.

Lehrer an der Friedrich-August-Haselwander-Gewerbeschule in Offenburg. Langjährige führende Tätigkeiten in unterschiedlichen Geschäftsbereichen. Generalsekretär einer internationalen Hilfsorganisation. Regieassistenz/Theater und künstlerische Beratung in Freiburg.

Seit 2010 Dozent an der Rechtswissenschaftlichen Fakultät der Gazi Universität Ankara

Wichtigste Veröffentlichungen:

- **Hölderlin ve Aşkın Mutlaklığı**, Doğu Batı , Seiten 159–171, Ankara, 2004;
- **Sprachplanungen: Modernisierung, Vereinfachung und Normierung von Sprache. Fallbeispiele: China, Japan, Griechenland und Israel,** Interkulturell und Global 2008/3–4;
- **Die politische Debatte um die türkische Schrift- und Sprachrevolution von 1928,** (Buchveröffentlichung) Freiburg 2008;
- **Ulus Devlet Eseri „Sınırdakiler", The creation of the national States „At the frontiers",** İnönü Üniversitesi, Hukuk Fakültesi Dergisi, Seiten 383–326, 2011/1;
- **Die Turksprachen und ihre demographische Bedeutung.** Turkish Studies, Volume 7/2 Spring, Seiten 233–259, 2012;
- **Die enge Verzahnung von Justiz und Politik im politischen System Deutschlands in Bezug auf die Gewaltenteilung,** (Buchveröffentlichung) Ankara 2015;
- **Das politische System Deutschlands und seine engverzahnte Staatsgewalt. Staat, Gesellschaft, Recht, Institutionen** (Buchveröffentlichung), Ankara 2016;
- **Das Wahlsytem der Bundesrepublik Deutschland (Federal Almanya Cumhuriyeti Seçim Sistemi),** Gazi Üniversitesi İktisadi ve İdari Bilimler Fakültesi Dergisi, 19/1, Seiten 143–170, 2017;
- **Migration und Integration: Ein kontroverses Thema in Deutschland.** Festschrift für Frau Dr. Silvia Tellenbach, Seiten 1293–1341. Ankara, 2018;
- In Zusammenarbeit mit Maximilian Dörrbecker wurden in Wikipedia **zehn verschiedene Sprachkarten** der Altai-Ural-Sprachen veröffentlicht: https://commons.wikimedia.org/wiki/File:Linguistic_map_of_the_Altaic,_Turkic_and _Uralic_languages_(en).png
- **Yurtdışında Yaşayan Türklere Yönelik Eğitimde Restorasyon – Almanya Örneği – Restoration In Education For Turks Living Abroad – German Example -** in: EDUCATION AND SOCIETY IN THE 21st CENTURY THE JOURNAL OF EDUCATION SCIENCES AND SOCIAL RESEARCHES, Volume 7, Issue 19, Spring 2018, Page 271–289, ISSN: 2147-0928, ANKARA, TURKEY